于沛自选集

YUPEI ZIXUANJI

学习理论文库

学习出版社

中国世界史学者的社会责任[*]
（代序）

　　改革开放 30 余年来，中国世界历史研究最深刻的变化，是在其发展历程中，实现了从翻译、编译，以及一般性地介绍向深入、系统、独立研究的转变，"世界历史学"作为一门独立的学科，完全具备了任何一门科学学科所具有的科学形态，以及不可或缺的理论和方法。世界史研究是中国历史科学的重要组成部分，随着研究队伍的成长、壮大，以及一系列标志性的成果问世，其地位和影响日渐扩大，当然，这是就世界历史整个学科的状况而言。今天中国的世界历史研究，无论在通史、断代史、地区史、国别史，还是在专门史、历史人物、历史文献的研究上，都可谓硕果累累，无论在数量上，还是在质量上，均"前无古人"，"史无前例"。党的十七大报告论述"坚

---

　　* 本文发表于《中国社会科学》2010 年第 6 期。

持社会主义先进文化前进方向，兴起社会主义文化建设新高潮"时提出，"繁荣发展哲学社会科学，推进学科体系、学术观点、科研方法创新，鼓励哲学社会科学界为党和人民事业发挥思想库作用，推动我国哲学社会科学优秀成果和优秀人才走向世界"①。这使广大世界史工作者不仅深受鼓舞，更深感责任重大。在新的历史起点上，如何使世界史研究顺应时代发展要求，在建设中国特色社会主义的伟大事业中，发挥出应有的作用，我们应从理论与实践的结合上，做出明确的回答。

中国史学的优良传统之一，是重视对外国历史的研究。司马迁《史记》，分本纪、年表、八书、世家、列传五类，计130卷。有关外国的介绍和研究，主要集中在"列传"中，如《大宛传》、《匈奴传》等，包括有朝鲜、越南、印度，以及大宛、乌孙、康居、燕蔡、大月氏、安息等国。"究天人之际，通古今之变，成一家之言"，②是司马迁历史思想的核心。而要达此目的，也需要对中国以外地区的了解。只不过当时的某些"外国"，现在早已是中国领土的一部分，而在当时并没有在中原王朝的直接统治之下。《史记》以下的二十五史，除了《陈书》、《北齐书》之外，其他23种史书中，都涉及对外国的介绍和研究，各代官修

---

① 《中国共产党第十七次全国代表大会文件汇编》，人民出版社2007年版，第33页。

② 《前汉书·司马迁传》，《二十五史》第1卷，上海书店、上海古籍出版社1986年版，第618页。

纪传体史书都有"外国传记"，包括东南亚、中亚、西南亚、欧洲和西非许多重要的地区和国家。

近代中国世界历史研究的萌生，始于19世纪中叶。中国先进分子为拯救民族危机"睁眼看世界"，林则徐编译《四洲志》、魏源编纂《海国图志》是这一时期的代表作。19世纪末、20世纪初，在甲午战争、辛亥革命等重大历史事件影响下，中国世界史研究从"萌生"开始逐渐发展，力图通过外国"亡国史"、"革命史"、"建国史"的研究，寻找中国独立、自由、解放的道路。辛亥革命期间，美国《独立宣言》（当时译为《美国独立檄文》或《美利坚民主国独立文》）曾五次在《国民报》、《民国报》等报刊全文发表，绝非偶然。20世纪初，唯物史观传入中国，对中国史学，特别是对中国的世界历史研究，产生了革命性的深远影响。1920年，李大钊在《马克思的历史哲学与理恺尔的历史哲学》一文中，深入浅出地阐释了唯物史观的基本原理。他强调"欲单从上层上说明社会的变革即历史而不顾基址，那样的方法，不能真正理解历史。上层的变革，全靠经济基础的变动，故历史非从经济关系上说明不可"。"自有马氏的唯物史观，才把历史学提到与自然科学同等的地位。此等功绩，实为史学界开一新纪元"①。除李大钊外，中国共产党的早期

---

① 李大钊：《马克思的历史哲学与理恺尔的历史哲学》，李大钊《史学要论》，河北教育出版社2000年版，第343—344页。

领导人陈独秀、蔡和森、李达、瞿秋白、恽代英等，也开始用唯物史观分析中国和世界的历史。在唯物史观理论的指导下，人们对"改造世界"的理性认识，有了新的发展。中国的马克思主义史学，是无产阶级领导的人民大众的反帝反封建的文化的重要组成部分，而非抽象的"学术"。中国世界历史研究的特点是与时代并进，它研究方向的主流，从不曾脱离时代的主题。中国世界史研究萌生时期即表现出的特点。在新中国成立后，特别是在20世纪80年代改革开放以来继续发扬光大，并不断赋予其新的社会意义和时代内容。

　　1980年，中国的社会发展已经结束了1976年10月以来在徘徊中前进的局面，进入了新的发展时期；中国的世界史研究也迎来了自己的春天，进入迅速发展时期：中国社会科学院世界历史研究所的科研工作全面恢复；北京大学等高校历史系开始设立世界历史专业；高校和研究机构开始招收世界史专业的硕士、博士研究生；学术性杂志《世界历史》创刊，在国内外公开发行；十余个全国性的世界史研究会（国别史或专门史）相续成立；国家社科基金设立世界史组，开始接受世界历史科研项目的申报和评审，等等。然而，这一切令人鼓舞的事实，并没有解决一个更为迫切、更为直接的现实问题，即在新的历史时期，如何继承发扬中国世界史研究的优秀传统，自觉坚持世界史研究的正确方向问题。"文化大革命"十年动乱造成的严重思想混乱，要真正做到"拨乱反正"尚需要时间；党的十一届三中全会虽然重新确立了解放思想、实事求是的思想路线，并不等于这条路线就可以一帆风顺地贯彻落实了。改革开放初期，西方学术思潮包括西方史学理论方法论鱼龙混杂，大量介绍到国内来，一时不少奇谈怪论充斥其间，有人甚至公开鼓吹中国世界史研究的出路，是"国际化"，是"价值中立"，是"全盘西化"等，所有这些都使得"方向"问题益发重要。

在改革开放新的历史时期，世界历史研究如何体现出它的社会责任尤其重要。为名利而研究，还是为国家和人民的利益而研究，这是一个大是大非的基本立场问题。世界史或其他学科研究的主、客体有其特定的内容和规范，但这与为人民服务、为社会主义服务，为发展中国特色社会主义服务的"二为"方向并不相悖。世界历史研究的社会责任，从根本上要落实在"二为"方向上。改革开放以来，我国世界历史研究的成果令世人瞩目，但毋庸讳言，在前进的道路上仍存在着一些亟待解决的问题。例如，少数人仰承洋人的鼻息，不加分析地照抄照搬西方的史学理论，生吞活剥，盲目崇拜，甚至主张放弃我们自己的理论体系和话语系统，去与西方"接轨"，使我们的学术研究受制于人，丧失起码的学术尊严和民族自信心。这与我们所说的有选择地汲取外国史学的优秀成果为我所用，完全是风马牛不相及的两件事。当前，社会上的浮躁风气和商业上的投机心理侵蚀着学术，世界历史研究也不是在真空之中，如研究中的低水平重复、粗制滥造、假冒伪劣、抄袭剽窃；热衷炒作、拉拉扯扯，无原则的吹捧等，而信仰、理想、使命等却被抛到九霄云外。凡此种种，都是没有起码社会责任感的具体表现。学术研究是一项严肃、艰苦而又崇高的工作，研究人员要自觉地承担起社会责任。我国的世界历史研究要发展，有许多事情要做，但首先要加强研究人员的社会责任感，要牢记学术研究的目的。

哲学社会科学研究水平，体现着一个民族的思维能力、精神状态和文明素质。哲学社会科学的研究能力和成果，是国家文化力量的重要标志和体现，是国家重要的战略性资源。充分认识广大世界史工作者的社会责任，在今天有重要的现实意义。联系到中国世界历史研究的现实，笔者以为需要从以下两个方面加强世界史工作者的社会责任。

其一，用马克思主义中国化的成果统领世界史研究，重视对世界史研究中的重大理论问题的探讨，在充分实现世界史研究的科学认识功能和社会功能的同时，服务大局，自觉地坚持"二为"方向。关于马克思主义社会形态问题的研究，这既是马克思主义学说的基本理论问题，也是世界史研究的基本理论问题。吴于廑、齐世荣在编纂《中国大百科全书·外国历史》卷和《世界通史》时，曾探讨过这个问题，日前，世界史学界关于这个问题的讨论正不断深化。

吴于廑认为，人类历史发展为世界历史，经历了纵向发展和横向发展漫长的过程。纵向发展，"是指人类物质生产史上不同生产方式的演变和由此引起的不同社会形态的更迭"。而横向发展，"是指历史由各地区间的相互闭塞到逐步开放，由彼此分散到逐步联系密切，终于发展成为整体的世界历史这一客观过程而言的"。"研究世界历史就必须以世界为一全局，考察它怎样由相互闭塞发展为密切联系，由分散演变为整体的全部历程，这个全部历程就是世界历史"。①　吴于廑关于世界史研究理论体系的立论基础，是马克思的世界历史理论。在《德意志意识形态》等著作中，马克思首次提出了世界历史概念并逐渐形成了自成系统的世界历史理论。马克思说，资本主义生产与交往的发展，"各个相互影响的活动范围在这个发展进程中越是扩大，各民族的原始封闭状态由于日益完善的生产方式、交往以及因交往而自然形成的不同民族之间的分工消灭得越是彻底，历史也就越是成为世界历史"。②马克思强调："世界史不是过去一直存在的，作为世界史的历史是结果。"③　马克思的"世界历史理论"是唯物史观的有机组成部分，也是今天我们理解"全球史观"的理论基础。2006 年，高等教育出版社相继出版了齐世荣总主编的 4 卷本《世界史》。这部著作的《前言》写道："马克思主义根据人类社会内部生产力与生产关系基本矛

---

①　《中国大百科全书·外国历史》，中国大百科全书出版社 1990 年版，第 1、第 5、第 15 页。

②　《马克思恩格斯选集》第 1 卷，人民出版社 1995 年版，第 88 页。

③　《马克思恩格斯全集》第 46 卷（上），人民出版社 1974 年版，第 48 页。

盾的不同性质，把人类历史发展的诸阶段区分为原始公社制、奴隶制、封建制、资本主义制和共产主义制几种生产方式和与之相应的几种社会形态。它们构成一个由低级到高级发展的纵向序列，但不是所有民族、国家的历史都一无例外地按照这个序列向前发展。有的没有经历过某一阶段，有的长期停顿在某一阶段。总的说来，人类历史由低级社会形态向高级社会形态的更迭发展，尽管先后不一，形式各异，但这个纵向发展的总过程仍然具有普遍的、规律性的意义。"① 当前，马克思主义社会形态问题的讨论不断深化的主要标志，是将理论上的探析，同马克思的《历史学笔记》、《人类学笔记》的研究结合起来，使人们不仅从理论上，而且通过人类历史矛盾运动的实际过程，去理解马克思主义社会形态理论的真谛。

　　其二，理论联系实际，在世界历史研究中，努力做到深刻的理论探究与高度地关注现实的辩证统一。中国世界史研究历史感与现实感并重的优秀传统，在改革开放的新的历史条件下，更加重视弘扬历史研究的时代精神，将历史认识建立在对当代世界和中国现实的深刻理解上。对现实理解的深度，在某种意义上决定了历史认识的深度，成为越来越多的世界史学者的共识。"进入新世纪新阶段，国际局势发生新的深刻变化，世界多极化和经济全球化的趋势继续在曲折中发展，科技进步日新月异，综合国力竞

---

① 齐世荣主编：《世界史·当代卷》，高等教育出版社 2006 年版，第 1 页。

争日趋激烈，各种思想文化相互激荡，各种矛盾错综复杂，敌对势力对我国实施'西化'、分化的战略图谋没有改变，我们仍面临发达国家在经济、科技等方面占优势的压力。我国改革发展处在关键时期，社会利益关系更为复杂，新情况新问题层出不穷"。① 当今世界正处在大发展大变革大调整时期，建设中国特色社会主义正在新的历史起点上。只有清醒地认识到机遇和挑战并存的国际国内现实，我们的世界史研究才能有根有魂，广大世界史学者才能自觉地肩负起社会责任。例如，彭树智主编的《中东国家通史》13卷，包括《沙特阿拉伯卷》、《以色列卷》、《伊拉克卷》、《土耳其卷》、《巴勒斯坦卷》、《伊朗卷》、《埃及卷》、《阿富汗卷》、《叙利亚和黎巴嫩卷》、《也门卷》、《海湾五国卷》、《约旦卷》、《塞浦路斯卷》。这是我国第一部多卷本《中东国家通史》著作，商务印书馆自2000年陆续出版，这既是一部学术精品，对世界历史学科建设有积极意义，同时也是对"西方中心论"的有力批判。

又如，美国历史学家魏特夫在《东方专制主义》中提出"治水社会"的理论，杜撰出所谓的"东方专制主义"概念，他不仅攻击马克思主义基本理论，歪曲古代中国、希腊、印度和埃及的历史，而且污蔑社会主义国家

---

① 《中共中央关于加强党的执政能力建设的决定》，《十六大以来重要文献选编》（中），中央文献出版社2006年版，第271页。

是"东方专制主义的变种"。为了揭露这部"学术著作"的欺骗性和反动性，1995年，《史学理论研究》杂志开辟专栏，组织世界史学者撰写论文，从东方社会的特点和性质、东西方专制制度比较、水利在东方社会发展中的作用、"亚细亚生产方式"、"'东方专制主义'概念的历史考察"等方面，系统地揭露了魏特夫《东方专制主义》在理论上史实上的谬误，以及政治上的反动政治意图。

包括世界史研究，哲学社会科学研究有一个不可回避的社会责任问题。在这个问题上要旗帜鲜明，不能失语。不久前病逝的吴冠中先生曾说："走上艺术的路，就是要殉道，还需要痛苦，而我的心永远被苦缠绕着。"① 从事哲学社会科学研究，同样需要殉道者的精神，要时刻牢记自己平凡而又崇高的使命。哲学社会科学研究是推动历史发展和社会进步的重要力量，面对新形势新任务，我们一定要充分认识自身肩负的历史使命，以高度的社会责任感去努力工作，在科研工作中开拓创新、锤炼自我，争取更多更大的成绩。

---

① 韩小蕙：《文艺·人生·时代——从吴冠中现象看文艺家与时代的辩证关系》，《光明日报》2010年8月5日。

目　录

历史认识理论研究

经济全球化和全球史

经济全球化和文化

史学理论和历史理论

历史认识理论研究

LISHI RENSHI LILUN YANJIU

论历史思维 [*]

　　思维是人类特有的功能。它作为人类智力构成的主要因素之一，通过其积极活动科学地认识世界，进行物质的和精神的生产。历史学溯源其萌芽状态时起，就同历史思维有着密切的关系。随着社会进步和科学的迅速发展，历史思维的素质，即历史研究的主体在扬弃陈旧的历史思维的同时，建立新的历史思维的能力不断提高。从历史思维的变革推动历史学发展这个意义上讲，一部史学发展史，就是一部历史思维发展史。本文拟通过对西方历史思维发展的粗略回顾，探讨历史思维的一般规律及当代历史思维的主要特点。

一、思维是时代的产物

　　任何一种思维方式都是时代的产物。每一历史时代思

──────────

　　[*] 本文发表于《史学理论》编辑部：《当代西方历史学思想的困惑》，中国社会科学出版社1991年版。

维的主、客体不同，决定了这一历史时代不同的思维方式，并使之有鲜明的时代特征。正如恩格斯所指出的那样："每一时代的理论思维，从而我们时代的理论思维，都是一种历史的产物，在不同的时代具有非常不同的形式，并因而具有非常不同的内容。"①

　　历史思维亦如此。西方史学源于古代希腊。"荷马史诗以及全部神话——这就是希腊人由野蛮时代带入文明时代的主要遗产。"② 经典作家所以对荷马史诗与神话有如此高的评价，是因为看到了形象思维的史诗与神话中所蕴含的极宝贵的史料价值。如果说考古文物是研究古代希腊重要的史料的话，那么，史诗与神话可以说是另一种形式的重要史料。因为 19 世纪 70 年代以来的科学研究以确凿的事实证明，"并非一切古代希腊神话和荷马史诗中的东西都是虚构的，可以相信远在公元前 12 世纪以前，也就是在已经有了古代历史家记载之前，古代社会的存在是事实；在荷马史诗中可以看到有关特洛耶战争历史可靠的资料，可以看到实有其事的'多金的迈锡尼'和'城垣坚固的特洛耶'"。③ 但是，史诗、神话毕竟与史学有着质的区别，其间杂有许多民谣、传说和宗教故事，不是历史研究所依据的史料。尽管如此，形象思维在史学发展中的作用却是不可抹杀的，如《荷马史诗》便揭示了希腊人由

---

①　《马克思恩格斯选集》第 4 卷，人民出版社 1995 年版，第 284 页。
②　《马克思恩格斯选集》第 4 卷，人民出版社 1995 年版，第 23 页。
③　兹拉特科夫斯卡娅：《欧洲文化的起源》，三联书店 1984 年版，第 5 页。

氏族公社向奴隶社会过渡的具体情景。"在荷马的诗中，我们可以看到希腊的各部落大多数已联合成为一些小民族［kleine volkerschaften］；在这种小民族内部，氏族、胞族和部落仍然完全保持着它们的独立性，它们已经住在有城墙保护的城市里；人口的数目，随着畜群的增加、农业的扩展以及手工业的萌芽而日益增长；与此同时，就产生了财产上的差别，随之也就在古代自然形成的民主制内部产生了贵族分子。各个小民族［volkchen］，为了占有最好的土地，也为了抢夺战利品，进行着不断的战争；以俘虏充作奴隶，已成为公认的制度。"① 形象思维是历史思维发展中最初的也是必然的阶段。随着历史思维的发展，它的作用逐渐发生了重大变化，但至今仍在起着其他历史思维方式所不能起的作用。一些学者指出，"历史思维中形象思维的作用，不仅表现于能够整体性或者说立体化地把握与再现历史上各种个别的人和事，而且更表现于它能借助于残缺不全的有限资料去复原历史形象，能借助于精神的沟通与感情的共鸣去理解历史实际。"②

公元前 5 世纪，西方史学发展开始了一个新阶段，其主要标志是古希腊历史学家希罗多德的巨著《历史》问世。这是一部以希腊人与波斯帝国在公元前 492 年至公元前 479 年的战争为主要内容的著作。希罗多德生动地描绘了现实生活中的人和事。他强调这部著作是他的"研究

---

① 《马克思恩格斯选集》第 4 卷，人民出版社 1995 年版，第 102—103 页。
② 姜义华等：《史学导论》，陕西人民教育出版社 1989 年版，第 112 页。

成果"，并指出他撰写《历史》的目的，"是为了保存人类的功业，使这不致由于年深日久而被人们遗忘，为了使希腊人和异邦人的那些值得赞叹的丰功伟绩不致失去他们的光彩，特别是为了把他们发生纷争的原因记载下来"。①由此可以看出，希罗多德已开始通过历史过程自身去探求历史现象何以发生的原因，这是十分可贵的。但是，其思维方式不可能脱离他所处的那个时代整个的生产力水平和科学发展水平，不可能超越古希腊人混沌整体的思维方式。反映在他的历史著作中，则是一种朴素的感性的直觉的历史思维。希罗多德有闻必录，他曾声称："我的职责是把我所听到的一切记录下来，虽然我并没有任何义务来相信每一件事情。"② 由此人们不难理解，为什么希罗多德在冲破前人窠臼，以批判的精神"求真"的同时，在其著作中渗透有不少神定论和宿命论的思想。

　　与希罗多德同时代的修昔底德则明确指出了史料鉴别问题。他说："不要偶然听到一个故事就写下来，甚至也不单凭我自己的一般印象作为根据；我所描述的事件，不是我亲自看见的，就是我从那些亲自看见这些事情的人那里听到后，经过我仔细考核过了的。"③ 他的代表作《伯罗奔尼撒战争史》就是以其亲身经历和访查写成的，被人们称为"信史"。修昔底德将神话传说摒弃于历史记载

①　希罗多德：《历史》，商务印书馆1985年版，第1页。
②　希罗多德：《历史》，商务印书馆1985年版，第691页。
③　修昔底德：《伯罗奔尼撒战争史》，商务印书馆1985年版，第17—18页。

之外，代表着古典史学当时所能达到的最高水平，并对后世产生了深远影响。但是，他的历史著作仍是朴素的直觉的历史思维的表述，例如，他虽然致力于探求历史事件的因果关系，意识到经济因素在历史进程中的重要作用，但他没有，而且也不可能对此作出科学的解释。相反，他从社会矛盾运动的表象出发，只看到人性的作用，用人性解释历史，并认为人性是不变的，所以历史也在循环往复不断地重演。

希罗多德和修昔底德对史学发展作出划时代的贡献，同时又以直觉思维认识和分析历史现象。这是时代的局限。这种无法超越的局限也表现在古希腊其他著名学者的思维方式中。如泰勒斯、赫拉克利特、阿那克西米尼、毕达哥拉斯分别把水、火、气、数这些常见的东西看成是万物的始基，明显地表现出以一种朴素的直觉的思维方式去认识和解释世界。

公元476年，西罗马帝国灭亡。西欧由奴隶制开始向封建制过渡。此后直至文艺复兴时期的一千年间，人们通称"中世纪"时期。恩格斯指出："中世纪是从粗野的原始状态发展而来的。它把古代文明、古代哲学、政治和法律一扫而光，以便一切从头做起。它从没落了的古代世界接受的唯一事物就是基督教和一些残破不全而且丧失文明的城市。其结果正如一切原始发展阶段中的情形一样，僧侣们获得了知识教育的垄断地位，因而教育本身也渗透了神学的性质，政治和法学都掌握在僧侣手中，同其他一切科学一样，不过是神学的分支，一切按照神学中适用的原则来处理。"① 宗教愚昧和神权政治扼杀了古典史学的优秀传统，史学成为从属于神学的奴婢，充满了神秘主义和僧侣主义、经院哲学的色彩，当然，历史思维也谈不到有什么发展。

14 世纪至 17 世纪初的"文艺复兴"是"一次人类以往从来没有经历过的一次最伟大的、进步的变革，是一个需要巨人而且产生了巨人——在思维能力、激情和性格方面，在多才多艺和学识渊博方面的巨人的时代"。② 在新兴资产阶级"人文主义"的旗帜下，以历史思维能力的迅速提高和发展为前提，人文主义史学诞生了。它冲破基督教神学恢复了古典史学批判求实、求真等传统，而且从现实出发，迈出了新的步伐。

人们在发展自己的物质生产和物质交往的同时，也改变着自己的思维和思维方式。人文主义史学所表现出的历史思维能力的提高，是"文艺复兴"运动的产物。这是因为思维同时代的发展始终处在同一水平上。首先，史学中的人本主义思想进一步加强了。"把历史认定为一种理智的追求，明显地区别于其他学科，又与它们相联系，这种认识是在文艺复兴时期最先明确表达出来的。"③ 如曾任羊毛业行会负责人、造币厂厂长和手工业管理官员的佐凡尼·维拉尼撰有 12 卷本《佛罗伦萨史》。前 7 卷是有关

---

① 《马克思恩格斯全集》第 10 卷，人民出版社 1998 年版，第 482 页。
② 《马克思恩格斯选集》第 4 卷，人民出版社 1995 年版，第 261—262 页。
③ 哈多克：《历史思想导论》，华夏出版社 1989 年版，第 1 页。

佛罗伦萨的神话传说，而后5卷则详尽记述了佛罗伦萨的社会发展和经济活动。稍后的列奥那多·布鲁尼撰写《佛罗伦萨史》时，以维拉尼的著作为主要参考书，但他将奇闻异说、迷信轶事全部删除，而重视运用档案资料，从他所确认的事实中记叙和分析历史现象。史学真正从天上回到了人间，为后人留下了不少有价值的史料。其次，批判精神加强了。特别是在对神的批判过程中，奠定了历史学辅助学科校勘学的基础。如意大利史学家瓦拉对《君士坦丁赠与》这一历史文件的辨伪，不仅提高了历史学的价值，而且有力地打击了教廷势力，动摇了教皇的权威。另一位意大利史学家弗雷维阿·比昂多在30卷本《罗马帝国衰亡以后的历史472—1440年》中，周详地考证了他所能见到的史料，公开对历史记载中的荒唐传说提出批判，自此建立了史学批判的传统。历史思维的进步不仅表现在求真求实、批判疑古方面，还表现在致用上，人文主义史学家把史学看成伦理道德和政治教育的一种方式。如马基雅弗利撰写的8卷本《佛罗伦萨史》以政治斗争为中心描述佛罗伦萨的兴衰，他通过历史上的往事来针对现实问题，宣传他的政治主张，弗兰西斯·培根的《亨利七世统治时期史》也是以政治事件为中心贯穿全书的。在他看来，历史是"经验"的同义语。他写此书的目的，是将其献给英国王太子查理（即后来的查理一世），希望他从亨利七世的成功和失败中吸取教训。他认为"历史使人明智"，强调它的社会功能。

　　人文主义史学的兴起使西方史学的历史思维有了长足

的发展，使西方史学进入了承上启下的崭新的发展阶段。
一方面，这一发展并没彻底改变古典史学所奠定的感性的
直觉的思维方式，历史思维中仍然缺乏实证性和精确性的
特征。另一方面，人文主义史学中的理性色彩已为近代历
史思维的产生奠定了基础。从"英国唯物主义和整个现
代实验科学的真正始祖"① 培根身上，可清楚地看到这一
点。培根在《亨利七世统治时期史》一书中，已开始用
哲学家的眼光来概括都铎王朝初期的英国史，但是，这一
概括所依据的不是可靠的史料，而是根据已有的编年史和
大事记。即使在使用第二手史料时，也不认真鉴别，而是
从自己的哲学推理出发，随意剪裁史料。在培根看来，历
史著作"是根据各种特定的记事、叙述、故事创作而成
的，整理这些材料，加以修饰，由此组成一部完整的历
史，这是不难的。"② 培根对历史著作的见解在人文主义
史学家中颇有代表性。如布鲁尼同宗教史观彻底决裂，在
坚持用世俗的观点解释历史的同时，又偏爱带有戏剧色彩
的政治史和军事史，经常根据自己的想象，而没有任何根
据来撰写历史著作，虽然人文主义史学深受古典史学的影
响，是在其基础上发展起来的，但是这并不能说，人文主
义史学的历史思维是古典史学历史思维的简单回归。正如
文艺复兴运动不是复古，是在吸收古典文化的基础上创造
资产阶级新文化一样，人文主义史学也不是单纯地复兴古

---

① 《马克思恩格斯全集》第 2 卷，人民出版社 1957 年版，第 163 页。
② 哈多克：《历史思想导论》，华夏出版社 1989 年版，第 31 页。

典史学。它的历史思维强调实例、归纳、致用，这可被认为是近代资产阶级史学新思维迈出的第一步。

人类的社会实践活动一天不停止，人类的思维发展也一天不会停止。作为史学理性认识的历史思维也如此。继人文主义史学之后，西方史学发展又经过了18世纪理性主义史学、19世纪浪漫主义史学、客观主义史学等主要阶段。其间虽学派林立，时有曲折或倒退，但历史思维发展和进步的总趋势是明显的。法国启蒙主义者伏尔泰的《路易十四时代》、《论世界各国的风俗与精神》彻底摧垮了神学史观，并第一次将人类历史作为一个整体进行研究。意大利学者维柯在《新科学》一书中明确指出："这个包括所有各民族的人类世界确实是由人类自己创造出来的。"这是"第一条无可争辩的大原则"。[1] 他还认为，人创造了历史，同样可以认识历史，总结出历史发展的规律，他被后人认为是历史哲学的奠基者。浪漫主义史学家提出的历史主义思想，强调了历史发展的连续性和复杂性，对任何历史现象，都要进行具体的历史分析。德国古典哲学家黑格尔的《历史哲学》所表述的历史观，蕴含有生动的辩证法思想，是马克思主义诞生前对社会历史所作的最高概括。

然而，西方学者使史学科学化的第一次尝试还是始于19世纪中叶的实证主义史学。"实证主义史学认为，历史研究应当包括两个阶段：确定事实，这仅仅是历史研究过

---

[1] 维柯：《新科学》，人民文学出版社1986年版，第573页。

程的第一阶段；第二阶段是发现规律。规律是通过概括、归纳大量事实而作出的。在实证主义史学家看来，作为一门科学的历史学，它不能止于客观描述已经发生过了的史实，还必须对客观历史过程中的因果规律进行探索。"①19世纪60年代之后，实证主义史就在西方广泛流行。法国史学家伊波利特·泰恩、英国史学家亨利·巴克尔、梅特兰、德国史学家西奥多·蒙森、卡尔·兰普勒等在精细地收集史料方面，即"以一种实证主义的方式来设想它的那些事实"②，有力地推动了历史思维的发展。古典史学思维的直觉性和整体性开始被以实证性和局部性为特征的历史思维所代替。因为实证主义史学在收集史料时遵循的是以下两条方法准则："1. 每件事实都被看作是可以通过一个单独的认识行为或研究过程而被确定的事物；于是，历史可知的整个领域便被分割成无数的细微的事实，每件事实都要单独予以考虑。2. 每件事实都要被思考为不仅独立于其他一切事实之外，而且也独立于认知者之外，因此历史学家观点中的一切主观成分（像是它们被人认为的）必须一概删除。历史学家一定不要对事实作任何判断，他只应该说事实是什么。"③尽管实证主义史学家在发现历史规律方面没有什么建树，有些人甚至还过于注意细节问题，但这一问题提出本身，以及他们为此而

---

　　① 张广智：《克丽奥之路——历史长河中的西方史学》，复旦大学出版社1989年版，第176页。

　　② 柯林武德：《历史的观念》，中国社会科学出版社1986年版，第148页。

　　③ 柯林武德：《历史的观念》，中国社会科学出版社1986年版，第148页。

作的努力，却作为近代史学的宝贵遗产对后世产生了深远的影响。

美国史学家詹姆斯·哈威·鲁滨逊 1911 年出版了他的代表作《新史学》。他在说及为什么以"新史学"作为书名时说："就是要特别强调：我们不应该把历史学看作是一门停滞不前的学问，它只有通过改进研究方法，搜集、批评和融化新的资料才能获得发展。恰恰相反，我们认为历史学的理想和目的应该伴随着社会和社会科学的进步而变化，而且历史这门学问将来在我们学术生活里应该占有比从前更加重要的地位。"[1] 鲁滨逊基于这种认识，坚信史学观念是不断变化的，将来总会有一种新的观念发生。实际上，鲁滨孙在书中所阐明的即是一种崭新的历史观。他认为大到民族的复兴灭亡，小到一个平凡人物的习惯和感情，都包括在历史范围之内，从而大大扩大了历史研究的视野；他主张同其他不同领域的科学家建立同盟，用综合的观点研究历史，深化历史研究的范围；还主张用进化的观点将人类历史看成是连续不断的发展过程；他还特别重视历史教育的重要性，认为历史应认识过去，分析现在的问题，并预测未来。不难看出，这种观念已反映出现代史学的某些特点，而这些特点则是多维的综合的开放的历史思维的产物。"新史学"后来在美国发展成为一个有势力的史学流派不是偶然的。不仅对美国而且对其他国家的史学都产生了深远的影响，这种影响一直延续至今。

---

① 詹姆斯·哈威·鲁滨逊：《新史学》，商务印书馆 1989 年版，第 20 页。

二、历史思维的构成要素

通过以上粗略的回顾，我们可以看出历史思维构成的要素，主要是知识和理论。

知识是人类在漫长的社会事件活动中，不断积累起来的认识成果，是从"结果"的角度对客观现实的反映。这里所说的知识是一个十分宽泛的概念，包括人类改造自然，改造社会活动时的所有成果。除历史知识外，或有其他社会科学知识、人文科学知识、自然科学知识；描述的知识；规范的知识；内容方面的知识、形式方面的知识；经验的知识和理论的知识，甚至还包括日常生活和专门的技术知识，等等。任何一种历史思维都同一定的知识紧密联系在一起。知识是人们对客体进行思考的基础，思维建立在知识之上，每一时代知识水平的高低直接决定着这一时代历史思维的特点。

"神话"一词在英文（Myth）中，指自古以来相传的故事，包括某一民族早期的信念，尤其对自然界现象的解释。在希腊语（Mythos）中，主要指关于神祇和英雄的故事、传说。① 希腊史诗和神话是当时的历史现实在人们头脑中形象化的特殊反映。之所以如此，这是因为"希腊神话不只是希腊艺术的武库，而且是它的土壤……任何神话都是用想象和借助想象以征服自然力，支配自然力，把

① 鲍特文尼克等编著：《神话辞典》，商务印书馆 1985 年版，第 268 页。

自然力加以形象化；因而，随着这些自然力之实际上被支配，神话也就消失了"。① 正是因为希腊人因知识的限制无法支配自然力，不能科学地解释自然界的一切现象，神话和史诗才成为古希腊人最早的思想形式。正如马克思凭借有限的知识，以自身的体验来想象世界，对一些复杂的问题不可避免地作出幻想的解释，认识中的主体和客体是分开的。这样，我们就不难解释为什么希腊神话中有许多被神化了的历史事件，如关于特洛伊战争，关于七雄攻忒拜、关于赫刺克勒斯族的战争等，都是披着神话外衣的真实的历史事件。知识水平的局限使古典史学的最初萌芽首先明显地表现出形象思维的特点。

与神话史诗相比，希腊奴隶制国家形成后因生产力迅速发展，使古希腊人的知识水平有很大提高。元素论、原子论、欧几里得几何学、阿基米德的力学、数学、亚里士多德的《工具篇》、托勒密的天文学的问世，相应地产生了一系列的科学方法，如演绎法、穷竭法、实验—数学方法、三段论法、直观猜测法、基元法、公理化方法、形式逻辑方法、几何—三角方法等等。这些科学成就和科学方法启迪了人们的智慧，为形成逻辑思维方式创造了条件。当时的科学成就和生产力水平决定了古希腊人直观的思维方式，他们把直观中接触最多的水、金、火、土作为万物之源。这种直观思维也直接表现在希罗多德等史学家的历史思维中。这与原始意识的对世界作拟人的自然观的神话

相比，已有了本质的区别。

从文艺复兴时期起，科学得到了迅速的发展，人们的知识越来越丰富。不仅天文学、化学，地理学等也有了长足的进步。如16—18世纪，产生了哥白尼—开普勒的天体运行理论、伽利略—牛顿的经典力学、牛顿—莱布尼兹的微积分、拉瓦锡的燃烧理论、瓦特的蒸汽机、葛朗特—威廉·配第的统计学。学者们把经验观测的材料作为阐释一切科学原理的起点。在实验材料和理论推断结合的过程中，提出了如何将感觉经验和理性思维统一起来的问题。这一问题反映在历史学中，就是彻底否定神学的束缚，以理性主义的态度对待历史，探求历史发展的规律。

由于人们已开始对各学科进行分门别类的精细研究，所以历史学在这时也开始成为一门独立的学科，并开始对历史现象进行精确的实证的研究。直觉的历史思维逐渐向以实证为特征的历史思维过渡。不难看出，历史思维的发展，仍属于知识的增长和积累。知识的扩大是导致历史思维发生变化的杠杆，弗·培根指出："人类统治万物的权力肯定是深藏在知识之中的；在知识里边蕴藏着许多东西，这些东西是帝王的财宝所不能购买，他们的势力所不能指挥的。"① 正是从这一认识出发，他才强调"知识就是力量，力量就是知识"②。

针对亚里士多德阐释演绎法的《工具论》，培根撰写

---

① 班加明·法灵顿：《弗兰西斯·培根》，三联书店1958年版，第27页。
② 敦尼克等主编：《哲学史》下卷，三联书店1962年版，第395页。

了《新工具》。《新工具》系统阐述的是归纳法，强调感觉是可靠的，是一切知识的泉源。他说："寻求和发现真理的道路只有两条，也只能有两条。一条是从感觉和特殊事物飞到最普遍的公理，把这些原理看成固定和不变的真理，然后从这些原理出发，来进行判断和发现中间的公理。……另一条道路是从感觉与特殊事物把公理引出来，然后不断地逐渐上升，最后才达到最普遍的公理，这是真正的道路。"① 培根所主张的是后一条道路。他重视观察和实验，认为应先研究事实，然后通过对事实进行探讨得出定理。然后根据这些定理去研究新的事实。这是一种崭新的科学方法，也是一种崭新的思维方式。培根的上述思想为近代经验论哲学奠定了基础，一直影响至今。可以说，理性主义史学和实证主义史学，都可以从培根的学说中找出历史渊源。

19 世纪中叶实证主义史学的诞生，标志着以实证性、精确性、局部性为特征的历史思维完全代替了以直觉性、模糊性和整体性为特征的历史思维。在后者向前者转化的过程中，尤其可以看出知识的力量。实证主义史学起源于法国社会学家哲学家孔德创立的实证哲学。它的基本原则是，哲学的基础是实证自然科学，其内容是可以观察和可以实验的事实，实证的知识是至高无上的，实证哲学与实证自然科学完全统一。这种哲学适应了自文艺复兴以来，

---

① 弗·培根：《新工具》，《16—18 世纪西欧各国哲学》，商务印书馆 1975 年版，第 10 页。

欧洲实验自然科学迅速发展的潮流。19 世纪的科学成就，如能量守恒和转化定律，达尔文的进化论和细胞学说的问世，使人们对自然界主要过程的科学认识有重要意义。恩格斯曾指出："有了这三个大发现，自然界的主要过程就得到了说明，就归结到自然的原因了。"[1] 实证主义史学得益于 19 世纪自然科学重大成就所引起的科学观念的深化。实证主义史学家们不再粗率地观察和对待历史现象及史料，而是"从事研究他们所能确定的一切事实。结果是详尽的历史知识大量地增加起来，根据对证据的精确的和批判的考订而达到一种史无前例的程度。这是由于编纂大量精心筛选的材料而使得历史学丰富了起来的时代，诸如密封存档的年历、拉丁文铭刻集成、各种各样历史文件和资料的新版本以及考古研究的成套设备等等"。[2] 事实证明，在"历史学丰富了起来的时代"，首先是历史思维的丰富，一些实证主义史学家，如英国的亨利·巴克尔已不满足于发现、收集和考订史实，开始探讨历史现象的因果关系及历史发展的规律性，对历史现象的因果关系也不能作出科学的解释，但他们的思想却构成了史学发展中的一个完整的阶段，对历史思维的丰富，促进史学的科学化，作出了有益的贡献。

如果说知识是构建思维的基本要素的重要条件，那么理论作为具有严格固定形态的知识，则是构成历史思维又

① 《马克思恩格斯全集》第 20 卷，人民出版社 1971 年版，第 538 页。
② 柯林武德：《历史的观念》，中国社会科学出版社 1986 年版，第 144 页。

一基本要素和重要条件。任何一门科学都由理论构成，否则便不成其为科学。思维是一种依赖于物体感性实践活动的人类活动的特殊精神形式，是人的一种创造性能力。这里所说的思维，不是仅存在于人的行为、行动之中的日常思维，而是作为认识的高级形式的科学思维，显然也离不开理论，理论不仅指导研究主体的历史思维活动，制约着他们的思维定态，成为他们认识和解释历史现象的标尺，而且还决定历史思维的结果。正确的、谬误的、科学的、非科学的不同的理论指导，会使历史思维沿着不同的轨迹发展，导致历史研究产生不同的结果。

以历史哲学的产生和发展为例，可清楚地说明这一点。伏尔泰最早使用了"历史哲学"这一术语。维柯第一次提出了人类历史是个有规律的过程，人们可以认识历史事件中所蕴藏着的规律。而黑格尔晚年的《历史哲学》，则远远超过了前人对社会历史的概括。恩格斯说："黑格尔第一次——这是他的巨大功绩——把整个自然的、历史的和精神的世界描写为一个过程，即把它描写为处在不断的运动、变化、转变和发展中，并企图揭示这种运动和发展的内在联系。"[1] 恩格斯针对黑格尔的历史观说：他是"第一个想证明历史中有一种发展、有一种内在联系的人，尽管他的历史哲学中有许多东西现在在我们看来十分古怪，如果把他的前辈，甚至把那些在他以后敢于对历史作总的思考的人同他相比，他的基本观点的宏

---

[1] 《马克思恩格斯选集》第 3 卷，人民出版社 1995 年版，第 736—737 页。

伟，就是在今天也还值得钦佩。"① 黑格尔历史哲学所以获得如此成就，首先因为黑格尔是一位著名的哲学家，他创立了由逻辑学、自然哲学、精神哲学组成的内容丰富的哲学理论，其次，他的历史哲学继承了前人关于人类历史发展过程的理论成果。如维柯的历史运动的规律性理论，孟德斯鸠的地理因素在历史发展中的作用的理论，伏尔泰关于创立哲学的历史，以及他的历史辩证法思想，卢梭的自由、平等、民主思想，爱尔维修对神学史观和唯灵论历史观的批判，赫德尔的人类历史发展的客观规律性理论，康德的社会历史观，费希特的关于统一的世界历史的理论，等等。这些都是黑格尔历史哲学的基础和起点。黑格尔的历史哲学正是在前人一系列社会历史理论成果的基础上形成的。离开了这个基础，就没有黑格尔的历史哲学，也就没有以黑格尔为代表的崭新的历史思维。

但是，黑格尔的历史哲学却不是完美无缺的。随着时代的发展，这一理论缺陷日益清楚地显现出来。列宁主要是针对这些缺陷尖锐地指出：黑格尔"历史哲学所提供的东西非常之少——这是可以理解的。因为正是在这里，正是在这个领域中，在这门科学中，马克思和恩格斯向前迈了最大的一步。而黑格尔在这里则已经老朽不堪，成了古董"。② 之所以如此，是因为包括黑格尔在内的以往的理论大师们，至多考察了人们历史活动的思想动机，但没

---

① 《马克思恩格斯选集》第 2 卷，人民出版社 1995 年版，第 42 页。

② 《列宁全集》第 55 卷，人民出版社 1990 年版，第 351 页。

有找到产生这些动机的原因，即没有看出物质生产发展程度是这种关系的根源，此外，他们也认识不到人民群众在历史进程中的作用，所以不可能科学地阐明历史矛盾运动的规律。

1844年，马克思从研究黑格尔的法哲学着手，开始将人类物质生活引入社会历史中考察，发现法的关系同国家的形式一样，根源于物质的生活关系之中。马克思由此出发，为创立唯物主义历史观进行了艰苦的理论探索。1859年，他在《〈政治经济学批判〉序言》中，对唯物史观作了如下的经典表述："人们在自己生活的社会生产中发生一定的、必然的、不以他们的意志为转移的关系，即同他们的物质生产力的一定发展阶段相适合的生产关系。这些生产关系的总和构成社会的经济结构，即有法律的和政治的上层建筑竖立其上并有一定的社会意识形式与之相适应的现实基础。物质生活的生产方式制约着整个社会生活、政治生活和精神生活的过程。不是人们的意识决定人们的存在，相反，是人们的社会存在决定人们的意识。社会的物质生产力发展到一定阶段，便同它们一直在其中运动的现存生产关系或财产关系（这只是生产关系的法律用语）发生矛盾，于是这些关系便由生产力的发展形式变为生产力的桎梏。那时社会革命的时代就到来了。随着经济基础的变更，全部庞大的上层建筑也或慢或快地发生变革。"[1] 唯物史观的产生，使人类历史发展规律

---

① 《马克思恩格斯选集》第2卷，人民出版社1995年版，第32—33页。

第一次得到科学的阐释。这是唯一的科学的历史观。它丰富了历史思维，使其发生了革命性的变化，为历史思维成为科学思维奠定了哲学基础。由于把生产关系和物质生产力引入历史观中进行考察，继而得出人类历史是社会经济形态发展的自然过程的结论，这样，历史思维不仅有了科学理论的指导，而且有了检验这一思维正确与否的标准。

综上所述可以看出：历史思维的发展既离不开知识，也离不开理论，科学的历史思维不仅建立在人类创造和积累的丰富的知识的基础上，而且也建立在符合人类社会进步趋势的先进的理论基础上。这一理论包括具体的学科理论和指导这些学科的基本理论。

三、当代历史思维的特点

20 世纪以来，特别是第二次世界大战结束以来，国际史坛发生了深刻的变化。这一变化首先表现为历史学同其他学科的交叉融合。历史学和其他学科在寻求它们赖以共同发展的基础上，出现了一些新的历史学分支学科。如历史社会学、历史人口学、家庭史学、口述史学等，由于采用新的研究方法，还陆续产生了计量史学，比较史学等。这就不可避免地提出了历史研究中的跨学科方法问题，历史学的界限变得越来越模糊了。其次强调历史研究中的理论描述，重视对社会历史现象进行理论分析、理论概括。一些史学家提出，具有理论性是社会科学的特征，为了提高历史研究中的理论深度，必须改变以经验为特征的传统的研究方法，因此，在西方和苏联一些史学家的专著中，便提出了"理论历史学"的概念。"理论历史学"主张吸收社会学、人类学、经济学、人口学等社会科学的理论、方法、概念，将其运用到历史研究中去。在加强对历史过程理论描述的同时，重视史学自身的理论方法研究，从整体上提高历史学的理论水平。

从上述两方面的变化，可清楚地看出历史研究中的整体化和理论化趋势。这个趋势不是历史学独有的，而是当代科学发展的共同趋势。这种情况同 20 世纪以来科学的迅速发展有密切关系。狭义相对论、广义相对论、原子结构、粒子物理、量子力学、控制论、信息论、系统论、电子计算机、分子生物学、包括耗散结构理论和协同学在内的非平衡统计物理学等的问世产生了相应的一系列科学方法，如探索性演绎法、结构分析、反馈控制、信息方法、系统方法、结构—功能分析方法、有序方法、突变方法等。这些科学成就及科学方法极大地丰富了人们的知识，提高了人们认识世界的过去、现在和未来的能力，使史学自身理论方法论的研究有了更坚实的科学基础。在历史唯物主义和辩证唯物主义的指导下，它们直接或间接地促进了历史思维的发展，从而导致历史学发生了引人注目的变化。

为了自觉地适应这一变化，不断提高历史研究的理论水平，我们应清醒地把握住当代历史思维的特点。这些特点同时也是历史思维今后发展的趋势，那就是科学的辩证思维、创造性思维和系统性思维。

科学的辩证思维。辩证法是马克思主义的认识论。辩证思维是马克思主义哲学的重要组成部分，同时也是历史哲学的思维基础。恩格斯指出："辩证的思维方法同样不知道什么严格的界限，不知道什么普遍绝对有效的'非此即彼！'，又在适当的地方承认'亦此亦彼！'，并使对立通过中介相联系；这样的辩证思维方法是唯一在最高程度上适合于自然观的这一发展阶段的思维方法。"① 从经典作家的论述中可以看出，科学的辩证思维既不是简单的直线式的思维，也不是强调总是两极的形而上学思维，它同建立在经验的直观的基础上的传统的逻辑思维有着本质的区别。科学的辩证思维是一种理论思维，它同唯物辩证法、辩证唯物主义认识论是一致的。辩证法的基本规律，即对立统一规律、质量互变规律和否定之否定规律，也是科学辩证思维的基本规律。因此，在历史研究中，科学的辩证思维首先要求人们承认社会历史现象自身所固有的，并以对立统一规律为核心的客观规律性。这是使历史思维建立在科学基础上的前提。同时还以历史唯物主义作为整个历史思维的理论基础。因为它是将辩证唯物主义原理应用于社会现象的研究而形成的关于社会发展一般规律的科学。有了这样的前提和理论基础，便使史学家有可能面对着浩繁的史料和复杂的、甚至是相互矛盾的历史现象，认清历史现象的本质，揭示出历史矛盾运动的客观规律，从而对人类社会历史进程中的诸多问题作出科学的回答。

科学的辩证思维存在于历史研究的全过程中。从确立

---

① 《马克思恩格斯选集》第 4 卷，人民出版社 1995 年版，第 318 页。

选题到选择、鉴别史料，应用某些理论或方法分析历史运动的因果关系，直到最后进行理论概括，作出结论。这样，研究工作一开始便纳入了科学的轨道，从而使史学家的工作在科学理论的指导下，保持正确的方向。此外，科学的辩证思维作为一种理论思维，还有另外一方面的作用，即随着历史研究科学化水平不断提高，理论描述占有越来越重要的地位，对历史研究中一些问题的哲学思考日渐突出，如历史发展的统一性与多样性，历史的必然性和偶然性，历史普遍规律和特殊规律，历史矛盾运动的表象与本质之间的联系，历史的可能性和现实性、原因和结果，还有历史哲学、历史认识论中诸多问题的探讨，都离不开科学的辩证思维。如果说"没有理论思维，的确无法使自然界中的两件事联系起来，或者洞察二者之间的既有的联系"①，那么没有辩证思维，对于复杂的历史现象和历史过程，就找不到理解它们的基本途径，一系列历史事件的堆砌或编纂不是历史科学。苏联生物学家巴甫洛夫说："当没有理论的时候，你就看不到事实。"这里当然说的是自然科学研究中的事实，但对历史研究也完全适用。因为无论是自然科学还是社会科学的事实，只要是科学研究所依据的事实，即"科学的事实"，它们内在的本质是一致的。无独有偶，法国年鉴派史学家布罗代尔则把"没有理论就没有历史"作为座右铭。在历史研究的实践中，我们可以看到，离开了科学的辩证思维就降低以至取

---

① 《马克思恩格斯选集》第 4 卷，人民出版社 1995 年版，第 300 页。`

消了历史学的科学功能。从这个意义上，我们说没有科学的辩证思维就没有历史科学，这绝非是耸人听闻之谈。

创造性思维。在科学研究中，主体对客体的认识，首先通过感觉器官从外部世界得到关于客体的感性材料。在思维中，感性材料转换成言语符号材料，进而又变成引起大脑神经冲动的信号。这种冲动是一个生理的电化学过程，在这同时，思维活动也在进行着。思维活动的过程如何，直接决定着科学研究的水平。物理学家爱因斯坦在一封信中谈到自己的思维过程时写道："在我的思维机构中，书面的或口头的文字似乎不起任何作用，作为元素的心理的东西是一些记号和有一定明晰程度的意象，它们可以由我'随意地'再生和组合。……这种组合活动似乎是创造性思维的主要形式。它进行在可以传达给别人的、由文字或别的记号建立起来的任何逻辑结构之前。"① 从爱因斯坦的这段话中，史学工作者也不无启迪。这使我们不由地想起法国年鉴派史学家吕西安·费弗尔的名言："我们所提出的不是一种让史料自己谈话，而是由史学家提出问题的史学。"② 历史学既然是一门科学，就具有科学的一般规范和特征。在揭示人类历史发展的具体过程及其规律时，创造性思维大有用武之地，甚至是不可缺少的。

历史研究中的创造性思维是历史思维的重要组成部分。它同一般意义上的创造性思维既有联系，又有区别。

---

① 转引自夏甄陶：《认识论引论》，人民出版社1987年版，第217页。
② 勒高夫等主编：《新史学》，上海译文出版社1989年版，第13页。

首先，它不是史学家凭灵感创造出来的。它虽然通过史学家个人而实现，但它并不是史学家单个人的思维，而是人类集体思维的产物，是社会思维的成果。恩格斯深刻论述的人类思维的辩证法在这里完全适用。他写道："人的思维是至上的吗？在我们回答'是'或'不是'以前，我们必须先研究一下，什么是人的思维。它是个人的思维吗？不是。但是，它仅仅作为无数亿过去、现在和未来的人的个人思维而存在。"① 与再现性思维相比，创造性思维强调在原有基础上的开拓和突破，提出新概念、新理论、新方法、新结论。但是，这一切必须建立在正确的理论和坚定的现代科学知识的基础上。

研究的客体是人类社会已往的历程，是"过去"，对此，史学家不可能对其直接进行观察。历史既不能重演，又不能复制，即它不可能以其本来面目完完整整地直接呈现在现实的人面前。要研究它，只能依据一定的理论和方法，通过大量文献资料或出土文物去再现它，"再现"的过程，即从史料中重新获取有关"过去"的信息的历史认识的过程。在这过程中，创造性思维同辩证思维一样重要。因为历史认识的目的和结果，不可能像一面镜子一样，将历史，甚至很遥远年代的历史丝毫不差地反映到今天。因此，历史认识的过程，便是认识主体遵循一定的理论、方法和规律创造的过程。

"历史事件"和"历史事实"是两个不同的概念。历

---

① 《马克思恩格斯选集》第 3 卷，人民出版社 1995 年版，第 426 页。

史上所发生的"事件"一旦成为历史的"事实",即事件通过人的思维的作用,以这种或那种形式记录、保存、流传下来,它便已不是彼时彼地所发生的历史事件了。经过人的大脑的这种或那种作用的历史事件,即历史事实不可能是纯客观的,它只是主观和客观的结合,在这个结合的过程中,创造性思维自觉地或不自觉地将发生作用。至于历史研究所依据的史实,则更复杂些,它应该体现出"科学的历史事实"的属性,即它应是历史思维自觉的产物。它既不是原始的事实(事件),也不是作为一般记述、一般纪录的事实,而是被历史思维——创造性思维认识、改造的事实。这是在经验的历史认识向理论的历史认识转变的过程中实现的。

从史学发展史来看,历史研究中的创造性思维并不是现在才提出的,只不过是近年明确地提出这一概念罢了。同时,这一创造性也不仅仅表现在对历史研究的基础和前提的"事实"的科学认识上。例如,英国历史学家柯林武德指出:"自然的过程可以确切地被描述为单纯事件的序列,而历史的过程则不能。历史的过程不是单纯事件的过程而是行动的过程,它有一个由思想的过程所构成的内在方面;而历史学家所要寻找的正是这些思想过程。"因此,他认为"对于历史学家来说,所要发现的对象并不是单纯的事件,而是其中所表现的思想"。所以他强调"一切历史都是思想史"。① 如何才能发现那些"思想过

---

① 柯林武德:《历史的观念》,中国社会科学出版社1986年版,第243页。

程"呢？柯林武德认为唯一的办法就是通过"批判的思维"在史学家的心灵中重新思想它们。所谓"批判的思维"实质上是一种创造性思维。它保证史学家进行积极的创造，"不是消极屈服于别人心灵的魅力之下"。"历史学家不仅是重演过去的思想，而且是在他自己的知识结构之中重演它，因此在重演它时，也就批判了它，并形成了他自己对价值的判断，纠正了他在其中所能识别的任何错误。"① 柯林武德看来，整个历史思维就是批判的思维，历史研究的过程，亦即通过批判的思维对单纯的事件进行创造，从而"看透它们"，以便识别其中的思想或编织出历史事件的参与者的思想。这种认识比"史料即历史"，"史料决定一切"的认识显然要高出一筹。既然历史研究不是消极的像镜子一样反映历史，那么，研究主体就必定发挥着积极的创造作用，列宁说："人的意识不仅反映客观世界，并且创造客观世界。"② 这完全适用于历史研究。从某种意义上可以说，历史研究的过程就是史学遵循一定的理论和方法，进行积极的创造性思维的过程，创造的目的是为了在最大的程度上，更全面更准确地说明实际存在的历史现象和历史进程。人类思维按其本性是能够提供并且正在提供由相对真理的总和所构成的绝对真理的。历史思维（包括创造性思维）亦如此。

系统性思维。20 世纪科学发展的明显特点之一，是

---

① 柯林武德：《历史的观念》，中国社会科学出版社 1986 年版，第 244 页。

② 《列宁全集》第 55 卷，人民出版社 1990 年版，第 182 页。

转向系统性研究，即把研究客体作为一个复杂组织的整体进行考察。这种转向导致科学思维发生深刻的变革。系统性思维作为一种崭新的思维方式应运而生，自 20 世纪下半叶以来，表现出越来越强的生命力。系统性思维远远超过了线性的定性的笼统整体描述的思维视野和水平。因为它要求从整体与元素、整体与层次、整体与结构、整体与环境的联系及相互作用中，揭示事物的整体关系与整体特点，从而对复杂的客体进行精确的整体思考。

历史矛盾运动是按一定的层次和结构形成的系统的运动。因此，历史研究中的系统性思维，首先要求把人类社会历史作为一个整体或一个系统进行认识和分析。马克思以系统的形式表述了社会形态由简单到复杂、由低级向高级依次更替的自然历史过程。在他看来，社会是一个不断运动的有机整体，生产力系统、生产关系系统和上层建筑三个子系统矛盾运动的结果。系统思维体现的整体化思维观，强调从政治、经济、文化、自然环境、地理环境以及个别人物的活动等因素的相互作用和相互联系中认识世界历史；还强调对重大历史现象进行综合研究，在进行经济史、政治史、宗教史、地理沿革史、教育史、综合文化史等专史的研究。在历史研究中，系统思维不仅指对历史过程进行系统分析，而且还包括系统综合，即重视归纳和概括历史现象之间的联系和相互影响，力求更准确更生动地揭示历史运动的本质，提高历史研究的理论水平。

系统思维的另一突出特点是同现代数学密切结合，对系统进行精确的定量分析。这是因为分析系统及结构的特点和相互关系，即系统结构分析方法，数学可充分发挥其功能。在历史研究中，计量方法同传统的描述方法并不对立，而是对描述方法的某些不足加以补充。"计量方法的实质并不在于研究者可以利用一定的数量的、数学的指数。在描述分析法中也可以利用某些数量指数，计量分析——这是显示和建立以数字来评述所研究的客体、现象和过程（它们经过一定的数学加工，为揭示相应质量的数量程度建立了基础）的系统。"① 历史研究中的定量化描述方法，可充分利用数量资料，特别是有助于揭示数量史料中所蕴含着的潜在内容，即通过对数量史料进行加工和分析，从数量资料所提供的表面的内容中，深入研究历史活动之间的联系及本质。总之，计量方法丰富了历史研究的手段，开辟了历史研究的新领域，提出了解决传统方法无法解决的问题的新途径。正因为如此，计量历史研究在世界各国，已发展成为历史学的一个独立的分支学科。

还应特别指出：由系统思维的特点所决定的思维程序，与传统的还原分析思维程序截然不同。这对于历史研究有重要意义。后者的思维程序是分析——综合，即先分析，后综合，在这过程中，思维对象首先被分析为孤立因素，然后对其考察，最后综合出总体的一般性质。而系统思维的程序则是综合——分析——综合，即首先从模糊的整体出发，通过分析，实现对客体的清晰的精细的整体思考。可以看出，系统性思维模式的出发点是整体，从整体

---

① 科瓦利琴科主编：《计量历史学》，四川人民出版社 1989 年版，第 10 页。

到部分，再从部分到新的整体。这对于理解错综复杂的历史现象是有益的。

历史思维是历史研究主体感觉、知觉、记忆、思想、情绪、意志等一系列心理过程中的心理活动，也是历史认识的理性阶段，即概念判断、推理的过程。历史思维是时代的产物，每一时代有其不同的特点，这些特点往往导致历史思维发生深刻变化，从而推动历史学向更高的阶段发展。马克思主义诞生后，历史思维开始变为一种科学思维，笔者结合当代科学的发展和历史研究实践，概括地提出了现代历史思维的三个特征，即历史思维应是科学的辩证思维、创造性思维和系统性思维。这三方面是一个统一的整体。在不同的情况下，可能对其中的某一方面有所侧重，但不能割裂它们之间的内在联系，更不能将它们对立起来，因为它们共同的基础都是辩证唯物主义和历史唯物主义。此外，还应指出：这三个特征概括不了整个历史思维的内容，仅仅是特征而已。历史思维的内容、结构、功能、内在机制、运行规律及发展趋势等，都是有待深入研究的新课题；历史思维已经经历了一个从简单到复杂、从低级到高级、从非科学到科学的曲折发展过程，这个过程是永无止境的。随着社会的发展和科学的进步，历史思维必然会发生相应的变化，从而促使历史学的社会功能和科学功能得到更大的发挥。

史学的科学认识功能和
理 论 思 维*

关于史学的功能问题，在我国史学界似乎已有定论。特别是 1985 年 12 月光明日报理论部召开部分在京历史学家座谈会，就历史科学的学术价值和社会功能问题展开讨论后，① 对这一问题研究的各种意见进一步趋于统一。研究历史的目的是着眼于现实和未来，史学的社会功能更加得到明确。1989 年出版的高校文科教材《史学导论》曾将其概括为"它以研究人类过去的社会为起点，而以服务于当今的时代为归宿，这就是我们这里所说的历史学的社会功能"。② 近年国外史学也在强调史学的社会功能，并将其具体化为对未来的科学预测功能；概括和积累社会

---

* 本文发表于《史学理论研究》1992 年第 3 期。

① 这次座谈会的发言以《充分发挥历史科学在两个文明建设中的作用》为题，发表在《光明日报》1985 年 12 月 25 日、1986 年 1 月 8 日、1 月 22 日。

② 姜义华等：《史学导论》，陕西人民教育出版社 1989 年版，第 42 页。

经验的社会记忆功能；教育功能，等等。① 所有这些认识，毫无疑问是完全正确的。但是，近年随着历史研究实践的深入发展，又提出了一个新的问题，即如何去实现这种社会功能呢？或者说，使史学社会功能得到充分发挥的途径是什么呢？笔者认为：为了充分地实现史学的社会功能，应该首先明确史学的基本功能是科学认识功能，因为史学既然是一门科学，就不仅要强调由它的科学特点所体现出的功能，同时也不能忽视它像任何一门科学一样所具有的最一般的最基本的功能，即由科学的一般规定性所决定的科学认识功能。强调这一点，有益于在马克思主义的理论指导下，提高历史研究的理论水平。

一、史学的基本功能是科学认识功能

如果说自然科学是认识自然界的事物和现象的科学，那么包括历史学在内的社会科学则是认识人类社会中的事物和现象的科学。在历史研究中，每一个史学家都是通过认识历史现象或历史过程中年代体事实来进行自己的研究工作的。但是，这种认识是符合客观规律的全面的系统的自觉的认识，还是仅仅从表象出发的一种零散的孤立的盲目目的认识，两者有着质的区别，它直接关系到历史研究成果的质量。强调历史学的基本功能是科学认识功能，就是要使历史研究建立在前者的基础上，使对历史现象及历

---

① 科瓦利琴科：《史学方法论》，莫斯科科学出版社1987年版，第56—57页。

史过程的科学认识成为历史研究的前提和出发点，即历史学首先是科学地认识历史矛盾运动的科学。

实现史实的科学认识功能，首先遇到的是历史认识发生的问题。古今中外，在许多的历史著作中，都强调历史研究要从事实出发，历史研究的结论要符合客观实际。但是，这些"事实"和"实际"又是怎样的"事实"和"实际"呢？大部分是史料中记载的现成的、由他人给定的，或是作为他人认识完成的结果的"事实"。对于这些"事实"的简单接受并应用于历史研究实践，不可能发挥出史学研究的社会功能，也无法得出符合客观实际的结论。

人类对自身历史的认识经历了从简单到复杂、从现象又到本质的认识过程。马克思在《政治经济学批判》导言中，论及人类社会的和平、消费、分配、交换（流通）诸问题时，曾指出："在资本存在之前，银行存在之前，雇佣劳动等等存在之前，货币能够存在，而且在历史上存在过。因此，从这一方面看来，可以说，比较简单的范畴可以表现一个比较不发展的整体的处于支配地位的关系或者一个比较发展的整体的从属关系，这些关系在整体向着以一个比较具体的范畴表现出来的方面发展之前，在历史上已经存在。在这个限度内，从最简单上升到复杂这个抽象思维的进程符合现实的历史过程。"[①] 人们的历史认识亦如此。从最简单到复杂的抽象思维的进程中，经历了直

---

① 《马克思恩格斯选集》第2卷，人民出版社1995年版，第20页。

观认识、概念认识、怀疑的认识、二重化的认识、反省的认识、主体和客体统一的认识的历史发展过程。不难看出，今天强调史学的基本功能是科学认识功能，这是历史学自身发展的客观要求，也是历史学作为一门科学不断完善的结果。"这就再一次证实了科学史上早已发现的规律：以积累事实材料为主的时期必然为科学地理解和概括这些材料的任务占居首位的时期所取代。这种存在于每一门学科发展过程中的（自然，历史编纂学在这一点上决非例外）以反思为主的时期的意义的确是难以估量的。"①对历代积累的浩如烟海的史料以及在这些史料中所容纳的事实进行科学的分析和认识，使这些所谓"客观"的东西经过科学化的主观过程的认识，在"客观"与"主观"最完美的结合点上体现出历史矛盾运动的本质内容，这既是当代历史研究重要的内容之一，也是历史学科学认识功能的主要内容。

史学的科学认识，同任何一门学科的科学认识相比，在本质上没有什么不同。即人本身是认识的主体，外部物质世界的事物和现象是认识的客体。任何一门科学，包括史学在内，都是在认识外部现实世界。如果说有什么不同，那就是每种科学认识具体的客体不同，就史学而言，恰恰是历史认识的主体客体不在同一时间空间范围的特殊性，决定了史学科学认识的复杂性。例如，如何去判断认识客体的"去运"的真实性，以及在今天能否对其进行

---

① 巴尔格：《历史学的范畴和方法》，华夏出版社 1989 年版，第 3 页。

真实反映的可能性等。马克思主义哲学为史学的科学认识提供了正确的科学认识功能，首先是在马克思主义指导下，对"认识"自身的过程中不断进行反思，而不仅仅是对历史发展过程中的具体事物或现象进行反思。对认识自身进行反思是一种哲学反思，它的目的是从哲学世界观的高度揭示历史认识——科学认识过程的特点及规律，从而可能真正认清历史现象及历史过程的本质。

试以我们在历史研究中经常遇到的"客观性"问题为例。所谓"客观"，是指独立于人的意识而存在，如物质即是如此。① 但是，历史研究中的"客观性"却远非如此简单。从历史研究的实践中，我们可看出客观性至少有三个含义不同的层次：其一是本体论范畴的客观性，其二是认识论范畴的客观性，其三是历史学科学认识过程中的客观性。

本体论意义上的客观性是指没有进入人的意识领域，不依赖于人的意识，不以人的意识为转移而独立存在。我们不否认有这种客观实在的客观性。体现出这种客观性的"历史事实"，更准确地说，是独立于人的意识之外的"历史事件"。既然是独立于人的意识之外，就更说不上成为历史研究所依据的事实了，在历史研究中不可能感觉到这种独立于人的意识的客观性。

认识论意义的客观性则以本体论的客观性为前提，特

_____

① 当代自然科学，特别是量子力学和相对论理论的建立，在学术界有人对物质是独立于人的意识而存在提出否定意见。本文限于内容和篇幅，不予讨论。

指认识对象的客观性，而认识对象是主体对客体改造的必然结果。独立于人的意识之外的纯客观性，一旦通过实践活动进入人的认识领域，便成为认识客体，认识主体与认识的纯客观性，一旦通过实践活动进入人的认识领域，便成为认识客体，认识主体与认识客观相互依存。没有主体，也就无所谓客体，反之亦然。因此，进入认识论范畴的客观性是有条件的客观性，它必然以主、客体的辩证统一为前提，如果离开了主体，也就没有了客体。体现出这种认识论范畴上的客观性的历史事实是"历史文献中的历史事实"，是由史料的编纂者所反映出的事实，同任何形式的反映一样，都是主观的。历史学科学的认识过程中的客观性，同本体论及认识论意义上的客观性都不同，它是指史学研究中的科学认识活动结果的客观性，但它又以前两者为前提，有着不可分割的密切联系。因为马克思主义哲学认为确实存在着不以人的意识为转移的客观存在，后者除了认识客体的特殊性之外，同前者在许多方面都是一致的。

由此，我们可得出以下结论：历史学的客观性不是客观存在的纯客观性，而是带有主观性质的客观性，或是在主观范围内的客观性。作为历史研究中所依据的任何一件历史事实，无论从其形式还是从其具体内容来看，都是科学认识的主客体相互作用的产物，都是主客体辩证地重新构建的结果。体现这种客观性的历史事实是"科学的历史事实"，它是在历史文献中的历史事实的基础上，由历史学家对历史事实的反映。它的最主要的特征，是"客观性"两次主观化的结果。第一次是在认识论的范畴内，由"纯客观"的历史事件变成历史文献中的历史事实，第二次是在历史学科学认识的范畴内，由历史文献中的历史事实上升为科学的历史事实。不难看出，两次主观化后才产生的科学的历史事实——既是历史认识某一方面的结果，又是另一方面历史研究的开端。史学研究中的科学认识活动不会到此结束，它存在于历史研究的各个阶段（关于这个问题，后面还要讨论），正是在这种意义上，才把史学的基本功能规定为科学认识功能。

在实现历史学科学认识功能的过程中，主客体的相互作用主要表现为相互渗透、相互转化，但这并不是随心所欲的，它是在先进的世界观和历史观的指导下，借助科学的理论和方法进行的。这就是说，认识主体的活动首先应反映出历史发展的客观规律，符合社会矛盾运动的基本规律。主体对客观的科学认识，离不开世界观、历史观、理论、方法这些中介；客观存在的客体为人们所认识和掌握，获得明确的科学意义，也离不开主体积极的实践和思维的能动作用。关于历史研究中主体客体化——客体主体化——主体客体相互转化问题，首先应该明确这种转化是历史思维活动中的属于意识范畴的转化，而不同于主客体的关系表现为人与人之间的关系的那种转化。这种转化并不是主体直接变成客体或客体直接变成主体。这里更重要的是客体主体转化的问题，它是在感性的历史认识（史料）的基础上，对史料中所反映出的种种信息进行科学认识和分析，然后以理性的历史认识的观念的形式再现客体。它是通过积极的历史思维活动，使史料中所传达的历史信息经过加工改造，成为主体意识中的一部分之后形成的。由于客体的信息已渗透了主体的意识，它也就必然体现出主体的本质。从这种意义上，也可以说是主体在改造和创造着客体。

二、科学认识存在于历史研究全过程

历史学的科学认识功能，不仅仅在于认清"客观性"的不同层次或认清"历史事实"的不同形式。自然，这些都是历史研究中十分重要的，既非常简单又非常复杂的问题。科学认识功能既然是历史学的基本功能，它就必然存在于历史研究的全过程。这可以主要从以下三方面来看。

首先，从历史研究中不可回避的方法上看。随着史学的发展，史学研究的方法越来越丰富，如对不同历史现象的比较研究方法，系统研究，跨学科研究方法，对历史过程的定量分析与定性分析方法，历史的与逻辑的统一方法，结构分析与阶级分析方法，还有分析与综合、归纳和概括，从具体到抽象上升为具体的方法；传统的研究方法，如辑佚、辨伪、校勘、诠释、考证等在今天的历史研究中继续应用；战后以来历史学同其他学科的渗透交融出现了不少新的历史学分支学科，人类学、社会学、心理学、人口学、文化学的方法也开始应用于史学研究。以上所述的种种方法虽大多是具体的科学方法，但它们同哲学方法和一般的科学方法却有着不可分割的联系，特别是哲学方法是各门科学方法的概括和总结，是最一般的方法，对具体的科学方法有着指导作用。前已谈到，科学认识活动正是在科学的哲学方法论的指导下，并在哲学方法论和世界观一致性的前提下进行的，从而使之达到以认识客观世界的目的。在历史科学中，史学研究方法的具体选择和应用，与科学认识活动的进行是同步的，两者表现为相互依存，互相影响，相互补充的对立统一关系。脱离了具体方法的科学认识活动是不存在的；相反，不纳入有目的的科学认识过程中，不遵循一定的科学理论与原则的方法，也将是盲目的、无的放矢的方法。在历史研究的实践过程中，没有脱离一定的科学认识过程的抽象方法的这样或那样的方法。只有在科学认识——历史认识的实际过程中才能充分发挥其作用，不管人们是否自觉地意识到这一点。因此，在选择史学方法，并确定历史方法论的原则以及具体运用这些方法时，历史学的科学认识功能作为完整的历史研究的重要组成部分，始终发挥着积极的作用。随着历史学科学认识功能作用的不断加强，史学方法及整个历史科学将同时得到不断的发展。

其次，从历史研究中提出的一系列具体问题（主要是理论问题）来看。新中国成立以来，我国史学工作者在研究工作中提出不少引起争论的问题，[①] 如中国史研究

①　这些问题详见《历史研究》编辑部编：《建国以来史学理论问题讨论举要》，齐鲁书社1983年版；林甘泉等：《中国古代史分期讨论五十年》，上海人民出版社1982年版；白钢编著：《中国封建社会长期延续问题论战由来与发展》，中国社会科学出版社1984年版；陈启能主编：《建国以来世界史研究概述》，社会科学文献出版社1991年版。姜义华、武克强主编：《社会科学争鸣大系：历史卷》1949—1989年，上海人民出版社1991年版。

中的中国奴隶社会与封建社会分期问题、中国资本主义萌芽问题、中国封建社会长期延续问题、中国农民战争和农民政权的性质问题、中国古代民族关系问题、爱国主义和民族英雄问题等。世界史研究中也提出不少有争论的问题，如亚细亚生产方式问题（中国史研究也涉及这个问题）、古代东方社会的性质和特点、古代城邦的历史地位、封建制的形式及东西方封建制的异同、拉丁美洲独立战争的性质、世界史的开端等。

这种情况的出现，一方面是件好事，有助于繁荣史学，推动历史研究向纵深发展，另一方面也应引起重视的是，为什么各种分歧的意见是如此之多？庞朴教授在论及这个问题时写道："同是一条史料，同是一条马克思主义原理，往往能得出迥然不同的结论，再现出形态各异的历史具体，并由此引起无穷争论，发生这种现象的主要原因之一，大概是由于'从抽象上升到具体'或'从理论再回到实践'本是一次能动的飞跃，其跃越的跨度愈大，失误的机会也就必然愈多；同时，抽象与具体、理论与实践这两极之间，越是缺乏中间层次，上升的难度也就必然越大。这种现象的存在是否表明，在具体的历史资料和抽象的理论观点之间，还需要加强乃至增深某些中间环节，以减少种种失误的可能呢？"① 笔者认为，"需要加强乃至增深"的中间环节，恰恰正是在一定理论指导下的科学

---

① 《历史研究》编辑部：《建国以来史学理论问题讨论举要》，齐鲁书社1983年版，第3页。

认识过程。史学的科学认识功能在这里的作用最明显，最有用武之地，这是因为史料不等于史学，史料学不是历史科学的全部内容，史料的堆砌和剪贴更不等于历史研究，无论人们是否自觉意识到，科学认识功能在历史研究中的作用不断加强，则是由科学发展规律所决定的事实。

历史科学是科学的历史学，是研究和揭示人类社会发展的具体过程及其规律性的科学。马克思、恩格斯曾指出：“历史学可以从两方面来考察。可以把它划分自然史和人类史。……我们所需要研究的人类史，因为几乎整个意识形态不是曲解人类史，就是完全撇开人类史”。①“曲解人类史”或“完全撇开人类史”，这是马克思、恩格斯从他们当时所处的社会实际出发，经过缜密的研究和思考后所得出的结论。造成这种情况的原因，不是由于缺乏史料所致，而是没有一条正确的科学认识路线去分析、认识史料的结果。马克思主义诞生后，才使史学发生了革命性的变化，为人们科学地认识历史奠定了坚实的理论和方法论的基础。

研究历史，关键是在充分占有史料的基础上，依据一定的理论和方法，对历史现象和历史过程进行科学的认识。这里丝毫也没有轻视和贬低史料的意思，历史研究不能脱离具体的历史事实，不能没有史料，但是，史学发展到今天，更重要的是如何运用史料，如何更科学地认识史料中所反映的历史实际。对于我国史学界长期存在的有争

①　《马克思恩格斯全集》第3卷，人民出版社1960年版，第20页。

论的重大理论问题，不可能仅仅依靠史料来解决，自然，学术研究不可能只有一种结果，但通过艰苦的理论探索，在认识历史真理的过程中逐步弥合认识上的差距，这是完全有必要又有可能的。

随着时代的发展，史学也在不断向前发展。一方面，各种类型的史料不断发掘、考证、编纂；另一方面，史学所固有的科学认识功能在研究实践中不断加强，使古老的史学永葆其青春活力。何兆武教授在一篇笔谈中写道："材料的新发现，不仅是简单地发现了新的材料，而且更多地是指用新的观念去研究原有的旧材料，于是旧材料就转化为新材料，被赋予了新的内容和意义……把死材料变为活生命的，往往是靠观念的革新。"[1] 这段话精辟地概括了科学认识在历史研究中的作用。它不仅是科学研究的中心环节，同时也是使史学不断获得活力的动因。

最后，从历史哲学和历史研究中表现出的一系列哲学问题来看。历史哲学是对历史的性质及意义的哲学阐释。在西方的史学中，从黑格尔、孔德到施本格勒、汤因比、克罗齐、柯林武德、卡尔等人的著作中，对历史发展的原因、规律及历史自身的哲学意义，提出多种解释。在马克思主义史学中，以唯物史观为理论指导的史学理论对历史运动中所表现出的历史的必然性、偶然性、选择性，世界历史进程的统一性与多样性，历史规律，历史动力，社会

① 何兆武：《世纪之交的历史学：回顾与展望》，《史学理论研究》1992年第2期，第5页。

革命与社会改良、改革，历史实际的客观与主观，本质与现象，内容与形式等问题，也都有研究，对历史研究中的某些问题进行哲学思考，不是脱离历史学的基本范畴进行从概念到概念的抽象分析，而是在历史学范围内，实现史学科学认识功能的又一种形式，即通过哲学的导引，探求历史发展的一般规律与特殊规律。这与史学是一门实证的科学并不对立，相反，有助于深化以实证为特征的史学研究中某些带有规律性问题的认识，有助于从整体上提高历史研究的理论水平。

波兰历史学家托波尔斯基在其专著《历史学方法论》的中文版序言中写道："一个历史学家同时应该是一位哲学家，他应当在不同的哲学中进行选择，并验证这些哲学对于他的研究的价值，我认为，这种对'过去'的研究中的哲学内容的强调，在你们这个具有如此光辉的哲学传统的国家中是能够被接受的。"① 托波尔斯基所言我国的"光辉的哲学传统"，自然也应包括中国古代的历史哲学思想。它在丰富的中国古代哲学中所占的比重虽然很少，但从司马迁、刘知几、欧阳修、司马光、邵雍、朱熹到近代的王夫之、章学诚、梁启超等人的著作中，仍可看出其丰富的内容。科学地继承这一传统，并赋予新的时代内容，自觉地加强历史研究中的哲学思考，有助于提高科学认识的自觉性。

---

① 托波尔斯基：《历史学方法论》，华夏出版社1990年版，第2页。

三、历史思维是积极的理论思维

能否实现史学的科学认识功能，以及实现这种功能的程度如何，都与思维方式有着十分密切的关系。思维方式是科学认识主体反映客体相对稳定的形式。如果说人类的思维经历了由神秘走向科学，由低级走向高级，由感性走向理性这样一些主要阶段，历史思维的发展大体也与之相一致。① 近代自然科学的创立，特别是 19 世纪末 20 世纪初，现代自然科学的迅速发展不仅使人类知识的广度和深度发生了重大变化，同时使人们在认识世界的方式和方法上也出现了明显的特点——理论思维在科学研究中的作用越来越重要。就理论思维而言，在唯物辩证的思维诞生之前，形而上学的思维方式占统治地位。恩格斯曾指出："形而上学的思维方式，虽然在依对象的性质而展开的各个领域中是合理的，甚至是必要的，可是它每一次都迟早要达到一个界限，一超过这个界限，它就会变成片面的、狭隘的、抽象的，并且陷入无法解决的矛盾。因为它看到一个一个的事物，忘了它们互相间的联系；看到它们的存在，忘了它们的生成和消逝；看到它们的静止，忘了它们的运动；因为它只见树木，不见森林。"② 马克思主义历

① 于沛：《论历史思维》，《当代西方历史学思想的困惑》，中国社会科学出版社1991 年版。

② 《马克思恩格斯选集》第 3 卷，人民出版社 1995 年版，第 360 页。

史科学诞生前的欧洲在史料的搜集考证上、历史文献的编纂和积累上，都获得了前人无可比拟的成就，代表了西方历史学重要的发展阶段，但始终将自己的认识局限于历史过程的个别方面，因此不能发现历史运动的内在联系，归根结底，不可能揭示历史发展的一般规律和特殊规律。这种时代的阶级局限，是历史认识过程中由形而上学的思维方式所决定的必然结果。

　　与史学的科学认识功能相联系的，是唯物辩证的理论思维，即马克思主义哲学的唯物主义和辩证法相结合的一种崭新的科学思维方式。没有理论就没有科学。同样，也"不存在没有理论的专门的历史编纂学。这也就是说，每一种历史研究都是依据较为广阔的背景知识而进行的，没有这一类知识，甚至在史料中发掘出信息都是不可能的"。[1] 这里所说的"较为广阔的背景知识"，是指广义的知识，首先是理论，同样可以认为，没有理论思维（指唯物辩证的理论思维，下同）就无法进行历史认识活动，就等于摒弃了史学的科学认识功能，因为这一功能的实现，正是在大量历史文献的基础上，通过积极的理论思维，即对史料所反映出的各种历史信息进行分析、综合、比较、概括进而使之系统化和具体化，从而达到对人类历史规律性的认识。

　　史学理论思维的运用和史学的科学认识功能的实现是同步的。它们之间的密切联系主要表视在以下三个方面：

---

　　① 托波尔斯基：《历史学方法论》，华夏出版社1990年版，第2页。

　　其一，通过理论思维揭示史料中潜在的信息，透过现象认识史料中所蕴含的内在的内容。美国石油地质学家华莱士·普拉特在《找油的哲学》一书中写道："真正找到石油的地方，还是在人们的脑海里"，[①] 其意是说通过大脑的科学思维，认识到了石油生成和储存的规律，从而在广袤的田野中找到油田。在科学研究中每前进一步，都是积极的理论思维的结果。历史研究亦如此，就接触到的大量史料而言，我们不是用眼睛去看，而是用大脑去看，即我们所看到的史料不是使之停留在直觉印象的阶段，而是通过理论思维，将其上升为理性认识，并纳入科学研究的体系中去。法国年鉴派史学家费尔南·布罗代尔在《地中海与菲力浦二世时期的地中海世界》一书中，运用了地中海地区十个国家的大量史料，包括山川海岸、平原岛屿、气候、城市、交通，以及人口、劳动力、财政经济、商业流通和宗教、海盗、战争、社会文化发展等。布罗代尔正是在年鉴派的理论和方法的指导下分析和运用这些史料的，透过史料的表象去认识人与自然环境的关系，历史与空间、时间的关系，进而去分析社会经济状况和土耳其、西班牙在地中海争霸的进程。如果没有理论思维，这些孤立的史料没有任何科学的价值，更不要说以这些史料为依据去认识菲力浦二世时期全面的历史状况了。

　　其二，通过理论思维，建立历史现象之间的内在联

---

　　① 转引自朱长超：《思维：地球上最美丽的花朵》，重庆出版社1989年版，第13页。

系，认识历史运动的因果关系。马克思主义认为，当我们深思熟虑地考察自然界、人类历史或我们自己的精神活动的时候，首先呈现在我们眼前的是一幅由种种联系和相互作用无穷无尽交织起来的画面。这就是说，整个自然界和人类社会是普遍联系着的，任何一种自然现象或社会历史现象都处于普遍联系之中，没有孤立的、不受其他事物影响的事物，社会历史现象更是这样，只有坚持历史发展的辩证法才能认清这一点。恩格斯曾指出："要精确地描绘宇宙、宇宙的发展和人类的发展，以及这种发展在人们头脑中的反映，就只有用辩证的方法，只有不断地注视生成和消逝之间、前进的变化和后退的变化之间的普遍相互作用才能做到。"他还说："辩证法在考察事物及其在观念上的反映时，本质上是从它们的联系、它们的连结、它们的运动、它们的产生和消失方面考察的。"① 恩格斯这里所说的"精确地描绘"和"考察"，只能是以理论思维的方式进行的理论上的描绘和理论上的考察，因为在他看来，没有理论思维，就连两件自然的事实也联系不起来，或者连二者之间所存在的联系都无法理解。1871 年 3 月18 日巴黎公社革命爆发后，马克思立即开始从英、法、德国的报刊上收集剪报，摘录大量材料，在 4 月—5 月间写成《法兰西内战》草稿。5 月 30 日，即巴黎公社最后一个街垒陷落两天之后，《法兰西内战》定稿，这部著作虽然是根据巴黎公社的事实写成，但绝不是编纂巴黎公社

---

① 《马克思恩格斯选集》第 3 卷，人民出版社 1995 年版，第 736 页。

大事记，而是在对一系列重要事实科学分析科学认识的基础上总结巴黎公社的大事记，而是在对一系列重要事实科学分析、科学认识的基础上，总结巴黎公社的历史经验，更重要的是将这一事件放在法国史、欧洲史的联系中去认识，而不局限于事件自身的范围内，使之成为一个孤立的特殊的事件。正是这样，马克思才揭示了巴黎公社的伟大历史意义，进而发展了马克思主义关于阶级斗争、国家、革命和无产阶级专政的学说的基本原理。

其三，通过理论思维，对历史研究的结论进行归纳、概括，认识历史发展的一般规律和特殊规律。规律是直接观察不到的，如果没有理论思维，规律就将永远隐藏在历史现象和历史过程中，而无法为人所认识。因此，对复杂的社会历史现象进行深入研究之后，必然要遵循一定的理论和方法，通过理论思维来对其进行归纳和概括。特别是科学发展到今天，早已不是处在经验材料的收集阶段，而是进入了高度的理论概括和演绎的阶段。这样，通过理论思维进行归纳和概括在科学认识中的作用就更重要了。所谓归纳和概括，是指对经验事实的概括，从个别性的前提推出一般性的结论。历史研究如果缺少这个环节，那是不完整的研究。因为历史研究的目的不在于积累历史文献，而在于探求这些历史文献中所蕴含着的历史真理。通过归纳和概括，人们在某一程度上获得了对社会历史运动的规律性认识，相对地更加接近历史真理。然而，这种认识永远不会穷极，紧随着其后的以理论思维为特征的新的历史认识过程又将开始。从这种意义上说，正是历史认识能力的不断增强，史学科学认识功能的不断增强，史学科学认识功能的不断实现推动历史学的发展。

四、没有理论思维就没有历史学的科学认识

理论思维不仅仅是一种思维方式或一种思维手段，同时也是在各门科学体系中，人的意识掌握客观事物的形式。各门学科的理论形态，是它赖以存在和发展的土壤。在历史科学中，实现史学科学认识功能的理论思维不能离开史学理论。前者不仅从后者汲取丰富的营养，同时随着自身在实践中的发展，也使后者不断完善。因此，在讨论通过理论思维发挥史学的科学认识功能时，不能不涉及史学理论在这一过程中的作用，及史学理论在整个历史科学中的作用问题。

我国史学界对史学理论的范畴与内容有两种看法。一种看法认为只包括历史认识论和历史方法论，而对客观历史过程中的理论认识所提出的历史理论即本体论不包括在内；另一种看法认为历史认识论、历史方法论、历史本体论三部分有机地结合在一起，共同构成史学理论。这两种观点各有各的道理，但从推动史学研究中的科学认识功能的发挥这一意义来说，笔者更倾向于第一种看法。因为新中国成立以来，我国的史学理论研究基本上是在本体论的范畴内进行的，对历史认识论和历史方法论的研究由历史唯物主义的研究所代替。只是"文化大革命"十年动乱结束后，历史认识论和历史方法论的研究才逐渐为人们所

重视，在这方面的研究仅仅是起步，还有大量工作要做。如果继续保持现状或在低水平循环，那无法为理论思维源源不断地提供必要的营养。如果理论思维赖以生存的土壤是贫瘠的，那史学科学认识功能的实现便是一句空话了。

为了提高历史研究的理论思维能力，按照科学的本质去充分地发挥历史科学的科学认识功能，必须加强史学理论——历史认识论和历史方法论的研究。关于历史认识论的研究，在我国史学界已引起越来越多的人的重视，这从20世纪80年代末90年代初出版的几部史学理论方面的著作中即可清楚地看到这一点。① 1987年9月，在四川温江举行的全国史学讨论会，也曾就这一问题进行了较深入的研讨。之所以如此，首先受益于国内外哲学界在认识论方面研究所取得的丰硕成果，使史学界可以从本学科的特点出发，广泛吸收这些成果，不断充实和完善历史认识论的研究；此外，这也是史学发展的客观要求。历史认识论是对"历史认识"的认识，是对历史认识反思的理论。史学实践中所提出的种种问题，迫切要求从历史认识论的高度给予哲学意义上的回答，从而推动更多史学工作者对

---

① 姜义华等著：《史学导论》，陕西人民教育出版社1989年版，第一章是"历史认识的基本特征"，主要内容包括历史认识活动的结构与过程，历史思维的方式与范围，历史认识的真理性及其检验；李振宏著：《历史学的理论与方法》，河南大学出版社1989年版，中篇是"历史认识论"，主要内容包括历史学家的主体意识，历史认识中的客体范畴，历史认识的一般形式，历史再认识及其推动因素，历史认识的检验；宁可、汪征鲁编著：《史学理论与方法》，中央广播电视大学出版社1991年版，第二章是"历史认识论"，主要内容包括一般认识论与历史认识论，历史认识实践过程的考察，历史认识的规律等。

这些问题的关注和研究。关于历史方法论的研究，已逐渐由对单纯方法（包括传统的方法）的研究扩及方法论的研究，涉及的主要内容有历史事实的还原、定量分析与定性分析、整体研究与跨学科研究、比较研究和相互作用思想及历史主义原则等，这些研究与历史认识论研究共同为历史研究中的理论思维奠定了坚实的基础，为历史学科学认识功能的实现，持续不断地提供锐利的武器。

　　然而，同整个中国史学的状况相比，史学理论的研究却仍显得薄弱很多。造成这种状况的原因很多。一方面可从整个中国古代学术发展的传统与影响看，特别是传统的思维方式上看。"中国五千年灿烂文明显示，中国传统思维方式在历史上发挥过伟大的积极作用，有着很强的生命力，但是，当人类掀开了近代史的帷幕之后，中国古代思维方式的局限性就逐渐暴露了。中国传统文化观念从根本上说未能跟上世界先进国家迅猛发展的潮流，中国科学技术的总体水平远远被西方甩到了后边。这一无情的事实，自鸦片战争之后，一直激荡着所有爱国人的心扉。"① 这种状况不能不影响到作为古代学术重要组成部分的史学的发展。前人遗留下来的浩如烟海的历史典籍所反映出的理论分析不足（不是没有史学理论或理论分析），在很大程

---

　　① 张岱年等著：《中国思维偏向》，中国社会科学出版社1991年版，第4页。该文作者认为中国民族的传统思维特点是重视事物的功能联系，轻视实体形质，对问题强于综合而弱于分析，重视时间因素超过空间因素，具有整体性、对待性、直觉性、模糊性、内向性、意象性等。"这些特点彼此渗透容纳，不是各自孤立的一端"。参见第2页。

度上即与此有关。另一方面可从新中国成立以来历史研究的实践来看，新中国成立后，我国史学研究在马克思主义指导下所取得的成就，是任何时代无法比拟的。但是，"由于极左思潮的影响，对历史认识论与历史方法论的研究一度曾划为禁区。这方面的研究只是在近十几年里才活跃起来"。①这就使历史研究多就事论事，缺乏理论性的描述，使我国的马克思主义史学没能更好地发挥它应该发挥的应用。在这种情况下，"二战"后国际史坛上涌现出的一些有益的理论和方法，长期被拒绝在外，史学的科学认识功能被冷漠，也是必然的了。

　　为了繁荣我国的历史研究，提高历史研究的理论水平，在今天强调充分认识史学的科学认识功能是必要的。当然，这只能在加强研究中的理论思维，全面提高史学理论研究水平的情况下才能办到。这是作为整个科学体系组成部分之一的历史学发展的客观要求，也是中国史学走向现代化的必经途径。不过我们应清醒地认识到，这一切只能从中国史学的传统和现状做起，不能完全抛弃传统，也不能脱离实际去照搬照抄别人的东西。在马克思主义指引下，从实际出发引进和借鉴外国史学一切好的东西，特别是加强史学理论方法论的研究，并自觉应用于研究实践，我国史学在较短的时间内一定会取得更大的成就。

----

① 宁可、汪征鲁编著：《史学理论与方法》，中央广播电视大学出版社1991年版，第18页。

科学革命和历史思维[*]

1883 年恩格斯在马克思葬礼上的悼词中指出："在马克思看来，科学是一种在历史上起推动作用的、革命的力量。任何一门理论科学中的每一个新发展，即使它的实际应用甚至还无法预见，都使马克思感到衷心喜悦。"他还强调：马克思"把科学首先看成是历史的有力的杠杆，看成是最高意义上的革命力量"。^① 但是，长期以来，对科学发展在社会历史矛盾运动中的地位和作用的研究，以及对科学革命的社会功能的研究，都没有受到应有的重视。近年随着科学技术的蓬勃发展，这些问题已引起了国内外学术界的重视。"科技、教育与社会进步是目前国际上讲座的热门问题。第二次世界大战以后，科学技术发展突飞猛进，大量科技成果迅速转化为生产力，科学技术不仅推动着经济的大幅度增长，而且正在改变着社会的劳动

---

  * 本文发表于《史学理论研究》1993 年第 2 期。

  ① 《马克思恩格斯选集》第 3 卷，人民出版社 1995 年版，第 777 页。

结构和产业结构，影响着人们的生活和思维方式。"① 本文不可能对上述问题进行全面研究，仅就科学革命影响下，历史思维的某些问题作一初步探讨，抛砖引玉，以期引起大家对这个问题的关注和深入研究。

一、科学革命的社会意义和社会功能

关于科学革命问题，最早对其进行研究的是英国哲学家和历史学家威廉·休厄尔②。他在代表作《从远古到现代的归纳科学史》（1837 年）、《科学思想史》（1858 年）、《新编新工具》（1858 年）和《论发现的哲学》（1860 年）等著作中探讨了科学发展与社会政治发展及哲学发展的联系，强调科学发展是一个历史过程。马克思主义经典作家非常重视科学发展中的每一件新成就。马克思在谈到 1848 年欧洲革命和巴黎公社革命时曾说："蒸汽、电力和自动纺机甚至是比巴尔贝斯、拉斯拜尔和布朗基诸位公民更危险万分的革命家"，因为作为 19 世纪特征的伟大事实之一便是"产生了以往人类历史上任何一个时代都不能想象的工业和科学的力量"。③ 他认为分工、水力、蒸汽力的利用和机器的应用，"是从 18 世纪中叶起工业用来

---

① 钱三强：《科学与社会·序》，王敏慧：《科学与社会》，吉林教育出版社 1991 年版，第 1 页。

② Cohen I. B.：*William Whewell and Concept of Scientific revolution—In：Boston stuties in the philophy of science*，1976 年第 39 卷。

③ 《马克思恩格斯选集》第 1 卷，人民出版社 1995 年版，第 774 页。

摇撼旧世界基础的三个伟大的杠杆"。①

　　近年国外学者对科学革命的研究，首先涉及的是对"科学革命"这一概念的理解。主要有两种不同的观点：美国科学哲学历史学派代表人物库恩认为，"革命是一种变化，包括对集团所遵循的规章作某种修改，但这不一定是大变化，不一定使那些孤立的封闭的社团（其成员可能不多于 25 人）之外的人感到是革命性的"。② 但库恩与英籍奥地利科学哲学家卡尔·波普尔并不相同。波普尔认为一个理论的解决或一种假说的证伪就是一种"科学革命"。库恩同时还认为，在一次科学革命之后，科学家们是对一个不同的世界在作出回答，即科学革命使科学的形象和评价标准都发生了重大变化。苏联的一些学者不同意库恩的观点，他们认为"在谈真正的科学革命之前，现实和'库恩图式'之间一切都不吻合"。"科学革命是指自然科学或是在自然科学相当大的一部分中发生的深刻的变化"。③ 科学革命是"科学史上事实材料和理论材料在量上和质上的渐近积累转变为急剧的、跃变形式的推进，转变为提出的观念和处理方法具有远景意义，导致基本科学观点发生重大变化，形成新的科学面貌和新的科学思维

---

① 《马克思恩格斯全集》第 2 卷，人民出版社 1957 年版，第 300 页。

② 库恩：《科学革命的结构》，莫斯科 1975 年版，第 227 页。

③ 金兹布尔格：《对物理学和天体物理学的方法论及发展的意见》，见论文集《集证世界观和现代自然科学方法论》，莫斯科 1983 年版，第 89、第 94 页。金兹布尔格在这里所说的"库恩图式"，指库恩在《科学革命的结构》一书中多次使用的"规范科学"、"反规范"、"超常研究"、"规范更替"等概念的总和。

风格，并开辟了科学发展新方向的时期"。①

笔者认为，科学革命的实质，首先在于科学方法、科学方法的作用方式、科学认识的手段（物质的和精神的）的完善和提高，以至于发生了根本的变化。而这一切的基础则是科学思维方式的发展。在任何一门科学中，提出新问题、研究新问题固然十分重要，但更重要的是找到解决新问题的有效途径和方法，使科学理论和方法论建立在崭新的科学思维范畴基础上，思维主体不仅具有新的理论知识结构，同时应具备新的思维心理结构和新的思维能力。因此，科学革命使科学技术发生根本变化，首先是科学观念的根本变革，是科学理论、科学方法和科学思维发生了深刻变革。正如科学家 J. D. 贝尔纳曾明确指出的那样，"许多科学观念的改变就总合成为一场科学革命"。② 科学革命从某种意义上可以说，它首先是科学思维的飞跃和科学思维活动的革命，然后才是科学理论和科学事实的根本变革。科学革命是"在思维方面的伟大变革"③，对人类认识史上发生的一系列重大事件有直接的影响。明确这一点，对我们下面将要讨论的科学革命对历史思维的影响有重要的指导意义。

在科学革命的过程中，科学思维方式所以发生根本的变化，形成新的特有的思维方式，并作为某一时代科学思

① 弗罗洛夫：《生命与认识》，莫斯科 1981 年版，第 55 页。
② 贝尔纳：《历史上的科学》，科学出版社 1981 年版，第 210 页。
③ 米库林斯基：《历史科学思想发展纲要》，莫斯科 1988 年版，第 204 页。

想精华的前提和基础，进一步推动科学的发展，主要是由于思维方式的要素，即思维客体、思维主体和思维工具发生了根本改变的结果。作为科学发展的一种规律性现象，论述这个问题对我们认识现代历史思维的某些特点同样是有意义的。因为现代历史学作为一门科学，它的思维方式的基础和当代一般科学思维方式的基础是相通的。

科学革命使思维客体发生重大变化，直接后果是出现了一系列新的科学领域和重大研究课题，特别是传统的思维客体相互交叉和融合，出现了一些崭新的横断学科，明显地表现出当代科学发展的整体性和综合性趋势，迫切要求人们以新的思维活动方式回答这些复杂的问题。在这种情况下，不少崭新的思维客体（无论是自然的还是社会的）所提出的问题，已不是某一门传统的学科所能单独研究和解决的。包括历史学在内，各科学学科更加重视把具有整体性和综合性的研究对象作为自己思维和研究的客体。

思维主体的变化，主要是在科学革命的影响下，人的实践方式的变化决定了思维主体的知识结构和思维心理结构发生变化，并在实践中培养新的思维能力和认识能力，进而形成新的思维方式。这里应特别提及的是思维主体的集体性和社会性问题。库恩在其科学革命学说中广泛使用着"科学共同体"或"科学家集团"这个概念。在他看来，科学虽然是由个人进行研究的，但其本质上却是集体的产物。不提及产生它的那些集体，它的特殊效力和它怎样发展起来的方式都将不会被理解。库恩在其代表作

《科学革命的结构》（1962年芝加哥大学出版社出版）中，将影响颇广的"范式"概念同"科学共同体"概念往往是联系在一起使用的。在他看来，两者联系极其密切，"范式就是一个给定共同体的成员所共有的信念、价值标准、技术等等的整整一群……范式是一个科学共同体的成员们，而且仅仅他们所共有的东西"。[①] 当代科学的发展，已使个人闭门造车成为历史。学者个人艰苦的理论探索和辛勤劳动同与科学发展、社会发展保持密切联系并不矛盾。相反，这两者的有机联系和统一，恰恰是思维客体在科学革命影响下所呈现出的整体化综合化趋势对思维主体提出的客观要求。自然科学如此，社会科学如此，历史科学当然也不例外。思维主体的集体性和社会性不断加强，同思维客体发生的重大变化是一致的。今天，社会发展和历史学自身发展向史学工作者提出的一系列崭新问题和重大课题，任何个人都很难单独完成，这就要求他们走出书斋去和同行、和相关学科的广大学者结成同盟共同去探讨。

科学革命影响下思维工具的变化，包括两方面的内容。其一是提供了新理论思维工具。科学革命过程中出现的新理论新成就新学科新观念为理论思维工具的丰富和发展源源不断地提供着必需的营养，这些新工具为思维主体更全面更科学地认识日益复杂的思维客体提供了保证。其二是提供了新的观察工具和实验工具、计量工具，即现代

---

① 江天骥：《当代西方科学哲学》，中国社会科学出版社1984年版，第120页。

化的技术手段。这些手段作为思维工具，是思维主体深入认识思维客体的前提之一。这种情况在现代历史科学中已很常见。某些专题研究或历史进程中某些重大理论问题的研究，已由史实的描述转向理论的描述。在马克思主义哲学的指导下，广泛采用有关的史学理论方法论和计量、比较和心理学、社会学、人类学、人口学的方法，极大地开拓了历史研究的视野。"具有理论性是社会科学的特征。假如历史学家要使他的著作有理论深度，他就必须采取非历史学的方法和原则。"自然，这里指的是"以经验为特征的历史学"① 只有自觉接受科学革命提供的新的思维工具，才能提高历史研究的科学性，即使对一些传统的课题，也可利用新的工具从新的角度重新作出更加符合历史实际的结论。

综上所述可以看出，在科学革命过程中，思维客体、思维主体和思维工具不可避免地发生着变化，而这些变化又决定了人们的思维方式不可避免地发生根本变革。这是科学革命对人的思维方式发生作用的机制，也是科学革命的社会功能的主要表现之一。历史科学既具有该学科的特点，同时也具有科学的一般的质的规定性。历史思维的发展、演变和变革和其他科学学科具体的思维一样，同样会受到科学革命的影响。当人们将历史思维发展史同科学发展史联系起来看时，就可以发现两者之间的密切关系，以

---

①　G.S.琼斯：《从历史社会学到理论历史学》，蔡少卿主编：《再现过去：社会史的理论视野》，浙江人民出版社1988年版，第227页。

及这种密切关系所反映出的规律性现象，这也是本文下一节将要讨论的。

二、科学革命和历史思维同属一定的历史范畴

虽然国内外学术界对历史上已经发生的和正在发生的科学革命（或科学技术革命）的认识存有分歧，[①] 但有一点是共同的，即都不是把科学革命看成仅仅是科学领域内部的事，而重视其社会意义。在从多角度探讨科学革命的一般的社会功能，如对思维方式的影响时，一些学者还致力于探讨科学革命和社会革命的关系。

将思维——历史思维同科学发展——科学革命联系在

----

① 德国学者于尔根·库钦斯基在探讨这个问题时，是从研究历史上生产力发展的革命进行的，将技术革命也包括在内。他认为生产力的发展有以下4次革命：1. 第一次革命（1540—1640年），当时使用的动力由木柴改为煤，作为生产力的人从封建关系中解放出来。2. 工业大革命（1760—1860年），蒸汽机等新的机器和工具使工场手工业变成大工业。3. 电子技术革命，电动机排挤了蒸汽机。4. 科学技术革命，自动化装置代替了手操纵工具。另一位德国学者霍尔夫冈·约纳斯对此提出异议。他认为除第二次革命外，其余三次提法均不妥。参见于尔根·库钦斯基著《生产力的四次革命——理论和对比》，商务印书馆1984年版。苏联学者凯德洛夫在1980年出版的《列宁与科学革命·自然科学、物理学》中提出，人类的科学革命从古到今有4种类型：1. 从外观到实质的哥白尼革命（16—18世纪）。2. 从不变性到发展的康德革命。3. 自然科学最新革命。4. 20世纪中期开始的科学技术革命。中国学者一般认为有4次科学革命：1. 从16世纪中期哥白尼天文学革命开始，主要标志是牛顿、伽利略等建立了经典力学体系，诞生了近代科学。2. 19世纪中叶，在纺织机、蒸汽机发明和应用的第一次技术革命的推动下，开始了以热力学、电磁学、化学、生物学为代表的科学革命，19世纪成为"科学的世纪"。3. 19世纪末20世纪初开始的现代科学革命。4. 20世纪中叶开始的现代技术革命。在当代，科学革命和技术革命相互影响，已融为一体，无法分开。

一起进行讨论，这是因为它们作为一种广义的文化过程，都属于一定的历史范畴。"思维过程本身是在一定的条件下生长起来的，它本身是一个自然过程。"① 在这个过程中，思维方式的形成、发展和演变，同某一时代的社会生产力、生产方式、科学技术水平、政治法律制度及人们的实践方式有着密切的关系，并受到制约。② 所以，思维是历史的产物，"在不同的时代具有完全不同的形式，同时具有完全不同的内容，因此，关于思维的科学，和其他各门科学一样，是一种历史的科学，关于人的思维的历史发展的科学"。③ 如果说人类历史各个经济时代的区别，不在于生产什么，而在于怎样生产，用什么劳动资料生产，那么，科学史各个主要发展阶段的重要标志则不在于研究些什么（自然，这个问题十分重要），而在于用什么方法研究，怎样研究。科学的力量首先在于科学方法和科学方法的作用方式，而方法同思维方式是不可分开的。

在科学研究中，"思维方式改变实质上是科学方法改变，这种改变将涉及基本的主导的知识表达形式。思维方式的改变就是我们关于科学理论理想形式认识的改变"。④ 这种情况适用于各门科学学科，历史学自然也不例外。思

---

① 《马克思恩格斯选集》第 4 卷，人民出版社 1995 年版，第 581 页。

② 关于这个问题，可参见李约瑟著《中国科技史》第 2 卷。他从科技发展的角度详尽地探讨了中国文化传统的哲学思想和思维方式。

③ 《马克思恩格斯选集》第 4 卷，人民出版社 1995 年版，第 284 页。

④ 萨奇柯夫：《思维方式与研究方法》，见论文集《辩证世界观和现代自然科学方法论》，莫斯科 1983 年版，第 230 页。关于这个问题，还可参见该论文集收入的萨罗辛的论文《论科学思维》中方式和方法的相互关系，第 286—289 页。

维方式和研究方法的这种有机联系及辩证关系，已为科学史上的无数事例所证实。

以 19 世纪——因科学得到迅猛发展而被称为"科学的世纪"为例：与能量守恒和转化定律相对应的是守恒—转化方法，即对称方法；与达尔文的进化论相对应的是起源—演化方法、考古方法；与细胞学说相对应的是结构分析法、基元法；与麦克斯韦的电磁理论相对应的是科学的假设方法和数学—物理方法；与门捷列夫元素周期律相对应的是量变—质变方法。上述的自然科学方法并非只适用于自然科学领域，因为"无论是哪一个专门领域产生的科学方法，一旦能从中抽引出普遍的哲学范畴，则所对应的科学方法对自然、社会和思维都是普遍适用的"。[①]史学史表明，正是在上述科学迅速发展——人类第二次科学革命的广阔历史背景下，史学才出现了前所未有的变化，以至于后人还把 19 世纪称为"历史学的世纪"。这种变化首先是历史思维的变化。达尔文的进化论从根本上动摇了以牛顿力学为基础的机械论世界观的绝对统治地位，包括历史学家在内的许多学者开始把人类历史看成是不断进化的有机体。与直觉的、模糊的和整体的思维方式不同，19 世纪中叶实证主义史学的勃兴标志着一种崭新的历史思维，即以实证性、精确性和局部性为特征的历史思维的诞生，对整个西方史学的发展产生了重大的影响，

---

① 查有梁：《科学方法的结构》，《中国社会科学》等编《当代社会科学研究新工具》，华夏出版社 1988 年版，第 37 页。

这种影响在今天仍可看到。

实证主义史学起源于法国哲学家和社会学家奥古斯特·孔德创立的实证主义。实证主义（或实证哲学）的基本思想是把科学从形而上学和神话中划分出来。孔德把人类历史划为神学、形而上学和科学三个阶段，即神学的社会，形而上学的社会和实证的社会。孔德强调他所用的"实证的"（positiv）一词有以下5种意义："（1）现实的而不是幻想的；（2）有用的而不是无用的；（3）可靠的而不是可疑的；（4）确切的而不是含糊的；（5）肯定的而不是否定的。"[①] 实证主义者认为，只有现象和事实才是实证的东西，它们是一切认识的根源，只有从经验而不是通过理性才可能把握感觉材料，科学知识应该是实证的。尽管如此，孔德的世界观中也含有辩证思维的内容，"他否认孤立地认识个别事实的可能性，主张要研究各种事实的相互联系，并要求把这些事实放在它们所组成的更大的整体范围中来考察它们的作用。例如，在探讨个别器官的活动时，必须看到整个有机体的结构和特性，而社会生活的每一个现象都同时代、文明、人类这些整体性有关"。[②] 这些认识符合19世纪欧洲实验自然科学迅速发展所决定的思维方式。

在实证主义的影响下，法国的实证主义史学代替了浪

---

① 孔德：《实证哲学精萃》，圣彼得堡1910年版，第35页。转引自 H.C.科恩主编《十九世纪至二十世纪初资产阶级社会学史》，上海译文出版社1985年版，第16页。

② H.C.科恩主编：《十九世纪至二十世纪初资产阶级社会学史》，第18页。

漫主义史学；英国史学家托马斯·巴克尔致力史学科学化的艰苦理论探索，在《英国文明史》等著作中寻求人类活动的规律。德国史学家兰克主张"如实直说"的"客观主义"态度，集中反映了19世纪实证主义史学的精神。此外，他还在其代表作《教皇史》中首次指出集体撰写德国科学史的备忘录，并提出《德意志科学史提纲》。兰克的史学理论和实践影响甚广，形成了近代西方史学的兰克学派，实证主义史学成为西方19世纪史学的主流。

实证主义史学深受19世纪科学革命所导致的科学观念的变化的影响，史学家开始精细地研究史料和史实，同18世纪史学相比，大量史料和考古成果被发掘出来公布于世，历史知识开始急剧地增加和大量地积累，为近现代历史学的发展创造了有利的条件，但是，实证主义史学家精确地重视细节问题，极力避免"把他们的题材涂上他们自己感情反应的色彩"，也产生了消极的后果。柯林武德认为，"实证主义在它那工作的这一方面所留给近代历史编纂学的遗产，就是空前的掌握小型问题和空前的无力处理大型问题这二者的一种结合"。同时，不对事实进行任何判断，反对判断事实，"就逐渐意味着，历史只能是外界事件的历史，而不是产生这些事件的思想的历史"。①柯林武德的著名命题"一切历史都是思想史"自然还可讨论，但他对19世纪实证主义史学弊端的分析却是中肯的。在人类历史上，19世纪不仅是"科学的世纪"，而且

① 柯林武德：《历史的观念》，中国社会科学出版社1986年版，第149页。

还作为"英雄的时代"载入史册。

　　19世纪40年代马克思主义诞生是人类思想史上的划时代革命。马克思主义创始人在建立马克思主义哲学体系时，对19世纪自然科学的最新成就进行了总结。恩格斯在谈到作为19世纪科学革命主要标志的三大发现对马克思主义哲学的意义时说："首先是三大发现使我们对自然过程的相互联系的认识大踏步地前进了。"① "由于这三大发现和自然科学的其他巨大进步，我们现在不仅能够指出自然界中各个领域内的过程之间的联系，而且总的说来也能说明各个领域之间的联系了，这样，我们就能够依靠经验自然科学本身所提供的事实，以近乎系统的形式描绘出一幅自然联系的清晰图画。"② 正因为如此，马克思、恩格斯都把三大发现视为马克思主义哲学的直接自然科学基础。1867年《资本论》第1卷出版，马克思把社会主义学说置于坚实的科学基础上。他在分析资本主义经济形态及发展规律，论证资本主义学说置于坚实的科学基础上。他在分析资本主义经济形态及发展规律，论证资本主义生产方式发生、发展和灭亡的客观规律时，使用了从抽象上升到具体的方法、价值分析方法、科学抽象方法；透过千变万化的现象揭示其本质，透过大量偶然的东西认识其必然性等方法。这一切具有普遍的科学方法论意义，特别是唯物辩证的思维方法和抽象思维能力，在分析社会历史现

---

① 《马克思恩格斯选集》第4卷，人民出版社1995年版，第245页。
② 《马克思恩格斯选集》第4卷，人民出版社1995年版，第246页。

象时显示出任何其他思维方式所无法替代的作用。马克思主义哲学的唯物史观使人类历史的研究成为科学，为历史科学奠定了坚定的理论方法论基础，对人们科学地认识过去、现在和未来有巨大的指导意义，而这一切，则是实证主义史学所无法比拟的。

20 世纪科学发展的主要特点之一，是自然科学和社会科学都出现了从"搜集材料的科学"向"整理材料的科学"的转化，即科学认识的重点开始从积累变为整理。与此同时，表现为建立在实验基础上的归纳方法的科学思维方式逐渐为更加符合新时代科学发展要求的新的科学思维方式所代替。西方反归纳主义的浪潮就是在这种背景下发生的。作为科学发展的规律，历史学也不例外。一些史学家清楚地看到了这种规律性的变化，并强调包括历史学在内的各个学科在自身发展过程中"以反思为主的时期的意义的确是难以估量的。只有在科学能够从旁观的角度观察自己、观察自己的实践的时候，才能对其认识手段加以检验、磨练和充实，才能造成使它过渡到掌握它所研究的实际这一崭新阶段的前提"。①

"二战"后历史研究理论化趋势不断加强，一系列历史学分支学科建立，并对历史过程重视进行理论描述而不是编年体式的叙述，便是这种转化在历史学中的具体表现。历史学等科学学科出现这种情况有许多直接和间接的原因，但最基本的或最深层的原因则归于 20 世纪的科学

---

① 巴尔格：《历史学的范畴和方法》，华夏出版社 1989 年版，第 3 页。

技术革命。因为"现代科学不是孤立的而是在科学体系中发展的，这就是说，体系之中的某个环节发生的认识大变动，在其余的所有环节上是不可能不留丝毫痕迹的。战后时期展开的科技革命，大大丰富了当代整个科学思维的范畴—概念体系"。① 特别是 20 世纪的自然科学的四大成就极大地丰富了辩证自然观，它们丰富并加深了世界的发展原则和统一原则，大大加深了自然界发展的动力是矛盾的观点，使一些更深刻的基本矛盾被揭示出来了，同时还加深了自然界有着无限层次的系统观点，宇宙在无限的层次中无限地存在着和发展着。② 这些科学成就不仅具有重大的科学意义，同时还具有重大的社会意义，因为它们鲜明地表现出具有现代科学特征的开放的、多维的、系统综合的新的科学思维方式，直接产生了一系列具有深远意义的新的科学方法，如：与相对论相对应的是探索性演绎法、直觉方法、对称方法和对应方法；与原子结构、量子力学、粒子物理相对应的是互补方法、对应方法和结构分析方法，与控制论、信息论、系统论相对应的是反馈控制、功能模拟、运筹方法、信息方法、系统方法和状态变量分析方法；与电子计算机相对应的是程序语言和人工智能方法；与分子生物学相对应的是结构—功能分析方法和信息方法。这

---

① 巴尔格：《历史学的范畴和方法》，华夏出版社 1989 年版，第 3 页。

② 20 世纪自然科学的四大成就指相对论；原子结构和基本粒子的发现与量子力学；电子计算机的发明和控制论、信息论、系统论的建立；分子生物学，特别是核酸的分子结构和遗传密码的发现，参见查汝强《二十世纪自然科学四大成就丰富了辩证自然观》，《中国社会科学》1982 年第 4 期。

些新的科学方法"是这门或那门学科发展水平的最重要的标志之一",是使科学日新月异的最主要的因素,推动其前进,同时在科学发展中有长远的意义,因为"任何科学认识的过程都是由三种成分组成的:即认识的客体、认识的主体和认识的方法。主体利用一定的方法去认识被研究的客体。显然,新的认识的深度和广度取决于被运用的方法的效力"。[1] 这些新的方法向历史学传统的方法提出挑战,要求历史思维在科学发展的新阶段有所更新。历史思维的更新不仅使史学工作者提高获得历史信息的数量和质量,更重要的是有助于开拓历史研究的视野,提高历史认识的能力,提高历史研究的效率。一位科学哲学家说:"在一切科学中,通过其外部表象深入到现象的内在原因才称得上是最重要的、最珍贵的与最诱人的。"[2] 这完全适用于现代历史科学。实践表明,现代历史思维的一些基本特征完全反映了现代科学发展的这一客观要求。

三、科学革命影响下的现代历史思维

关于现代历史思维的基本特征,笔者在一篇论文中曾从科学的辩证思维、创造性思维和系统性思维等方面进行

---

① 科瓦利琴科:《史学方法论》,莫斯科1987年版,第4页。
② 泽利多维奇:《基本粒子和夸克的分类》,《物理科学成就》杂志,1965年版第86卷第2分册,第313页。

了概括。① 这些特征同时还反映了现代历史思维的发展趋势，同在科学革命影响下，现代历史思维出现的一些新变化并不矛盾。这些新变化主要表现为在上述基本特征的范畴内强调宏观与微观的统一、定性与定量的统一、精确与模糊的统一。对这些新变化进行初步的探讨，有助于深入理解现代历史思维的基本特点。

　　人类的历史是许多世纪以来依次更迭的生产方式的发展史。随着生产力和生产关系的发展，历史愈益成为全人类全世界的历史。在欧洲，是在文艺复兴运动时期才出现了具有近代意义的世界历史著述。威尼斯人文主义史学家萨贝利科的《恩奈阿德》记述了自古以来至他所生活的那个时代的世界历史，被认为是世界史著述的开端。这同当时资本主义生产关系的迅速发展，海上交通的空前发达，以及近代自然科学划时代的发现所造成的社会政治、经济、文化思想出现了历史性的转折有密切的关系。但是，阶级和时代的局限使当时的学者认识不到"世界历史"是人类历史规律性的发展结果，而将其视为不同地区不同国别不同民族孤立的闭塞的历史的叠加，反映在历史研究中，多是历史过程的史实记载，而不去探究各种史实之间的内在联系及相互影响。近代一些学者已清楚地看到了这一点。黑格尔在《哲学全书》中论及整体与部分的关系时曾举例说："不应当把动物的四肢和各种器官只

　　① 于沛：《论历史思维》，《当代西方史学思想的困惑》，中国社会科学出版社1991年版，第176—182页。

看作动物的各个部分，因为四肢和各种器官只有在它们的统一体中才是四肢和各种器官，它们绝不是和它们的统一体毫无关系的。四肢和各种器官只是在解剖学家的手下才变成单纯的部分，但这个解剖学家这时所处理的已不是活的躯体，而是尸体。"①在历史研究中，这种割裂历史过程、历史现象之间普遍联系的研究法至今仍有影响。将人类历史矛盾运动人为地分解成毫不相干的若干事件或过程，然后再用这些孤立的过程或事件去解释生动复杂的人类历史，那是无法了解历史的本质联系的，因为这时的历史"已不是活的躯体，而是尸体"了。

强调历史研究中微观与宏观的统一，就是把人类的历史看作是有内在的联系有客观规律性的有机体，通过历史的偶然认识历史的必然，通过历史现象的一般联系认识历史现象的普遍联系，通过某一断代某一地区某一国别或某一民族的历史运动及其联系，认识人类历史发展的普遍规律和特殊规律。美籍奥地利生物学家贝塔朗菲用"要素"与"系统"这两个概念解释"部分"与"整体"的相互关系时曾指出："一个要素在系统内部的行为不同于它在孤立状态中的行为。你不能从各个孤立的部分概括出整体的行为，为了理解各个部分的行为，你必须把各种从属系统和它们的上级系统之间的关系考虑进去。"②这段话对

---

① 《马克思恩格斯选集》第4卷，人民出版社1995年版，第793页注释249。
② L. V. 贝塔朗菲：《一般系统论基础、发展和应用》，清华大学出版社1984年版，第63页。

历史研究颇有启示，事实证明，对人类历史仅强调宏观研究或仅强调微观研究的思维定式都带有局限性。前者从宏观到宏观，无法获得准确的历史信息，无法形成理性的历史认识，这样，无论是史实描述还是理论描述都失去了可靠的前提。后者从微观到微观，无法将研究客体放到人类历史发展的广阔背景中去进行全面的认识，往往只看到历史的表象，而忽略历史表象背后所蕴含的有重大社会意义的更深刻的内容。在历史研究中，将宏观与微观统一起来，特别是通过微观说明宏观，是科学的辩证思维的重要组成部分，近年已引起越来越多史学工作者的重视。

定量研究用于社会科学，可追溯到 17 世纪。当时英国统计学家、古典政治经济学创始人威廉·配第在《政治算术》一书中，已强调用"数字、重量和尺度"来解释社会经济现象。但在历史研究中运用定量分析，并取得一定的成效，产生了一定的影响，则是 20 世纪 50 年代末开始的，历史研究一向擅长定性描述和论证，而与定量研究似乎没有任何关系。这种情况主要是客观研究条件的限制造成的。历史研究运用计量方法不是不可能，而是不可为。现在在科学革命的影响下，情况已发生了根本的改变，特别是思维主体由人扩大到人—机系统，利用电子计算机，使人的思维发生了飞跃。拉法格在回忆马克思时，曾谈到马克思认为"一种科学只有在成功地运用数学方法时，才算达到了真正完善的地步"。[①] 不难看出，战后

①　保尔·拉法格等：《回忆马克思恩格斯》，人民出版社 1973 年版，第 7 页。

计量方法在国际史坛的影响日渐增长，至今方兴未艾，乃是历史学随着人类社会的发展，其研究方法在新的科学发展时期不断完善、成熟的结果。然而，历史学的定量研究绝不仅仅是个抽象的方法问题，它首先是一种崭新的历史思维。这是思维主体对客体认识的一种新的观念，即任何事物都是质和量的统一，在认识历史过程的性质的同时，认识这一过程中一系列事物的空间形式和数量关系。只有将这两者结合起来，才能对客体有全面的深入认识。

长期以来，人们习惯于把数学同物理、化学等自然科学划在一起，而忽略了数学自身所独具的特点，即它的研究对象不是某一具体的物质或物质的运动形态，而是从客观世界所提取出来的量的关系。从这种意义上说，数学是思维工具，是认识自然和社会的工具。人们长期重视的是数学可以提供科学的计算方法和科学的语言，而忽略了它还向人们提供了科学的思想方法，是"思想工具"。

历史研究中的定量分析便是数学作为思想工具的具体应用。关于这个问题的一般阐释，近年国内外著述颇多，本文不再赘述。这里所要强调的，是在历史研究中，如何利用定量分析更充分地发挥数学的辩证思维力量去认识和分析史料，如何从量的关系方面分析历史矛盾运动过程中的内在联系和本质性的内容。在这个科学抽象的过程中，既需要数学的理论和方法，更需要历史学的理论和方法。即当构筑一个有效的数学模型时，把历史过程或历史现象通过这个模型用数学语言表述出来仅仅是第一步，紧接下去的是对这种数学语言表述的内容进行历史的分析和判断，揭示量的关系中所反映的质的内容。只有这样，才能掌握科学的历史信息，才能使历史研究的定性分析建立在精确的可靠的基础上。对历史学来说，这种定量分析与定性分析的统一，不仅在很大程度上克服了历史研究结论的粗略和空泛，同时，定量分析卓有成效的运用，还为历史研究提供了新的视角。不仅在经济史，而且在文化史、思想史、军事史、社会史等专史研究中开拓了许多新领域。近年国内外历史研究的实践已充分证明了这一点。不过，这里应明确指出的是，在历史研究中，仅仅通过定量分析——将定量分析绝对化——往往会得出十分荒谬的结论，因为计量方法代替不了分析方法和综合方法，史料不仅有自然属性，同时还有社会属性。它的社会属性的社会意义必须通过定性分析方法才能认识到，这不仅需要史学的理论和方法，同时其前提首先应是在科学的世界观的指导下进行。

　　数学成为历史思维的工具不是偶然的，这是 19 世纪以来，数学科学在科学革命大潮的推动和影响下，自身迅速发展的必然结果。数学不仅可以反映自然界和自然科学中的某些本质内容，同时也可描述社会历史领域中的某些共同的内容。它不仅为认识自然史，同时也为认识人类史提供了有力的认识工具。数学化已成为当代社会科学发展引人注目的重要趋势之一。同逻辑科学形式化一样，正在不断发展的数学形式化同样是人类思维的重大成果。用数学语言代替自然语言去描述历史现象或历史过程，这是向传统的历史思维方式提出的挑战。在我国的历史研究中，定量分析自 20 世纪 80 年代起已引起不少学者的重视，但从研究实践看，并不尽如人意，远没有发挥出这种研究方法应发挥的作用。造成这种情况的原因很多，但不可否认，其中主要原因之一，就是对科学研究中定性化与定量化相统一这一崭新的科学思维方式的研究不足，当人们对其没有透彻了解的情况下不可能去尝试，更谈不到自觉地有意识地去运用。在历史思维的具体实践中，它没有占据应有的地位，自然也就不可能发挥其应发挥的作用。

实际上，传统的定性研究也不可避免地存在着定量研究。只是没有自觉地意识到罢了。当人们分析某一历史现象或过程时，都可找到某种直接的或间接的量的规定性和质的规定性。离开一定量的质和离开一定质的量都是不存在的。在历史认识过程中，人们往往通过对历史现象量的内容和量的变化的研究，更准确地去认识质的内容，进而认识历史运动的规律。定量分析和定性分析并不相互排斥或对立，相反却互为前提、互相补充、互相规定和互相转化。数学方法作为一种思维工具，在科学研究中的作用，主要表现为提供准确的形式化的语言、提供数量分析和计量的方法、提供逻辑推理的工具。这些都适用于历史研究。随着历史思维方式的不断更新，在定量分析的基础上进行定性分析，并尽可能在更广泛的社会历史背景下从定量与定性的统一上去认识历史现象，必然会使历史研究的结论更符合历史实际，使其更有效地发挥科学认识功能。

关于精确与模糊的统一，这个问题在现代历史思维中尤其重要，对提高历史研究的科学水平有重要意义。19

世纪以来，科学革命的重要成果之一，便是精确思维和精确科学得到迅速发展，特别是 20 世纪科学技术革命的重大成就，使精确性思维发生了新的飞跃。电子计算机不仅为人们提供了现代化的运算工具，同时为精确化思维向纵深发展奠定了必要的物质基础。所谓精确化思维，主要是指以精确的数理语言和形式化语言对思维客体进行精确的定量化或完全形式化的表述，通过对有关客体的精确信息进行定量分析来揭露客体的本质。正是由于精确性思维的上述特点和优点，决定了精确性成为近代以来自然科学的重要特征之一。与此同时，人们逐渐形成了这样一种根深蒂固的观念，即一切都应当精确化，越精确越好，盲目地将"精确"与"科学"划了等号，对尚没有精确化的东西，所考虑的往往是如何去实现它的"精确化"，即"科学化"，而很少去考虑它是否能够精确化或是否有必要精确化。

当论及精确性思维时，一些人的重大失误之一便是没有分清思维客体是"清晰对象"还是"模糊对象"，这也是产生上述"一切都应当精确化"的观念的基本原因。实际上，"清晰对象"和"模糊对象"两者的逻辑基础完全相反。与前者相联系的精确性思维是建立在二值逻辑的基础上，即"非此即彼"，而后者的思维则建立在多值逻辑的基础上，即"亦此亦彼"或"非此非彼"。无论在自然界还是在人类世界，事实上存在着许多模糊事实。对这些事实往往无法作出精确的结论，即非此即彼的结论，而只能得出亦此亦彼或非此非彼的模糊性结论。模糊性思维是由思维客体的量的规定或质的规定模糊，即它的类属及性态的不清晰性或不确定性决定的。不难看出，模糊性是对客体质的不确定性的反映。它与糊确性并不对立，作为精确性的另一种表现形式，它只对精确性的绝对化（即对客体的判断完全是非此即彼）予以否定。显然，"模糊"并无含混不清之意，模糊性思维并不是糊里糊涂，相反，在一定的时候为避免误解，一些学者主张将"fuzzy"按音译成"弗晰"，如"fuzzy logic"译作"弗晰逻辑"。①

正由于模糊性是思维的固有特征之一，自 20 世纪 20 年代起，模糊思维问题开始引起学者的注意。1965 年，美籍伊朗学者 L. A. 查德以连续统值逻辑为工具建立了模糊集合理论，由此推动了"模糊性"在理论和实践上都得到了迅速的发展。1982 年，科学出版社出版了查德的代表作《模糊集合、语言变量及模糊逻辑》的中文版（陈国权译），在我国学术界受到高度重视。在人类历史进程中，存在着大量模糊现象，即"亦此亦彼"或"非此非彼"的模糊性现象。如一种社会经济形态向另一种社会经济形态过渡时所表现出的政治经济关系；再如发生在同一时代的两种历史现象，既无隶属关系又无继承关系，但彼此却相互影响相互制约。它们这种相互影响相互制约的关系没有准确的要领表述，也往往是一种模糊性的关系。此外，在对某些具体的历史事件或历史人物的评价，用非此即彼为二值逻辑评价往往会把复杂的历史现象

---

① 《中国大百科全书·哲学卷》，中国大百科全书出版社 1987 年版，第 629 页。

简单化，导致科学研究中出现概念化公式化的现象。复杂的甚至是相互矛盾的历史现象或历史人物要求人们用多值逻辑判断，将其所表现出的各方面的内容联系起来进行评价，这种评价是模糊的，然而却能更准确更全面地反映出历史事实。

综上所述，可以看出历史研究同其他任何科学学科一样，并不否定精确性，相反，历史学作为一门科学，它首先要强调的便是精确性，使之成为一门"硬科学"，特别是历史科学发展到今天，一些新的理论方法论的提出，计量方法的运用和计量史学的建立，努力对历史过程中的某些重大问题进行数量分析，构拟数学模型描述历史矛盾运动的过程和规律，便是使历史研究力求精确化的不懈努力。但是，历史过程中客观存在着模糊性现象，明显地表现出某一过程或某一现象两极对立的不充分性和交叉性或中介过渡性，使其表现出不确定性，这样就使模糊性思维有了用武之地。如果对此视而不见，将人类历史发展中的普遍存在的模糊性问题机械地以精确的形式表现出来，将精确性绝对化，对复杂的历史现象和人物硬要作出"非此即彼"的结论，那只能适得其反，将"精确性"绝对化的结果只能是不精确，相反，模糊性的思维却可得出更贴近历史真实状况的较为精确的结论。模糊性思维与精确性思维虽然思维的具体对象不同、逻辑基础不同、思维的语言和表现方式不同，但它们却又互相依存，互相包容，并在一定的条件下互相转化，有着密切的联系。在历史研究中，将这两种思维方式统一起来，对于准确地理解生动的复杂的历史真实性无疑是有益的。

四、现代历史思维和历史学的跨学科研究

在现代科学技术革命的影响下，现代历史思维表现出要求宏观与微观相统一、定性与定量相统一、精确与模糊相统一等变化。但是，不能将这些绝对化。完全忽略这些变化或将这些变化的作用和影响推向极端，都是不妥的。首先，历史思维把古今中外学者的历史研究实践以知识的形态固定下来，用以指导历史研究的实践，它具有相当的稳定性，不应该也不可能轻易否定；历史思维方式的改变实际上是史学方法的改变，对历代中外学者广泛运用的史学研究方法，同样也不能轻易否定。因此，现代历史思维在科学革命影响下出现的新变化，同传统的历史思维的关系，只能起进一步补充和充实的作用，使传统的历史思维更加完善，从而在科学研究中发挥更大的作用。其次，任何一门学科的科学思维都是一个完整的体系，彼此之间有着密切的联系。各个部分在不同的条件下虽表现出各种不同的作用，但并无主次轻重之分。因为"每一个思维过程都不会是单纯的一种思维在起作用，往往是两种，甚至三种先后交错在起作用"。① 以上述现代历史思维的三个新变化为例，在具体的历史研究中，不应割裂它们之间的有机联系。只有将其视为一个完整的科学体系的有机组成

① 钱学森主编：《关于思维科学》，上海人民出版社1986年版，第129页。

部分，从所研究的具体问题出发，充分发挥它们各自的作用，从而从整体上发挥历史思维的功能，提高历史研究的水平。

科学革命的具体成果不仅能直接作用于历史思维，特别是为之奠定必要的理论或物质前提，使之发生这样或那样的变化，同时在认识论方面还给史学工作者以深刻的启迪，使其历史观念更新，历史思维发生变化，进一步丰富现代历史思维。在这方面，比较突出的是多维型思维和与之相联系的历史学跨学科研究，它对历史学已经产生了并正在产生着重大的影响。

科学革命是技术革命的前提，19 世纪 60 年代以后，平行发展的科学革命和技术革命逐渐合而为一。20 世纪中期以来，科学发展的一系列重大成就导致技术和生产发生了革命性的变革。这些变革的成果又成为现代科学发展的强大工具，同时成为科学革命深入发展的动因。科学革命与技术革命在新的水平已融为统一的过程。在这个过程中，思维客体发生了重大变化。现代科学技术革命不仅仅是信息技术、新能源技术、新材料技术、生物技术、海洋技术、空间技术等具体内容，它同时还与生产力变革、经济发展、经济国际化、管理现代化有密切关系，还对当代资本主义和社会主义的发展以及人的现代化有直接影响，此外，它还关系到世界人口、粮食、自然资源和能源、生态环境、核战争等全球性问题。解决这些问题需要全球性的合作，改变不合理的社会制度，推动社会进步，同时也离不开科学技术革命所奠定的必要物质前提。这些问题涉及多学科的横向交叉，表现为一个复杂的知识网络系统。在解决这一系列变得越来越复杂的问题时，单维型思维已无能为力。与各学科分化和综合的同时，逐步实现由单维型思维向多维型思维的转变。

所谓多维型思维，是指多种思维指向、多种思维起点、多种逻辑规则和多种判断手段、多种评价标准、多种思维结果。在历史研究中，多维型思维要求史学工作者有意识地改变传统的史学思维定式，对历史进程中和历史研究实践中指出的重大理论问题进行跨学科的综合研究，将这些问题作为科学网络中的有机组成部分，对其进行多条逻辑线索的科学探讨。

倡导对历史过程进行跨学科研究，最早始于 20 世纪40 年代初的美国。英国史学家巴勒克拉夫认为，"坚定不移地推动历史学与社会科学或行为科学的结合，是美国的显著特征"。这种结合"为政治科学家和社会科学家提供了极其广泛的新机会"，而且"社会科学的实际成果以及这些成果所证明的更为有效、更切中目标的方法论具有广阔的前景"，[①] 1954 年，美国社会科学理事会历史学委员会提出专题报告《历史研究中的社会科学》全面推动了史学的跨学科研究，对美国史学的发展产生了强有力的影响。

这个过程所以首先发生在美国，应从当时美国科学技术迅速发展这一广阔的历史背景中去寻找答案。法国的年

[①] 钱学森主编：《关于思维科学》，上海人民出版社 1986 年版，第 129 页。

鉴学派和苏联20世纪60年代以后的史坛也表现出类似的现象。法、苏历史学家不仅直接受益于科学技术革命的某些成果，而且也受益于在科学技术革命影响下，社会学、人类学、民族学、人口学、心理学、政治学等相邻学科所发生的深刻变化，特别是理论方法论方面的变化，这一切使历史思维进一步丰富起来，多维型思维逐渐为广大史学家意识到，并逐渐接受。还是在这种情况下，年鉴——新史学派不仅成为战后法国史学的主流，而且其影响已波及欧美和亚洲各国；苏联史学则在战后短短十余年间，建立了计量史学、人口史学、心理史学、比较史学和历史社会学等一系列历史学分支学科，特别是计量史学，其理论和实践曾在国际史坛占有举足轻重的地位。

在我国，历史学跨学科研究，特别是加强同自然科学的联系，20世纪80年代中期起受到普遍重视。1985年4月，在复旦大学召开了以"历史研究与现代自然科学方法论"为题的全国史学理论学术会议，并出版了论文集《系统论与历史科学》（中州古籍出版社1987年出版）。此后，不少学者为进行这方面的工作进行了持续不懈的努力。但是，无论从理论上或是从实践上看，发展情况都不尽如人意。出现这种情况可找出许多原因，其中之一便是由于近代中国科学发展隔绝于世界科学发展大潮之外，造成了封闭的思维偏向，至今仍没有彻底肃清。

18世纪中叶到19世纪末，欧洲因科学革命、技术革命的重大成果，使许多国家的社会面貌和文化发展发生了重大变化。这种变化可追溯到16世纪后欧洲资本主义关系产生和发展之时，"资产阶级在它的不到一百年的阶级统治中所创造的生产力，比过去一切时代创造的全部生产力还要多，还要大"。[①] 而中国自16世纪后却实行封建的闭关锁国政策。中国封建社会政治制度结构的僵化严重阻碍了近代中国科学技术的发展，始终没有建立系统的实验方法和完备的逻辑方法，在科学思想上则表现出明显的保守性和封闭性。特别是19世纪中叶西方列强大肆入侵后，半殖民地半封建的中国失去科技发展的动因，在古代曾居于世界领先地位的中国科学技术变得更加落后。这些无情的事实不可避免地会给传统的思维方式留下深深的痕迹，并对包括史学在内的中国文化发展带来消极的影响。在这种社会历史背景下，即使少数有识之士振臂呐喊，呼唤历史学改革图新，也难有所作为。如梁启超1902年出版《新史学》早于美国历史学家詹姆斯·鲁滨逊的《新史学》9年问世。两年不仅书名相同，内容也多相同，他们都对传统史学进行了严厉批判，提出革新主张；他们以达尔文进化论为理论武器，要求拓宽研究视野，扩大研究领域，更充分地发挥史学的社会功能。梁启超还明确提出历史研究要广泛吸收自然科学和近代新兴学科的理论和方法的问题。他认为地理学、地质学、考古学、人种学、人类学、语言学、社会学、政治学、宗教学、法律学、经济学和伦理学、心理学、逻辑学、文章学、天文学、物质学、化学、生理学等"皆与史学有直接之关系"或"间接之

---

① 《马克思恩格斯选集》第1卷，人民出版社1995年版，第277页。

关系，何一而非主观所当凭借者。取诸学之公理公例，而参伍钩距之，虽未尽适用，而所得又必多矣"。① 然而，两种"新史学"虽表现出类似的新的历史观和历史思维，但它们的历史命运却大不相同。鲁滨逊强调"不应该把历史学看作是一门停滞不前的学问，……历史学的理想和目的应该伴随着社会和社会科学的进步而变化，而且历史这门学问将来在我们学术生活里应该占有比从前更加重要的地位"。② 他的主张在大多数美国史学家取得共识的情况下，使新史学成为美国一个颇有影响的史学流派，而梁启超的新史学还没来得及为人们所认识和了解，便被湮没在传统史学的汪洋大海之中了。

当代中国同以往相比，已发生了天翻地覆的变化。但是，一个国家、一个民族不可能割断自己的历史。他们在创造自己的历史时，"并不是在他们自己选定的条件下创造，而是在直接碰到的、既定的、从过去承继下来的条件下创造"。③ 同样，他们在新的历史条件下建立自己的新的思维方式时，也只能从过去承继下来的传统思维的条件下建立。就历史思维来说，它的任何变革和转换，也不可能脱离原有的传统的历史思维的基础。这样，我们就不难理解，为什么与多维型思维相联系的我国历史学跨学科研究不可能一呼百应，在短时间内便会取得重大成果。只有

---

① 梁启超：《新史学》，《饮冰室合集·文集之九》。
② 詹姆斯·哈威·鲁滨逊：《新史学》，商务印书馆1989年版，第20页。
③ 《马克思恩格斯选集》第1卷，人民出版社1995年版，第585页。

在历史观念——历史思维首先转换后，历史学跨学科研究的理论方法论前提才能建立。忽视它们之间内在的必然联系，不在更广泛的范围内研究和宣传科学革命——历史思维——历史研究的逻辑联系，借鉴和吸收当代科学发展的优秀成果，那历史学跨学科研究可能只会触及皮毛，而很难了解其真谛。在这方面，我们尚有很多艰苦的工作要做。

笔者 1992 年夏季在一次学术座谈会上谈到，我国史学理论研究较为紧迫的任务之一，便是基础理论研究，①因为这是继承和发扬中国史学的优秀传统，汲取国际史坛有益的新理论新方法，在中国马克思主义史学的基础上进一步丰富和完善我国史学理论方法论的关键。我以为，探讨科学革命和现代历史思维的关系，便是这种基础理论研究的初步尝试。一百多年前，恩格斯曾强调："现今的自然研究家，不论愿意与否，都不可抗拒地被迫关心理论的一般结论，同样，每个从事理论研究的人也不可抗拒地被迫接受现代自然科学的成果。"②在科学技术革命和历史科学都在迅速发展的今天，这个问题就更加突出了。让我们进一步"被迫研究"科学革命所揭示的科学发展的普遍规律和特征，并从中吸取科学思维的有益营养以丰富现代历史思维，那我国的历史科学一定会从中大有收益，从而使其在社会发展中更充分地发挥其功能。

---

① 参见仲伟民：《史学理论研究的回顾和展望——史学理论研究座谈会综述》，《历史研究》1993 年第 1 期。

② 《马克思恩格斯选集》第 3 卷，人民出版社 1995 年版，第 282 页。

历史认识：主体意识和
主体的创造性[*]

研究历史认识的理论与方法，离不开对认识主体以及主体意识的探讨。那种认为承认或强调认识主体的主体意识，就是在无限夸大认识主体的精神或意志的作用，是在宣扬历史唯心主义，这显然是不符合实际情况的。问题的关键不在于是否承认主体意识，而在于如何认识主体意识，如何评价主体意识，以及在历史认识的实践中，如何正确地发挥主体意识的积极作用，即历史认识主体的创造性问题。

一、历史学家是历史和社会的产物

历史学家因自己的哲学观点、政治立场、知识基础、生活经验、情感和性格气质不同，所以表现出不同的主体

* 本文发表于《历史研究》2003 年第 1 期。

意识，① 这里应该强调的是历史学家是历史的产物，时代的特征、社会历史发展的具体的内容对他所产生的种种影响，会在各个方面以不同的形式表现出来，在历史认识的过程中自然也不会例外。英国史学家爱德华·卡尔说："我们一生下来，这个世界就开始在我们身上起作用，把我们从纯粹的生物单位转变成社会单位。"因此，"在研究历史之前，应该先研究历史学家。……在研究一个历史学家之前，应该先研究他的历史环境和社会环境。历史学家是单独的个人，同时又是历史和社会的产物"。② 这就是说，历史学家的主体意识，虽然是通过个人表现出来的，但却有明显的社会意义，从而使主体意识有更丰富和更深刻的内容。在分析和认识主体意识时，我们应该有意识地关注它的社会内容和社会意义，这样可帮助人们透过表象认识问题的本质。历史认识是社会认识的一部分，历史认识主体是社会历史主体的一部分。这是我们进行历史认识的前提和基础。

长期以来，历史认识主体的主体意识和主体的创造性之所以被忽略，或被否认，可以找出许多原因，而其中的重要原因之一，就是忽略或否认社会历史过程中的主体在历史矛盾运动过程中积极的、能动的创造性作用。例如，在如何认识"历史规律"的问题上可以清楚地看到这一

---

① 参见李振宏著：《历史学的理论与方法》，河南大学出版社1999年版，第138—146页。

② 爱德华·卡尔：《历史是什么》，商务印书馆1982年版，第29、第44页。

点。一些人认为"历史规律"可以自发地实现，人在规律面前无所作为。他们机械地、教条主义地理解"历史进程是受内在的一般规律支配的"，"经济社会形态的发展是一种自然历史过程"。①他们盲目地认为只有这样才是坚持唯物史观的基本原理，而实际并不是这样，在他们看来，"自然历史过程"应理解成为"自发的"历史过程，这显然和唯物史观的基本原理相悖。长期以来，传统的观点片面认识"自然历史过程"，将着眼点放在自然运动过程和社会历史运动过程的共通性，强调它是不以人们的意志为转移的客观规律性，而忽略了人——创造历史的主体——在历史规律中的作用。因看不到人和规律之间的特殊的辩证关系，忽略人的"自我意识过程"和"自主创造过程"，而盲目地认为历史规律可以自发地、自然地实现。这不是马克思主义的观点，而是19世纪机械唯物主义的残余。这种貌似马克思主义的观点还授西方理论家以把柄，例如，英籍科学哲学家卡尔·波普尔在《历史主义的贫困》、《开放社会及其敌人》等著作中攻击马克思

---

① 《马克思恩格斯选集》第2卷，人民出版社1972年版，第208页；《马克思恩格斯全集》第23卷，人民出版社1972年版，第12页；马克思《资本论》第1卷第1版《序言》："我的观点是：社会经济形态的发展是一个自然历史过程"。关于这句话，还有如下三种译法：其一，郭大力、王亚南译："我的观点是把社会经济形态的发展，理解为一个自然史过程"（《资本论》第1卷，第Ⅻ页，人民出版社，1963）。其二，中央编译局根据马克思本人修订的法文版《资本论》第一卷翻译的译文："我的观点是，社会经济形态的发展同自然的进程和自然的历史是相似的"。（《资本论》根据作者修订的法文版第一卷翻译，中国社会科学出版社，1983）。其三，中央编译局重译的《马克思恩格斯选集》第二卷："我的观点是把经济的社会形态的发展理解为一种自然史的过程。"（《马克思恩格斯选集》第2卷，第101—102页，人民出版社，1995）。

主义的历史决定论是"历史宿命论"，是"难以置信的智力狂妄"；攻击历史规律性的论述是"形而上学的教条或宗教式的信念"。

马克思主义经典作家揭示人类历史规律时，是从研究具体史实入手的。人类历史发展有客观规律，是一个"自然历史过程"，但是，历史规律不是外在力量的赐予，不是先定的，而是产生和实现于人的社会实践之中。正是在这个意义上，恩格斯强调历史规律是"人们自己的社会行动的规律"。① 因此，这个过程同时也表现为人们自觉能动性和创造性、选择性的不断的实践过程，"社会生活在本质上是实践的"。② 我们不应割裂这种统一性。

历史学家的主体意识水平直接决定着历史研究的水平，甚至决定着历史认识的路径和方向。近代以来的中外史学发展史表明，影响历史科学进步的因素很多，如社会的进步、包括自然科学在内的科学的发展等。这主要是外部因素的作用。就历史科学自身来讲，主要表现为历史观念的进步和历史学思想的发展，这一切都离不开历史认识主体意识的提高，因为历史观的转化或更迭不是自发完成的，需要历史学家自觉的接受与运用；史学思想的发展也是建立在历史学家艰苦的理论探索和理论概括的基础之上。在中外历史研究中，历史研究视野的扩大，历史研究选题的开拓，新的研究方法以及多学科研究方法的广泛采

① 《马克思恩格斯选集》第 3 卷，人民出版社 1995 年版，第 634 页。
② 《马克思恩格斯选集》第 1 卷，人民出版社 1995 年版，第 56 页。

用、历史学新的分支学科的不断出现，以及对已经研究过的问题的进一步深化等等，无一不是与历史认识主体意识的不断加强有直接的关系，因为历史意识的加强，首先表现为历史学家思想上的不断解放，以及历史学家在研究工作中主动积极性的进一步发挥。

在现实的历史科学研究中，应该如何加强主体意识呢？

首先，应该全面、系统地掌握和运用马克思主义基本原理，使之成为认识社会历史现象的锐利武器。马克思、恩格斯多次申明，"历史是不能靠公式来创造的"，"我们的理论是发展着的理论，而不是必须背得烂熟并机械地加以重复的教条"。"如果不把唯物主义方法当作研究历史的指南，而把它当作现成的公式，按照它来剪裁各种历史事实，那它就会转变为自己的对立物"。① 但是，一些自称是马克思主义者的人却反其道而行之，不加分析地用现成的公式来图解历史，把唯物史观的基本原理变成脱离社会生活实际的教条。这些人把扭曲的、变形的"唯物史观"说成是马克思主义的唯物史观，败坏了唯物史观的声誉，并在历史研究中造成了严重的思想混乱。

列宁说："我们决不把马克思的理论看作某种一成不变的和神圣不可侵犯的东西；恰恰相反，我们深信：它只是给一种科学奠定了基础，社会党人如果不愿落后于实际生活，就应当在各方面把这门科学推向前进。" 他还严厉

①　《马克思恩格斯选集》第 1 卷，人民出版社 1995 年版，第 163 页；《马克思恩格斯选集》第 4 卷，人民出版社 1995 年版，第 481、第 688 页。

地批判了实际生活中的教条主义者，他说："只有不可救药的书呆子，才会单靠引证马克思关于另一历史时代的某一论述，来解决当前发生的独特而复杂的问题。"① 历史研究要以马克思主义理论为指导，这是毫无疑义的，但是这种指导绝不是"教义"，不是束缚人的头脑或使人变成懒汉的"教条"，"而是进一步研究的出发点和供这种研究使用的方法"。② 企图用现成的公式来研究历史的人，实际上是没有什么主体意识的，在他们看来，只要有了这些"公式"，就可以放弃艰苦的史料发掘、整理与考证；就可以不从实际出发，不对复杂的社会历史现象进行艰苦的理论探讨，仅仅满足于一知半解就做出这样或那样的结论，其结果是导致历史研究中的概念化、简单化、教条主义盛行，由于这一切是在所谓"坚持马克思主义的理论指导"下发生的，所以严重地败坏了马克思主义史学的声誉。在这种情况下，讲主体意识，特别是讲加强历史研究中的主体意识，往往被认为是"离经叛道"，通过政治批判代替学术讨论，严重地阻碍了历史科学的健康发展。

　　唯物史观作为马克思主义哲学的重要组成部分，是开放的科学体系，它随着时代的进步而进步，随着整个人类科学的发展而发展，并不是永远不变的僵化的教条。第二次世界大战后，特别是 20 世纪 80 年代以后，当代社会发

---

① 《列宁全集》第 4 卷，人民出版社 1984 年版，第 161 页；《列宁全集》第 3 卷，人民出版社 1984 年版，第 13 页。

② 《马克思恩格斯全集》第 39 卷，人民出版社 1974 年版，第 406 页。

展和科技革命都发生了许多新变化，提出了许多新的、重大的理论问题迫切需要从理论与实践的结合上做出回答，唯物史观需要面对现实，回答这些发展变化所提出的严峻挑战和崭新课题，不断丰富自己的概念、理论、方法和范畴。加强主体意识，首先就要从生活实际出发，从变动中的世界现实出发去分析问题和研究问题。马克思主义与时俱进，使其在实践中不断获得新的活力，永葆青春，唯物史观也如此。因此在历史研究中，我们应该实事求是，解放思想，自觉地回答社会发展进程中提出的一系列重大理论问题。在历史认识过程中，历史学家——历史认识主体要更加充分地发挥自己的主观能动性，他们不仅仅是在编撰历史，而且是在和千千万万的人一起在创造历史，何况"编撰"也不是消极的整理或反映，其实质也是以发挥主体意识为前提的一种积极的创造。

在历史研究中，现在常常谈到学术研究的"国际化"问题，以及与国际史坛"接轨"的问题。今天的中国史学已经结束了自我封闭的局面，成为世界史学的一部分，而且在国际史坛日益发挥着越来越大的作用。但是，"国际化"从来不是和"民族化"对立起来的。当代中国历史科学走向世界，国际化，不脱离世界史学发展的主流，但这并不排除它继承、发扬中国传统史学和中国马克思主义史学的优秀传统。如果认为"国际化"和"接轨"，就是执意将当代中国史学完全融入西方的史学之中，那是绝大多数史学工作者所不能接受的，而且这实际上也是办不到的。极少数人数典忘祖，错误地认为"惟西方史学为史学"，西方史学代表了世界不同地区、国家和民族史学发展的唯一方向，因此主张中国史学"全盘西化"，并努力实践之。当然，这也是一种"主体意识"，是历史认识主体的一种"创造性"，但是，这和我们所说的"主体意识和主体的创造性"大相径庭。我们强调发挥"主体意识和主体的创造性"的目的，是更加接近客观存在的历史真理，而中国历史研究"全盘西化"的任何努力，则会更加远离客观存在的历史真理。因为我们的历史研究应有自己独立的理论、原则和方法，并以此出发来认识人类历史进程，对某些规律性的现象和重大理论问题做出判断和阐释。很难想象，在"西化"了的、脱离中国史学传统和现实的、他人的理论框架和话语系统中，能够充分地表达我们自己的历史思想和观点。

其次，加强主体意识，要有强烈的史学理论创新的欲望和行动。创新是一个民族的灵魂，是一个国家兴旺发达的动力。就科学研究来说，创新是科学的本质。近代以来的中外史学发展史使人们认识到，没有史学理论的创新，就没有历史学的进步。史学理论的创新从本质上说是时代的呼唤，反映了社会发展与历史学学术发展的要求，即它要有必要的社会历史条件和学术发展的环境。但是，即使上述条件都具备了，却缺少历史学家的主体意识，没有历史认识主体积极主动精神的发挥，那也是不可能有史学理论创新的。由此不难看出，只有不断加强主体意识，才能适应现代历史科学发展的要求。历史科学的进步以史学理论的创新为前提，史学理论的创新则以主体意识的不断加强为基础。没有历史学家的主体意识，就没有史学理论的创新。

例如，近年有不少部《世界通史》已经出版或正在准备出版。在撰写《世界通史》时，省力气的办法是照抄照搬外国人的理论、内容和方法，或者在此基础上简单地修修补补。这样做的结果便出现了明明是中国人撰写的作品，却在反复重复外国人的观点，甚至是早已被实践证实是错误的观点。让这类食洋不化的"专著"充斥学术的殿堂，是无益于中国历史科学的发展的。任何一部有生命力的《世界通史》，首先必须是属于一个民族的《世界通史》；同时还是这个民族在一定的历史条件下的，即时代的《世界通史》。因此，我们撰写《世界通史》要体现出它的民族性和时代性，就一定要在唯物史观的指导下，充分发挥当代中国历史学家在历史认识中的"主体意识"和创造性。只有这样，我们的《世界通史》才能是睁开中国人的眼睛看世界的历史，并通过历史认识世界的现实和未来；也只有这样，它才能带有鲜明的中国特点，中国气派，表现出鲜明的时代特点和时代精神，成为正在实现伟大的民族复兴的中华民族的《世界通史》。

"文化大革命"结束后，我国社会发展和历史研究都进入了一个新的发展时期。新时期历史科学的每一个进步，特别是史学理论方法论方面的创新，都是和学术思想的空前活跃、主体意识的加强和发挥有着密切的联系，虽然有时候人们并没有自觉地认识到这一点。在这个过程中，"百花齐放、百家争鸣"的方针得到了较好的贯彻执行。"文化大革命"后，历史认识主体——广大史学工作者在重新确立的辩证唯物主义思想路线的指引下，彻底打破了"左倾"思潮影响下盛行的种种精神枷锁，冲破了一些人为设置的所谓研究"禁区"，在历史与现实、理论与实践的结合上，就人类历史进程中的许多重大理论问题展开了热烈的讨论和争鸣，有力地推动了新时期中国史学的复兴和发展。这些问题涉及的方面很广，如历史发展的统一性和多样性；历史发展的必然性、偶然性和选择性；地理环境在历史发展中的作用；阶级观点与历史主义；历史的创造者和历史发展的动力问题，中国古史分期问题、中国文明起源问题、中国封建社会长期延续的原因、中国传统社会结构的基本特征等。对这些问题研究所取得的每一个成果，都是历史认识的主体意识的不断加强的结果。

主体意识的加强使新时期在史学方法研究和运用方面，以及在探讨史学发展前沿问题等方面，也取得了不少的成果。在继续丰富、完善阶级分析等传统的史学方法的同时，认识主体开始采用一些新的史学方法，主要有计量方法、比较方法，以及心理学方法、社会学方法、人口学方法、政治学方法，口述方法等。史学思想史、西方历史哲学等前沿问题，近年引起了愈来愈多的研究者的关注，并取得了引人注目的成绩。如对文化形态史观的研究，对以波普尔为代表的分析历史哲学的研究，福山历史哲学思想研究，以及关于宗教或神学与历史哲学的关系的研究等等。这些研究的共同特点是实事求是，坚持马克思主义理论指导和科学性的统一。如果没有思想解放，没有历史认识主体的创新意识，这些问题可能至今无人问津或浅尝辄止。随着历史认识主体意识的不断加强，在历史研究领域里已经发生并正在发生深刻的变化，那种无所作为、故步自封或人云亦云、简单重复的局面已经彻底结束了。

最后，在中外文化交融的背景下，重视中外史学的交流。新时期中国史学取得重大成就的重要原因之一，是中外史学内容广泛的交流，在继承和发扬中国史学优秀传统的前提下，认真地、有选择地汲取外国史学中的积极内容，加强当代中国历史科学的建设。随着全球化时代的到来，这个问题就显得尤其重要。因此，在新时期加强主体意识，应该有它所特有的时代精神，即当代中国的历史认识主体无论研究中国史还是世界史；无论研究古代史还是当代史，都要有"世界性的眼光"。正如英国历史学家G.巴勒克拉夫所说的那样，"今天历史学著作的本质特征就在于它的全球性"，世界史研究的重要任务之一是"建立全球的历史观——即超越民族和地区的界限，理解整个世界的历史观"。①"全球历史观"因全球化时代的到来日益引起世界各国历史学家的重视，但绝不是说要搞"一元化"的历史观。我们应该清醒地认识到"全球历史观"决不等于历史观的"一体化"或"全球化"。保持我们独立的历史观，是和保持文化的独立性，以至民族的独立性是联系在一起的。

---

①　巴勒克拉夫：《当代史学主要趋势》，上海译文出版社 1987 年版，第 1、第242 页。

在全球化背景下，加强历史认识主体的主体意识，同继承和发扬中国传统史学的优秀传统，以及在全球化的进程中，保持对中国史学传统渊源的认同是一致的。中国史学植根于历史悠久、博大精深的中国文化的富饶的土壤中，它是国际史坛同时也是人类文明的一个独特的部分，对人类文明的丰富和发展做出了不可替代的贡献。在全球化时代，中国史学和中国文化不是、也不可能要融合到"文化的全球化"中去，因为"文化的全球化"本身就是一个神话和谎言。一些西方理论家极力鼓噪各民族的文化要"全球化"，其实质是在推行"文化帝国主义"和"文化殖民主义"。中国古代思想家孔子说："君子和而不同，小人同而不和。"① 加强和发挥历史认识主体的主体意识、主体性，就是要强调当代中国史学与西方的以及其他的史学的"不同"。正是在"不同"的基础上，才有可能在沟通中形成和谐，取得共识，推动中国和世界其他民族和国家历史学的发展。盲目地追求所谓的"同"，即脱离中国史学的传统和现实，致力于中国史学"融入"到西方史学中去，那无论对中国史学还是对世界史学，都是一种破坏。

对全球化进程中的中国史学界来说，历史认识主体应更加自觉地研究外国史学发展的特点和趋势，追踪外国史学发展中的前沿问题，特别是历史进程中的理论问题和历史学自身发展中的理论问题，取其精华，弃其糟粕，择其

---

① 《论语·子路》。

善者而从之。在全球化时代，仍然是有选择地汲取外国史学理论与方法中的积极内容，有益于历史认识主体的主体意识加强和主体的创造性的发挥，从而推动中国历史科学的进步。

二、历史认识是主体对客体辩证的能动的反映

认识是主体对客体的反映。正因为如此，反映论成为唯物主义认识论的内核。马克思主义的反映论是辩证唯物主义的反映论，在它诞生之前，世界上已经存在了形形色色的反映论。例如，古代朴素唯物主义的反映论和近代机械唯物主义的直观反映论，其中包括恩培多克勒的"流射"说、"镜中形象"说；德谟克利特的"影像"说；亚里士多德的"蜡块"说，以及欧洲中世纪的"唯名论"；17世纪英国经验论的认识论；18世纪法国战斗唯物主义的反映论；德国古典哲学的反映论等。马克思继承并发展了这些理论的合理因素，并对其进行了革命性的改造，彻底摒弃了唯心主义的理论和观念，在科学的基础上创立了马克思主义的反映论，在反映论的发展历史上揭开了崭新的一页。如果说马克思主义以前的唯物主义认识论的主要特征表现为形而上学性、抽象直观性和不彻底性——这一切都是和唯心主义的历史观联系在一起的，那么，马克思主义的反映论则从根本上克服了这些局限性，它是辩证的、全面的、彻底的、能动的反映论。唯物史观是社会历史领域里的唯物主义认识论，它是"科学思想中的最大

成果。人们过去对于历史和政治所持的极其混乱和武断的见解，为一种极其完整严密的科学理论所代替"。① 正是从唯物史观这一"极其完整严密的科学理论"出发，我们才能深刻地认识到历史的本质，将历史认识提高到一个崭新的水平。

历史认识的过程，是认识主体对客体的一种观念的反映关系。这种关系就决定了"历史事实"不存在着所谓的"纯客观性"，当然，它也不应该体现出"纯主观性"。在"反映"的过程中，认识主体的世界观、价值观、历史观不可避免地会渗透在对认识客体的分析和诠释中。在历史研究中，主体意识发挥的重要内容，并不是如何"完全客观"地、"真实"地反映历史所谓的"真实面目"，因为这实际上是不可能的，之所以如此，并非是当代历史学理论方法论的缺陷和无能，而主要是由客观存在的历史认识的相对性决定的。任何高明的历史认识主体，都不可能穷极客观的历史真理，否则，历史科学就将停滞而失去生命力。历史认识是科学认识的一个组成部分，它就具有一般科学认识论的共性。事实正是这样，不只是历史认识，任何一种科学认识都具有相对性。

历史认识的相对性主要是由以下因素决定的：

首先，人类社会的历史矛盾运动既是相对的，也是绝对的，那么，对其进行科学的历史认识必然受其制约，具有一定的相对性，表现为相对与绝对的统一。这样，任何

---

① 《列宁选集》第 2 卷，人民出版社 1995 年版，第 311 页。

一个历史认识主体对客观历史过程与本质的认识，都不可能一次就完成，不可能穷极历史的真理。历史认识是一个过程，在这个过程中，历史认识主体只能逐渐提高历史认识的科学水平，不断接近对历史本质的认识。正因为如此，历史学是一门古老的学科，同时又是一门年轻的学科。历史学随着时代的发展而发展，随着科学的进步而进步，在对历史从相对认识不断接近绝对认识的过程中不断获得前进的动因，从而永葆其青春。

　　其次，历史认识主体是历史的产物，受具体的历史条件的制约，不可能认清全部漫长、复杂的社会历史现象，而只能认识和研究历史的个别内容，在某一个方面或某几个方面接近或比较接近历史的本质。在密切联系的、统一的社会历史进程面前，历史认识主体无法毫无遗漏地反映出历史矛盾运动的全部内容，使历史认识只能是相对的，从而表现出这样或那样的局限性，这正如列宁所指出的那样，"我们的知识向客观的、绝对的真理接近的界限是受历史条件制约的"。① 这种局限表现在历史认识主体的各个方面，首先表现在历史思想观念方面，恰恰是在这个方面和社会历史条件有着密切的联系。以中国史学发展为例，人们很难想象不是在 20 世纪初，而是在 19 世纪初，会发生梁启超倡导的"史界革命"，倡导用进化史观来认识中国的历史。

　　历史认识主体不仅受历史条件的制约，而且还会受到

---

① 《列宁选集》第 2 卷，人民出版社 1995 年版，第 96 页。

自身各种条件的制约，使其对错综复杂的历史进程的认识力不从心，表现出种种局限性，在这种情况下，历史认识的相对性也是难以避免的。历史认识主体自身条件的制约可以表现为各个方面，例如知识结构、思维能力、专业知识和专业基础知识水平，以及社会经历、性格气质、健康状况等。历史认识主体的这些条件总是贯穿在历史认识的全部过程，产生积极或消极的影响，直接或间接地反映在历史认识的相对性上。在承认和研究历史认识的相对性时，丝毫也不表明否认历史的绝对性，即承认历史矛盾运动过程的客观性。人类历史发展是服从于一定规律的自然历史过程，历史的发展是绝对的，不取决于人的意志和愿望，只有明确这一点，历史认识才有了科学的可靠的前提。科学的历史认识是认识主体对人类历史过程的正确的反映，其中就必然包含有历史的绝对性的内容，虽然这种认识依然是相对性的认识。社会的进步、科学的发展，其中包括历史学理论方法论的不断发展，将帮助历史认识主体对人类历史过程有更深刻、更准确的认识，从而使历史认识的相对性和绝对性在新的水平上更加完美地辩证统一在一起。

历史认识不是一成不变地再现历史，机械地重构历史，而是主体对客体辩证的能动的反映，即这种"反映"并不是像光照到镜子上之后产生的那种平面的、直接的反射。然而，从古希腊的哲学家德谟克利特、伊壁鸠鲁到近代的黑格尔等却是这样认识的，黑格尔曾说："反映或反思（Reflexion）这个词本来是用来讲光的，当光直线式地射出，碰在一个镜面上时，又从这镜面上反射回来，便叫做反映。"①但是，"反映"这个概念并不是旧唯物主义哲学所特有的，在马克思主义哲学中，"反映"同样是阐释认识本质的一个重要的概念，列宁说："物质是标志客观实在的哲学范畴，这种客观实在是人通过感觉感知的，它不依赖我们的感觉而存在，为我们的感觉所复写、摄影、反映。"②他认为这种"反映""不是简单的、直接的、照镜子那样死板的行为，而是复杂的、二重化的、曲折的、有可能使幻想脱离生活的行为"。③由此我们可以认识到，以马克思主义哲学为指导的历史认识理论，是能动的反映论。历史认识的过程，是历史认识主体依据一定的史学理论方法论进行积极的"创造"的过程，当然，这种创造并不是随心所欲的"创造"，因为这种"创造"无论以何种形式出现，披上什么样的外衣，都是"编造"历史，完全走向了科学的历史认识的反面。

　　西方新康德主义历史哲学家狄尔泰，新黑格尔主义历史哲学家克罗齐、柯林伍德等盲目夸大、崇拜历史认识主体的意识和作用，同否认、忽略历史认识主体的意识和作用一样，对科学地、全面地认识历史的本质，都是无益的。狄尔泰，德国唯心主义哲学家，生于 1833 年，生命哲学的创始人之一。先后在海德堡、柏林研读神学、历史

---

① 黑格尔：《小逻辑》，商务印书馆 1980 年版，第 242 页。
② 《列宁全集》第 18 卷，人民出版社 1988 年版，第 130 页。
③ 《列宁全集》第 55 卷，人民出版社 1990 年版，第 317 页。

学和哲学，自 1866 年起，先后在巴塞尔大学、基尔大学、柏林大学任教，在哲学、历史学和教育学等方面都有著述。其哲学思想的核心是强调认识主体的"直接感受"，以此来反对包括有重大影响的兰克历史学派在内的实证主义史学。

1824 年，德国历史学家兰克在其代表作之一的《拉丁和条顿民族史》中写道：历史指定给本书的任务是评判过去，教导现在，以利于未来。可是本书并不敢期望完成这样崇高的任务。它的目的只不过是说明事情的真实情况而已。为了能做到"如实直说"，兰克学派十分重视历史文献档案的收集，而忽视历史学的理论。兰克认为，对可靠资料的批评考证，不偏不倚的理解，超然物外、客观的叙述，所有这些结合起来，就可以再现全部历史真相。

狄尔泰反对实证主义史学的经验主义和自然主义，认为历史学等人文科学研究的对象是人的精神，人类的历史就是精神发展的历史，历史即体验和理解。他说："只有在内在的体验中，即在意识中，我找到了我的思想停泊的港湾。所有的精神科学都是体验的科学，……体验发生在我们自己的全部之中，所有的认识在逻辑上都不会超越这个条件。"[1] 由此出发，狄尔泰认为历史认识只能是主观的认识，历史认识过程是精神认识的过程，历史是历史学家主观经验的产物。狄尔泰的上述认识，和他对历史性质

---

① Wilhelm Dilthey. *Introduction to the Human Sciences*. Translated by Ramon J. Betanzos. Detroit：Wayne State University Press，1988. 72

的理解有着密切的联系。在他看来，历史认识的客体与自然科学研究中的客体不同，即它是不可重复的、一次性的、带有偶然性的，历史无规律可言，自然科学认识的理论与方法完全不适用于历史学。

意大利哲学家、历史学家克罗齐的哲学思想，与狄尔泰有不少相同之处。克罗齐，新黑格尔主义历史哲学的代表人物之一，生于1866年2月，早年在罗马大学研读，1903年创办《批评》杂志，长期担任主编。曾任参议员、教育部长、自由党主席等职。1922年墨索里尼上台后，积极参加反法西斯主义的斗争。

关于历史学的性质，克罗齐认为历史学不是科学，而是艺术，因为历史学不是通过一般而认识一般、再现一般，并恰恰相反，是通过特殊去认识特殊、再现特殊。如果说自然科学是通过外部的观察来认识科学现象的，那么，历史学则主要是通过认识主体的内省和体验来认识历史现象，这是由历史现象是偶然的、个别的、不可重复所决定的。克罗齐4卷本的《精神哲学》反映了他的哲学体系的实质，即一切从精神出发。在"精神哲学"这一大标题下，囊括了他的主要著作《作为表现科学的美学》、《作为纯粹科学的逻辑学》、《实用哲学》、《历史学的理论与实际》。在他看来，历史即精神，精神包括了全部的历史。世界上没有客观的历史，历史叙述没有"如实直说"，历史只有被赋予了精神，才有可能是历史。精神、历史认识主体的精神和意识，被提高到了至高无上的地步。

　　克罗齐的一个著名的命题是"一切真历史都是当代史"。① 与此同时，他还从自己的哲学理论体系出发，对"历史"和"编年史"的含义、主要是它们之间的真正差别进行了新的解释。他说："编年史与历史得以区别开来并非因为它们是两种互相补充的历史形式，也不是因为这一种从属于那一种，而是因为它们是两种不同的精神态度。历史是活的编年史，编年史是死的历史；历史是当前的历史，编年史是过去的历史；历史主要是一种思想活动，编年史主要是一种意志活动。一切历史当其不再是思想而只是用抽象的字句记录下来时，它就变成了编年史，尽管那些字句一度是具体的和有表现力的。"② 这就是说，世界上没有客观的历史，而只有主观的历史。"真历史"是主观的历史，"它所述的事迹必须在历史学家的心灵中回荡"③，强调心灵或精神创造历史，历史存在于历史学家的心灵之中。脱离历史的和社会的实际突出历史认识的主体性，显然是一种典型的历史唯心主义观点。但是，从批判实证主义史学的弊病方面来看，我们也可以发现它在某些方面的积极意义。历史认识是一个逐渐接近历史真实的认识过程，这种认识随着时代的进步而不断深化，一步步地接近历史的真理。因此，人们对历史的认识和求解在每一个"当代"，都会有新的水平、新的答案，尽管是对

---

① 克罗齐：《历史学的理论和实际》，商务印书馆1982年版，第2页。
② 克罗齐：《历史学的理论和实际》，商务印书馆1982年版，第8页。
③ 克罗齐：《历史学的理论和实际》，商务印书馆1982年版，第2页。

历史问题的研究，但这些问题在每一个"当代"都会能够体现出这个"当代"的鲜明的时代精神。

新黑格尔主义历史哲学的另一位代表人物，是英国历史学家、考古学家和哲学家柯林伍德。柯氏生于1889年，毕业于牛津大学后在该校任教。其主要代表作《历史的观念》是作者1943年病故后，由他的学生在1946年整理出版的。柯林伍德认为历史学是"心灵科学"，这是和自然科学的本质区别。因为自然科学所肯定的事实，是通过观察和试验得出的，而历史事实是基于反思而得出的心灵的事实。他进一步指出，自然科学的事实是一种现象，仅此而已；而历史事实的背后却是思想，所以可以这样说，自然科学家所研究的仅仅是现象，而历史学家所研究的却是现象后面的思想。

这样，柯林伍德即提出了自己著名的命题："一切历史都是思想史。"他强调"自然的过程可以确切地被描述为单纯事件的序列，而历史的过程则不能。历史的过程不是单纯事件的过程而是行动的过程，他有一个由思想的过程所构成的内在的方面；而历史学家所要寻求的正是这些思想的过程"。[①] 在历史认识的过程中，历史学家去寻求历史过程中的"思想过程"，这毫无疑问是十分必要的，是对"剪刀加糨糊"式的历史学的深刻批判。但是，当把一切历史都当成思想史，就走向了极端。"思想史，并且因此一切的历史，都是在历史学家自己的心灵中重演过

---

① 柯林武德：《历史的观念》，商务印书馆1997年版，第302页。

去的思想"，"历史的知识是关于心灵在过去曾经作过什么事的知识，同时他也是在重做这件事"①，这样，柯林武德就将历史认识主体的意识绝对化，走上了历史唯心主义的道路。

在进行历史认识时，从"历史是过去思想的重演"出发，不可避免地会将主观、客观，历史认识的主体和客体混淆在一起，并进而在它们之间画上等号，实际上是彻底否定了人类历史的客观存在。历史学家在对历史过程和现象进行具体的研究时，完全否认历史矛盾运动的客观性和规律性，而只是尽力地以自己为中心去"思想古人的思想"，即用历史学家自己的心灵和思想去重塑历史。这种"重塑"的过程，是历史认识主体将客观的历史事实绝对主观化的过程，认识主体的人生观、价值观，他所信奉的历史学的理论与方法会集中地在"重塑"中表现出来。这样，历史不是从历史文献资料出发，不是从历史文献资料所体现出的历史信息出发，而完全是从认识主体的意识出发。这种历史认识得出的结论，已经丧失了历史的客观内容。这样，具有客观内容的历史，就已经是被认识主体的"思想"和"心灵"改造过了的历史，甚至是从主观意志出发，随心所欲地去"创造历史"、歪曲历史，其结果只能是距历史的真实面目越来越远。

在如何对待历史认识主体的能动性问题上，新康德主义历史哲学家狄尔泰、新黑格尔主义历史哲学家克罗齐、

---

① 柯林武德：《历史的观念》，商务印书馆1997年版，第303、第307页。

柯林伍德的一个共同特点是，将认识主体的能动性作用推向了极端。无论是狄尔泰的"体验"，还是克罗齐的"绝对的历史主义"、柯林伍德的"历史即思想的自我认识"，都鲜明地表现出了这一点。他们在批评盲目地迷信史料、迷信权威的"剪刀加糨糊"式的史学时，强调要重视和发挥历史认识主体的自主意识和批判精神，无疑是应该肯定的，问题是当这一有积极意义的认识走向极端后，积极的精神就被消极的后果所掩盖。在这个问题上，人们是需要认真地分析的。

三、历史认识主体的创造性

前已述及，以马克思主义哲学为指导的历史认识理论，是能动的反映论。历史认识的过程是积极的"创造"的过程。这里应该明确的是，历史认识主体的"创造"，直接关系到对历史和历史学性质的理解，他应以承认人类历史过程的客观性和规律性为前提。所谓"创造"是在承认这种前提之下的一种科学的认识活动，而不是从主观的臆造和愿望出发，对有客观内容的历史进程进行"编造"或"捏造"。

"创造"的目的不是要脱离具有客观性质的历史，恰恰相反，而是要使主体认识的结果更加接近客观的历史本质，更加符合历史矛盾运动的客观规律性。历史认识主体的"创造性"建立在正确的理论前提的基础上，只有这样，历史认识才有可能循着一条正确的路线进行，通过文献资料的收集、考证、鉴别、整理，对其所蕴含的深刻的历史内容进行艰苦的理论探索；不仅要重视历史过程的准确叙述，更要加强对历史过程中的重大问题进行理论上的描述。这种理论描述应该是理论与实践、历史与现实相结合，从而揭示历史的内在联系，以及历史过程所体现出的历史一般规律和特殊规律。而要做到这一点，历史认识如镜子一般那种平面的、直接的反射是无能为力的，这里需要的是历史认识主体积极的"创造性"。

历史认识主体的创造性表现在历史认识的全部过程中。

首先，认识社会历史是一个复杂的过程，在这个过程中，"主体有能力在历史认识中再现客体的活动和它的发展，所以在历史过程中，'现在'、'过去'和'未来'所表现出的辩证关系，以及认识形式的时间结构具有特别重要的意义"。"在历史认识中，对主体的创造积极性应有正确的理解，它取决于正反映着历史事实的实践活动。这意味着创造与反映相互关系这一问题应用于历史研究，具有特殊的性质，即有自己的特点，解决它的钥匙是揭示人类活动、历史过程和历史认识的内在的同一性"。[①] 历史是可知的，对复杂的人类社会历史进程的认识与理解，历史唯物主义者持积极的乐观的态度，这是因为他们相信自己的能力，而这种能力首先表现为历史认识的创造性。

作为已经逝去的历史的"过去"，即使是遥远的"过

---

① А. М. Коршунов и др: Творчество и отражение в историческом познании, москва1984, стр. 12

去"并没有、而且也不可能消失得无影无踪，而总是以这种形式或那种形式传递到、影响到"现在"，"现在"不过是"过去"的直接的延伸；"未来"则是"现在"的继续。"过去"、"现在"和"未来"是密切联系的不可分割的有机整体。历史认识主体从来不是仅仅为了认识"过去"而去认识"过去"，认识"过去"的目的是为了清楚地理解"现在"，清醒地预见"未来"，特别是通过历史研究自觉地回答现实生活发展中提出的一系列重大的理论问题。然而，从"过去"认识"现在"和"未来"，并不是自发完成的，但作为科学的历史研究这又是不可缺少的，这样，历史认识主体的创造性问题便不可避免地突现出来。在历史研究中，历史认识主体如何将历史与现实有机地联系在一起，这是一个复杂的问题，科学地建立起"过去"、"现在"和"未来"密切联系的过程，即是实现历史认识主体积极性的过程。

其次，第二次世界大战后，国际史坛出现了历史研究的理论化趋势，即重视历史过程的理论性描述，不再仅仅是历史过程编年式的排列和史料的堆砌；此外，更重视分析历史文献资料中所蕴含的深刻历史内涵，分析史料所传达的历史信息背后的复杂的历史内容；最后，对历史研究的结论也不再是就事论事，满足于对某一个或某几个问题的孤立结论，而是将其放在社会历史进程广泛的政治、经济、文化背景之中，从历史的因果关系以及历史与现实、理论与实践的联系中，进行理论的概括，而要真正地做到这一点，没有历史认识主体的创造性，是无论如何也难以实现的。从某种意义上可以说，没有历史认识主体的创造性，就没有现代意义的历史科学，而只能是史料的整理和归纳。这样，历史学的基本功能——科学认识功能就完全被剥夺了。

历史认识主体的创造性存在于历史认识的整个过程。在历史认识的实践中，认识主体首先要遇到的是如何认识历史文献资料的问题。对于文献的鉴别与分析，是历史认识不可或缺的重要环节。因为这些文献资料首先存在着真伪，要对其进行剥离和鉴别，去伪存真，使历史认识建立在真实性的基础之上，尽管这种"真实"是相对的，甚至有很大的局限性，但它绝不应是凭空的捏造或伪造；当证明其真实性之后，还存在着对其价值的判断。在判断的过程中既要看到文献资料的自然属性，即其所反映出的历史过程的客观性内容；而且还要认清其社会性，即它产生在这样或那样的社会历史条件下所蕴含的其他社会内容。对于这一切，历史认识主体首先应该有清醒的认识，同时依据一定的理论与方法对其能够有正确的判断，这种认识与判断，实际上就是认识主体创造性的充分发挥。

"研究必须充分地占有材料，分析它的各种发展形式，探寻这些形式的内在联系"。"只有当自然和历史材料搜集到一定程度以后，才能进行批判的分析和比较，或者说进行纲、目和种的划分"。① 在历史认识过程中，认

---

① 《马克思恩格斯选集》第 2 卷，人民出版社 1995 年版，第 111 页；第 3 卷，第 734 页。

识主体明确这一点是十分必要的。在史料的问题上，认识主体如果不能充分地发挥其能动的创造性，失去对它的正确判断与鉴别，那将陷入到一种盲目的状态之中，使其认识自一开始就建立在错误的基础之上，这样，认识主体的全部活动及结论就没有任何价值可言。"我们必须继承我国两千年来鉴别史料的传统，剔除其糟粕，吸取其精华。鉴别史料的主要任务是：鉴别史料的真伪、作者、时间、地点和用途，以及史料的阶级性和它在阶级斗争中所起的作用等等"。① 历史认识必须重视史料问题，但是应该明确指出的是，对史料的鉴别和整理，绝不是历史认识的全部内容，而只是历史认识过程中一个重要的必需的环节。因为史学不是史料学，因为仅仅有史料是完成不了历史科学所规定的基本任务的，认识和揭示人类社会发展的一般规律和特殊规律，需要历史认识主体积极的科学的创造性活动。但是，这种创造性的活动脱离历史认识所必需的史料，则寸步难行，是无法进行的。

----

① 荣孟源：《史料和历史科学》，人民出版社 1987 年版，第 90 页。

关于历史认识的价值判断[*]

历史认识不是体验性的感性认识，而是与价值判断联系在一起的理性认识。就历史学的本质来说，它是一门立足于现实的、关于价值判断的科学。司马迁明确表述了他著史的目的："欲以究天人之际，通古今之变，成一家之言。"[①] 这里的"　家之言"，不言而喻是价值判断的产物，"求真"和"经世致用"成为中国传统史学的优良传统。"理论联系实际是发展社会科学的根本方针，也是马克思主义倡导的优良学风"，在历史研究中也是如此。"以为研究过去对现实没有意义，是不对的。科学地认识昨天和前天，就能对正在运动着的今天的现实有更深的了解，并能对未来作出科学的预测……在研究历史时，要有现实的时代感"。[②] 如何才能达到这样的目的呢？自然也

---

[*] 本文发表于《历史研究》2008年第1期。

① 《汉书》卷62《司马迁传》，中华书局1962年版，第2735页。

② 《胡绳全书》第3卷（下），人民出版社1998年版，第458、第472—473页。

不能离开历史认识的价值判断。

英国克拉克爵士主编 14 卷本《新编剑桥世界近代史》时说:"一部历史书与仅仅是一堆有关过去的报道之间的区别之一,就是历史学家经常运用判断力"。"历史不是人类生活的延续,而是思想意识的延续"。"就历史学而言,我们可以断定,如果说它是一门科学的话,它是一门从事评价的科学"。① 显然,评价离不开判断,没有判断,所谓评价也就成了无本之木,因为判断是评价的基础和依据。历史认识的价值判断,是由历史认识的主体完成的。"主体是人",而"人就是人的世界,就是国家、社会"。② 总之,历史认识主体是具体历史条件下的有一定社会关系的人,这就决定了历史认识的社会属性,而这种属性,更多的是在历史认识的价值判断过程中表现出来的。

当前在历史认识的价值判断上,存在着两个亟待解决的问题:其一,首先需要明确在历史认识中是否需要进行价值判断;其二,承认价值判断,并不等于由此进行的所有价值判断都是正确的。那么,应该如何遵循科学的路径,求得对历史认识正确的价值判断?今天讨论这两个问题,对于提高历史认识的科学水平,更充分地实现史学的科学认识功能和社会功能,有重要的理论意义和现实

---

① 克拉克主编:《新编剑桥世界近代史》第 1 卷,中国社会科学出版社 1999 年版,第 22、第 24、第 31 页。

② 《马克思恩格斯选集》第 2 卷,人民出版社 1995 年版,第 3 页;《马克思恩格斯选集》第 1 卷,人民出版社 1995 年版,第 1 页。

意义。

一、价值判断是历史认识的基本功能

历史认识是和价值判断联系在一起的。没有价值判断的历史认识是不完整的历史认识，因为它失去了历史认识基本的或最重要的功能。在历史认识中，只有通过价值判断才能够使历史认识主体和客体发生密切的联系，并在一定的条件下充分发挥认识主体的主动性、创造性。在历史认识过程中，历史学家的主要任务不是、或不可能是通过对"过去"的描述去说明历史，而是通过认识、分析这样或那样的"过去"的意义，来阐释历史的真谛。前者的描述是一种考实性的认识，在通过描述来回答"是什么"；而后者的阐释，则是在此基础上的价值认识和价值判断，在回答"为什么"。对于历史学家来说，任何孤立的、单独的文本如果脱离历史认识过程，"并没有自身的价值。它们就像所有过去时代遗留下来的、缄默无言的残渣瓦砾一样，只是作为认识历史关系的源泉，即中介材料"。① 这些中介材料只有纳入到历史认识的价值判断的过程中，才能实现其科学价值。否则，中介材料将永远是中介材料。价值判断是历史认识不可或缺的阶段，脱离这个阶段，中介材料不会自发地成为可以阐释历史认识本质内容的科学的历史文献。

---

① 加达默尔：《真理与方法》，上海译文出版社1999年版，第255页。

因此，在历史认识诸多的判断形式中，价值判断具有十分重要的意义，它直接关系到或影响到历史认识成果的质量。价值判断虽然往往以理论描述的形式表现出来，但它不是抽象的，而是有着具体的内容。一般说来，价值判断既不是单纯的历史判断或单纯的现实判断，也不是单纯的理论判断或单纯的实践判断，而是将它们有机地结合在一起的判断。历史认识中的价值判断虽然是对已经逝去的历史内容的判断，但这种判断中应渗透有鲜明的时代精神；作为价值判断结果的理论描述，来自社会历史发展实践和社会现实发展实践，是理论与实践的结合，而不是脱离社会实践的"精神"产物。

历史认识中的价值认识和价值判断有着密切的联系，但同时又有着明显的区别，明确两者之间的联系和差异是十分有必要的。一般说来，价值认识应是价值判断的基础和前提，价值判断则是价值认识的深化、升华和结果。如果历史认识仅仅停留在价值认识的阶段，那就只是认识，却没有结果，就等于历史认识放弃了自己重要的和基本的功能。同样，价值认识在历史认识中也是不可缺少的，因为离开了价值认识，价值判断就失去了基础、前提和内容，也就无从谈起。

历史认识的价值判断虽然是一种历史的判断，但它应该是体现认识主体所生活的时代的社会精神的判断，即是一种历史与现实相结合的判断，不仅有历史感，而且还有时代感。在历史认识中，认识主体正是通过价值判断回答当代社会发展中提出的理论问题和现实问题，也正是从这种意义上把历史认识论和社会认识论联系在一起，无论是一般的社会认识论还是现实的社会认识论。"社会认识论是关于人们怎样认识社会的哲学学说，它以人们认识社会的认识活动为对象，考察人们认识社会的特殊活动结构、进化过程和特殊规律。从另一角度看，人们认识社会，实质上又是人类社会总体进行自我认识的实现形式，因此，社会认识论又是对于人类社会自我认识之谜的哲学探索。"① 历史认识和社会认识有许多共同之处，特别应看到历史认识有着丰富的社会内容；在历史认识的过程中，通过价值判断可以将历史与现实、理论与实践紧密地联系在一起，而不是割裂它们之间原本就存在的内在的联系。

　　20 世纪 80 年代中期以来，中外史学理论研究取得很大进展，有不少重要的研究成果问世，对当代中国史学的复兴与发展做出重要的贡献。但同时我们也应该清醒地看到，史学理论研究中也存在着较突出的问题，首先是理论脱离实践的问题。不仅是史学理论研究脱离历史学研究的实践，而且历史研究在一定的程度上也脱离社会发展的实践，忽视乃至回避现实社会发展中提出的问题。出现这种情况的原因是多方面的，仅从史学学科自身发展来看，人为地将历史认识与社会认识割裂开来，忽视历史认识的价值判断，或将价值认识与价值判断相混淆，或使价值判断脱离现实生活，应是重要的原因之一。这样，史学理论研究和与之联系在一起的历史认识、历史认识的价值判断

---

① 欧阳康：《社会认识论》，云南人民出版社 2002 年版，第 19 页。

等，在一些人的著述中出现了脱离学科发展实践或社会发展实践的抽象化、概念化倾向。总之，是在历史认识的价值判断面前止步不前，从而使历史认识半途而废。这种抽象化、概念化的结果，使原本活泼生动、与社会生活有密切联系的历史学和历史学理论，成为脱离社会生活实践的玄学。显然，这些研究无法发挥史学的学术或社会功能。

二、价值判断是联结历史与现实的认识纽带

历史学的生命力在于时代和社会发展对它的需求，以及它如何回应时代和社会的呼唤。历史学的意义不在于对历史过程、现象和事实简单直观的描述，而是基于历史矛盾运动的一般规律和特殊规律，不断地提出问题和回答问题，进行理论的阐述和概括，因此不能没有价值判断。

在历史认识中，价值判断是联结历史认识与现实的社会认识的纽带，这是因为人类的历史是指人类社会的历史，历史过程的社会性与社会意义是客观存在的事实，对此不应也不能视而不见。历史认识的价值判断不仅体现出历史价值观，同时也体现出社会价值观。此外，历史与现实内在的联系也是客观存在，如果人为地割裂这种联系，就会使历史认识的价值判断脱离现实的社会生活，变成没有社会实践内容的抽象的概念判断。正如史学思潮和社会思潮密不可分一样，历史认识和社会认识同样密不可分。这就决定了历史认识的价值判断的特点，是历史价值观和社会价值观的辩证统一。

　　正确的历史认识的价值判断过程，也是逐渐接近客观的历史真理的过程。但是，"我们的知识向客观的、绝对的真理接近的界限是受历史条件制约的"。① 这表明，在进行历史认识的价值判断时，历史认识主体不仅受主观的自身认识能力的限制，而且也受客观的社会历史条件的限制，无法逾越时代的局限。就像真理具有相对性一样，历史认识的价值判断也有相对性。同样，就如同不存在终极的绝对真理一样，也不存在绝对的、终极的历史价值判断。恩格斯说："如果在人类发展的某一时期，这种包括世界各种联系——无论是物质的或者是精神的和历史的——的最终完成的体系建立起来了，那么，人的认识的领域就从此完结，而且从社会按照那个体系来安排的时候起，未来的历史的进一步发展就中断了——这是荒唐的想法，是纯粹的胡说。"② 这里恩格斯虽是对杜林的批判，但对于如何正确认识历史价值判断的绝对性和相对性，却有重要的指导意义。

　　每一时代的历史学家，都是从他所生活的具体时代和具体历史环境中去观察、思考、认识历史，而观察、思考、认识的目的，不在于使自己所生活的那个时代重演历史，而是通过对历史的研究和理解，更清醒地观察、思考、认识今天和未来。包括历史学家在内，任何人都是历史的产物，他的政治、思想和文化观念，都属于一定社会

① 《列宁选集》第2卷，人民出版社1995年版，第96页。
② 《马克思恩格斯选集》第3卷，人民出版社1995年版，第376页。

历史范畴，印上鲜明的历史烙印。人是历史的人，既不可能超越历史，也不可能回避历史。

20世纪初，梁启超作为中国新史学思潮的旗手，以进化论、进化史观为理论基础，发起了"为史界辟一新天地"的"史界革命"。他认为"史界革命"是时代的需要，中国史学的陈腐和落后，是中国社会发展落后的重要原因之一。因此，"史界革命不起，则吾国遂不可救"，不能立于世界之林。① 在《中国史叙论》、《新史学》，以及后来撰写的《中国历史研究法》及其补编等著作中，梁启超尖锐地批判封建史学，明确提出以进化史观为理论基础的"新史学"，具有划时代的意义。进化史观不仅是20世纪初中国新史学的理论基础，而且也是当时历史认识中进行价值判断的理论武器。

20世纪初新史学思潮的出现不是偶然的，它和19世纪末以来中国维新和民主的社会思潮的产生和发展有着直接的联系。1895年《马关条约》签订后，中华民族危机空前严重，救亡图存、图强御侮，成为中日甲午战争后中国社会思潮的主流。达尔文的进化论和欧洲启蒙思想家的先进思想对19世纪末、20世纪初的中国社会思潮产生了重要的影响。严复曾夹叙夹议评介了英国学者斯宾塞的名著《社会学原理》（中译名为《群学肆言》），系统阐释了斯宾塞的普遍进化论原理。与此同时，严复还发表了《天演进化论》，大力宣扬赫胥黎"物竞天择，适者生存"

---

① 梁启超：《新史学》，《饮冰室合集》文集之九。

的原则，强调人类社会和自然界一样，都存在着"物竞天择，适者生存"的问题。中国只有奋起成为强者、智者，才能改变"亡国亡种"，被帝国主义列强瓜分的现实危险。正如当时进化论和进化史观联系在一起一样，同样是以进化理论为基础的史学思潮和社会思潮也联系在一起，在它们直接影响下的社会的价值判断，和史学的价值判断也是不可割裂的。进行历史的价值判断时，不可避免地会与社会的价值判断发生联系。

现代著名史家陈垣在宗教史、元史、中西交通史，以及目录学、年代学、校勘学、史源学、史讳学等方面进行了大量艰苦的开创性和奠基性的工作，成绩卓著。陈垣虽致力于古史研究，但他始终强调发挥史学的社会功能，历史认识的价值判断自觉地和社会认识的价值判断结合在一起，因此他"提倡有意义之史学"，使其研究客体虽然是遥远的古代历史，却依然表现出鲜明的时代精神。

抗日战争期间，陈垣选择抗清思想家顾炎武和其他抗清民族英雄为研究对象不是偶然的，他的研究不是发怀古之幽情，而是在历史研究中将"社会认识的价值判断"与"历史认识的价值判断"结合起来，通过历史研究同卖国求荣的民族败类进行斗争。在此期间，他先后完成《南宋河北新兴道教考》、《明季滇黔佛教考》、《清初僧诤记》和《中国佛教典籍概论》等著作，通过歌颂抗击侵略的仁人志士，揭露异族的残暴统治，以明抗日爱国的心迹。完成于1943—1945年的《通鉴胡注表微》是他的重要代表作之一。这部史著既是陈垣史学研究的总结，也是他在敌占区不甘心受压迫的心理表现，如在《臣节篇》中，通过南宋胡三省论臣节，表达了强烈的爱国主义思想。

在外国史学中，历史的价值判断和社会的价值判断也是紧紧联系在一起的。虽然因历史文化背景不同，在认识的内容和形式上会表现出自己的特点。例如，英国历史学家霍布斯鲍姆提出"双元革命"（dualrevolution）的概念，指出，"虽然这场双元革命——更精确的是法国政治革命和英国工业革命——的主要载体和象征是法、英两国，但是，我们不应把这场革命看成是属于这两个国家的历史事件，而应看作是一座覆盖了更广泛地区的火山的孪生喷发口"。① 霍布斯鲍姆认为，法国政治革命和英国工业革命在世界历史的范围内，具有广泛的历史意义和深远的历史影响。他的这种价值判断，不仅仅是纯粹的历史学的价值判断，同时还是社会的价值判断，即没有脱离法国政治革命和英国工业革命之后整个资本主义世界实际的社会发展。这再次使人们认识到，后人对已经逝去的历史事件进行历史的价值判断时，不可能脱离他所生活的现实社会具体的内容。

"一切真历史都是当代史"，② 这是 1917 年意大利学者克罗齐提出的著名命题。在他看来，每一个历史判断的基础都是实践的需要，它赋予一切历史以当代史的性质。因为无论与实践需要有关的那些事实如何年深日久，历史

---

① 霍布斯鲍姆：《革命的年代》，江苏人民出版社 1999 年版，第 2 页。
② 克罗齐：《历史学的理论和历史》，中国社会科学出版社 2005 年版，第 6 页。

实际上总面向时代的需要和实际。对历史事件进行价值判断，不可避免地会考虑到这个历史事件所产生的影响，直至在今天直接的或间接的影响，从而自觉地或不自觉地进行比较。因此，人们有时也会采取"历史追溯"的方法，对发生在今天值得记忆、思考的事件，从历史上寻找答案。例如，在 18 世纪法国资产阶级革命期间曾出现波旁王朝的复辟，但是，这并没有改变封建主义最终为资本主义所代替的历史趋势。这对于科学认识苏共亡党、苏联解体、东欧剧变后的世界社会主义运动无疑是有益的。

三、唯物史观是价值判断的理论基础

人类社会客观存在的历史，和史家撰写的历史是性质不同的两个概念。人类的历史约有 300 万年左右，但人类文字产生以来的历史却不过五六千年。只是在产生文字以后，人类才有可能用文字记述自己的历史。英语中的"History"，法语中的"Histoire"，都源于希腊文的"Histria"，其本意是"征问"，强调历史要问询和探究，回答历史事件发生的原因及它们之间的联系。史学——无论是"记事"，还是"征问"，所得出的结果往往以历史著述的形式表现出来，而有生命力的历史著述总离不开历史的价值判断，因为对历史的任何问询和探究都需要进行价值的判断。

李大钊认为，历史过程与历史著述有联系，但却是两种意义、性质不同的东西："历史这样东西，是人类生活

的行程，是人类生活的联续，是人类生活的变迁，是人类
生活的传演，是有生命的东西，是活的东西，是进步的东
西，是发展的东西，是周流变动的东西；他不是些陈编，
不是些故纸，不是僵石，不是枯骨，不是死的东西，不是
印成呆板的东西。"　"种种历史的记录，都是很丰富，很
重要的材料，必须要广搜，要精选，要确考，要整理。但
是他们无论怎样重要，只能说是历史的记录，是研究历史
必要的材料；不能说他们就是历史。这些卷帙，册案，图
表，典籍，全是这活的历史一部分的缩影，而不是这活的
历史的本体"。① 之所以如此，就在于历史要"活"起来，
明确历史不仅仅是"历史的记录"，必须通过历史认识的
价值判断而使历史获得生命，只是在这时，历史学才具备
了作为一门科学的基本属性。

　　历史著述与历史有差异，但并不否认历史著述的科学
价值。恰恰相反，优秀的历史著述是时代精神的折射，具
体反映了社会的呼唤和需求，它以客观历史自身为基础，
是在先进世界观和历史观的指导下，对客观历史进程理性
认识——价值判断的产物。价值判断是一种理论描述，而
这种"理论描述"究竟正确与否，取决于理论自身的科
学水平，以及对被描述对象的认知程度。列宁说："马克
思以前的'社会学'和历史学，至多是搜集了片断的和
未加分析的事实，描述了历史过程的个别方面。"② 如果

① 《李大钊史学论集》，河北人民出版社1984年版，第197—198页。
② 《列宁全集》，第21卷，人民出版社1992年版，第38页。

说那些"片断的和未加分析的事实",以及"历史过程的个别方面",也是一种历史的价值判断的话,那么只能说这种历史的价值判断是肤浅的、被扭曲的,至少是不完整的,对于了解历史的客观真理没有丝毫价值。

马克思、恩格斯对人类最伟大的贡献之一,就在于发现了唯物史观。唯物史观认为不是人们的意识决定社会存在,而是社会存在决定人们的意识。由物质生活资料的生产和再生产构成的经济结构是一定社会的现实基础,而政治和法的制度以及各种意识形态都是建立在经济基础之上的上层建筑。社会的基础并非在于社会的精神生活之中。这样,古老的历史学研究就被安放在一个全新的科学理论的基础上,成为一门真正的科学。因此,当我们进行历史的价值判断时,必须要坚持马克思主义唯物史观的理论指导。唯物史观既是历史认识的指导思想,也是历史认识的方法论基础。

进行历史价值判断,首先要深入研究唯物史观的基本原理,深入研究唯物史观与时俱进的理论品质,要分清哪些是必须坚持的唯物史观的基本原理,哪些是需要结合新的实际加以丰富发展的理论判断,哪些是必须破除的对唯物史观教条式的理解,哪些是必须澄清附加在唯物史观名下的错误观点。历史认识要旗帜鲜明地坚持唯物史观的理论指导,否则,指导思想"多元化",任各种唯心史观的思想恣意泛滥,我们就失去了正确的历史价值判断的基础,在历史认识中就会出现许多混乱的历史价值观念。为了保证用发展着的唯物史观指导新的历史认识实践,进一步明确"唯物史观的真理性"颇有必要。所谓真理性，系指主客观的统一，系指人的意识反映了客体的本质与规律。唯物史观的真理性在于以科学的实践观为基础的理论与实践的统一、科学性与革命性的统一，而不是离开实践的抽象的思辨、玄想和臆说，它是来源于实践，服务于实践，为实践所检验，随着实践的发展而发展的科学。就历史认识复杂的过程而言，由"唯物史观的真理性"所决定，历史的价值判断将不可避免地会贯穿始终。

历史的价值判断往往是以理论描述的形式表现出来的，具体地说，这种"理论描述"是以唯物史观为指导的理论描述，是建立在对历史认识客体系统、翔实、深入地理论分析的基础上。因此，这种理论的描述不是从现成的概念或公式出发。在历史认识中，要坚决摒弃那种从概念到概念、从公式到公式的所谓价值判断。历史的价值判断应建立在历史认识和社会认识实践的基础上，历史认识的主体不能脱离现实生活，否则历史认识的价值判断将会成为无源之水。

历史过程的客体和
历史认识的客体[*]

关于历史过程主体以及历史认识主体的讨论，在我国学术界已经引起广泛的重视，每年都有不少有影响的著述问世。讨论上述问题时，不可避免地会涉及历史过程的客体及历史认识的客体，因为它们互为前提、互为依存而存在。但是在实际研究中，人们更多的是在探讨主体问题，有关客体问题的讨论多被忽视，大多作为主体的"陪衬"，或是在讨论主体和客体的辩证关系时才被提及。实际上，深入研究客体对于科学认识主体不仅是有益的，而且是必需的，很难想象离开对认识客体的研究，会在认识主体的研究上取得有价值的成果。就历史认识的主体和客体来说，就更是如此，这是由历史认识客体的特殊性所决定的。

---

* 本文发表于于沛主编《中国社会科学院世界历史研究所学术文集（4）》，江西人民出版社 2006 年版。

一、历史客体的属性

　　一般认为，主体是进行社会历史实践活动的人，是实践活动和认识活动的承担者，那么，客体则是这些活动的指向对象。历史主体和历史客体是实践活动的两极。这样，客体首先是客观的现实存在物，客观性是其重要的属性。由于历史客体是历史主体认识和改造的对象，同时对主体又有一定的制约作用，所以历史客体还具有制约性和被动性两个特点。就如主体有多种的形式一样，客体也有多种的形式，如自然客体、社会客体及精神客体。

　　历史过程的客体是社会客体的重要组成部分。历史主体和历史客体的区分具有一定的相对性和不确定性，在一定的条件之下，经常会发生转移的情况。在历史认识中，经常会遇到这种现象。例如，历代人的社会实践活动是当代人的客体。已经逝去的"我"所创造的一切，正是今日之"我"认识和改造的客体。人类的历史，正是在历史主客体的相互转换中，代代承递，不断向前发展。正是在这个意义上，马克思说："人们自己创造自己的历史，但是它们并不是随心所欲地创造，并不是在他们自己选定的条件下创造，而是在直接碰到的、既定的、从过去承继下来的条件下创造。"①

　　唯心主义者认为精神是世界的本原，而不是物质。从

---

① 《马克思恩格斯全集》第8卷，人民出版社1961年版，第121页。

这一基本认识出发，它们将精神和观念当作主体，并从其活动中分析主体和客体的关系，确认客体的存在。客体被说成是主体活动的结果，是由客体自身产生的。这样，客体也就完全纳入了精神的范畴，只不过是主体，即精神和观念的存在或活动方式。例如，18世纪英国主观唯心主义哲学家贝克莱否认感觉经验的客观内容，认为心灵主体认识对象的客体是观念，由此得出结论，事物只存在于能感知的心中，"它们的存在就是被感知"。黑格尔是德国古典唯心主义哲学集大成者。作为客观唯心主义哲学家，他提出"绝对精神"作为自己哲学的出发点，认为绝对精神是世界的本原、本质和基础。世界上一切事物都是绝对精神的体现。黑格尔认为抽象的精神性实体本身就是主体。绝对精神所经历的逻辑阶段、自然阶段和精神阶段，就是作为主体的绝对精神"产生自身的、发展自身的、回到自身的过程"。而现实的任何人类社会，则是客体，现实中的一切客体，都是绝对精神的外化或表现，是精神主体的自我运动和发展。

在认识论的"客体"这个概念上，18世纪的唯物主义哲学家提出了与主观、客观唯心主义哲学家相对立的观点。例如，法国唯物主义哲学家霍尔巴赫认为，宇宙是万物的总和，正是由于物质的运动，才形成了具有不同特性、不同本质、不同等级或门类的自然界万物，而人不过是自然界万物中的一个等级而已。他严厉批判贝克莱的主观唯心主义理论，认为那只是一种诡辩。他认为感官是接受感觉、直觉观念的唯一途径，感觉是观念的唯一来源，一切观念都是后天获得的。德国唯物主义哲学家费尔巴哈对黑格尔的唯心主义哲学体系和宗教神学进行了批判。他认为黑格尔的哲学是"思辨神学"，他把人的思维从"人"分裂出去，变成独立自在的本质而创造出了"绝对精神"，这就如同神学将人的本质从"人"分裂出去变作独立的本质，而创造出了"上帝"一样。费尔巴哈强调，黑格尔哲学体系的根本错误，就在于完全颠倒了现实的存在和关于存在的思维的关系，将思维看成是存在的本质，而把存在看成是思维的"外化"。费尔巴哈有针对性地提出，主体是实在和完整的人，客体是实在的自然界；思维的器官是大脑，人和大脑都来自自然界，离开自然界，人和思维都将不复存在，不是精神产生自然，相反却是自然产生精神；人不仅是自然的产物，而且是自然不可分割的一部分；人的认识是对外物的反映，感觉是认识的源泉和起点。他在批判黑格尔唯心主义哲学的同时，论述了他的唯物主义的认识论——一种直观的反映论。

马克思主义哲学诞生后，将主体和客体的相互作用建立在社会实践的基础上，第一次科学地阐释了主体、客体及它们之间的相互关系。1843年，马克思在《黑格尔法哲学批判》一书中，将被黑格尔颠倒的主客体关系，重新颠倒过来，从人们的现实生活出发，强调从事实践活动的人是历史主体，因为"这是一些现实的个人，是他们的活动和他们的物质生活条件，包括他们得到的现成的和由他们自己的活动所创造出来的物质生活条件"①，都存在于现实生活之中，而现实生活中人的活动对象则为客体，客观存在和客观的现实性，是客体的基本条件和基本特征。这首先表现在人与自然的关系中，正如马克思所言，"没有自然界，没有感性的外部世界，工人就什么也不能创造"。②一方面，人是能动的自然的存在物，具有生命力；另一方面，人也是受制约的自然的存在物，表现出受动性。人的这种"能动性"和"受动性"，正是在人与自然的分化中形成的。因而，也可以说，人与自然的分化过程，也是历史过程的主客体的形成过程。

"客体是自然"，但自然并非都是客体。马克思主义哲学认识理论，同费尔巴哈等在客体问题上的本质区别，在于承认和强调客体和实践的关系。费尔巴哈认识不到"他周围的感性世界绝不是某种开天辟地以来就已经存在的、始终如一的东西，而是工业和社会状况的产物，是历史的产物，是世世代代活动的结果。其中每一代都在前一代所达到的基础上继续发展前一代的工业和交往方式，并随着需要的改变而改变着它的社会制度。甚至连最简单的'可靠的感性'的对象也只是由于社会发展、由于工业和商业往来才提供给他的"。强调客体和实践的关系，对于正确认识客体有重要的意义，因为我们所说的客体是物质世界的现实的客体，而非精神的"客体"，是进入历史主

---

① 《马克思恩格斯全集》第3卷，人民出版社1961年版，第23页。
② 《马克思恩格斯全集》第42卷，人民出版社1979年版，第92页。

体的实践活动和认识活动的那部分客观世界。人类在利用、改造或征服自然的过程中，必定会结成一定的生产关系以及相应的社会关系，人与自然的主客体关系，逐渐转变成为人与社会的主客体关系。在历史过程的主客体关系中，人不仅表现出自然属性，而且也表现出社会属性。这在人与社会客体的联系中充分地表现出来。

关于历史客体，在我国学术界有不同的理解。其一，较多的学者从主体活动的对象的角度来定义历史客体，但是又有多种不同的表述。一种如笔者所认为的那样，历史客体是实践活动的指向者、承受者；也有人认为，它是进入了历史实践的，在主体对象性活动中，同主体一起构成实践结构的两极，并且发生相互作用的功能关系的事物和现象；还有一种观点认为客体是主体的对象化、主体的存在方式和人的主体性的现实。客体是主体认识和实践活动的对象，具有对象性。其二，从主体活动的结果的角度，将历史客体定义为人的活动的产物。对于"历史客体"概念的理解，决定了对历史客体性质的认识，认为它作为主体活动的对象，具有客观实在性、对象性，同时其发展状况是社会历史活动的结果和人的本质力量的确证，即客体具有社会历史性。① 近年有一些观点更加强调客体的社会性，认为这和客体的物质性同样重要，因为客观物质的东西只有进入主体的社会活动之中，成为主体的活动场

---

① 参见中国历史唯物主义研究会、北京科技大学社会科学系等编：《历史过程主客体问题探讨》，社会科学文献出版社 1988 年版，第 241 页。

所、对象。才能成为客体。

　　还有一种观点主张扩大客体的范畴，认为认识的客体应该是整个客观世界，不能排除尚未进入我们事件范围内的客观实在。我们认识的现实客体是整个世界的一部分，不能把现实客体的这一部分和整个世界完全隔离开来。持这种观点的人还认为，整个人类的认识，无论就其本性、使命或终极目的而言，都不能不把整个世界作为对象；如果只把进入人的认识领域的客观对象称为客体，就等于给定了认识的界限，是不可取的。① 对此持异议的观点认为，客体是物质，但是"客体"和"物质"这两个范畴虽然在本质上是一致的，却又是有区别的。客体是物质，但并非整个物质世界都已经成为人类认识的客体。现实的客体，各项实际的认识、实践活动的客体，是物质世界的一部分，即进入人们实践和认识活动的领域，与主体发生了联系的那一部分事物。尚未进入人类实践和认识活动领域的事物，只是可能意义上的客体。从可能的意义上，从人类认识无限发展的意义上说，整个物质世界都是认识的客体。持此观点论者认为，提出"可能意义上的客体"与"现实的客体，各项实际的认识、实践活动的客体"相区分，并不是多余的，"因为它表明，实践和认识所追求的是整个物质世界，不应该将它限于一定历史阶段上所达到的有限的范围。客体是同主体相对应的范畴，物质只

---

　　① 参见杨春贵主编：《中国哲学四十年》，中共中央党校出版社 1989 年版，第 388—389 页。

有在与主体相对应的意义上才是客体"。①

如果说主体有个人主体、集团主体和社会主体等多种不同的形式，客体也有多种形式，如自然客体、社会客体以及以物质形式为载体或外壳的精神客体。②

在认识和分析社会历史现象时，明确历史客体多种形式的本质具有重要的意义。从表面上看，历史客体既有社会的物质存在，也有社会的精神存在；既有社会物质关系，也有社会精神关系；既有主体自身及其活动，也有主体之外的他人的存在及活动。尽管如此，它们却有明显的共同点，这就是它们都是和人的活动密切联系在一起的。是人在不同的时空范围内不同的表现而已，这就是说，历史客体不是也不可能是脱离人以及人的活动而孤立地存在着，尽管这些"人"和"人的活动"是复杂的，需要做具体的分析。

客观性、对象性和社会历史性，是客体的主要属性，而对象性在客体的诸种属性中居中心地位，因为没有了对象性，客体也就不成其为客体，就社会客体而言，也是如此。这就是说，社会客体首先是不以人的主观意志为转移的客观存在，社会的发展，可以理解成为一个自然的历史过程，社会历史矛盾运动有其历史必然性和客观规律性。这正如恩格斯所言，"在社会历史领域内进行活动的，是具有意识的、经过思虑或凭激情行动的、追求某种目的的

---

① 田心铭：《认识的反思》，人民出版社 2000 年版，第 66—67 页。
② 参见齐振海主编：《认识论新论》，上海人民出版社 1988 年版，第 54 页。

人；任何事情的发生都不是没有自觉的意图，没有预期的目的的。但是，……它丝毫不能改变这样一个事实：历史进程是受内在的一般规律支配的"。① 历史客体的对象性，是指历史客体不是孤立存在的，而是在客观的世界中因同历史主体活动有联系而被具体指向的对象。外部世界不会自发地成为主体活动的客体。总之，历史过程的主体和客体互为前提，相互依存；没有主体也就没有客体，反之亦然。主体活动的社会历史性，决定了客体的社会历史性。在不同的历史时代，客体的内容和范围往往会发生变化，这种变化受主体的制约。一般说来，由于社会的发展，科学的进步，使主体有可能将有目的的活动扩大到更多的领域。

在历史认识中，将历史客体的社会内容进一步明确，即作为"社会存在"的客体的内涵和外延的具体化，这对于提高历史认识主体的科学认识活动的自觉性和系统性，无疑是有帮助的。首先是物质资料的生产方式。它是一定社会的生产方式，是生产力和生产关系历史的统一，不同的生产方式决定着不同的社会经济形态，生产方式由低级向高级的演变，决定了人类历史发展不可逆转的进步趋势。生产方式在人类历史行程中的地位和作用，决定了它是最基本的历史客体；此外还有在人类社会实践中产生的物质生活条件，以及建立在一定经济基础之上的上层建筑，即政治法律制度、机构和社会意识形态，如政治、法

---

① 《马克思恩格斯选集》第4卷，人民出版社1995年版，第247页。

律、道德、哲学、宗教等观点。

人类社会的历史发展中，会受到各种物质的制约性因素的影响，如地理环境在历史发展中的影响等，也是历史客体的重要内容之一。新中国成立初期，这个问题作为"18世纪资产阶级社会学地理学派"思想的残余，受到严厉的批判，而很少有人研究；俄国马克思主义理论家、哲学家普列汉诺夫在历史观上的重大贡献之一，是他依据唯物史观基本原理，在批判资产阶级的"地理环境决定论"的同时，充分重视地理环境在社会发展中的作用，明确提出地理环境对社会发展的作用，以生产力为中介，并随生产力的性质、规模、水平的不同而变化。普列汉诺夫在地理环境方面的理论贡献，主要表现在以下四个方面：详细论证了地理环境不是社会发展决定力量的原理，系统地批判了社会学中的地理学派；第一次明确地提出和阐明了地理环境对社会的作用是生产力的函数这样一条马克思主义地理环境学说的基本原理；系统地分析了地理环境、它的各种因素对于处在不同历史阶段的社会有机体以及不断发展变化的社会各方面所起的作用；初步考察了地理环境学说的历史发展。① 总之，是生产力的发展决定着地理环境对人类社会的作用，而不是如黑格尔所言，地理环境主要通过生产力，通过社会组织影响社会的发展。

但是，普列汉诺夫的观点没有受到应有的重视。"文化大革命"结束后，我国史学界对这个问题又展开了热

---

① 参见王荫庭：《普列汉诺夫哲学新论》，北京出版社1988年版，第269页。

烈的讨论，并在以下三个方面取得了共识：地理环境本身是人类社会及历史发展的一部分，把它逐出社会是不正确的；地理环境对社会历史发展的影响多种多样，或影响程度大，或影响程度小。在生产方式是主动力的前提下，地理环境的影响有时还会上升到决定性的高度。地理环境的社会历史的影响，是一个历史的范畴，随着时代演进不断调整其作用方式、作用程度；人类社会历史与自然环境，无疑是一个统一体，主客之间互相制约、互相作用。在人类改造自然环境时，不能违背自然规律的约束，否则，必将受到自然规律的惩罚，这一点已被无数历史事实所证明。[1] 研究自然地理环境的社会历史的影响，在扩大认识客体的范围的同时，开阔了历史认识的视野，例如，法国历史学家布罗代尔在《菲利普二世时代的地中海和地中海世界》一书中，详尽地描述了地中海地区的自然地理环境，意在论述人与其周围环境关系的历史。他说，研究环境的作用，"旨在介绍地理氛围，侧重人文资料。这也是历史研究的一个方面，而且与其说研究地理，不如说研究历史……为了阐明地中海 1550—1600 年这一短短一瞬间的生活，我们不能不涉及前后其他时代的甚至现代的形象、景物和现实。就是说，要全力以赴地通过空间和时间展示一种演变缓慢而又能揭示永恒价值的历史。在这种情

----

① 参见姜义华主编：《社会科学争鸣大系·历史卷》，上海人民出版社 1991 年版，第 81 页。

况下，地理不再是目的本身，而成了一种手段"。① 正是这样的一种使认识客体扩大的"手段"，为认识主体认识的深化开辟了道路。

作为主体认识和实践活动对象的客体，既包括物质现象，也包括精神现象。人类的精神文明的产物、文化的成果作为"精神客体"，同样应该给予充分的重视，因为它们是人类历史不可分割的、重要的一部分。这种观点近年已成为广大学者的共识。精神客体有多种表现形式，不仅有各种形式的精神活动，也包括精神活动的物化形式。但是，这绝不是说世界是绝对精神的产物和表现，是人的感觉或意志的产物。我们所说的客体，是物质形式为载体或外壳的精神客体。

我们仍然强调，客体是物质而不是精神。这里所说的"精神客体"，有别于人类文明史中的物质发展形式，强调的是文明的精神成果，包括道德意识、社会伦理、思维科学以及哲学、社会科学的成果等。还应该指出的是"精神客体"中的另一个重要的部分，即当代社会发展中的"大众文化"，它是和当代在不少国家和地区已经出现的"大众消费时代"联系在一起的，"大众消费"和"大众文化"深入到广大人民的生活之中，成为影响着社会历史发展的重要因素。因此，研究历史过程的客体，要重视社会客体，但也不能忽略精神客体。正因为如此，在

---

① 布罗代尔：《菲利普二世时代的地中海和地中海世界》第1卷，商务印书馆1996年版，第19页。

20世纪80年代中期以来，文明、文化问题的研究，在国际学术界占有越来越重要的地位。在科技革命的迅猛发展，国际政治格局的深刻变化，全球化趋势加强的背景下，现时代人的命运和价值问题凸显出来，对"精神客体"的重视和深入研究，从一个侧面反映了对人的现实和未来的关注。

二、历史认识客体的特殊性

历史过程的客体是社会存在，主要指物质资料的生产方式，以及物质文化生活条件和实体性的上层建筑等。而历史认识中的客体，是一种特殊的历史过程的客体。它和历史过程的客体有着千丝万缕的联系，是其中重要的组成部分，对历史过程的客体较深入、系统、全面的了解，有助于正确理解历史认识中的客体。历史认识客体虽然有其所特有的内容和特殊的性质，但这并不会改变它和一般认识论中的客体的某些明显的共性。

历史认识客体和历史认识主体联系在一起，那些脱离历史认识主体认识范畴之内的整个人类历史过程，以至整个客观的物质世界，不是历史认识的客体。历史认识客体仅只进入历史认识主体认识领域的历史存在，而绝不是全部的历史存在。和人类漫长、复杂和丰富的历史活动相比，进入历史认识主体认识领域的历史存在，仅仅是极少极少的一部分。

客观的历史通过人们的主观认识表现出来。"'历史'

并不是把人当作达到自己目的的工具来利用的某种特殊的人格。历史不过是追求着自己目的的人的活动而已"。①历史的一度性（或称一去不复返性）表明，历史是人们以往的活动，是当时的人们依据他们所掌握的条件创造的，历史是已经消逝了的"昨天"，既不能重演，也不能复制。人们认识它只能依据各种史料间接地进行。史料包括文献记载和考古发现的各种实物。文献记载出自人们的口传笔录，是"思想的痕迹"；而实物史料则是前人的生活用品、生产资料和社会交际工具的遗蜕，是"行为的痕迹"。这样，客观的历史就是这样通过"思想的痕迹"和"行为的痕迹"，即人们的主观认识表现出来。

历史认识客体的主要特征，在于进入历史认识主体的历史存在，已经是逝去的"过去"，甚至是遥远的"过去"。在这样或那样的时空范围内，历史认识主体都不可能直接面对历史认识客体。在关于历史认识客体的描述中，有"一过性"、"流变性"、"非普遍性"、"独特性"，"缺少明晰性和确定性"等多种说法，以及因历史认识客体作为"过去"所引发的各种认识理论的基本问题，使一些人提出历史认识的可能性问题。因历史认识客体的特殊性，以及历史认识的特殊性，就否定历史认识的客观真理性，否认历史认识主观性和客观性的辩证关系，进而得出历史认识是不可能的结论，这显然不能成立。

历代浩如烟海的史料是历史信息的载体，历史认识主

① 《马克思恩格斯全集》第 2 卷，人民出版社 1957 年版，第 118—119 页。

体对客体的认识，主要是通过对史料的认识完成的。当然，这种认识是一个复杂的过程，它不仅需要坚实的专业知识和专业基础知识，而且还需要先进的世界观和科学的理论方法论的指导。历史认识客体的重要内容是各种形式的史料，研究历史认识客体，首先要研究史料。梁启超在《中国历史研究法》著述中，有专章研究史料问题。他说："得史料之途径，不外两种：一曰在文字记录以外者；二曰在文字记录者。"① 根据梁启超的分类，文字记录以外的史料主要包括现存的实迹、传述的口碑、遗下的古物。具体可以分以下五类：现存之实迹及口碑；实迹之部分存留者；已湮没之史迹其全部意外发现者；原物之保存或再现者；实物之模型及图影。文字记录的史料，具体可分为以下七类：旧史；关系史迹之文件；史部以外之群籍；类书及古逸书辑本；古逸书及古文件之再现；金石及其他镂文；外国人著述。② 荣孟源认为"按照史料形式的特点来分类，是主要的分类方法……史料的形式不同，可以分为书报、文件、实物、口碑四类，各类之中还可以再分为若干细目"。书报史料可以分为四个项目，即历史记录、历史著作、文献汇编、史部以外的群籍。文件史料可以分为三个项目，即政府文件、团体文件、私人文件。实物史料可以分成十四个项目：生产工具、生活资料、武器和刑具、货币、度量衡器、印信、建筑、墓葬和古迹，以

---

① 梁启超：《中国历史研究法》，东方出版社1996年版，第45页。
② 参见梁启超：《中国历史研究法》，东方出版社1996年版，第43—62页。

及历史事件的遗迹、模型和雕塑、照相和绘画、语言和文字、碑刻和砖瓦、纪念物。口碑史料可分为四个项目：回忆录、调查记、群众传说、文艺作品。① 恩格斯在谈到巴尔扎克的巨著《人间喜剧》时说：这部作品"给我们提供了一部法国'社会'，特别是巴黎'上流社会'的卓越的现实主义历史……我从这里，甚至在经济细节方面（诸如革命以后动产和不动产的重新分配）所学到的东西，也要比从当时所有职业的历史学家、经济学家和统计学家那里学到的全部东西还要多。"② 文学作品可以作为史料使用，但是，长期以来这个问题并没有引起足够的重视。近年以来，文学作品是史料的组成部分，已得到大多数学者的认同，问题的关键是如何正确地来认识、鉴别、使用。其实，不仅是这类史料，对其他各类的史料，也都存在着这样的问题。

随着历史科学的发展，史料的范围和历史认识的视野不断扩大，人们对自身以及整个世界历史的认识越来越加深入。在这个过程中，各种非物质的历史遗迹，例如语言、风俗、习惯、制度、范围、伦理、道德、宗教、歌谣、成语及其他传统，在历史认识中的影响日渐提高。它们所传达的历史信息，对于全面地认识丰富多彩的人类历史，从根本上摆脱将历史仅局限于政治史的范畴，具有重要的意义。

---

① 参见荣孟源：《史料和历史科学》，人民出版社 1987 年版，第 17—25 页。

② 《马克思恩格斯选集》第 4 卷，人民出版社 1995 年版，第 683—684 页。

　　然而，史料并不等于历史，史料也不等于史学。历史、史料和史学是三个既有区别又有联系的三个独立的科学概念。若将它们从理论上或研究实践中混淆，将会给历史认识带来混乱，甚至是严重的混乱，史学也就无法实现其科学认识功能和社会功能。

　　历史，这里说的是有别于自然发展史的人类社会的历史，是指人类社会矛盾运动已经经历过的客观过程。"人类一切部落，在野蛮社会以前都曾有过蒙昧社会，正如我们知道文明社会以前有过野蛮社会一样。人类历史的起源相同，经验相同，进步相同"。① 原始社会解体时，出现了阶级、国家，人类从蒙昧时代经过野蛮时代，走向文明，开始有了人类文明的历史，自此人类社会经过了漫长的发展。人们在生产斗争、阶级斗争和科学实践中，创造着自己的历史，社会生产力的不断发展，使人类社会发生着天翻地覆的变化，人们创造了、并正在创造着光辉灿烂的物质文明和精神文明。这一切都是客观存在的、不以人们的意志为转移的历史。历史不仅有客观实在性，而且历史发展有其客观规律性，以及不可逆转的进步趋势。

　　史料，指人类历史进程中所遗留下的多种类型的痕迹。中国是一个历史悠久的文明古国，为后人留下了内容十分丰富、形式多种多样的史料，就历史文献来说，从远古的甲骨文，到近现代的报章杂志，都为人们提供了重要的历史信息，都蕴含着深刻的历史内容。但是，史料作为

---

　　① 摩尔根：《古代社会》上册，商务印书馆1977年版，第1页。

历史认识的中介却十分复杂，这不仅表现在史料自身方面，而且也表现在如何认识这些史料，以及如何使用这些史料等问题上。这样，便产生了作为历史学基础学科的史料学。它的主要任务是考订史料、研究史料的源流和价值。在我国，早在公元前5世纪孔子整理《诗》、《书》和《春秋》时，就已经涉及史料的问题，提出认识历史现象要以史料为据的思想。孔子在《论语·八佾》中明确指出："夏礼吾能言之，杞不足徵也；殷礼吾能言之，宋不足徵也，文献不足故也，足则吾能徵之矣。"在这里，孔子已将文献是否完备作为能否说明历史现象的重要条件。在古代希腊，修昔底德在如何对待史料的问题上，突出地表现了他严谨的治学精神和缜密的史学方法。对于史料他进行了严密的审视，极力使用最严格、最仔细的考证方法检验过的确凿史料。他认为只有这样，他的著作才不会迎合人们一时的兴趣，而成为千秋万世的瑰宝。

史学，是社会科学的分支之一，一门古老的学科，指人的意识对社会历史进程及其规律性的认识和研究，并以一定的形式反映出来，从而向人们提供准确历史知识，使人们对历史有理性的认识，满足社会各方面对历史知识的需求。史学在西方和东方都有悠久的历史，是人类文明的重要组成部分。在西方，史学萌发于古希腊，那时的散文纪事家为后人描绘了古老的历史图景，开创了历史记述的先河；在中国，先秦时期是中国史学发展的童年时期，秦汉时期，史学得到迅速的发展，司马迁的《史记》130篇，50多万字，提出"稽其成败兴坏之理"和"究天人之际，通古今之变，成一家之言"，奠定了中国古典史学的优良传统。今人在论及史学的时候，经常在"科学的历史学"的意义上使用"历史科学"。只是在马克思主义诞生后，才使人们有可能认识历史的本质及历史发展的规律性，史学成为一门科学。历史科学以唯物史观为理论指导，在广泛占有翔实的历史文献资料的基础上，对其进行科学的分析和研究，得出正确的结论。

在历史认识中，将历史、史料和史学进行必要的区分有着重要的意义。首先有助于人们对历史认识客体——史料的内容和本质有清楚的认识。只有这样，才有可能在认识各种形式的史料的历史价值的同时，清醒地认识到它的社会属性。在阶级社会中，"人"不仅是生物学意义上的人，同时也是社会意义上的人，人的这种不以主观意志为转移的社会性，决定了任何史料都具有一定的社会意义和社会内容，在本质上直接或间接地反映了一定阶级的利益和要求。只强调它的"自然属性"，否定或抹杀其客观存在的意识形态内容，孤立地就事论事，割断历史的内在联系，往往会对史料的认识停留在感性的认识上，从而使历史认识具有很大的局限性。只有将史料的社会属性和自然属性结合起来，才能为历史认识奠定正确的基础。

各种类型的史料反映着丰富的历史内容，是历史信息的载体，在进行历史认识时，认识主体为保证使自己的认识沿着正确的路径进行，必须首先对史料进行必要的辨别、考证和校勘，这是历史研究的基础。史料作为一个客观存在的纪录，应该是真实的、完整的，而不是伪造的或被歪曲的。然而，事实并非如此，不少史料并不真实，存有谬误，甚至完全是伪造的。之所以如此，一方面，是由于技术上的原因造成的，如错字、漏字、脱行、标点有误等；另一方面则是由于阶级的偏见、政治的需要或种种利益的驱动而伪造事实。因此，进行历史认识时首先要区别史料的真伪，并不是一件多余的事情。例如，1983 年春，所谓"希特勒日记"60 余本在西方发现，成为轰动一时的新闻。联邦德国《明星》周刊出巨资 379 万美元将其购买，大肆宣扬这是"一个具有国际历史意义的事件，由于这一发现，希特勒的传记和纳粹党的历史很可能得重写"。当时苏联、英国和德国的历史学家明确表态，这些日记是伪造的，因为希特勒是一个避免将任何事情写到纸上的人，在历史文献中从来没有关于希特勒写日记的记载，不仅如此，从"日记"丢失经过、发现经过、内容、笔记、文风以及习惯用语等方面，都可以发现不少破绽。后专门经营纳粹文物的商人康尧被捕后，真相大白，他花了两年的时间专门模仿希特勒的笔体，搜集了大量伪造"日记"的资料。

　　区别史料的真伪仅仅是鉴别史料的一个方面，除此之外，还包括鉴别史料、考订记事、校勘文字等。作为历史认识客体的史料，并不是只要不是伪造的就是有价值的，重要的还要看史料的具体内容，以判断它在历史认识过程中的价值和作用。能否正确地区分史料的价值，以及能否使用有价值的史料用于历史研究，直接关系到认识主体科学认识活动的结果。

　　历史文献学是历史学另一重要的基础学科。如同史料学一样，对历史文献学的关注和研究，同样对提高对历史认识客体的认识有重要的意义。历史文献学是一门尚在完善中的学科，白寿彝教授说"历史文献学，一直到现在，也没有一个人给他规定个范围，作为一门学科提出来，还是不久以前的事。我个人的意见，可以包含这样的几个内容：一、目录学、版本学、校勘学，四、辑佚学，五、辨伪学……等等"。① 但是，历史文献学并不等于史料学，两者之间虽有很多内容接近，但还是有所区别的。一般认为，历史文献学应是一个综合性的学科，它的主要内容并非只局限在历史文献自身的框架内，而是研究如何搜集、整理、考辨、运用历史文献，从理论方法论的视角做出科学的概括，使历史认识主体对其能够有正确的、完整的认识，提高其运用历史文献的科学性和自觉性。

　　在我国史学界，对历史文献学产生的发端有两种不同的观点：一种观点认为始于孔子，孔子对六经，即对《诗》、《书》、《易》、《礼》、《乐》、《春秋》的整理，就是对后来有重大影响的历史文献学的实践活动。另一种观点认为，西汉末年刘向、刘歆父子整理皇家藏书，编写政府藏书目录，开创目录校雠学，是中国历史文献学的开端。② 两种观点虽然有所区别，但有一点却是共同的，那

---

　　① 白寿彝：《谈历史文献学》，曾贻芬、崔文印著《中国历史文献学史述要》，商务印书馆2000年版，第574—575页。

　　② 参见曾贻芬、崔文印著：《中国历史文献学史述要》，商务印书馆2000年版，第1页；蒋大椿等主编：《史学理论大辞典》，安徽教育出版社2000年版，第124页。

就是对历史文献的研究和整理，在我国有着悠久的传统，这件工作是中国古典史学的重要内容之一。今天，我们在讨论继承中国史学优良传统的时候，显然不应该忘记历史文献这个问题，尤其在讨论历史认识理论问题，涉及历史认识客体的问题时，就更是如此。

三、历史认识的特殊性

人类对历史认识的过程，即客观的历史存在在人的意识上的反映过程。史料与客观历史之间不可避免地存在着距离。一方面，史料与以往人类的思想和行为丰富的实际历史相比，只是沧海一粟，许多因缺乏记载而失传了；另一方面，文献记载在对历史的观察、判断、推论和表述时，不可避免地含有记载者分析和判断中立场、观点、方法等主观因素的痕迹，不存在"纯"客观地反映历史。文字记录对历史研究，有它的局限性。但文字记录的史料对于历史研究具有十分重要的意义。正是由于文献资料的丰富并具有相当高度的连续性和系统性，中国人民的历史才得以在世界史上具有不可替代的重要地位。文献的发现，可以丰富或匡正人们对历史的认识。文献在历史认识中具有不可替代的作用。

主观的历史著述与客观的历史，是两个完全不同的概念。人类社会的历史据估算已有 300 万年左右，但人类的文明史即文字产生以来的历史，却不过五六千年。只是在进入文明时代以后，人类才开始用文字记述自己的史事。

历史本身是活生生的人类社会的发展过程，而历史著述则是对这一客观过程的带有主观性的描述和反映。与客观存在的历史相比，历史著述则有完全不同的涵义和性质。历史著述通过历史记录者、研究者对客观历史"加工"而形成，是含有主体烙印的历史。李大钊明确指出历史过程与历史著述的意义、性质完全不同："……历史这样东西，是人类生活的行程，是人类生活的联续，是人类生活的变迁，是人类生活的传演，是有生命的东西，是活的东西，是进步的东西，是发展的东西，是周流变动的东西；他不是些陈编，不是些故纸，不是僵石，不是枯骨，不是死的东西，不是印成呆板的东西。……种种历史的记录，都是很丰富，很重要的材料，必须要广搜，要精选，要确考，要整理。但是他们无论怎样重要，只能说是历史的记录，是研究历史必要的材料；不能说他们就是历史。这些卷帙，册案，图表，典籍，全是这活的历史一部分的缩影，而不是这活的历史的本体。这活的历史，固屹然存在于这些故纸陈编的堆积以外，而有他的永续的生命。"①历史与历史著述有差异，但是并不排斥两者之间的密切联系。历史著述是以客观历史本身为基础、为反映对象的，离开客观历史本身，历史著述便成为无源之水、无本之木。

历史认识客体的特殊性，决定了历史认识的特殊性，也决定了历史学有别于其他学科的特点。但是，这些特殊

---

① 《李大钊史学论集》，河北人民出版社1984年版，第197—198页。

性并没有、而且也不可能改变历史认识客体作为科学认识客体的一般性质。历史认识客体的性质首先是客观实在性，它是由历史的客观实在性决定的。历史认识客体是客观历史存在的一部分，没有客观存在的社会历史，也就没有历史认识客体。这种客观存在，既表现为物质世界的客观存在，也表现为由物质世界的客观存在所决定的精神的、意识形态的客观存在。历史学在第二次世界大战后虽然出现了理论化的明显趋势，但它仍然还是一门实证性的学科，历史研究仍要建立在实证研究的基础上。历史认识主体的主体意识的发挥，他的"创造性"的表现，并不是否定客观的历史存在，而是要通过自己的工作，使自己的认识、分析和概括，更加接近客观的历史存在。那种以历史认识客体的特殊性为"依据"，直接地或间接地否定历史认识客体所体现的历史内容的客观实在性，是一种错误的、有害的观点。

承认历史认识客体的客观实在性，是探讨历史认识客体其他性质的前提和基础。人们对历史进行研究的目的，不是为了发思古之幽情，而是为了更好地认识现实、掌握未来。这样，人们既没有必要、也没有可能对人类以往的历史丝毫不漏地进行全面的认识、全面的研究，恰恰相反，认识主体总是有选择地与认识客体发生联系，在统一的历史认识中的历史认识主体、客体的两极，进行积极的科学认识活动。英国历史学家爱德华·卡尔在回答"历史是什么"时说，"历史是历史家跟他的事实之间相互作用的连续不断的过程，是现在跟过去之间的永无止境的问答交谈"。① 爱德华·卡尔在这里所说的"他的事实",实际上指的就是历史学家所"选择的事实"。至于那一部分,而且是相当多、相当大的那些没有与认识主体建立对象性联系的历史过程,没有被历史学家所选择的历史过程,仍然是客观的历史实在,只不过是没有进入历史认识范畴的客观的历史实在。

在历史认识过程中,历史学家究竟和怎样的事实之间发生了相互作用,即历史认识主体和怎样的认识客体建立对象性的联系,这是历史学家进行选择的结果。认识客体所以成为了认识客体,完全取决于历史学家、取决于历史认识主体的选择。在不同的时代、不同的社会历史条件下,在不同的世界观、历史观的指导下,在历史学科自身发展的不同的阶段,历史学家的选择,以及历史认识客体的具体构成,均会有不同的变化,从而表现出鲜明的时代特点。例如,政治史——以帝王将相活动为主的王朝更迭的历史,曾是中外传统史学中的重要内容,而今,这已经成为明日黄花,只能在史学史著作中才能看到它昔日的辉煌。20 世纪 80 年代以来社会史研究的兴起,已成为当今中国历史学最富于革命性的内容,即具体地体现了这一点。社会史研究,"这是一种新的历史眼光、新的史学范式,在它的引导下,人们开始重新理解历史、认识历史。而这种理解和认识的深化,必将为中国社会史研究的深入

---

① 爱德华·卡尔:《历史是什么》,商务印书馆 1981 年版,第 28 页。

提供直接的动力和思想源泉"。① 这里所说的"最富于革命性的内容",主要表现在历史认识客体的范畴和内容所发生的深刻变化;"新的历史眼光和新的史学范式"中"新"的内容,也主要在历史认识客体中体现出来。总之,社会史的兴起和发展,离不开历史认识客体的变化,这种变化不仅为历史认识主体在认识范围上,更主要的是在认识的内容上开辟了一个崭新的天地,正是在这种情况下,一些历史学的分支学科,如家庭史、妇女史、儿童史、城市史和社会文化史应运而生。

何谓"社会史"?这里强调的是总体的和综合的社会史,英国史学家艾瑞克·霍布斯鲍姆说:"社会史这一术语一直难以界定,近来已无界定的必要,因为社会史缺乏通常进行精确界定的惯例和专业上的前提。"他认为,社会史这一概念一般是在三种有时重叠的意义上使用的。"第一,社会事实关于穷人或下层阶级的历史,特别是关于穷人运动('社会运动')的历史";"第二,社会史这一术语常常是指一些对于人类活动的不同性很难划分,除非用这样一些词:'生活方式、风俗、日常生活'的著作";"社会史的第三层含义一定是最普通的,并且与我们的目的关系最密切:'社会'常常与'经济史'合用,必须承认,这种结合中经济所占篇幅大大超过一半"。"如果历史必须纳入社会科学之内,那经济学是与历史最

---

① 周积明、宋德金主编:《中国社会史论》上卷,湖北教育出版社 2000 年版,第 1 页。

先结合的一个学科。人们也许进一步认为，无论人类社会中经济和社会是怎样根本不可分离，任何对人类社会进化的历史研究的分析基础必须是社会生产过程"。[①] 从上述无论是哪一种意义上理解"社会史"的含义，都会使历史认识客体的内容与传统史学相比，发生很大的变化。在西方，"'像关心社会结构和社会生活物质条件问题那样来关心文化和意识的问题'把社会史理解为整个'社会的历史'，而不是各种零散的专题（劳工、社会问题、教育、人口统计等等）"。[②] 在我国，以政治史为主要内容的传统史学逐渐被新史学取代，在这个过程中，社会史起着不可替代的重要的作用。当历史学家贴近社会下层看历史，英雄、精英史学成为民众的史学，被传统史学忽略的下层民众的历史进入认识主体的视野时，认识客体所发生的重大变化是自然而然的。就广义的文化概念而言，人类在 20 世纪末由于受大众消费时代的影响，已经进入了大众文化时代，在人类社会和历史学正在发生深刻变化的背景下，历史认识客体所发生的变化，就绝非偶然了。

　　人类社会历史过程的连续性，决定了历史认识客体的连续性。在不同的时代，历史认识主体会有很大的改变，历史认识客体的某些内容，也同样会发生这样或那样的变化，但是从整体上说，这些变化仍然受历史进程连续性的

---

① 霍布斯鲍姆：《从社会史到社会的历史》，蔡少卿主编《再现过去：社会史的理论视野》，浙江人民出版社 1988 年版，第 2—3 页。

② 埃利：《当代西方社会史研究的新趋势》，蔡少卿主编《再现过去：社会史的理论视野》，浙江人民出版社 1988 年版，第 23 页。

制约，历史认识客体所传达出的历史信息，总还是历史长河中的一个环节，而不是脱离社会历史进程的、孤立的内容。认识历史认识客体，要将其放在社会历史发展的广阔背景中去认识，不能割断历史。客体中所反映出的内容，具有鲜明的时代性，但是这种时代性并不是孤立的、或仅仅属于这个时代的"现实"，而与这个时代之前的"过去"，及在这个时代之后的"未来"没有联系了，事实恰恰相反。过去、现实、未来紧密联系在一起，是不可分割的历史统一体。

首先应该承认，今天的"现实"作为历史认识客体，除了具有时代性之外，还有自己的独立性，是一个独立的、客观的存在。但是，"独立"并不等于"孤立"。在今天的"现实"中，印有已经过去的历史的痕迹，与过去有着千丝万缕的联系，同时还将以种种不同的方式传递给"未来"。"今天"不过是"过去"的继续，而"未来"不过是"今天"的延伸。明确属于不同时代的历史认识客体的内在联系，以及它们之间的辩证关系，对深刻地理解认识客体无疑是有益的。例如，1848年，马克思、恩格斯在《共产党宣言》中论证资产阶级的灭亡和无产阶级的胜利是同样不可避免的历史必然性时，也是从资产阶级产生、发展的历史过程中进行的，充分肯定了资产阶级在反对封建主义、发展社会生产力方面的进步作用。1923年，英国社会活动家、政论家锡德尼·维伯夫妇合著《资本主义文明的衰亡》，在分析"资本主义制度的最后失败"时，也是同分析"资本主义制度的初步成功"

同时进行的。作者分析了资本主义在农业、矿业、工业、金融、运输和国内外贸易的发展，同时指出资本主义"虽然有过初期的一切优点，可是现在总结起来，已经对社会不能有所裨益——我们在这里仅仅讲到它对物质财富总生产的影响。对于资本主义的工业组织以及它所依赖的牟利动机，还有一个甚至更严重的控诉，值得加以考虑，这就是：这个制度，在现今的时代，已经日益加甚地变成了国际间灾难性战争的原因"。[①] 正是通过对资产阶级在自身发展的各个历史时期的分析，可以使人们对资产阶级的本质，以及它的历史地位和发展趋势，有更加符合客观历史实际的认识。

[①] 锡德尼·维伯等著：《资本主义文明的衰亡》，上海世纪出版集团、上海人民出版社 2001 年版，第 161 页。

经济全球化和全球史

JINGJI QUANQIUHUA HE

QUANQIUSHI

全球化和"全球历史观"*

　　世纪之交，新千年到来之际，人们在谈论当代国际政治、经济和文化问题时，都不可避免地谈到"全球化"，全球化作为现时代的重要特征之一，成为各国人民关注的一个焦点。尽管何谓"全球化"至今也没有一个统一的定义，今后也很难会有，而且人们对全球化众说纷纭，或承认，或否认；或欢迎，或反对；或赞美，或担忧，但全球化是一个客观事实和必然的趋势，已成为大多数人的共识。全球化对人类社会发展的影响是多方面的，历史学是社会意识形态的重要组成部分，自然也包括其中，它为历史学家提供了一个认识人类历史进程的全球视野和宏观历史思维的基础。在全球化的背景下探讨全球历史观，对于深入理解社会发展与史学发展的关系；全球历史观的主要内容和特点，以及当代史学理论的发展趋势，都是有益的。

＊ 本文发表于《史学集刊》2001 年第 2 期。

一、全球化是时代的产物

英国史学家 E. H. 卡尔说："我们一生下来，这个世界就开始在我们身上起作用，把我们从纯粹的生物单位转变成社会单位。"因此，"在研究历史之前，应该先研究历史学家。……在研究一个历史学家之前，应该先研究他的历史环境和社会环境。历史学家是单独的个人，同时又是历史和社会的产物"。① 这样，为了认识和研究全球历史观，就首先有必要对其产生的时代作一必要的回顾和分析。全球历史观的产生和发展，和人类社会的全球化进程有着密切的关系。这个问题虽然在最近一二十年因全球化进程的加快才凸现出来，但并不等于在此之前就不存在了，只不过它作为一个过程逐渐表现出来，最初并没有引起人们的广泛关注。

全球化始于何时，与其说这是一个史实问题，不如说是一个理论问题。正因为如此，才日益引起人们广泛的关注。有人认为"全球化"这个概念虽然在 20 世纪 80 年代中期以后才广泛使用，但全球化进程可追溯到遥远的古代希腊，因为正是从那时开始，希腊古典文明开始产生了全球性的影响。还有人认为全球化的开端是和基督教的产生联系在一起的，因为《圣经》关于世界和人类的起源的论述中，阐释了整体性世界的思想。但是，更多的人认

---

① E. H. 卡尔：《历史是什么》，商务印书馆 1981 年版，第 29、第 44 页。

为，将 15 世纪末作为全球化的进程的开端似乎更合理。
15—17 世纪欧洲资本原始积累时期的"地理大发现"，它
不仅为世界市场的形成开辟了道路，而且结束了世界各地
区的割裂和孤立状态，世界各国的政治、经济和文化开始
密切地联系在一起，这样才在世界开始连成一体的基础上
有了"世界的"历史，正如马克思主义经典作家所说的
那样："各个相互影响的活动范围在这个发展进程中越是
扩大，各民族的原始封闭状态由于日益完善的生产方式、
交往以及因交往而自然形成的不同民族之间的分工消灭得
越是彻底，历史也就越是成为世界的历史。"马克思曾强
调指出："世界历史不是过去一直存在的；作为世界史的
历史是结果。"①

　　人类的历史首先是生产力发展的历史，"地理大发
现"，特别是始于 18 世纪中叶的欧洲工业革命，使社会生
产力和社会生产关系都发生了深刻的变革，欧洲工业化进
程彻底结束了各地区和民族自给自足的封闭状态，资本主
义的世界市场最终形成，极大地加快了经济生活国际化的
趋势。1848 年，马克思、恩格斯在《共产党宣言》中曾
指出："资产阶级，由于开拓了世界市场，使一切国家的
生产和消费都成为世界性的了"。"过去那种地方的和民
族的自给自足和闭关自守状态，被各民族的各方面的互相
往来和各方面的互相依赖所代替了。物质的生产是如此，

---

　　① 《马克思恩格斯选集》第 1 卷，人民出版社 1995 年版，第 88 页；《马克思恩格斯选集》第 2 卷，人民出版社 1995 年版，第 28 页。

精神的生产也是如此"。① 人类在 20 世纪虽然经历了两次
世界性的战争，但世界经济和贸易的总体规模仍在不断扩
大，各国之间的经济联系也不断加强和深化，特别是在第
二次世界大战之后更是如此。这一切表明，"作为一个概
念，全球化即指世界的压缩（compression），又指认为世
界是一个整体的意识的增强。全球化概念现在所指的那些
过程和行动在多个世纪里一直在发生着，尽管存在某些间
断"。② 但是，上述所言及的内容只是与全球化问题有关，
还不是本文所讨论的"全球化"。"全球化"是在 20 世纪
中期以后才成为一个重要的概念，但它也不是无本之木、
空中楼阁，我们从历史的角度审视以往的一切就不难看
出，我们今天所说的"全球化"，不过是上述在历史上一
直存在的社会生活国际化的继续和发展；如果我们对自远
古以来人类社会历史进程进行哲学的思考，同样不难得出
这样的结论。

　　一般认为，全球化阶段自 20 世纪 80 年代开始。特别
是进入 90 年代以来，以信息技术为中心的新技术革命，
进一步加快了经济全球化的进程。但是多年来，"全球化"
始终是一个有歧义的概念。"有人认为，全球化是一种超
越民族—国家的发展；还有人认为，全球化表明了由于金
融资本的增加而带来的资本与劳动之间的新型对立关系，

---

① 《马克思恩格斯选集》第 1 卷，人民出版社 1995 年版，第 276 页。
② 罗兰·罗伯森著：《全球化：社会理论和全球文化》，上海人民出版社 2000 年
版，第 11 页。

或者说熟练劳动与非熟练劳动之间的重新分离。一些人把全球化看作是世界贸易的扩张，包括南方的新兴国家（伴随跨国公司的全球化策略），而另一些人则强调信息革命所引起的交流的扩大。"① 此外，还有人强调全球化是一种新的社会现象或制度，它反映了世界交流和世界市场的巨大扩展，但不像早期现代阶段那样容易直接感知。2001 年 1 月中旬，由人民日报社、香港全球化合作基金会、信息产业部联合主办的第二届全球化论坛在海南三亚开幕。来自中国、美国、日本、英国等十几个国家和地区的近 400 名专家学者，对全球化问题进行了热烈的讨论。中国社会科学院副院长李慎明认为，所谓全球化，应当是指由于高新科技特别是信息技术及其产业的迅猛发展，直接推动国际贸易、跨国投资和国际金融的迅速发展和高新科技的广泛扩散和辐射，使整个世界经济空前紧密地联系在一起。美国马里兰大学的厄内斯特·威尔逊教授则指出，对世界经济发展来说，全球化是一种状态，也是一个趋势、一个过程。② 联合国秘书长安南给论坛的贺词说：纵观当今世界，经济全球化加快了经济增长、生活水平的改善、技术和管理能力的传播与提高，为个人和国家提供了新的经济机会。……全球化除了创造更大的市场外，必须被赋予更多的含义。在 2000 年 9 月举行的联合国千年

---

① 阿兰·伯努瓦：《面向全球化》，转引自王列等编译《全球化与世界》，中央编译出版社 1998 年版，第 1 页。

② 吕志勋：《全球化到底是什么？》，《解放军报》2001 年 1 月 15 日。

首脑会议上，各国领导人达成共识，今天人类所面临的主要挑战是确保全球化成为服务于所有人民的积极力量，这是世界各国共同的责任。我们必须兑现我们的承诺，只有这样，所有国家才能完全参与到新的全球经济中。跨越"数码鸿沟"需要不同成员共同努力。[①] 从上述诸多观点中不难看出一种共同的认识，即现代电子信息技术的发展对全球化已经产生了并继续产生革命性的影响。如果说19世纪末出现的经济生活国际化趋势是与欧洲工业革命的完成联系在一起的，那么，全球化则同当代以信息技术为中心的新科技革命有着密切的关系。正是在这个意义上，人们才将互联网称作是"加速全球化进程的兴奋剂"。

科技革命使大量科学成果迅速转化成生产力，强有力地推动着社会的发展，对社会历史进程所产生的深刻影响，是难以估量的。马克思"把科学首先看成是历史的有力的杠杆，看成是最高意义上的革命力量"。[②] 不仅如此，科技革命还深刻地影响着人们的生活方式和思维方式，历史思维也不例外。[③] 正因为如此，人们有理由说"全球历史观"的出现不是偶然的，它是历史科学自身发展过程中的产物，但它首先是时代的产物，即是15世纪"地理大发现"所开始的全球化进程延续至今，在20世纪下半期这一特定的历史时代的产物。只有真切地了解全

---

① 《人民日报·人民网》，2001年1月12日三亚专电：《第二届全球化论坛开幕》（特派记者李丹报道）。

② 《马克思恩格斯全集》第19卷，人民出版社1963年版，第372页。

③ 于沛：《科学革命和历史思维》，《史学理论研究》1993年第2期。

球化是现时代的重要特征之一，并对其给予高度的关注，才有可能深入理解全球历史观，并借鉴其有益的内容为中国历史科学建设服务。

二、全球性是当代史学的基本特征

全球历史观所以要强调"全球"，是针对以西欧为中心或欧美中心历史观的"中心"而言的。这种历史观大肆宣扬西欧白色人种的优越，认为西欧的历史是整个人类普遍的历史，始终是人类历史矛盾运动的中心。因此，整个世界的历史都应以西欧的历史来认识和剪裁。欧美以外诸地区、国家和民族的历史没有独立存在的价值，都是"西欧中心"或"欧美中心"的陪衬，这些地区和国家的人民，都是欧美"白种人的负担"。应该指出，西欧中心理论并不是西方史学古已有之的，早在14世纪初，意大利诗人但丁·阿利吉耶里在其名作《帝制论》中，就提出了世界历史是世界各个国家和民族的历史。人们还可以追溯到古希腊历史学家波利比阿，他认为他所撰写的历史不是"罗马"的历史，而是"世界"的历史。他在《通史》中写道："我所叙述的历史，始自第140'奥林匹亚德'。……从这时候起，各国的历史开始成为一个有联系的整体：意大利、利比亚、希腊以及亚洲，各地所发生的史事都是互相影响的。而所有那些史事的发展倾向，最后是要归于统一……"① 只是到了

---

① 转引自郭圣铭编著：《西方史学史概要》，上海人民出版社1983年版，第53页。

18 世纪中期，德国哥丁根学派的一些史学家最早提出了西欧中心理论。以后经德国哲学家黑格尔、史学家兰克，法国社会学家孔德，美国历史学家海斯、穆恩、韦兰等人的发展，使其系统化。"白种人是世界历史的主角"成为西方史学中一种根深蒂固的偏见。

20 世纪初，西欧中心论开始受到挑战，1918 年，德国历史哲学家斯宾格勒在其代表《西方的没落》中，提出"文化形态史观"（或称"历史形态学"），他认为历史研究的单位是"文化"，并将生物学概念引入历史研究中，为人们描绘出一幅多中心、而不是以西欧为中心的世界文化图景。他认为曾出现 8 种独立的文化系统，即埃及、巴比伦、印度、中国、古典（希腊罗马文化）、阿拉伯、墨西哥和西方文化，西方文化只是其中之一。他还以此体系来代替以西欧为中心的"古代—中古—近代"世界历史体系。此后，英国历史学家汤因比继承、发展了斯宾格勒的"文化形态史观"。1934—1961 年，其多卷本《历史研究》陆续问世。汤因比强调把人类历史看作一个整体进行研究，因此他同样不是以民族国家，而是从世界性的角度出发，以"文明"（或社会）作为历史研究的单位。他认为近6000 年的人类历史发展中，有 26 种文明（或社会）得到了发展，西方基督教文明只是其中之一，此外还有 5 种停滞的文明，以及一些流产的文明等等。

第二次世界大战后，国际战略力量的深刻变化导致了雅尔塔体系的建立，其核心内容是苏美两极格局代替了以欧洲为中心的多极均衡格局。另一方面，战后分裂的欧洲经历了重建和繁荣时期，克服了 70 年代中期至 80 年代中期的危机，逐渐出现了一体化的趋势；亚洲非洲民族解放运动蓬勃发展，使帝国主义殖民体系瓦解，诞生了一系列民族民主国家，并在世界上日益发挥着重要的作用；联合国不再限制接受新会员国，国际政治经济的联系空前密切。1989 年东欧发生了剧变，1991 年苏联解体，两极格局瓦解，使雅尔塔体系不复存在。正是在雅尔塔体系建立并在建立后又逐渐告别这个体系这样复杂的社会背景下，"全球历史观"在 50 年代西方各种重构世界史的潮流中为人们所关注，而 80 年代以来全球化趋势的加快，则使其进一步产生了重要的影响。

英国史学家 G. 巴勒克拉夫在其论文集《处于变动世界中的史学》（1955 年）中，最先明确提出这个问题，以后又在《当代史导论》（1967 年）、《当代史学主要趋势》（1978 年）、《泰晤士世界历史地图集》（1978 年）等著述中对其作了进一步阐释。他认为：主要从西欧观点来解释历史已经不够了，因此西方史学需要"重新定向"，史学家应该"从欧洲和西方跳出，将视线投射到所有的地区和时代"。[1] 他认为"今天历史学著作的本质特征就在于他的全球性"，世界史研究的重要任务之一是"建立全球的历史观——即超越民族和地区的界限，理解整个世界的历史观"。[2] 这样才能抛

---

[1] Geoffery Barraclough, *History in a Changing World*, Oxford, 1955, p. 27.

[2] 巴勒克拉夫：《当代史学主要趋势》，上海译文出版社 1987 年版，第 1、第 242 页。

弃西欧中心论的偏见，"公正地评价各个时代和世界各地区一切民族的建树"①。他特别强调考察世界历史进程时，应该有"全球性眼光"，因为世界史不仅仅是世界各地区史的总和，若将其分割再分割，就会改变其性质，正如水一旦分解成它的化学成分，便不再成其为水，而成了氢和氧。在《当代史导论》中，他首先从"结构的变化和本质的区别"入手阐释了当代史的本质，他说："当代史的一个显著的事实是，即它是世界史，而不是某些地区的历史。因此，如果我们不采用全球性的眼光，就不能够理解塑造世界史的诸种力量。这意味着，采用全球性的眼光并不仅仅是通过增强论述欧洲以外地区事物的章节来补救我们关于当代史的传统观点，而是对有关整个世界格局的各种传统看法和论断予以重新审视与修正"。面对美洲、非洲、中国、印度和其他欧洲外地区的历史已经发生的重大变化，"再用传统的历史发展模式来解释显然已不合时宜，因此有必要提出新的整体历史格局来取而代之"。②在他看来，对以西欧中心论为核心内容的传统史学修修补补是无济于事的，因此他在《当代史导论》中，对"现代"和"当代"进行了全新的解释，将19世纪最后10年作为"现代"向"当代"过渡的重要年份，并明确反对突出"西欧中心"的"上古—中古—近代"或"地中海时代—欧洲时代—大西洋时代"的历史叙述方法。《当

---

① 巴勒克拉夫主编：《泰晤士世界历史地图集》，三联书店1985年版，第13页。
② 巴勒克拉夫：《当代史导论》，上海社会科学院出版社1996年版，第2页。

代史导论》充分体现了他的"全球眼光",以及与之相联系的新的历史视野和新的历史评价标准。他从科学和技术进步的冲击,作为新世界催化剂的工业制度和帝国主义;相形见绌的欧洲,人口因素的重要意义;从欧洲均势到全球政治时代,朝向全球联系的局势的演变;从个人主义到大众民主,技术社会中的政治组织;对西方的反抗,亚非对欧洲霸权主义的反应;观念的挑战,共产主义理论和苏联的范例的影响,以及当代世界的文学和艺术等方面,论述了当代世界的历史,全球的历史。

20 世纪 50 年代末、60 年代以后,西方有多种在不同程度上体现了全球历史观的著作问世,G. 巴勒克拉夫认为,其中以美国历史学家 L. S. 斯塔夫里阿诺斯和 W. H. 麦克尼尔的著作最为著名。因为他们的世界史著作所体现的全球观点,特别是 L. S. 斯塔夫里阿诺斯与 G. 巴勒克拉夫的观点相近或不谋而合。实际上,他们的学术思想相互渗透、相互影响,共同丰富和完善了全球历史观的思想。

美国历史学家 L. S. 斯塔夫里阿诺斯的两卷本《全球通史》(1970—1982 年),一改西欧和北美为中心的传统取向,从"全球历史观"出发,描述了 1500 年以前和 1500 年以后的全球文明,就建立一种崭新的世界史体系进行了有益的尝试。作者在第一章首先强调"本书是一部世界史,其主要特点就在于:研究的是全球而不是某一国家或地区的历史;关注的是整个人类,而不是局限于西方人或非西方人。本书的观点,就如一位栖身月球的观察者从整体上对我们所在的球体进行考察时形成的观点,因而，与居住在伦敦或巴黎、北京或德里的观察者的观点判然不同"。[1] 作者所以强调 1500 年是一个重要的年代，意在说明"1500 年以前的各人类社会均处于不同程度的彼此隔离的状态之中。"而"1500 年以后，由于人类的通讯联系日渐加强、交通工具不断发达，整个地球以加速度日渐缩小，现在，竟被人们称为'宇宙飞船式的地球'或'地球村'"。[2] 因此，"1500 年是人类历史上第一个重要转折点。我们可以拿哥伦布和宇航员进行比较：前者抵达圣萨尔瓦多，打破了地区间彼此隔绝的束缚；后者登上月球，打破了行星间彼此隔绝的束缚"，[3] 这样，由于地区的历史开始成为全球的历史，便导致了新的全球性视野的出现，进而出现了人类、动物和植物的全球性扩散，以及全球性的经济关系、政治关系和文化关系。

　　研究历史的目的是更清醒地认识现实、展望未来。如果说 L. S. 斯塔夫里阿诺斯是以全球性的眼光探讨自史前到 20 世纪末的"全球通史"，那么在认识现实和未来时，同样表现出他的那种全球性眼光。L. S. 斯塔夫里阿诺斯高度评价了科学的发展和科学技术革命在人类历史上的重大作用，同时也看到了"科学的潘多拉盒子"所造成的

---

　　① L. S. 斯塔夫里阿诺斯：《全球通史——1500 年以前的世界》，上海社会科学院出版社 1988 年版，第 54 页。

　　② L. S. 斯塔夫里阿诺斯：《全球通史——1500 年以前的世界》，上海社会科学院出版社 1988 年版，第 55 页。

　　③ L. S. 斯塔夫里阿诺斯：《全球通史——1500 年以后的世界》，上海社会科学院出版社 1992 年版，第 3 页。

一些新问题，这些问题也是全球性的，如自然界失去平衡，环境污染；人口爆炸；城市化问题，大规模的人口迁徙而产生的混乱和紧张局势，以及"科学家开始创造人造生命，期望最终能人为地培育出有才智的动物"等等。他认为，"早先的人类必须面对自然环境，但主要是作为个人——农夫、猎人或渔民——来对付大自然。今天，新环境和新问题使个人的行动和解决办法无济于事；他们需要人类采取有组织的集体行动。与较早的几个时期大不相同，现在需要的是社会调节和社会控制"。[①] 他特别强调这是"全球的责任"，为了解决人类面临的共同问题，必须要有全球的意识和全球的责任感。

美国史学家 W. H. 麦克尼尔在《世界史》（1967 年）中强调了"一种观察人类历史的整体观念"[②]，在此之前，他的另一部代表作《西方的兴起——人类共同体的历史》（1963 年），也表现出一定的全球性历史思维特点。他通过对《中东统治的时代（至公元前 500 年）》、《欧亚文化的均势（公元前 500 年—公元 1500 年）》、《西方统治的时代（公元 1500 年至今）》三篇的论述，分析了自原始社会以来人类各种文明的兴起、发展及相互联系，强调文明的历史就是文化扩散的历史。也有学者认为，《世界史》和《西方的兴起——人类共同体的历史》不是以全

---

① L. S. 斯塔夫里阿诺斯：《全球通史——1500 年以后的世界》，上海社会科学院出版社 1992 年版，第 894—895 页。

② William Hardy McNeill, *A World History*, Oxfort, 1967, p. 1.

世界为中心，"完全是以西方为中心的史著"，而 70—80
年代，"他写《疫疠与人类》时，已把重点放在整个人类
上面，没有西方中心的约束。等到他写《力量的追求》
时，他就拿人类在宇宙里面的问题来作为他观察的对
象。……到这时候，他已完全脱开西方中心的历史观念。
他的思想发展正反映了现代世界的扩张所带来的反省"。①
尽管如此，当美国《世界史杂志》1990 年创刊时，W. H.
麦克尼尔撰有《25 年后再评〈西方的兴起〉》作为发刊词。
他在总结该书的优劣得失时，对其所体现的"整体观念"
进行了充分的肯定，并对全球历史观的发展前景充满了
信心。

　　近年，美国历史学家 I. 沃勒斯坦的多卷本著作《现
代世界体系》在学术界引起人们的广泛关注。其中的第
1、2 卷已译成法、德、意、西和日文、中文等十余种文
字出版。I. 沃勒斯坦在西方学术界被称为"新马克思主
义"者，他计划此专著写作 4 卷，从 15 世纪中叶直至当
代。他认为"世界体系是一个社会体系，它具有范围、
结构、成员集团、合理规则和凝聚力。世界体系的生命力
由冲突的各种力量构成。这些冲突的力量由于压力的作用
把世界体系结合在一起，而当每个集团不断地试图把它改
造得有利于己时，又使这个世界体系分裂了。世界体系具

---

① 许倬云：《中国文化与世界文化》，贵州人民出版社 1991 年版，第 218 页。《力
量的追求》一书的副标题是《公元 1000 年以来的技术、武装力量与社会》，原书名是
"*The Pursuit of Power：Technology，Armed Force and Society since A · D · 1000*"。

有有机体的特征，因为它具有生命期。在它的生命期中，它的特征在某些方面发展变化，而在另一些方面则保持稳定。人们可以依据该世界体系运行的内在逻辑来判定处于不同时期的世界体系的结构的强弱"。① I. 沃勒斯坦还就"世界体系分析"进行了说明，认为它不是传统的历史学、经济学或政治学，而是在呼吁一种"统一学科的历史社会科学"，并将这看作是"超越社会科学中的欧洲中心论倾向，建立一种面向 21 世纪的社会科学"的实际努力。

　　基于上述认识，I. 沃勒斯坦从全球出发，将资本主义的历史放在世界性的体系中去认识，认为资本主义从其萌生之时起，就不是某个国家的孤立现象，而是作为一个世界性的体系出现的。他不是研究具体的国家或民族，而是将"世界体系"作为研究的单位，而世界体系可分为作为基础的世界经济体和作为上层建筑的国际体系两部分。他还使用了"核心"、"边缘"、"半边缘"等概念，资本主义发展的历史，就是把世界逐渐卷入核心、边缘的历史。作者以新的历史视角研究了资本主义产生、发展、兴盛和衰落的历史，论证了资本主义世界体系形成之后即处在剧烈的斗争和变动之中，现已进入"混乱和告终"时期，21 世纪中叶，它必然被一个或多个后继的体系所取代。"我们不能预测它会是一个什么样的体系，但能通过我们目前政治的和道德的活动来影响其结果"。而"占人

---

① I. 沃勒斯坦：《现代世界体系》第 1 卷，高等教育出版社 1998 年版，第 460 页。

类四分之一的中国人民，将会在决定人类共同命运中起重大作用"。① 不仅如此，论及建立面向 21 世纪新的社会科学时，他也对中国寄予厚望，他认为，"中国，一个拥有5000 年文明传统以及世界上 1/4 人口的国家，在建构 21世纪新的社会科学中肯定起核心作用"。② 但这并不是要搞"中国中心论"，因为无论是"统一学科的历史社会科学"，还是"新的社会科学"，都应该是植根于世界所有主要地区，应是全世界学术界的共同成果。

　　论及全球历史观时，还应提到德国学者 A. G. 弗兰克。他在其代表作《白银资本：重视经济全球化中的东方》的《导论》中，详尽分析了"真实的世界历史与欧洲中心论的社会理论"，他通过研究 1500 年到 1800 年的世界历史，认为欧洲中心论"不过是一种胜利者的神话和十足的种族主义神话"，而"亚洲，尤其是中国一直在世界经济中居于支配地位"。他说，这部专著的价值在于"它摧毁了那些所谓'西方天然优越'的说法的历史依据，……论证了中国在历史上的世界经济中的'中心'地位和角色。并且认为中国因此在未来也许还会具有这种地位和角色。但是，我绝不是像西方某些人所指责的那样简单地用中国中心论来取代欧洲中心论"。A. G. 弗兰克所致力追求的是一种更充分的"整体主义全球'树林'框

---

　　① I. 沃勒斯坦：《现代世界体系·中文版序言》，《现代世界体系》第 1 卷，高等教育出版社 1998 年版，第 2 页。

　　② I. 沃勒斯坦：《世界体系论与中国·序言》，王正毅著《世界体系与中国》，商务印书馆 2000 年版，第 2 页。

架"。^① 他认为几乎所有的历史学只喜欢看具体的历史树木，而忽视、甚至否认树林的存在，尤其是全球树林的存在。他认为这是错误的，因为树木是在树林里生长的，必须在树林里才能存活和繁殖。A. G. 弗兰克的观点被认为是"极具挑战性"的观点，尽管有不少争议，但却给人们以深刻的启迪，促使人们从"整体主义全球'树林'框架"出发去认识历史。

2000 年 8 月，第 19 届国际历史科学大会在挪威奥斯陆举行时，"全球史的前景：概念和方法论"被列为会议的三大主题之一。来自 70 多个国家的 1800 余名史学家对这个问题给予了充分的关注，因为这个问题的研究反映了现实世界中可以看得见的变化，全球化趋势有力地促进了全球史研究的发展。英国历史学家 P. K. 奥布赖恩在会上作了主题报告，回顾了自古代希腊起历代史学家为撰写全球史所做的种种努力，以及所存在的问题。澳大利亚学者 G. R. 斯努克斯、新西兰学者 N. D. 科斯莫、加拿大学者 N. Z. 戴维斯、美国学者 J. H. 本特利、M. P. 阿达斯和 J. R. 麦克尼尔等，都有令人感兴趣的发言，他们分别就历史规律性问题、文化冲突与交融、国别史与全球史的关系、全球史学的方法论等问题进行了探讨。由此我们可以清楚地感受到全球历史观的深刻影响。事实正是如此，在新的历史

---

① A. G. 弗兰克：《白银资本：重视经济全球化中的东方》，中央编译出版社 2000 年版，第 4、第 19、第 26 页。该书原名是：*ReOrient: The Global Economy in the Asian Age*。

条件下，全球历史观的研究和全球史的构建已经进入到了一个新的发展时期。

三、全球历史观的"地方化"或"本土化"

全球化已经向我们走来，全球历史观以及与之相联系的世界史体系的重构和创新，作为一种经久不衰的新的史学思潮，已经、并将继续对包括中国在内的当代国际史坛产生深刻的影响，而且它是时代的产物，必将随着时代的发展而发展。近年一些西方学者经常谈到全球地方化（glocalization）的问题，是指所有全球范围的思想和产品都必须适应当地环境的方式。实际上，全球历史观也有一个"地方化"或"本土化"的问题。在我国，一些学者为宣传和建立有中国特点的全球历史观做出了积极的贡献。所谓"中国特点"，主要是指自觉地以唯物史观为理论基础；更加彻底地摒弃"西欧中心论"或"欧美中心论"；研究、借鉴，或在历史研究实践中倡导全球历史观时，既不脱离世界史坛的主流，更不脱离中国史学的历史与现实，而是将其纳入当代中国社会发展的广阔背景中去认识和思考。

周谷城教授在1949年出版3卷本《世界通史》，他一改以国别史为世界史基础的传统框架，不是以西欧为中心，而是从整体出发研究全球的历史。第1册论述世界诸古代文化区，如尼罗河流域文化区、西亚文化区、爱琴文化区、中国文化区、印度文化区、中美文化区互相交叉，互相渗透的必然趋势。第 2 册主要论述了 15 世纪之前亚洲、欧洲和非洲之间的历史。第 3 册则以 15 世纪以后欧洲的历史为主。他认为，"反对欧洲中心论，并不抹煞世界史上某一时期某一区域成为突出的重点，把贯通全部历史的中心与一时突出的重点混为一谈"。① 1961 年，他在《光明日报》、《文汇报》先后发表《评没有世界性的世界史》、《迷惑人们的欧洲中心论》，对欧洲中心论进行批评。他强调指出，"世界史，顾名思义，应该是关于世界整体的历史，应该具有世界性"。但欧美资产阶级史学的世界史，却是以欧洲为中心。现在客观的历史正在改变之中；主观的历史亦必力求改变。"否定以欧洲为中心的世界史，建立具有新观点新体系的世界史的时候已经到了"。② 但是，由于极"左"思潮的影响和"文化大革命"的破坏，这个任务只是在"文化大革命"结束后，才真正引起人们的重视，并随着中国历史科学的复兴，不断取得重要的成果。

吴于廑教授在《世界历史上的游牧世界与游牧民族》（《云南社会科学》1983 年第 1 期）、《世界历史上的农本与重商》（《历史研究》1984 年第 1 期）、《历史上的农耕世界对工业世界的孕育》（《世界历史》,1987 年第 2 期）、《亚欧大陆传统农耕世界不同国家在新兴工业世界冲击下

---

① 周谷城：《我是怎样研究世界史的》，《周谷城史学论文选集》，人民出版社 1983 年版，第 115 页。

② 《周谷城史学论文选集》，人民出版社 1983 年版，第 144、第 151 页。

的反应》(《世界历史》1993 年第 1 期)相互关联的四篇论文,以及《中国大百科全书·外国历史》卷的"世界历史"总述中,精辟地阐释了有丰富的全球历史观思想的新的世界史体系。他说:"世界历史学科的主要任务是以世界全局的观点,综合考察各地区、各国、各民族的历史"。他认为,人类历史发展为世界历史,经历了纵向发展和横向发展漫长的过程。纵向发展,"是指人类物质生产史上不同生产方式的演变和由此引起的不同社会形态的更迭"。而横向发展,"是指历史由各地区间的相互闭塞到逐步开放,由彼此分散到逐步联系密切,终于发展成为整体的世界历史这一客观过程而言的"。历史正是在不断的纵向、横向发展中,"已经在越来越大的程度上成为世界历史",因此,"研究世界历史就必须以世界为一全局,考察它怎样由相互闭塞发展为密切联系,由分散演变为整体的全部历程,这个全部历程就是世界历史"。①

　　2000 年年末,《光明日报》记者对中国社会科学院世界史所和北京大学历史系的世界史专家学者进行了采访,就"人类即将迈入 21 世纪,世界全球化趋势日益加速的今天,……如何构思和编写出符合时代要求并具有学术价值的世界史,如何评判和借鉴国内外史学界已编写和出版的世界通史和文明史成果"进行了较深入的探讨。记者强调,"将全世界作为一个整体,从宏观角度审视和研讨

---

　　① 《中国大百科全书·外国历史》,中国大百科全书出版社 1990 年版,第 1、第 5、第 15 页。

历史，已成为史学界的重大课题"。① 事实正是如此，正分别主持两部《世界文明史》和《世界历史》的三位教授，分别就自己所主编的 3 部著作的主要特点进行分析时，从不同角度论述了当代中国历史学家的全球历史观思想。

马克垚（北京大学历史系教授）：本课题组所要做的只是对世界通史的教学内容试探着进行改革，编写一本新的世界历史教材。所以把它称为《世界文明史》，是本文明史所研究、论述的单位是文明，而不是国家、民族等。各文明的发展变化，接触与交流，冲突与融合，构成了世界文明史的主要内容。文明是多元的，各个文明都有自己的特殊性，都对人类文明的发展做出过贡献。多元文明的世界的发展既有各文明的发展历程，也有各文明之间的相互接触、交流和冲突、融合，我们的文明史将尽力从纵向发展和横向联系上表现世界文明的这一脉络。

张芝联（北京大学历史系教授）：以新的视角和方法，另辟蹊径，编写一部通史性的文明史是我主编的这部《世界文明史》的出发点。本书力图以马克思主义为指导，尽可能利用国内外史学研究的最新成果和资料，较全面总结世界范围内各地区、各国、各民族在继承自己固有传统文明的同时，相互吸收和借鉴对方的文明成果，在此基础上创造本地、本国、本民族新的、独特的文明，进而

① 薄洁萍：《文明史、世界史与中国世界史研究》，《光明日报》2000 年 12 月 14 日。

推动整个世界文明向更高层次发展；努力深入探讨不同地区、国家和民族发生冲突，乃至引起世界历史倒退的复杂的主客观原因，揭示人类文明进步的曲折性和复杂性。

武寅（中国社会科学院世界历史研究所教授）：多卷本《世界历史》作为中国社会科学院的重大项目，其主要内容包括理论与方法、物质文明、制度模式、民族、宗教、战争、世界格局、思想文化、中国与世界等，它以唯物史观为理论基础，通过对复杂的世界历史进程的研究，特别是通过对影响人类历史进程的若干重大问题的深入研究，再现人类生动的丰富多彩的历史图景，揭示人类历史前进的不可逆转的进步趋势，并在此基础上概括人类历史发展的一般规律和特殊规律，而要做到这一点，没有全球视野是难以想象的。

在西方学术发展史上，19 世纪被称为"历史学的世纪"，历史研究出现了前所未有的繁荣景象。进入 20 世纪后，西方史学在"新史学"的旗帜下，迅速开始了新的行程。特别是第二次世界大战后，西方史学学派林立，新的理论与方法层出不穷，名家名著令人眼花缭乱、目不暇接。所有这一切原因很多，但究其根本原因则是同 19 世纪相比，20 世纪的世界发生了更加深刻的历史巨变。历史的脉搏跳动得愈来愈快了，时代不断向历史学家提出新的挑战。在全球化的背景下探究全球历史观即是如此。同样，这也是摆在中国广大史学工作者面前的重要任务之一。人类已经进入了 21 世纪，当前我们首先需要搞清"全球化"和"全球历史观"这些概念的基本内涵及外延，追踪国外研究的最新进展，及时了解和研究各种不同的观点，并对其中重大的理论问题做出马克思主义的回答。这一切不仅具有重要的理论意义和学术价值，而且还有一定的现实意义。全球化进程，以及在全球化和我国社会发展的互动过程中，使中国的世界史研究面临着诸多的机遇和挑战。历史研究要自觉地回答时代提出的问题，使其体现出鲜明的时代精神，这样，我国的世界史研究必将会有更多的优秀成果问世。

全球史观和中国史学断想[*]

全球历史观20世纪50年代在英国萌生以来，半个世纪以来得到较迅速的发展，在近20年尤其如此。2000年8月，在挪威奥斯陆举行第19届国际历史科学大会时，"全球史的前景：概念和方法论"被列为会议的三大主题之一。来自70多个国家的1800余名史学家，对这个问题给予了充分的关注，即说明了这一点。在中国，全球史观同样引起了人们的广泛关注。而且这种关注又是在"经济全球化"的背景下，和当代中国历史科学的建设密切联系在一起，因此格外引人注目。大约四年前，笔者曾撰文讨论这个问题。[①] 此后期间，无论是包括"经济全球化"在内的世界历史进程，还是中国社会的发展以及中国历史科学的发展，在不长的时间内都发生了深刻的变化。这样，在新的形势下，促使人们不能不对"全球史

---

[*] 本文发表于《学术研究》2005年第1期。

① 《全球化和全球历史观》，《史学集刊》2001年第2期。

观和中国历史科学"所面临的新问题，进行新的思考。本文即是思考中的一些不成熟的想法，多是一得之见，不妥之处，敬请学界诸同仁和各界读者指正。

一、全球史观的理论特征

全球史观的基本理论特征之一，是对"欧洲中心论"的批判。英国史学家 G. 巴勒克拉夫在其论文集《处于变动世界中的史学》（1955 年）中，最先明确提出这个问题，以后又在《当代史导论》（1967 年）、《当代史学主要趋势》（1978 年）、《泰晤士世界历史地图集》（1978 年）等著述中对其作了进一步阐释。他的观点在西方史学界有一定的代表性，因为他的理论阐释并不仅仅停留在历史的阐释上，同时也在西方历史学家的多种历史著作中鲜明地体现出来。G. 巴勒克拉夫强调：主要从西欧的观点来解释历史已经不够了，因此西方史学需要"重新定向"，史学家应该"从欧洲和西方跳出，将视线投射到所有的地区和时代"。① 他清楚地看到第二次世界大战后人类社会历史已经发生和正在发生的变化，以及这种变化不可避免地在历史学上的折射，所以他明确地提出，"今天历史学著作的本质特征就在于他的全球性"，世界史研究的重要任务之一，是"建立全球的历史观——即超越民

---

① Geoffery Barraclough, *History in a Changing World*, Oxford, 1955, p. 27.

族和地区的界限，理解整个世界的历史观"。^① 只有这样，才能抛弃西欧中心论的偏见，"公正地评价各个时代和世界各地区一切民族的建树"^②。G. 巴勒克拉夫强调的历史研究的这种"全球性"，平心而论，只不过是恢复了社会历史进程的本来面目，以及在此基础上强调历史研究从事实出发应有的研究思路和价值取向。然而，在"欧洲中心论"占绝对统治地位的欧美史学界，不仅在理论上提出与"欧洲中心"相悖的"全球性"，而且还将这一理论具体体现在研究实践中，这确实是不容易的。

不仅在西方，即使是在中国，做到这一点也是不容易的。因为在中国史坛真正做到肃清根深蒂固的"欧洲中心论"的影响，还有许多事情要做。这个问题不解决，所谓理解或认识"全球史观"的积极内容，只能是一句空话。在中国，不仅旧有的"欧洲中心论"——主要表现在历史进程中"欧洲中心论"的影响没有肃清，而且在新的历史条件下，"欧洲中心论"的另一种影响——主要表现在历史学自身发展中的"欧洲中心"却在开始显现。它主要表现为不加分析地、盲目地照抄照搬西方的史学理论，轻率地否认唯物史观的理论指导，主张指导思想多元化，放弃自己的话语权。我们应该清醒地看到，当代中国史学发展中、确实存在着既有联系，又有区别的两种

---

① 巴勒克拉夫：《当代史学主要趋势》，上海译文出版社 1987 年版，第 1、第 242 页。

② 巴勒克拉夫主编：《泰晤士世界历史地图集》，三联书店 1985 年版，第 13 页。

意义的"欧洲中心论",不去认真地认识、分析和解决这些问题,是不可能站在"中国化"唯物史观的立场上去理解"全球史观"的现实意义。

中国历史学家对"欧洲中心论"的批判由来已久,远非自今日始。这种批判的过程,从某种意义上说,也是逐渐建立、彰扬中国学者心目中的"全球史观"的过程。这就是说,"全球史观"这个概念在今天可能是个"新概念",但其内容却并非如此,除去人们熟知的周谷城先生外,① 以已经故去的雷海宗先生为例,可充分看到这一点。

1928 年 3 月,雷海宗先生写有《评汉译韦尔斯著〈世界史纲〉》,在《时事新报》上发表。这可能是他在美国获得博士学位归国后公开发表的第一篇文章。在这篇书评中,他对韦尔斯的《世界史纲》提出了尖锐的批评,认为这部著作是"专门发挥某种史观的书",而作者韦尔斯是"西洋著作界一个富有普通常识而缺乏任何高深专门知识的人,所以在他的脑海中'历史'一个名词就代表'西洋史',而他的历史观也就是他以西洋史为根据所推演出来的一个历史观"。这样,韦尔斯在运用史料,进行历史叙述的时候,一定要以"西洋历史"为根据,在

---

① 例如,周谷城在其代表作《世界通史》中,不是因袭以西欧为中心,而是从整体出发研究全球的历史,提出了自己的世界历史体系。1961 年,他在《光明日报》、《文汇报》先后发表《评没有世界性的世界史》、《迷惑人们的欧洲中心论》,强调指出,"世界史,顾名思义,应该是关于世界整体的历史,应该具有世界性"。强调"建立具有新观点新体系的世界史的时候已经到了"。《周谷城史学论文选集》,人民出版社 1983 年版,第 144、第 151 页。

"参考其他民族史籍的时候，不知不觉中，一定是只将可以证明他的历史观的——至少不同他历史观相悖的——事迹引用；其他的事迹若也引用，岂不是自己打自己的嘴巴"雷海宗教授还以 15—16 世纪"地理大发现"为例，对"欧洲中心论"进行批判。他说，"地理大发现"一词，是欧美资产阶级历史学者的一个惯用名词，后来在殖民地化或半殖民地化的大部世界也不假思索地予以援用，……"发现"一词乃欧洲立场的名词，其中含有浓厚的侵略及轻蔑的意味，把欧洲以外的地方看为发现、开发、剥削的对象。……至于中国，当然也是被"发现"的对象，过去西欧人虽知中国，但始终不够明确，进入 16 世纪，才真正"发现"了中国。雷先生认为：无论是何种社会，人民都是历史的主人，所以在世界史上，即或是先进的地区对于落后的地区，也不当用"发现"一类的词语。若用此类的词语，那就等于在世界上的国家及人民间，定出宾主之分，有的居主位，是"发现者"，有的居宾位，是"被发现者"，在未"被发现"前，等于不存在。因此雷先生建议今后在世界史中只用"新航路的发现"或"新航路的开辟"，而不用"地理大发现"。① 半个世纪过去了，雷先生当年提出的问题至今仍有现实的意义。

　　雷海宗教授还以"上古时的中国"为例，具体阐述了历史研究中"中国与世界"的辩证观点："我们在学习世界历史的过程中要注意两个问题：第一要注意中国与世

---

① 雷海宗：《世界史上一些论断和概念的商榷》，《历史教学》1954 年第 5 期。

界其他地区的联系和彼此间的相互影响；第二要注意中国
对世界人类文明发展的贡献。同时，我们中国人学习世界
历史，则必须要从中国的角度来看世界，这样就能够在很
大程度上纠正过去把'世界史'看成是'西洋史'的错
误看法。"① 这就是说，中国人的世界历史研究，从内容
上讲应该是"世界"的，而且这个"世界"，理所当然地
应该包括中国，中国是世界的中国。而从研究的立场、观
点，即文中所说的看世界的"角度"，则必须是中国的，
中国历史学家"必须要从中国的角度来看世界"。因此，
中国的世界历史研究，只能是中华民族的世界历史研究，
而不是食洋不化，不加选择地重复外国人的观点。

　　近代以来，中国世界史研究和中国社会历史发展的脉
搏始终一起跳动，回答中国现实社会生活发展提出的一系
列理论问题和实际问题。1840 年鸦片战争后，中国开始
沦为半封建半殖民地社会，拯救民族危亡，成为中国世界
史研究产生和发展的动因。1949 年后，中国的世界史研
究是和建设社会主义新中国联系在一起的。改革开放，建
设有中国特色社会主义，需要借鉴外国的历史经验。"改
革开放的中国"这个大环境，为我国世界史研究的发展
提供了新的历史机遇。时代的呼唤使我国的世界史研究得
到迅速发展。

　　但是，"世界历史研究"和"中国历史研究"却存在
着人为割裂的现象，强化了它们表面的差异，忽略了它们

---

① 　雷海宗：《伯伦史学集》，中华书局 2002 年版，第 578 页。

之间内在的共性。近代中国世界史研究从其萌生时起，就存在着脱离中国传统史学的倾向。这在当时固然有一定的积极意义，借助西方史学的理论和方法，批判中国传统史学中的糟粕，但是，如果走向极端，则会全盘否定中国传统史学。这样，一方面不能主动地汲取中国传统史学的有益内容来丰富、完善中国的世界史研究；另一方面，不能从中国史学的传统和实际出发，科学地认识和分析西方史学理论中的精华和糟粕，使一些人盲目地、不加分析地将自己的研究纳入西方史学理论和方法的框架之中。这种盲目性来源于这些研究者历史思维、历史认识中的一个误区：似乎中国传统史学对于中国的世界史研究没有任何价值，它们之间没有任何联系，要进行世界史研究，只能借助于外国史学的理论与方法。

中国世界史研究的真正动力，在于对当代中国、当代世界复杂的现实问题的思考。因此，要独立地对世界历史进行认识和思考，就不能试图在别人的概念体系中完整地阐释自己的观点。不能离开了别人的命名系统就寸步难行。在全球化的背景下，讨论这些问题尤其重要。我们不是去适应强势文化国家的全球化模式，以及这一模式在史学领域中所体现出的种种规范；也不是去抵制全球化时代的到来，拒绝西方史学理论与方法中的积极内容；而是在全球化背景下，自觉地建构有中国风格和特点的新的世界史研究理论体系和话语系统。我们首先应该实现当代中国历史学家，同时也是整个中华民族的价值目标，只有这样，我们才能真正地理解"全球史观"，并汲取其有益内容，为当代中国历史科学的发展做出积极的贡献。

二、全球史观是一种社会意识形态

　　全球史观和"经济全球化"，有着直接的联系。不可否认，没有"经济全球化"这一特定的历史背景，全球史观不会在国内外产生如此大的影响。但是，应该指出的是，"经济全球化"并不是一个没有歧义、人人都在同一理念中普遍接受的概念，而事实却恰恰相反。因此，我们有必要明确这种联系，主要表现为"经济全球化是当今世界发展的客观进程，是在现代高科技的条件下经济社会化和国际化的历史新阶段，……今天，经济全球化已成为强劲的时代潮流"。但是，"经济全球化并不是宁静的伊甸园，有时会带来风暴和灾难。……经济无国界化使主权国家的经济安全受到空前巨大的压力，其中对发展中国家的负面影响更应引起注意"。① 这和西方政治家所鼓吹的"全球化意识形态"有着本质的区别。虽然从长远、从整体上看，经济全球化有利于世界经济的发展，但是在世界范围内，却存在着对全球化的抵抗，反对全球化的运动始终没有停止。例如，2001 年和 2002 年 7 月，在意大利热那亚先后发生大规模的反对全球化的抗议活动；2002 年 9 月，美国华盛顿有 2000 余人举行反对全球化的集会，600

---

　　① 汪道涵：《全球化与中国经济》，乌·贝克等著：《全球化与政治·序言》，中央编译出版社 2000 年版。

余人被捕。

至今为止，"全球化意识形态"所涉及的内容十分宽泛，作为一个概念很难用一句话或几句话概括。人们对它的了解，更多的是和西方学者批判全球化的理论联系在一起。例如德国汉斯—彼得·马丁等著的《全球化的陷阱：对民主和福利的进攻》（1996 年）；格拉德·博克斯贝格等著的《全球化的十大谎言》（1998 年）；英国贾斯廷·罗森伯格著《质疑全球化》（2000 年）等。世纪之交，法国学者布迪厄的《遏止野火》问世，这是迄今为止对"全球化"进行最为严厉批判的著作之一。在作者看来，"全球化"是西方新自由主义宣传的产物，正像"野火"一样在世界蔓延，势不可当地成为西方的"主流"意识形态。这部作品的主要内容是："全球化"口号本是西方新自由主义的人为宣传，而新自由主义是跨国公司的意识形态。"全球化"是跨国公司摧毁各民族国家经济主权乃至政治主权，在经济上控制全球的战略口号。作者反复强调："全球化"不是一个"自然的过程"，而是一种有预谋、有组织实施的"政治行为"，是一场"旷日持久"的"思想灌输工作"在人们心目中强加的信仰。① 布迪厄在书中提出的各种观点虽然有待于进一步讨论，但一些西方大国在"全球化神话"下，大肆宣扬"全球化意识形态"，强行推行"美国的模式"，以剥夺、削弱民族国家

① 参见河清：《全球化与国家意识的衰微》，中国人民大学出版社 2003 年版，第 3 页。

的主权，却是不争的事实。

　　因此，我们讲全球化背景下的"全球史观"时，注意分析"全球化"和"全球史观"等概念的内涵，注意和西方资产阶级的"全球化意识形态"划清界限，是十分必要的。十余年前，一些西方国家的学者曾指出要警惕"全球化"正在变成一种新的"意识形态"，现在，这已经成为事实。不难看出，当年他们谈论这个问题时，也并非是空穴来风。那么，如何正确地认识"全球化"呢？当我们认真研读马克思"世界历史理论"中所阐释的内容时，相信会给我们以有益的启示。虽然马克思的"世界历史理论"并不等于"全球化"理论，但却是认识、分析或评价"全球化"以及"全球史观"的重要理论武器。

　　在《德意志意识形态》中，马克思首次提出了世界历史概念并逐渐形成了自成系统的世界历史理论。在马克思的历史视野中，历史有两个层次：一个是民族的历史，另一个是世界性的历史。马克思说：资本主义生产与交往的发展，"各个相互影响的活动范围在这个发展进程中越是扩大，各民族的原始封闭状态由于日益完善的生产方式、交往以及因交往而自然形成的不同民族之间的分工消灭得越是彻底，历史也就越是成为世界历史"。① 显然，在前资本主义时期，不存在"世界历史"。马克思笔下的"世界历史"是相对于"民族历史"而言。生产力的发展，使各个民族之间开始有了交往，后来变成了经常性的

---

① 《马克思恩格斯选集》第1卷，人民出版社1995年版，第88页。

交往，从而有可能在世界的范围内创造着历史。正是在这个意义上，马克思强调："世界史不是过去一直存在的，作为世界史的历史是结果。"① 马克思主义学说，正是建立在人类社会发展进入了世界历史时代的基础上。在马克思主义创始人看来，世界历史分为资本主义世界历史时代和共产主义世界历史时代，从资本主义走向共产主义是人类历史发展不可逆转的趋势。

　　马克思的"世界历史理论"是唯物史观的有机组成部分，也是从我们的历史观和价值观出发理解和运用"全球史观"的理论基础。不能正确理解"世界历史"是怎样形成和发展的，也就无法从唯物史观的立场出发去理解什么是科学的"全球史观"。在探究马克思所揭示的"民族的历史"如何走向"世界的历史"的过程中，我们不仅可以深入理解"历史向世界历史的转变"这一著名命题的理论意义，而且有助于具体地理解各民族在各经济形态中的相互影响，以及这种相互影响在人类历史进程中独特的、不可替代的作用。尽管历史矛盾运动的世界性并不等于各民族国家历史发展的特殊性。但是，这些"特殊性"已截然不同于前资本主义时代各个民族或国家的特殊性，而是"世界历史时代"的"特殊性"。这些民族和国家的历史已不再是孤立的历史，而是在世界历史时代民族或国家的历史。只有这样，才能科学地理解"全球史观"，即在历史认识中，尽管历史认识客体可能是个别

---

① 《马克思恩格斯全集》第46卷（上），人民出版社1974年版，第48页。

的民族或国家，但认识主体始终要站在世界历史的高度，要有全球的眼光。

三、"全球史观"不存在所谓"全球性"

对包括"全球史观"在内的任何一种外国史学的理论和方法，都不能简单地照抄照搬，不加分析地简单套用，而是要从中国史学的传统和现实出发，有选择地、批判地借鉴和吸收。对当代中国史学来说，所谓"全球史观"，对我们来说更重要的是一种历史思维、一种历史认识的"方法"，而非理论基础。只有坚持历史唯物主义关于人类社会基本矛盾的理论，才能科学地理解"全球史观"。当代中国历史科学的指导思想和理论基础，只能是唯物史观。如果认为"全球史观"是全球化时代"最先进"的历史观，可以代替唯物史观，或者可以和唯物史观"相提并论"，那这种认识完全脱离事实，是不可取的。

唯物史观和剩余价值理论，是马克思的两个伟大发现，也是马克思主义的两大理论基石。唯物史观是马克思主义哲学的重要组成部分，是关于人类社会发展一般规律的科学，是科学的历史观和认识社会改造社会的一般方法论。唯物史观破解了"历史之谜"，揭示了人类历史发展的客观规律，由这一客观规律所决定，社会历史发展呈现为一种自然历史过程，表现为不同社会经济形态的依次更迭。它同唯物辩证法亦即辩证唯物主义有机构成一整套先进世界观、人生观、价值观和方法论体系。

马克思主义诞生是人类思想史上的一次伟大革命。她广泛汲取人类优秀文化遗产，是一个开放的理论体系。她自诞生之日起，始终随着历史的发展而发展。《共产党宣言》发表150多年来，世界政治、经济、文化、科技等发生了一系列重大变化，唯物史观也必定要随着时代、实践和科学的发展而发展。英国著名历史学家杰弗里·巴勒克拉夫在其主持的联合国教科文组织的项目成果《当代史学主要趋势》中，充分肯定了唯物史观对当代历史学的巨大影响，强调"在马克思主义史学中，没有唯心主义史学家任意挑选来作为标准的'诸如自由、个性、民族和宗教等乱糟糟的主观主义概念'"。"马克思主义的影响之所以日益增长，原因就在于人们认为马克思主义提供了合理地排列人类历史复杂事件的使人满意的唯　基础"。①

和唯物史观相比，全球史观所阐释的显然不是一个层次的内容。"唯物史观"所回答的内容，远远不是"全球史观"所能涵盖的。那种认为在全球化的背景下，"唯物史观"可以为"全球史观"所取代的认识是错误的。当然，这也不是说"唯物史观"和"全球史观"是完全对立的，只是说在借鉴"全球史观"的有益内容时，无论是"理论"、"方法"，还是具体的内容的借鉴，均应在唯物史观的理论指导下进行，"择其善者为我所用"，这完全是必要的。如何理解"全球史观"的"全球性"？作为

---

① 参见巴勒克拉夫：《当代史学主要趋势》，上海译文出版社1987年版，第26—28页。

一种社会意识形态的"历史观",实际上并不存在所谓"全球性",而只能有不同国家、不同民族的历史观。即使是同一个国家或民族的历史观,其主流思想在不同的历史时期也有不同的内容,何况在特定的历史时期内的"主流思想"之外,还有种种非主流思想。由此可以看出,即使在同一个民族和国家,也没有完全同一的历史观,何况在全球、全世界的范围呢?我们汲取和借鉴"全球史观"的有益内容,不能和中国历史科学独立的、以唯物史观为基础的理论体系对立起来,不能因强调"全球性",而失去了"民族性"或"时代性",以致放弃了我们自己的理论体系和话语权。在这种意义上,就如同没有全球性的文化一样,也没有全球性的历史观。

美国历史学家 L. S. 斯塔夫里阿诺斯的两卷本《全球通史》,一改西欧和北美为中心的传统取向,从"全球历史观"出发,描述了1500年以前和1500年以后的全球文明,就建立一种崭新的世界史体系进行了有益的尝试。作者强调"本书是一部世界史,其主要特点就在于:研究的是全球而不是某一国家或地区的历史;关注的是整个人类,而不是局限于西方人或非西方人。本书的观点,就如一位栖身月球的观察者从整体上对我们所在的球体进行考察时形成的观点,因而,与居住在伦敦或巴黎、北京或德里的观察者的观点判然不同"。① L. S. 斯塔夫里阿诺斯的

① L. S. 斯塔夫里阿诺斯:《全球通史——1500年以前的世界》,上海社会科学院出版社1988年版,第54页。

这段话言简意赅地概括了"全球史观"的内容、理论和方法，流传很广，但是我想指出的是，真正做到"就如一位栖身月球的观察者从整体上对我们所在的球体进行考察时形成的观点"是十分困难的。尽管 L.S. 斯塔夫里阿诺斯进行了积极的努力，但实际上并没有真正能够做到，吴于廑先生生前曾明确指出了这一点。① 因为即使是栖身在月球上，不同的历史学家因民族、国家、历史观、价值观，以至个人的学识、经历和性格等方面的不同，也会对"我们所在的球体"有不同的认识。

①　吴于廑先生说："……对分国编列式的世界史体系，也有学者提出不同的看法。L.S. 斯塔夫里阿诺斯近年出版的《全球历史》，就试图打破分国、分地区的编列方法，更多地注重不同时代世界各地区的共同形势以及各文明之间的相互关系。但是，近代西方史学的缺陷并没有因此得到根本克服。唯心史观，基于民族偏见或文化偏见而形成的关于东方历史即将消逝或必然长期停滞的宿命观点，仍然阻碍着世界历史这一学科的发展"。《中国大百科全书·外国历史》，中国大百科全书出版社 1990 年版，第 4 页。

全球史：民族历史
记忆中的全球史[*]

早在 18 世纪，德国浪漫主义诗人诺瓦利斯（Novalis）曾说：历史总是世界史。只有在总的历史关系中才可领会个别史。但世界史并不简单地等于全球史。全球史因全球化时代的到来而凸现。虽然不同的国家和民族都从全球的角度考察世界的历史，但是对全球历史的认识，既不会得出全球同一的答案，也不会因"全球史"而代替各个民族和国家自己的历史。任何一个民族的生存和发展，都离不开自己的历史记忆，因为它是民族文化血脉传承的具体内容之一。一个民族丧失了自己的历史记忆，就是丧失了独立的民族文化，也就失去了自立于世界民族之林的基础。

---

* 本文发表于《史学理论研究》2006 年第 1 期。

一、全球史和世界史：历史研究单位的转变

在国际史坛上，全球史（global history），强调把整个世界看作一个不可分割的有机的统一体，从全球的角度而不是从某一国家或某一地区的角度来考察世界各地区人类文明的产生和发展，把研究重点放在对人类历史进程有重大影响的诸历史运动、诸历史事件和它们之间的相互关联、相互影响和相互作用上。在"全球史"的视野下，历史研究客体从"民族"或"国家"，正在改为"全球"，明显地表现出历史研究单位的转变。

20 世纪 50—60 年代，苏联科学院主编有 10 卷本《世界通史》。编者认为："在 19 世纪末和 20 世纪之初，'世界通史'的性质起了显著的变化。这种变化，一部分是由历史知识的增长本身所引起的。许多重大的发现，尤其是考古学领域中的发现，开拓了历史科学的眼界，使历史科学能够洞察多少世纪的深处，恢复了许多久已消失的文明的面貌。历史科学的问题范围扩大了。历史研究的技术也更加复杂了。先前由著者单人执笔的'世界通史'已由多卷集的集体出版物取而代之了。"例如，《剑桥古代史》、《剑桥中世史》、《剑桥近代史》，分别为 12 卷、8卷、14 卷，1902—1939 年先后出版。苏联科学院《世界通史》各卷，虽然努力"就复杂万端的大批历史事实中，阐述一些最重要的史实，借以对各个时代范围以内的世界史过程给予一个完整的图景，同时也照顾到这个过程在各

国各地所表现的特征"，① 但基本上仍然是以国别或民族为历史研究的单位加以描述。在 20 世纪 60 年代以前，无论是哪个国家的多卷本《世界通史》，都没有改变历史研究的单位，这一事实表明，以"民族"或"国家"为历史研究的单位，是国际史坛世界通史研究居统治地位的主流观点。

1902—1912 年《剑桥世界近代史》14 卷问世后，经过几十年后，剑桥大学出版社在 20 世纪 50 年代开始陆续出版《新编剑桥世界近代史》，同样是 14 卷，由克拉克爵士主编。新编本反映了西方学者在世界通史（主要是近代部分，1493—1945 年）方面的最新研究成果。克拉克在该著作的《总导言》中写道："《新编剑桥世界近代史》并不按所有的国家分别进行连续的叙述。它既不是各民族历史的汇编，也不是在同一本书中包括这样一种汇编。它不打算成为每种民族语言的文学或每种地区性艺术流派的历史手册。如果是国际性事件，我们就从国际的观点予以叙述……"② 但是，克拉克在这部著作中，接受并发展了《剑桥世界近代史》主编阿克顿爵士的所谓"主流"国家的观点，即欧洲中心主义观点。克拉克说："他（阿克顿）的指导思想依然是这部《新编剑桥世界近代史》的准绳。"尽管这部著作强调"要把已经肯定的研究

---

① 苏联科学院主编：《世界通史》第 1 卷，三联书店 1959 年版，第 2、第 25 页。
② 克拉克主编：《新编剑桥世界近代史》第 1 卷，中国社会科学出版社 1999 年版，第 33 页。

成果表述在'文明'的历史之中"，但是，它仍然是以国别或民族为历史研究的单位。因为只有这样，才能突出"主流国家"在人类历史进程中的作用。"如果一些国家或民族都经过一个共同的历史过程，我们就把它们安排在一章里。如果一些民族或民族集团的事务同其他民族或民族集团的事务有显著的差异而不能一同叙述，我们就有必要用专章或专节来加以叙述"。① 事实正是这样，我们在这部著作中主要看到的是国家和民族的历史。尽管这些国家和民族共同创造着人类的文明，推动着人类历史的前进，但是在克拉克等西方史家的叙述中，他们在世界历史进程中的地位和作用并不是平等的，明显地表现出根深蒂固的欧洲中心主义的影响。在"欧洲中心主义"的影响下，"世界通史"研究的单位只能是民族或国家，当然这并不是说，所有以国家或民族为研究单位的世界通史，其主旨都是在宣扬欧洲中心主义。

20 世纪初，西欧中心论开始受到挑战，1918 年，德国历史哲学家斯宾格勒在其代表作《西方的没落》中，提出"文化形态史观"（或称"历史形态学"），他认为历史研究的单位是"文化"，并将生物学概念引入历史研究中，为人们描绘出一幅多中心、而不是以西欧为中心的世界文化图景。他认为曾出现 8 种独立的文化系统，即埃及、巴比伦、印度、中国、古典（希腊罗马文化）、阿拉

---

① 克拉克主编：《新编剑桥世界近代史》第 1 卷，中国社会科学出版社 1999 年版，第 32—33 页。

伯、墨西哥和西方文化，西方文化只是其中之一。

"文化形态史观"的提出，和19世纪中叶之后"文化史"、"文明史"研究在欧洲受到普遍重视有关。英国历史学家古奇在总结19世纪的西方史学时说：那时，"历史的范围一直在逐渐扩大，直到它包括了人类生活的每一个方面。现在没有人敢再同意西利和弗里曼的主张：前者说，历史是列国的传记，后者说，历史是过去的政治。……自然界的影响，经济因素的压力，思想和理想的起源和转化、科学和艺术、宗教和哲学、文学和法律的贡献、物质生活条件以及群众的命运，这一切现在也同样要求历史学家的注意。历史学家必须不断地观察生活，也必须全面地观察生活"。[①] 德国历史学家里尔的代表作《德意志人民的自然史》各卷的主要内容分别是"土地与人民"、"社会的规律"、"家庭"等。里尔在对法尔茨州进行研究时，内容涉及这个地区的自然特征、居民的历史、罗马帝国和中世纪时代的名胜古迹、村庄和城市、服装和食物、政治和社会特点、宗教和方言等。

英国史学家G.巴勒克拉夫在其论文集《处于变动世界中的史学》（1955年）中，最先提出"全球史观"后，在西方史学界日渐产生广泛的影响。20世纪70年代初，美国历史学家L. S. 斯塔夫里阿诺斯的两卷本《全球通史》，是"全球史"的代表性作品。作者以"全球"的视角，描述了1500年以前和1500年以后的全球文明。作者

---

① 古奇：《十九世纪历史学与历史学家》（下），商务印书馆1989年版，第859页。

强调"本书是一部世界史，其主要特点就在于：研究的是全球而不是某一国家或地区的历史；关注的是整个人类，而不是局限于西方人或非西方人"。① 从这样的基本认识出发，作者研究的主要内容是"文明之前的人类"、"欧亚大陆的古代文明"、"欧亚大陆的古典文明"、"欧亚大陆的中世纪文明"、"1500 年以前的非欧亚大陆世界"、"1500 年以前诸孤立地区的世界"、"新兴西方世界，1500—1763 年"、"西方居优势地位时的世界，1763—1914 年"、"1914 年以来西方衰落和成功的世界"等。这样，以"人类"、"文明"和"世界"为作者进行世界历史研究的基本单位，便成了这部著作的主要特点，也是"全球史"或"全球史观"的基本特点。

历史研究单位的转变，既是一种历史观念的变化，也是一种历史方法的转变。但是，这种转变只是一定限度内的转变，而不应脱离其本意而将其无限扩充或随意附加。就"全球史"来说，并没有彻底结束"西方中心论"在西方史学的影响。例如，L. S. 斯塔夫里阿诺斯强调他这部著作的基本观点时说，"就如一位栖身月球的观察者从整体上对我们所在的球体进行考察时形成的观点，因而，与居住在伦敦或巴黎、北京或新德里的观察者的观点判然不同"。② 然而，这在实际中是很难办到的。如果将"一

---

① L. S. 斯塔夫里阿诺斯：《全球通史——1500 年以前的世界》，上海社会科学院出版社 1988 年版，第 54 页。

② L. S. 斯塔夫里阿诺斯：《全球通史——1500 年以前的世界》，上海社会科学院出版社 1988 年版，第 54 页。

位"理解成一个"民族"、一个"国家"，那么他即使是从整体上去观察"我们所在的球体"，也只能形成这个民族或国家自己的观点，而非"全球"的，不可能将自己的观点强加于人。如果将"一位"广义地理解成不同民族或国家的集合，那同样也不会得出"全球"同一的共识，因为即使是"栖身月球"从整体上去观察"我们所在的球体"，也不会只用一个民族或一个国家的"一双眼睛"去观察，恰恰相反，因民族文化背景不同，历史思维和认知的方式不同，以及历史观和价值观的不同，而得出各种不同的答案。民族的多样性，决定了历史判断的多样性，即使在全球史的架构中，也不会改变这一基本事实。

中国历史学家对"西方中心论"的批判由来已久。这种批判的过程，从某种意义上说，也是构建中国学者心目中的"全球史"的过程，虽然他们没有直接使用"全球史"和"全球史观"这样的概念加以表述。

1928 年 3 月，雷海宗在美国获得博士学位归国后公开发表的第一篇文章是《评汉译韦尔斯著〈世界史纲〉》，在《时事新报》上发表。他认为韦尔斯是"西洋著作界一个富有普通常识而缺乏任何高深专门知识的人，所以在他的脑海中'历史'一个名词就代表'西洋史'，而他的历史观也就是他以西洋史为根据所推演出来的一个历史观"。这样，韦尔斯在运用史料进行历史叙述的时候，一定要以"西洋历史"为根据，在"参考其他民族史籍的时候，不知不觉中，一定是只将可以证明他的历史观的——至少不同他历史观相悖的——事迹引用；其他的事

迹若也引用，岂不是自己打自己的嘴巴?"。雷海宗还以
"上古时的中国"为例，具体阐述了历史研究中"中国与
世界"的辩证观点:"我们在学习世界历史的过程中要注
意两个问题;第一要注意中国与世界其他地区的联系和彼
此间的相互影响;第二要注意中国对世界人类文明发展的
贡献。同时，我们中国人学习世界历史，则必须要从中国
的角度来看世界，这样就能够在很大程度上纠正过去把
'世界史'看成是'西洋史'的错误看法。"① 所谓"必须
从中国的角度来看世界"，在某种意义上可以理解"中国
人学习世界历史"，不是对西方史学思想的简单接受，而是
通过自觉的文化选择，有助于形成中华民族的历史记忆。

周谷城教授在 1949 年出版 3 卷本《世界通史》，他一
改以国别史为世界史基础的传统框架，不是以西欧为中心，
而是从世界历史的整体出发研究全球的历史。第 1 册论述
世界诸古代文化区，如尼罗河流域文化区、西亚文化区、
爱琴文化区、中国文化区、印度文化区、中美文化区互相
交叉，互相渗透的必然趋势。第 2 册主要论述了 15 世纪之
前亚洲、欧洲和非洲之间的历史。第 3 册则以 15 世纪以后
欧洲的历史为主。他认为，"反对西方中心论，并不抹煞世
界史上某一时期某一区域成为突出的重点，把贯通全部历
史的中心与一时突出的重点混为一谈"。② 1961 年，他在
《光明日报》、《文汇报》先后发表《评没有世界性的世界

---

① 雷海宗:《伯伦史学集》，中华书局 2002 年版，第 614、第 578 页。
② 《周谷城史学论文选集》，人民出版社 1983 年版，第 115 页。

史》、《迷惑人们的欧洲中心论》，对西方中心论进行批评。
他强调指出，"世界史，顾名思义，应该是关于世界整体的
历史，应该具有世界性"。"否定以欧洲为中心的世界史，
建立具有新观点新体系的世界史的时候已经到了"。[①]

　　1983—1993 年，吴于廑教授在《世界历史上的游牧
世界与游牧民族》（《云南社会科学》1983 年第 1 期）、
《世界历史上的农本与重商》（《历史研究》1984 年第 1
期）、《历史上的农耕世界对工业世界的孕育》（《世界历
史》1987 年第 2 期）、《亚欧大陆传统农耕世界不同国家
在新兴工业世界冲击下的反应》（《世界历史》1993 年第
1 期）相互关联的四篇论文，以及 1990 年《中国大百科
全书·外国历史》卷的"世界历史"总述中，精辟地阐
释了有丰富的全球历史观思想的新的世界史体系。他对斯
宾格勒、汤因比、G. 巴勒克拉夫和 L. S. 斯塔夫里阿诺斯
的学术思想给予了充分的肯定，同时指出西方史学的缺陷
并没有因此而得到根本克服。他认为世界历史作为历史学
的一门重要分支学科，主要内容是"对人类历史自原始、
孤立、分散的人群发展为全世界成一密切联系整体的过程
进行系统探讨和阐述。世界历史学科的主要任务是以世界
全局的观点，综合考察各地区、各国、各民族的历史"。
历史正是在不断的纵向、横向发展中，"已经在越来越大
的程度上成为世界历史"，因此，"研究世界历史就必须
以世界为一全局，考察它怎样由相互闭塞发展为密切联

---

① 《周谷城史学论文选集》，人民出版社 1983 年版，第 144、第 151 页。

系，由分散演变为整体的全部历程，这个全部历程就是世界历史"。[①] 这种认识，为大多数中国历史学家所接受，至今仍是中国历史学的主流观点。

雷海宗、周谷城、吴于廑诸教授关于"全球史"的理论和研究实践，是中国史学的宝贵遗产，有待我们去认识和开发，特别是在全球化的历史背景下，"世界史（world history）"或"普世史（universal history）"正逐渐为"全球史（global history）"所取代。究竟什么是"全球史"？为什么"世界史"或"普世史"在今天会发生向"全球史"的转变？后者和前者相比较，有哪些地方不同，又有哪些地方相同？以及为什么相同，又为什么不同，等等，当我们认真研究雷海宗等先辈的史学思想时，我们会从中受到有益的教益。

二、全球化、全球化意识形态和全球史

"全球史"是有具体社会内容的全球史，属于一定的历史范畴，并表现出鲜明社会意义的全球史，而非真空中的全球史。因此，它不可避免地会打上时代的——全球化和全球化意识形态的烙印。"全球化意识形态"有多种具体的表现，对其分析，有助于人们深入探究"全球史"或"全球史观"的本质内容。

---

① 《中国大百科全书·外国历史》，中国大百科全书出版社 1990 年版，第1、第5、第15 页。

　　一种在西方有影响的观点认为，在"后冷战时代"，资本主义失去了其原有制度的对手和意识形态的敌人，随着全球的发展，西方与非西方的界限逐渐模糊，如福山所言，"意识形态的发展是以西方的自由民主作为最终的政体在世界上普及而结束"。① 然而，事实并非如此，首先"西方的自由民主"也是一种意识形态，且不说"西方与非西方的界限"，仍清清楚楚地存在。如果一定要说有什么变化，那只是在冷战时代意识形态的内容及表现形式有了新的特点。

　　英国学者安东尼·吉登斯是西方最早关注和阐释全球化的学者之一，早在 1990 年，他在《现代性的后果》一书中即指出：全球化是一个必定在社会科学的辞典中占据关键位置的术语。他的理论被称为"激进现代性的全球化理论"，不仅在学术界，而且在西方政府决策和社会生活中有着广泛的影响。他说：所谓全球化，是"世界范围内的社会关系的强化，这种关系以这样一种方式将彼此相距遥远的地域连接起来，即此地所发生的事件可能是由许多英里以外的异地事件而引起的，反之亦然"。② 在吉登斯看来，这种巨大的"时—空"变化，并非仅仅局限在经济生活中，所以他强调全球化"在建立国际间新秩序和力量对比的同时，也在改变着人们的日常生活"。③

---

① Francis Fukuyama ：*The End History*？ *The National Interests*，NO. 16（Summer），1989，p. 18
② 安东尼·吉登斯：《现代性的后果》，译林出版社 2000 年版，第 56—57 页。
③ 安东尼·吉登斯：《第三条道路：社会民族党的复兴》，北京大学出版社、三联书店 2000 年版，第 36 页。

"全球化不只是在一个'外在'（out there）的现象。它不仅指大规模全球体系的产生，而且指日常生活每一环节的变革。因此它是一个'内在'（in here）的现象，甚至影响着个人认同的亲密行为（intimacies）"。① 吉登斯提出"乌托邦现实主义"（utopian realism），即"超越左与右"的"第三条道路"。"第三条道路"在西方颇有影响，它是形式上的资本主义与社会主义的"混合"，而实质上是资本主义。

今天，人们在讨论全球化的后果时，不再局限于经济全球化，开始关注思想政治、意识形态和文化的全球化，即哈佛大学肯尼迪学院院长、美国国防部前助理部长约瑟夫·奈称之为的"软力量"。在奈看来，硬力量指的是军事、经济等物质杠杆，软力量指的是意识形态、文化和道德诉求。冷战的胜利和美国文化及价值观念的全球化是通过"软力量"实现的。

十余年前，一些西方国家的学者曾指出要警惕"全球化"正在变成一种新的"意识形态"。那么，在历史研究领域中该如何警惕呢？事实证明，明确全球史观是认识全球历史的一种新的"方法"，而不是以西方主流文化为核心内容的历史观念，是完全必要的，因为明确"全球史观"只是历史认识中的一种新的方法，从这样一种方法出发，不同的国家和民族，不同的历史思维和历史认识，会做出不同的历史价值判断；相反，若把"全球史

---

① 安东尼·吉登斯：《失控的世界》，江西人民出版社2001年版，第108页。

观"当作一种"全球化"的历史观念，那就难免陷入西方意识形态——全球化意识形态的陷阱中去。

全球化使国家利益开始突破本土地理疆界向全球拓展。20世纪80年代中期，美国等西方大国从维护自身利益的需要出发，确定战略控制范围，首先提出了"利益边疆"（或"战略边疆"）概念，全球化则进一步催生了利益边疆。利益边疆相对于传统意义的领土边疆而言。领土边疆是国际法公认的主权国家行使对内最高管辖权的地域界限。这条地域界限往往以边界线的形式表现出来。边界线内外有着绝对的、原则的区别。而利益边疆则没有明确的地域指向性，它突出的表现形态之一是地域的不确定性。西方理论家有代表性的观点认为，要保证国家的"安全"，必须使自身的"利益边疆"远远大于"地理边疆"。

德国哲学家哈贝马斯有《超越民族国家》、《在全球化压力下的欧洲的民族国家》等著述。他的"主权终结理论"的立论基础，是全球化对国家主权的挑战。在他看来，全球化已使"民族国家"这一陈旧的概念过时；因全球化的到来，民族国家的主权不断萎缩，并被架空；全球化使社会福利国家妥协面临着终结；全球化使主权国家行使自己权力的能力日益丧失和削弱。为了应对全球化对民族国家主权的挑战，必须"超越民族国家"，建立"世界公民社会"，今天，这个社会已经处于萌芽之中。在西方，与哈贝马斯"超越民族国家"大同小异的理论还有"非领土化的国家"、"非民族国家化"、"虚体国家"，"超越民族国家的治理"和"没有政府的治理"等等。在一些西方理论家看来，随着民族国家主权的衰落，一个体现了新的"全球规则"和"全球结构"的全球化的"帝国"正在形成。德国慕尼黑大学教授乌尔里希·贝克教授说："一个已经形成疆界和基础的世界是没有任何前途的，右翼民众主义在欧洲（和世界其他地方）的兴起，可以说就是对此做出的反应。"他在《全球化时代的权力与反权力》所要强调的是："民族国家是未完成的国家……谁在世界性的超级游戏中只打民族国家的牌，谁就输。""世界主义国家——我们已经作了各种不同的论证——是通过与全球公民社会的融合而形成的国家。"①在这里，乌尔里希·贝克所说的"全球化"，已经"不再是民族国家的社会空间之间的日益紧密的相互交织，而是民族国家的社会空间的内在的全球化本身"。②乌尔里希·贝克对"全球化"的这种新定义，继吉登斯之后在西方有广泛的影响，引起人们越来越多的关注。

在西方，无论是对安东尼·吉登斯、哈贝马斯，还是对乌尔里希·贝克的理论，都有一些人提出质疑或进行批判。例如，英国学者贾斯廷·罗森伯格在《质疑全球化理论》一书中，对吉登斯的代表作《现代性的后果》进行研

---

① 乌尔里希·贝克：《全球化时代的权力与反权力》，广西师范大学出版社2004年版，第1页及扉页。

② 蒋仁祥等：《全球化时代的权力与反权力·译后记》，乌尔里希·贝克：《全球化时代的权力与反权力》，广西师范大学出版社2004年版，第319页。

究后，得出"全球化理论庙宇的坍塌"①　的结论，虽然这部著作被认为是西方全球化理论的奠基性的作品之一。

　　法国学者布迪厄在《遏止野火》中，把"全球化"看作像"野火"一样在世界蔓延，成为西方的"主流"意识形态。布迪厄认为："全球化"是以新自由主义为核心的跨国公司的意识形态。跨国公司正是在"全球化"的口号下，致力于摧毁各民族国家经济主权乃至政治主权，在经济上控制全球的目标。作者指出："全球化"不是一个"自然的过程"，而是一种有预谋、有组织实施的"政治行为"，是一场"旷日持久"的"思想灌输工作"在人们心目中强加的信仰。②　德国雷根斯堡独立讲师格拉德·博克斯贝格等在《全球化的十大谎言》中，同布迪厄一样，对"全球化意识形态"进行了批判。他认为全球化的十大谎言中，第一个谎言就是所谓"全球化是不可阻挡的"。"到处都在像念经似地重复着：全球化不可避免地向我们走来。考虑全球化的利弊毫无必要，因为全球化已不可阻挡。没有什么能够阻止这一趋势，人们只能从中争取最好的东西。而所谓最好的结果实际上就是投资者和企业家享受的最好的结果，……这是一种由政治意愿而绝不是命运所决定的发展"③，这里所说的"政治意愿"

---

　　①　贾斯廷·罗森伯格：《质疑全球化理论》，江苏人民出版社2002年版，第158页。

　　②　参见河清：《全球化与国家意识的衰微》，中国人民大学出版社2003年版，第3页。

　　③　格拉德·博克斯贝格等：《全球化的十大谎言》，新华出版社2000年版，第45—46页。

有具体的内容，显然是在全球化意识形态的范畴之内的
"政治意愿"。

伦敦经济学院政治学教授戴维·赫尔德等认为：全球
化是"我们这个时代最基本的争论之一"。他不是一般性
地表示拥护或者反对全球化，而是强调如何实现"被驯
服的全球化"。他在《全球化和反全球化》的中文版序言
中说："在关键的问题上，'全球化终结'观点错误地把
全球化简单地视为一种经济现象，从世界经济的循环运动
的停滞（installing）中看到所谓的'衰退'。这种观点忽
视了全球化的文化、技术和军事的维度，而这些维度却显
示了更加复杂的画面。如斯坦利·霍夫曼（Stanley Hoff-
man）所主张，后'9·11'世界秩序更多地应该用'全
球化的冲突'来解释，而不能认为去全球化（de - global-
ization）是一个不可避免的进程。总之，全球化继续塑造
着我们的世界，但却是以前所未有的自相矛盾的方式塑造
着我们的世界……"① 作者认为，现在宣布"全球化终
结"未免太早，但同时也不盲目地、乐观地认为全球化
是一个不可逆转的自然过程，而是要着力回答"我们所
生活的世界到底在何种程度上、在什么意义上被全球力量
与进程即通常所说的'全球化'所重构了"，特别是全球
化的政治所引发的问题。

在西方，关于"全球化和反全球化"，并不仅仅停留

---

① 戴维·赫尔德等：《全球化与反全球化》，社会科学文献出版社2004年版，第
2页。

在学者的争论中，而且也表现在具体的政治社会中，在纽约、热那亚等地，多次发生大规模的反全球化的示威活动。以上说明，在探讨"全球史"时，对客观存在"全球化意识形态"，诸如"国家的角色"、"民族文化的命运"、"世界经济的本质"、"全球治理的角色"、"全球不平等的程度"、"全球治理的伦理基础"、"对全球化的各种政治反应"等给予必要的关注是必要的。

　　上述全球化意识形态的各种问题，不可能不对"全球史"的认识产生直接或间接的影响。首先，正是在全球化的背景下，有力地推动了全球史的研究。2000年第19届国际历史科学大会在挪威奥斯陆举行时，"全球史的前景：概念和方法论"被列为会议的三大主题之一。来自70多个国家的1800余名史学家对这个问题给予了充分的关注，因为这个问题的研究反映了现实世界中可以看得见的变化，全球化趋势有力地促进了全球史研究的发展。英国历史学家 P. K. 奥布赖恩在会上作了主题报告，回顾了自古代希腊起历代史学家为撰写全球史所做的种种努力以及所存在的问题。一些学者分别就历史规律性问题、文化冲突与交融、国别史与全球史的关系、全球史学的方法论等问题进行了探讨。2005年7月，刚刚在悉尼结束不久的第20届国际历史科学大会，全球化以及全球史、历史学和跨文化交流等问题，引起越来越多的历史学家的关注。

　　20世纪60年代以后，西方有多种在不同程度上体现了全球史观的著作问世，G. 巴勒克拉夫认为，其中以美国历史学家 L. S. 斯塔夫里阿诺斯和 W. H. 麦克尼尔的著作最为优秀。L. S. 斯塔夫里阿诺斯的两卷本《全球通史》出版后约 30 年,《全球通史》第 7 版在 1999 年问世。两种版本相比较,可以看出第 7 版的内容已经有了较大的改变。L. S. 斯塔夫里阿诺斯在题为《为什么需要一部 21 世纪的全球通史》的"致读者"中说,"每个时代都要书写它自己的历史。不是因为早先的历史书写得不对,而是因为每个时代都会面对新的问题,产生新的疑问,探求新的答案。这在变化节奏成指数级增长的今天是不言自明的,因此我们需要一部提出新的疑问并给出新的答案的新历史"。他在具体回答为什么在世纪之交要撰写新版本的《全球通史》时说:"答案与出版第 1 版的理由是相同的,还是那句话:新世界需要新史学。20 世纪 60 年代的后殖民世界使一种新的全球历史观成为必需,今天,20 世纪 90 年代以及 21 世纪的世界同样要求我们有新的史学方法。60 年代的新世界在很大程度上是殖民地革命的产物,而 90 年代的新世界则正如教皇保罗六世所言,是'科技的神奇影响力'的结果。科技渗透到了我们生活的方方面面,这种难以抗拒的影响令人信服地证明着它的存在。"① 科技革命,特别是计算机文化的普及是全球化的基础、前提和动力。从某种意义上说,它也是全球史的基础、前提和动力。

---

① L. S. 斯塔夫里阿诺斯:《全球通史》(第 7 版)上,北京大学出版社 1999 年版,第 17—18 页。

　　L. S. 斯塔夫里阿诺斯在第 7 版本《全球通史》中，提出并回答了这样一些令人感兴趣的问题："全球统一性的开始"，"从世界历史看地区与全球的统一"；"全球统一性的巩固"、"马克思的预期与世界历史的发展"；"第一次世界大战全球性的影响"；"第二次世界大战，全球性的影响"；"第二次工业革命，全球性影响"等。上述这些内容，在 30 年前初版时是不曾有的，所以增加了这些内容，则是 L. S. 斯塔夫里阿诺斯对 30 年来人类社会现实发展的回应，是一位严肃的历史学家从"新世界需要新史学"这一命题出发，对全球化进程的一种积极的历史思考。

　　2004 年 3 月 23 日，L. S. 斯塔夫里阿诺斯在美国加州拉荷亚谢世，享年 91 岁。我们在研读《全球通史》这部在全球史方面具有奠基意义的史学名著时，也不能不看到这部作品的局限，继吴于廑教授之后，刘德斌和高毅两位教授也分别在《全球通史》第 7 版中文本的序言中，正确地指出了"西方中心论"在 L. S. 斯塔夫里阿诺斯史学思想和在这部著作中的表现。① 之所以如此并非偶然，英国史学家 E. H. 卡尔说："我们一生下来，这个世界就开

　　① 例如，吴于廑在《中国大百科全书·外国历史》的导言中指出：包括 L. S. 斯塔夫里阿诺斯的《全球通史》在内，"近代西方史学的缺陷并没有因此得到根本克服"。刘德斌说："尽管他一直在努力突破西方中心论的窠臼，但由于他特殊强调西方是 1500 年以来世界的动力之源，所以人们就对他是否真正地突破了西方中心论产生了怀疑。"高毅认为，L. S. 斯塔夫里阿诺斯在书的基本结构和某些基本概念的使用上，之所以出现了一些差池，其原因"很可能还是'西方中心论'的余毒所致"。

始在我们身上起作用，把我们从纯粹的生物单位转变成社会单位。"因此，"在研究历史之前，应该先研究历史学家。……在研究一个历史学家之前，应该先研究他的历史环境和社会环境。历史学家是单独的个人，同时又是历史和社会的产物"。① 总之，任何人都是历史的产物，不可能超越历史，社会存在决定社会意识，L. S. 斯塔夫里阿诺斯也不例外，他和同时代的任何一位历史学家一样，在他们身上不可避免地会有全球化意识形态这样或那样的痕迹。

事实表明，30 余年来的全球化进程，并非是"全球"的全球化过程，而是以美国为中心的由西方主导的全球化过程；"全球史"也不是"全球"的全球史，而是仍直接或隐含保留有"西方中心论"的全球史。全球化的过程，是资本主义不断调整其生产关系，以适应生产力的发展，不断扩大资本主义生产关系对生产力的容量的过程，而且事实上在一些方面已见到成效，但是，这并没有从根本上解决资本主义历史进程中固有矛盾。这一切不能不影响到全球史。

德国格奥尔格·埃克特国际教科书研究所汉娜·西斯勒教授说："虽然全球史本身不是一个新的历史现象，但又有很多是史无前例的。……以下的东西是新的：计算机、因特网、传播技术革命以及随之而来的交往方式变革；挑战男性地位及两性关系的社会运动；从事通讯技术劳动大军形象的改变；从业人口模式的改变，其中妇女、

① E. H. 卡尔：《历史是什么》，商务印书馆 1981 年版，第 29、第 44 页。

少数民族人数的增加，结果代际间关系发生了变化，文化革命发生了。她不仅仅使长久以来被认为是理所当然的'等级制'被相对化了，而且促进了新的获取知识的方式产生。对教育的需求发生了相对的改变；世界范围的跨国界移民，世界人口向都市的汇集；国际贸易关系错综复杂的世界经济使世界上没有地区不受牵连；全球金融市场，世界范围资本主义畅行无阻；全球及地区性新的不平等现象。这些都有待我们去认识。"① 在认识全球史或全球化的历史时，确实是有许多东西等待着我们去认识，但是这些认识不是脱离具体社会内容的抽象的所谓"学术"的认识。而必须要有社会学的关注。全球化意识形态是不以人的主观愿望为转移的客观存在，这在 L. S. 斯塔夫里阿诺斯新版本的《全球通史》中也可以清楚地看出。他在《历史对今天的启示——马克思的预期与世界历史的发展》一节中写道：事实恰好与马克思的预言相反，"革命首先发生的地方不是在西方，……可以说历史颠覆了马克思主义。……而在 20 世纪 90 年代则发生了一件更加令人惊奇的事件，它再次颠覆了马克思主义——由于计划经济的失败，1917 年以来在第三世界建立的社会主义政权相继倒台。苏联、东欧及其他地区的社会主义政权解体后，正在狂热地寻求能够代替社会主义的体制"。② 我们不难

---

① 汉娜·西斯勒：《世界史：理解现在》，《学术研究》2005 年第 3 期，第 89 页。

② L. S. 斯塔夫里阿诺斯：《全球通史》（第 7 版）下，北京大学出版社 1999 年版，第 636 页。

从这段话中看到意识形态——全球化意识形态的渗透和影响。自然，这是完全可以理解的，是很正常的事情。这只是说明，古今中外，史学不可避免受到意识形态的影响，这是事实。

三、民族历史记忆中的全球史

关于历史记忆问题，是近年西方学者在历史哲学或历史认识理论中讨论较多的问题之一。例如，美国弗吉尼亚大学历史系教授阿兰·梅吉尔在 2005 年年初完成的新作《历史认识论》中，即有专节讨论"历史记忆"问题，涉及"有记忆的历史"和"无记忆的历史"等等。法国历史学家雅克·勒高夫也有专著《历史与记忆》。这些著作更多的是理论上的阐释，也包括不同观点的讨论。例如，雅克·勒高夫认为，记忆有历史的"原材料"的特点，无论是思维中的、口头的还是书面的，它是历史学家汲取的活素材。而阿兰·梅吉尔则对此持有异议，他认为把记忆作为史实的唯一来源是有很大潜在危险的。"记忆是历史的必不可缺的条件（conditio sine qua non）并不意味着记忆是历史的一个基础，更谈不上它是历史唯一的基础"。[①] 本文限于篇幅和内容，不去讨论雅克·勒高夫和阿兰·梅吉尔不同的观点，但是由此却可以看出，无论在美国还是在欧洲，历史记忆问题已经成为历史认识中的一

① 阿兰·梅吉尔：《记忆与历史》，《学术研究》2005 年第 8 期，第 88 页。

个重要理论问题，却是不争的事实。

历史是一种记忆的形式，历史著作的基本任务或最重要的任务，就是保存记忆和传承记忆。古代希腊史学的脱胎于散文记事。那些古老的散文作家有闻必录，将散于民间的系谱、神话、传说记载下来，传承下去。所以西方史学自萌生时期起，就将史学和记忆密切地联系在一起。希罗多德在《希波战争史》（《历史》）写道："在这里发表出来的，乃是哈利卡纳苏斯人希罗多德的研究成果。他之所以要把这些成果发表出来，是为了保存人类所达成的那些伟大成就，使之不致因为年代久远而湮没不彰，为了使希腊人和异邦人的那些可歌可泣的丰功伟绩不致失去其应有的光彩，特别是为了要把他们之间发生战争的原因记载下来，以永垂后世。"[1] 中国古典史学也是如此。中国最早的编年体史学著作《春秋》问世，首先得益于商周以来各种史料文献的积累。孔子正是大量使用了《鲁春秋》的文献资料，所以有《春秋》问世。这部著作"以事系日，以日系月，以月系时，以时系年"，具体体现了中国远古以来通过历史记忆的传递而形成的历史意识。始于中国史学童年时期的中华民族的历史记忆始终不曾中断，这也是中华文明五千年绵延不绝，表现出坚韧顽强的生存能力和融会更新的发展能力的重要原因之一。

我们这里所谈的"历史记忆"，既不是进行有关这个问题的理论探讨，也不是进行相关的中外学术史的总结，

---

[1] 希罗多德：《历史》，商务印书馆 1959 年版，第 167 页。

而是从理论与实践、历史与现实的结合上回答摆在我们面前的一个现实问题，即如何从中华民族的历史记忆的视角出发，去认识日益引起人们越来越多关注的全球史问题。在这里，我们与西方学者所谈的"历史记忆"有着重要的差别，即我们所说的"历史记忆"，更多的是说民族的历史记忆，是社会主体，而非仅仅是历史认识主体的历史记忆。

中国史学是中华文明的重要组成部分。无论是中国传统史学，还是当代中国史学，都以其拥有名扬中外的史家、史著，以及完备的修史制度、丰富的史学体裁和史学思想，以及进步的、科学的历史观念而令世人瞩目。自先秦以来，中国史学十分重视史实的记录、搜集、整理，这是形成中华民族历史记忆的宝贵的资源。中国史学的重要特点和优点之一是经世致用，司马迁谈及他撰写《史记》的旨趣和目的时，明确提出是"述往事，思来者"，以及"欲以究天人之际，通古今之变，成一家之言"。① 在探讨全球史的问题时，我们尤其应该发扬这一优良传统。因为探讨中华民族历史记忆中的全球史，不能封闭在历史学家的书斋中，而是将这个问题放在广泛的社会历史背景中去思考。

强调历史研究的现实感，并不是中国史学所独有。近代以来，特别是 20 世纪西方史学发展的重要特征之一，就是对现实问题的关注。那种认为西方史学所以"高明"于

---

① 《史记·自序》、《史记·报任安书》。

中国史学，主要表现为西方史学从来不关注现实问题，而是什么"科学化"、"国际化"和"多学科化"，这显然与实际情况不符。这要么是武断、无知，要么是在误导天真的青年。因为"科学化"、"国际化"和"多学科化"，只是一种现象或手段，而这种现象或手段的实质，还是如何更好地回应现实，回答现实生活提出来的一系列问题。

以克拉克爵士主编的 14 卷本《新编剑桥世界近代史》为例，可清楚地说明这一点。克拉克在该书的《总导言：史学与近代史学家》中说："如果过去和现代之间没有连续性，如果一个生活在现代的历史学家不能把过去溶化在他的现代中，那么，他就不可能理解过去，或者写出能使他的同代人认为真实或者可以理解的有关过去的任何情况。"克拉克认为历史学不能停止在描述，而在于做出判断。"一部历史书与仅仅是一堆有关过去的报道之间的区别之一，就是历史学家经常运用判断力"。"历史不是人类生活的延续，而是思想意识的延续"。"就历史学而言，我们可以断定，如果说它是一门科学的话，它是一门从事评价的科学"。① 如果说克拉克的话反映的是大约半个世纪前的情况，那么现在西方史学与现实的联系则更为加强。1999 年，斯特恩斯著有《世界文明史》，这是在美国广泛流行的一本世界史教科书，作者在回答为什么要学习世界史时说："原因显而易见，美国的人口构成在不

---

① 克拉克主编：《新编剑桥世界近代史》第 1 卷，中国社会科学出版社 1999 年版，第 12、第 22、第 24、第 31 页。

断地改变，这增加了对国际状况理解的需求。……第二，美国对国际事务的参与不断增长，它在太平洋沿岸、加勒比海岸和大西洋长久以来就是一大势力，但是美国将它的利益划定在欧洲。在 20 世纪后半叶，参与了三场亚洲战役后，再加上全球范围大规模的经济文化往来，美国及其公民已经拥有了全球观念。这一观点强调当前国际事务和所有文明的重要性。"① 这样，就不难理解我们为什么要强调中华民族历史记忆中的"全球史"。这种强调并非是多余，因为这是和在全球化的背景下，强调中华文化的独立性紧紧联系在一起的。

在西方，历史研究的目的是为了更好地理解现实和未来，并不是在 20 世纪才开始的。述及 19 世纪的西方史学，德国"兰克学派"的客观主义史学的影响最大。人们一般只看到兰克和兰克学派所主张超然的、不偏不倚的"客观主义"，以及撰写历史时应做到"如其实在所发生的情形一样"，而忽略了德国近代史学所表现出强烈的民族主义色彩，正是经过兰克及其弟子们的系统阐发和传播的结果。兰克所代表的近代德国史学中的民族主义倾向，和德国等欧洲民族国家的建构有着直接的联系，不可能脱离政治环境、社会氛围和宗教观念的影响，不存在所谓的"客观"。不仅是兰克，同时代德国其他的历史学家也是如此，特别是"普鲁士学派"成员的表现就更为突出。

① 参见汉娜·西斯勒：《世界史：理解现在》，《学术研究》2005 年第 3 期，第 89 页。个别处译文有修正。

正如美国历史学家 G. G. 伊格尔斯所言："在 1830 年到 1871 年德国走向统一的过程中，历史学家在这些关键时期所扮演的重要角色是前所未见的。如果我们对历史学家们的角色不加重视，我们就无法写出德国的历史和德国自由主义的历史。"① 从这一事实出发，我们不难了解西方史学关注现实传统的历史渊源。这一传统并没有因为"全球化时代"的到来而改变，相反，在新的历史条件下不可避免地表现出新的特点。

马克思主义经典作家曾指出："资产阶级，由于开拓了世界市场，使一切国家的生产和消费都成为世界性的了……过去那种地方的和民族的自给自足和闭关自守状态，被各个民族的各方面的相互往来和各方面的相互依赖所代替。物质的生产是如此，精神的生产也是如此。各个民族的精神产品成了公共的财产。民族的片面性和局限性日益成为不可能，于是由许多种民族的和地方的文学形成了一种世界的文学。"② 马克思恩格斯在这里所说的"世界文学"是指"世界文化"。"世界文化"是相对于封闭的、孤立的"民族"或"地域"的文化而言，首先是相对于那个封闭的、孤立的历史时代而言。正是由于近代世界和中古世界相比发生了剧变，所以各个民族的文化开始有了"世界"的内容，而这种"世界性"的内容，并不

---

① 转引自王晴佳：《论民族主义史学的兴起与缺失》（上），《河北学刊》2004 年第 4 期，第 132 页。

② 《马克思恩格斯选集》第 1 卷，人民出版社 1995 年版，第 276 页。

是一开始就有的，而是世界历史发展的结果。此外，马克思主义经典作家并不是用"世界文化"来否定或代替"民族文化"。世界文化的形成只是在新的历史条件下，赋予了民族文化新的内容，主要表现为民族文化在保持民族性的同时，而更加突出民族文化的时代感和时代精神，传统文化适应时代发展的客观要求，不断发生新的转换。在这里，并不存在着与民族文化相悖的单一的"世界文化"。

如果说经济全球化是当今世界不可阻挡的潮流，那么，文化——民族文化的多样性同样是当今世界不可阻挡的另一股潮流。史学被称为"文化中的文化"，具体到"全球史"，也不可能只有一个模式的全球史。如果说只有一种"全球史"，那只能是按照西方中心的史学观念和西方意识形态塑造的全球史。我们所说的全球史，是中国史学中的全球史。全球史的内容毫无疑义以全球性为基本内容，但对这些内容，却不存在全球统一或唯一的认识。中华民族有自己民族历史记忆中的全球史，其他民族也是如此。

民族的历史记忆是发展着的历史记忆，也是开放的历史记忆。在不同的历史时期，民族的历史记忆会有不同的内容，会不断地发展变化。这不仅仅是自身社会历史发展的折射，是历史与现实的呼唤，同时也是在汲取其他民族优秀文化的结果。那种担心强调民族的历史记忆，会导致文化保守主义或狭隘民族主义的认识，是完全多余的。中国"文化的发展要借鉴外邦文化、吸收外邦文化，但同时要保持民族的主体性、独立性。必须资外以宏内，不能徇外而蔑内。如果失去了民族文化的独立性，那就沦为外邦文化的附庸！如果丧失了民族的自尊心和自信心，文化的正常发展也将是不可能的"。① 这在历史研究中也是如此，如果我们的历史研究只是一味地复制西方史学的理论和方法，对发展我们自己的历史记忆没有任何意义，相反是一种削弱，甚至是破坏的作用，那么这种研究的价值又在哪里呢？在新的历史条件下，我们要有属于自己民族历史记忆中的全球史，只有这样，我们才能通过全球史的研究，不断充实和发展自己的历史记忆，使我们历史记忆的宝库中有更加丰富的资源，从而在实现中华民族伟大复兴的事业中做出更加积极有益的贡献。

---

① 张岱年：《中国文化的改造与复兴》，《文化与价值》，新华出版社 2004 年版，第 253 页。

世界文明进程中的全球史[*]

——对"历史"何以成为"全球史"的思考

在现代汉语中，"历史"既指自然界和人类社会或某种事物的发展过程；也指记载和解释作为一系列人类活动进程的历史事件的一门学科，即历史学。"全球史"同样具有类似上述两种内容的意义：其一指人类历史发展到一定的阶段，个别国家、民族或地区的历史成为具有"全球性"的历史，在这种意义上"全球史"和"世界历史"意义相近；其二指具有"全球观念"的一种历史认识、历史思维或史学方法，它强调当代史学著作的本质特征就在于它的"全球性"，世界史研究的重要任务之一，是建立全球的历史观——即超越民族和地区的界限，理解整个世界的历史观。

但是，无论是历史的发展、历史转变成为"全球性"的历史之后的全球历史的发展，还是一般意义的历史学及

* 本文发表于《光明日报》2007 年 6 月 8 日。

具有"全球性"史学观念的历史学的发展，都不可能脱离人类的文明进程，或者说无论是哪一种意义上的"历史"、"全球史"的存在和发展，都是在世界文明发展的进程中实现的，尤其是在"历史"转变成"全球史"这个过程，更是如此。在这个过程中，"生产力革命"和"交往革命"具有决定性的意义。

一、文明是历史的产物

"世界文明进程"从某种意义上，可以理解为"世界历史进程"，在这个问题上，美国学者亨廷顿的观点有一定的代表性。他说："人类的历史是文明的历史。不可能用其他任何思路来思考人类的发展。这一历史穿越了历代文明，从古代苏美尔文明和埃及文明到古典文明和中美洲文明再到基督教文明和伊斯兰文明，还穿越了中国文明和印度文明的连续表现形式。"亨廷顿强调，"在整个历史上，文明为人们提供了最广泛的认同"。[①]在他看来，世界各国一些杰出的历史学家、社会学家和人类学家所从事的工作，在很大的程度上是在探索文明的起源、形成、兴起、相互作用、成就、衰落和消亡。这种认识，和大多数英语国家对"文明"的理解有关。在数十种到数百种关于"文明"的概念中，为大多数人接受的是："文明是在一定历史阶段，用于克服生存问题的社会工具总和，包括

---

① 亨廷顿：《文明的冲突与世界秩序的重建》，新华出版社1999年版，第23页。

经济方式、有影响力的社会关系、政治上的社交举止、移民体系结构、教育体系，同时也包括宗教、价值体系和美学。总之，文明是涵盖社会实践的一个非常广泛的概念。"①

在中国，伴随着对"中国文明起源与发展"研究的深入，也推动了文明理论研究的不断深化。一些论者提出，"世界文明发展阶段的大致同步，发展道路有相近的一面，以及彼此的相互交流都表明，地球是独一无二的，因而世界文明的发展具有'一元性'。开放、交流是世界历史、文化发展的总趋势，也是中国历史发展的总趋势。从旧石器时代起直到今天，中国文化从来就不是封闭和孤立的，……中国历来是世界的中国"。② 在有关中外文明进程问题的研究中，多数人认为，文明是人类改造世界的物质成果和精神成果的总和，是一个国家和民族的生产、文化、思想和社会风尚发展情况的反映，这一基本认识成为文明研究的起点。

由以上不难看出，无论是中国文明、外国文明，还是整个人类的世界文明，都属于一定的历史范畴，是历史的产物。人类文明的萌生和发展，也是人类历史的萌生和发展。伴随着文明的演变和文明的进步，人类历史也在发展，并表现出不可逆转的进步趋势。人类文明的进程，是不同文明碰撞、交流、交融的历史进程。正是在这个过程

---

① 哈拉尔德·米勒：《文明的共存》，新华出版社 2002 年版，第 31 页。
② 苏秉琦：《中国文明起源新探》，三联书店 1999 年版，第 172—176 页。

中，不同的国家和民族共同创造着人类的文明，推动着历史的进步。

　　私有制和阶级产生后的阶级社会的文明，是人类文明的第一种文明或第一个阶段。因此，资本主义文明不是文明时代的最高阶段或最后阶段，代替它的将是崭新的共产主义文明。资本主义的灭亡是人类文明的一个时代的结束，不是人类文明的灭亡，而是无阶级社会的"新"文明代替阶级社会的"旧"文明，或是共产主义文明对资本主义文明的超越。共产主义新文明是人类文明发展的一个新阶段。在这个新阶段，人类文明发展的历史并没有被割断，它汲取、继承文明时代优秀的文明成果，在新的历史条件下继续发展，只不过这时文明的发展将不再以阶级对抗的形式进行。人类的历史在新的文明进程中也将继续得到发展。这时，历史也将成为更加完美、更加丰富的世界历史——全球史。

二、社会实践是文明生成和发展的基础

　　恩格斯说："文明是实践的事情，是一种社会品质。"①这里强调的是文明的实践性和社会性。正是在改造客观物质世界的活动中，才产生了文明。社会实践是文明生成、存在和发展的基础。"文明"自生成时起，就有具体的社会内容，只有具体的、社会的文明，而没有抽象的超然于

---

① 《马克思恩格斯全集》第1卷，人民出版社1956年版，第666页。

社会之上的"文明"，因此，文明时代被认为是社会发展的一个阶段。人类文明时代的历史，和地球、和人类产生以来的历史相比较，只是短暂的一瞬。如果将地球史压缩为一年，"将地球的形成定为 1 月 1 日，那么人类直到 12 月 31 日下午 6 时才出现，而'现在'则是 12 月 31 日午夜"。① 在文明时代到来之前，人类已经经过了漫长的"蒙昧时代"和"野蛮时代"。

蒙昧时代大体上属于旧石器时期，其重要成就是可以摩擦取火，在蒙昧时代的晚期，人们已经开始使用弓箭。在野蛮时代，人类已经学会了驯养和繁殖动物、种植植物。荷马的史诗《伊利亚特》，是希腊人在野蛮时代鼎盛时期的真实写照。这时，希腊人已经有了铁器和金属加工工艺，已经学会了制造战车和木船。在野蛮时代的后期，人类已经站到了文明时代的门槛上。

文明时代包括建立在阶级对立基础之上的三种社会经济形态：奴隶社会、封建社会和资本主义社会。在文明时代，"完成了古代氏族社会完全做不到的事情。但是，它是用激起人们的最卑劣的冲动和情欲，并且以损害人们的其他一切禀赋为代价而使之变本加厉的办法来完成这些事情的。鄙俗的贪欲是文明时代从它存在的第一日起直至今日的起推动作用的灵魂；财富，财富，第三还是财富，——不是社会的财富，而是这个微不足道的单个的个

---

① 菲尔德：《宇宙演化——天文学入门》，科学出版社 1985 年版，第 386 页。

人的财富，这就是文明时代唯一的、具有决定意义的目的"。① 在文明时代，"没有对抗就没有进步，这是文明直到今天所遵循的规律。到目前为止，生产力就是由于这种阶级对抗的规律而发展起来的"。② 文明的发展并非是随心所欲的发展，而是循着一定的规律。人类历史在矛盾运动中曲折发展，但其不可逆转的进步趋势，决定了文明从低级向高级发展。从世界历史的范围来看，奴隶社会为封建社会所代替，封建社会发展到一定阶段，又为资本主义社会——资本主义文明所代替，当然这种"转变"或"代替"，并非是自发完成的。

　　资本主义文明是完全不同于奴隶社会文明和封建社会文明的一种文明。他创造了奴隶社会文明和封建社会文明所从不曾有的奇迹。"资产阶级在历史上曾经起过非常革命的作用"。③ 这主要表现在，资产阶级创造了庞大的生产资料和交换手段，"在它的不到一百年的阶级统治中所创造的生产力，比过去一切时代创造的全部生产力还要多，还要大。"在资本主义社会，"自然力的征服，机器的采用，化学在工业和农业中的应用，轮船的行驶，铁路的通行，电报的使用，整个大陆的开垦，河川的通航，仿佛用法术从地下呼唤出来的大量人口，——过去哪一个世纪料想到在社会劳动里蕴藏有这样的生产力呢"？④

　　① 《马克思恩格斯选集》第4卷，人民出版社1995年版，第177页。
　　② 《马克思恩格斯全集》第4卷，人民出版社1958年版，第104页。
　　③ 《马克思恩格斯选集》第1卷，人民出版社1995年版，第274页。
　　④ 《马克思恩格斯选集》第1卷，人民出版社1995年版，第277页。

"生产的不断变革，一切社会状况不停的动荡，永远的不安宁和变动，这就是资产阶级时代不同于过去一切时代的地方。一切固定的僵化的关系以及与之相适应的素被遵从的观念和见解都被消除了，一切新形成的关系等不到固定下来就陈旧了。一切等级的和固定的东西都烟消云散了，一切神圣的东西都被亵渎了"。① 资本主义的本质决定了资产阶级必定要奔走于世界各地，到处落户、到处开发、到处建立联系。资本主义的萌生，虽然开始时是在个别国家出现，但从那时开始，就表现为世界历史现象，而非仅仅是个别国家孤立的、个别的现象，而资本主义的发展就更说明了这一点，资本主义使物质生产和精神生产都成为世界性的。资本主义大工业使每个文明国家以及这些国家中每个人的需要的满足都依赖于整个世界，它消灭了各国以往自然形成的闭关自守的状态，使一切民族甚至是最野蛮的民族，也因生产工具的迅速改进和交通的极其便利，卷入到文明中来。

正是在资本主义发展的基础上，历史愈益成为世界的历史，可以说，"全球史"是从资本主义文明时代开始的。

三、从民族史转变成世界史

在人类文明的早期阶段，各民族和国家都处于自给自足的农耕社会之中。他们在社会分工、商品交换，以及社

---

① 《马克思恩格斯选集》第 1 卷，人民出版社 1995 年版，第 275 页。

会交往等方面的发展程度都不高，基本上处于自我封闭和相互隔绝的独立发展之中。这种状况直到 15、16 世纪资本主义文明的产生和发展，才发生变化。资本主义文明促使历史从民族史向世界史转变，并在此基础上形成了"全球史"。

在这个过程中，不同文明之间的"交流"、"交融"具有决定性的意义。马克思恩格斯在《德意志意识形态》中提出的"交往"——物质交往、精神交往、内部交往、外部交往、直接交往、间接交往、个人交往、普遍交往、地域交往和世界交往等等，在某种程度上，可认为是不同文明之间碰撞、交流和交融的具体表现。在这种"交往"——"交流"的过程中，各民族史逐渐转变成世界历史——全球史。1922 年，英国哲学家罗素在《中西文明比较》中写道："不同文化之间的交流过去已经多次证明是人类文明发展的里程碑。希腊学习埃及，罗马借鉴希腊，阿拉伯参照罗马帝国，中世纪的欧洲又模仿阿拉伯，而文艺复兴时期的欧洲则仿效拜占庭帝国……"[①] 一座座"人类文明发展的里程碑"既是广阔背景下文明交流的产物，也是推动历史发展的基础，在某种意义上可以认为，"全球史"正是建立在这些人类文明发展里程碑上的全球史，没有广泛意义的人类的交往，没有不同文明之间的交流、交融，也就不会有全球史。

---

① 参见中华孔子学会等编：《经济全球化与民族文化多元发展》，社会科学文献出版社 2003 年版，第 76 页。

不同文明之间的"交流"、"交融"推动着文明从低级向高级发展，因为在不同文明的碰撞和冲突中，总是较低级的文明向较高级的文明流动，继而推动历史发展。

以战争为例，可以清楚地看到这一点。战争是人类文明历史发展中的一个古老的历史现象，但它既非从来就有，也非永恒，而是社会生产力和生产关系发展到一定历史阶段的产物，战争是私有制产生以后，随着阶级和国家的形成，出现压迫和被压迫时才出现的。在中国历史上，少数民族多次入侵中原，但很快就被汉民族同化了，这是因为当时的汉民族具有较高的文明程度决定的。关于印度的历史，马克思曾说："相继侵入印度的阿拉伯人、土耳其人、鞑靼人和莫卧儿人，不久就被印度化了，——野蛮的征服者，按照一条永恒的历史规律，本身被他们所征服的臣民的较高文明所征服。不列颠人是第一批文明程度高于印度因而不受印度文明影响的征服者。他们破坏了本地的公社，摧毁了本地的工业，夷平了本地社会中伟大和崇高的一切，从而毁灭了印度的文明。"① 较低级的文明向较高级的文明的"流动"，逐渐破坏着以往自然形成的各国孤立的状态，成为"全球史"形成的重要基础。

不同民族之间的交往古已有之，但是人类的交往发生"革命"性的变化，却是发生在资本主义文明时代。资本主义文明是人类文明发展的高级阶段，资本主义社会生产力的迅速发展，是导致发生"交往革命"的最根本的原

---

① 《马克思恩格斯选集》第 1 卷，人民出版社 1995 年版，第 768 页。

因。1846 年 12 月，马克思在给安年柯夫的信中写道："为了不致丧失已经取得的成果，为了不致失掉文明的果实，人们在他们的交往（commerce）方式不再适合于既得的生产力时，就不得不改变他们承继下来的一切社会形式。——我在这里使用（commerce）一词是就它的最广泛的意义而言，就像在德文中使用（verkehr）一词那样。例如：各种特权、行会和公会的制度、中世纪的全部规则，曾是唯一适合于既得的生产力和产生这些制度的先前存在的社会状况和社会关系。"① 这里的"交往（commerce）"，是涵盖了经济学、社会学和哲学意义的具有广泛内容的交往。无论是人与人之间的经济交往，还是文化——精神交往，都是人类在广阔的文明交流和交融的背景下，即历史向"全球史"转变中、或在"全球史"形成的过程中进行的。从民族史、地域史向世界史、全球史的转变，是建立在生产力发展基础上的文明进步的标志和结果。

文明的交流和交融是在客观的物质世界中进行的，建立在物质生产劳动的基础上，而非是在"精神世界"中进行的，因此离不开现实生活中的个人。这些"现实中的个人"，是"在一定的物质的、不受他们的任意支配的界限、前提和条件下活动着的"。② 他们不仅推动着人类文明的发展，而且也推动着"全球史"的形成。马克思的交往范畴是这样界定的：交往是在一定历史条件下的现

---

① 《马克思恩格斯选集》第 4 卷，人民出版社 1995 年版，第 532—533 页。
② 《马克思恩格斯选集》第 1 卷，人民出版社 1995 年版，第 72 页。

实中的个人以及诸如阶级、民族、社会集团、国家等共同体之间在物质、精神上互相约束、互相作用、彼此联系、共同发展的活动及其形成的相互关系的统一。其中物质交往是最基本的交往活动，它决定着精神交往及其他一切交往活动和交往形式，也就是说，马克思的交往范畴标志的是在一定历史阶段的物质活动中，人与人之间的物质交往关系以及由这种关系决定的人的一切社会关系的总和。①显然，"交往"是世界历史性的交往，具有世界历史性的意义。交往不是人的抽象的自然本性所决定的交往；也不是人的先验本性的交往，而是人在一定历史条件下全面创造历史的交往。交往是历史矛盾运动的前提，没有马克思所揭示的"交往"和"交往革命"，就没有人类的历史，也就没有在历史发展基础上的全球史。

四、"一球两制"、全球化和全球史

在现实生活中，无论是哪一种意义上的文明/文化交流，或哪一种意义上的全球史，都是和所谓"全球化时代"联系在一起的。究竟是什么时候，是何人首先提出具有严格意义的"全球化时代"这个概念？似乎很难准确地说明。尽管人们经常将"经济全球化"、"传媒全球化"、"金融全球化"等，与"全球化时代"相混淆，但

① 参见范宝舟：《论马克思交往理论及其当代意义》，社会科学文献出版社 2005 年版，第 22—23 页。

是，"全球化时代"仍是一个歧义纷呈的概念，不过众多的"歧义"中却有一点是相同的，即"全球化时代"和我们所说的"由资本主义向社会主义过渡的时代"，是一个对立的概念。在西方学者包括历史学家的笔下，与"全球化时代"相提并论的还有"后冷战时代"、"后后冷战时代"、"新帝国时代"或"建立'新帝国'时代"、"公民权利的时代"、"环境时代"、"信息时代"，或抽象的"资本主义崩溃与变革的时代"等。

1917 年俄国十月社会主义革命的胜利，开辟了"两个具有世界历史意义的时代，即资产阶级时代和社会主义时代，资本家议会制度时代和无产阶级苏维埃国家制度时代的世界性交替的开始"。[①] 第二次世界大战后，中国和东欧社会主义国家诞生。到 20 世纪上半叶，已清楚表明世界历史进程进入了一个新的发展阶段，即两种社会制度并存的阶段，"一球两制"。这是历史向"世界历史"、向"全球史"转变过程中的、具有世界历史意义的新的内容。这一切并没有因为"全球化"的出现而改变；这个转变过程也没有因为苏联解体、东欧剧变而终止。经济全球化并没有改变、也不可能改变"一球两制"这个基本事实。经济全球化并非仅存在于资本主义历史阶段，而是存在于资本主义与社会主义共存的历史阶段，全球化并不是资本主义的全球化，或全球资本主义化。经济全球化是资本主义向社会主义过渡的一个历史阶段。

---

① 《列宁全集》第 36 卷，人民出版社 1985 年版，第 208 页。

30 余年来的全球化进程，并非是"全球"的全球化过程，而是以美国为中心的由西方主导的全球化过程；"全球史"也不是"全球"的全球史，而是仍直接或隐含保留有"西方中心论"的全球史。全球化的过程，是资本主义不断调整其生产关系，以适应生产力的发展，不断扩大资本主义生产关系对生产力的容量的过程，以此来缓和资本主义的基本矛盾，激发其生存潜力，延伸其生命力。但是，这并没有从根本上解决资本主义历史进程中固有矛盾。

从资本主义到共产主义有一个革命转变时期，现时代依然是由资本主义向社会主义过渡的时代。这和马克思主义经典作家提出的历史向世界历史转变的思想完全一致，因为"资本主义向社会主义过渡"的革命转变，正是在这种"历史向世界历史转变"，即是在历史成为"全球史"的历史条件下实现的。当然，这种"转变"是一个漫长的历史过程，而且这种转变也不可能脱离人类文明发展的大道。

马克思主义认为，"一切民族都将走向社会主义，这是不可避免的，但是一切民族的走法却不会完全一样，……，每个民族都会有自己的特点"，① 这并不会因经济全球化的到来有任何改变。在现代世界文明进程中，中国满怀信心走向世界、走向未来。中国特色社会主义前景光明，这使世界各国人民重新看到了社会主义的希望，并更加坚信科学社会主义是颠扑不破的伟大真理。

---

① 《列宁选集》第 2 卷，人民出版社 1995 年版，第 777 页。

生产力革命和交往革命：
历史向世界历史的转变[*]

——马克思的世界历史理论与交往理论研究

马克思在论及他的世界历史理论时，曾强调指出："世界历史不是过去一直存在的；作为世界史的历史是结果。"① 人们在学习或分析这个精辟的结论时，更多的是联系到人类历史上的生产力革命来思考这个问题。毫无疑问，这是完全正确的。因为人类的历史首先是生产力发展的历史，人类历史进步的终极原因，归根结底是生产力和生产关系矛盾运动的结果。当我们探究生产力发展的历史时，可以清楚地看到生产力革命对人类文明演进的深刻影响。但是，我们不应由此而忽略"交往"在人类历史演进中，特别是在历史向世界历史的转变中的重要作用，因为一个显而易见的事实，是只有当交往具有"世界性质"

---

* 本文发表于《北方论丛》2009 年第 2 期。

① 《马克思恩格斯选集》第 2 卷，人民出版社 1995 年版，第 28 页。

时，才有可能实现这种转变。在人类历史进程中，不仅存在着生产力革命，而且也存在着交往革命。"每一代人都在前一代所达到的基础上继续发展前一代的工业和交往方式，并随着需要的改变而改变它的社会制度"。①

马克思的交往理论是历史唯物主义的重要组成部分，将交往革命和生产力革命结合起来，去学习或分析马克思的世界历史理论，无疑有重要的理论意义和现实意义。

一、历史向世界历史的转变是不可逆转的历史过程

在原始社会，无论是原始群时期，原始公社氏族母系制度时期、原始公社氏族父系制度时期，以及军事民主制度时期，即原始社会向阶级社会过渡时期，人类的历史都是处于封闭状态的历史。"大约自公元前4300年，首先在西亚、包括它南部的两河流域，开始发生氏族制解体，向阶级社会和文明时代过渡的过程。正是在这一带，人类史上初次出现属于城市范畴的建筑，初次出现由农村结合和发展起来的城市"。② 在古代亚非的奴隶制国家，诸如古代埃及，两河流域的城市国家巴比伦、亚述、新巴比伦等，赫梯、腓尼基和巴勒斯坦，以及古代伊朗、古代印度等国家，都是处于封闭状态的历史环境中，尽管在奴隶制

---

① 《马克思恩格斯全集》第3卷，人民出版社1960年版，第49页。
② 《世界上古史纲》编写组：《世界上古史纲》上册，人民出版社1979年版，第118页。

国家之间已经开始发生联系，有了萌生中的"外交"和"国际关系"。"封闭状态"的历史是由古代世界的社会经济制度决定的。马克思说："人们在自己生活的社会生产中发生一定的、必然的、不以他们的意志为转移的关系，即同他们的物质生产力的一定发展阶段相适合的生产关系。这些生产关系的总和构成社会的经济结构，即有法律的和政治的上层建筑竖立其上并有一定的社会意识形式与之相适应的现实基础。"① 奴隶制国家的生产力发展水平，决定了这些国家的生存环境及彼此之间的关系。

在古代希腊，公元前8—6世纪曾经出现了海外大移民运动。这场运动是在社会生产力发展、商业贸易激增、社会矛盾尖锐，以及一些新的城邦国家出现的特定的历史条件下发生的。当时希腊人的足迹遍及意大利、法国南部、西班牙和非洲北部等地。但是，从"世界历史"的视角来看，这并没有改变当时人类历史发展的"封闭状态"，尽管史称是"移民运动"或"海外大移民"，但主要还只是在意大利半岛、西西里岛和地中海沿岸地区。

在世界历史的研究范畴中，中世纪历史的主要内容，是封建社会形成、发展和衰亡的历史。一般认为，其始于5世纪后期西罗马帝国灭亡，下迄17世纪中期英国资产阶级革命前夜。封建制度是比奴隶制度进步的一种社会制度，是人类历史进程中的一个发展阶段。封建生产方式较之奴隶制经济，更有益于社会生产力的发展。在西欧，不

----

① 《马克思恩格斯选集》第2卷，人民出版社1995年版，第32页。

仅封建庄园——封建土地所有制迅速发展，而且出现了城市手工作坊和行会。在封建社会，各个国家和民族的活动范围和交往联系，已经明显地扩大了，例如这一时期出现了"民族大迁徙"、"十字军东侵"、"百年战争"和"万国宗教会议"等。但是，封建土地所有制是封建社会的基础，其本质是封建主对大部分土地的占有和对劳动者的不完全占有。封建社会的农业生产是小生产，基本上是个体农户独立进行，他们在人身上依附于封建主。虽然商品生产和货币交换是封建经济的组成内容，但封建经济仍然是一种自然经济。所有这一切决定了在封建社会经济形态中，人类的历史行程，仍然没有从民族性的、地方性的历史转向普遍性的、世界性的历史。

在封建社会后期，随着社会生产力的发展，在封建社会内逐渐产生了资本主义生产关系的萌芽，它作为一种新的生产关系，产生于 15 世纪的西欧。新兴的资产阶级通过文艺复兴、宗教改革运动，为冲破封建专制统治，建立资产阶级的政治、经济统治而斗争。17 世纪中叶爆发了英国资产阶级革命，标志着世界范围内资本主义时代的开始，正是在资本主义这一新的历史时代，各民族和国家相对隔绝的历史逐渐成为"世界历史"，即各民族、国家进入全面相互影响、相互制约的历史。

资本主义生产关系孕育于封建社会内部，是社会生产力发展促使封建生产关系发生质变的必然结果。马克思笔下的"世界历史"是相对于"民族历史"而言。生产力的发展，使各个民族之间开始有了交往，后来变成了经常性的交往。资产阶级迈出了历史向世界历史转变的第一步。从这种意义上可以说，资本主义产生和发展的历史，同时也是历史向世界历史转变的历史。在马克思主义学说中，"世界历史"有将其作为一个相互联系的历史性整体来加以理解的具体涵义。资本主义生产与交往的发展，"各个相互影响的活动范围在这个发展进程中越是扩大，各民族的原始封闭状态由于日益完善的生产方式、交往以及因交往而自然形成的不同民族之间的分工消灭得越是彻底，历史也就越是成为世界历史"。①

15 世纪的西欧，封建社会建立了自己稳固的统治，进入鼎盛时期，同时也因资本主义萌芽的出现，使封建主义的经济基础开始动摇。15 世纪最重大的历史事件是"新航路开辟"。这时，西欧各国开始了资本原始积累的过程，葡萄牙、西班牙、法国、英国等国大小贵族、商人和新兴资产阶级，迫切要求向海外寻找土地和黄金，这是推动航海家远航东方的根本动力。"随着美洲和通往东印度的航线的发现，交往扩大了，工场手工业和整个生产运动有了巨大的发展。从那里输入的新产品，特别是进入流通的大量金银完全改变了阶级之间的相互关系，并且沉重地打击封建土地所有者和劳动者。冒险的远征，殖民地的开拓，首先是当时市场已经可能扩大而且日益扩大为世界市场——所有这一切产生了历史发展的一个新阶段"。②

---

① 《马克思恩格斯选集》第 1 卷，人民出版社 1995 年版，第 88 页。
② 《马克思恩格斯选集》第 1 卷，人民出版社 1995 年版，第 110 页。

这个新阶段就是资本主义"世界历史"的新阶段。

"新航路开辟"揭开了历史向世界历史转变的序幕，它极大地促进了世界各地的联系，结束了世界各大陆和各大洋彼此孤立的状态，各民族彼此隔绝的历史开始成为世界的历史，其直接后果是加强了世界范围的联系，促进了日益腐朽的封建社会内部革命因素的增长，为资本主义世界市场的形成创造了必要的条件，加速了封建社会的崩溃。在封建社会末期，生产力和商品经济的发展，促进了封建社会自然经济的解体，使小商品生产者的两极分化。一方面产生大批失去生产资料而不得不出卖自己劳动力的无产者；另一方面巨额的货币和生产资料集中在少数人手里转化为资本。资本的原始积累加速了这种分化。

资本原始积累是强制劳动者同他们的生产资料分离的历史过程。自给自足的自然经济被破坏，使大量农民和手工业者破产，既给资本主义造成了劳动力市场，又给它提供了商品市场。资本原始积累还包括对殖民地的侵占和掠夺。"新航路开辟"为西欧各国的新兴资产阶级开辟了广阔的活动场所，西欧资产阶级在海外的殖民掠夺，不断扩大资本的原始积累，通过赤裸裸的暴力手段，如武装占领、海外移民、海盗式的掠夺、欺诈性的贸易、血腥的奴隶买卖等积累起大量的财富。资产阶级用侵略、征服、残杀、掠夺和奴役，写下了资本主义发展史的第一页。据参与殖民掠夺的多米尼克派修道士拉斯·卡萨斯的回忆，当西班牙人在 15 世纪末踏上印第安人的土地时，"用马、刀剑、长矛向他们攻击，到处发生血战和想象不到的残酷。

他们进入村里，不放过小孩、老人、妇女、产妇，把所有的人全杀光，彻底加以破坏和摧毁，就像被放开锁链的狗一样"。"他们打赌和争论能不能一刀把人切成两半，或是用战斧能不能一下子把头砍下或把脏腑剖开。他们从母亲的怀里夺下婴儿，把脑袋往石头上撞，或是把他们抛入河里，……立起大绞刑架，在火刑柱上把印第安人活活烧死，或是用干草把人包上，然后点火烧死他们。另外所有被留活命的人都被砍下双手，然后把砍下的手绑到身上予以释放，并且说：'带信去！——把新闻带给避开我们而逃入山里的人'"。[①] 这一切充分暴露了殖民者的凶残、野蛮，使人们对马克思所揭露的"资本来到世间，从头到脚，每个毛孔都滴着血和肮脏的东西"，[②] 有了更深刻的理解。资本主义的发展使资产阶级的经济、政治力量不断壮大，与封建的生产关系、意识形态的矛盾不断加剧。荷兰在 16 世纪末，英国在 17 世纪中叶，法国在 18 世纪末，德国及其他一些国家在 19 世纪中叶，先后爆发了资产阶级革命，封建的生产方式为资本主义的生产方式取代，为资本主义生产关系发展开辟了道路，同时在更广泛的范围内，推动了历史向世界历史的转变。

资本主义生产方式在西欧国家确立的过程中，始于 18 世纪 60—80 年代的产业革命具有决定性的意义。产业

---

① 周一良等主编：《世界通史资料选辑·中古部分》，商务印书馆 1974 年版，第 322—323 页。

② 马克思：《资本论》第 1 卷，人民出版社 1975 年版，第 829 页。

革命也称"工业革命"，它既是生产技术上的革命，由工场手工业最终过渡到机器大工业，标志着资本主义生产的物质技术基础已经建立；它同时还是社会生产关系的重大变革，资产阶级和无产阶级成为资本主义社会基本的阶级结构，而且这两大对抗阶级的矛盾在社会生活实践中进一步发展；科学技术的不断进步促进了生产力迅速发展，不断开拓世界市场。资本主义生产关系扩展到一切生产部门的同时，也开创了资本主义世界历史的新时代。历史向世界历史的转变，成为不可逆转的历史过程。

1867年9月《资本论》第一卷德文版在德国汉堡出版，是马克思主义的一部划时代的著作。在这部著作中，马克思以资本主义社会经济状态为研究对象，科学地分析了资本主义这一世界历史现象，只是人类历史发展的一个阶段，它的产生、发展和灭亡是一个必然的历史过程。资产阶级发展了强大的社会生产力，按照自己的利益和意志建立起世界市场；资产阶级还创造了巨大的城市，使乡村屈服于城市，农民从属于资产阶级，东方从属于西方；资产阶级摧毁了封建割据状态，建立了统一的资产阶级国家。在人类社会发展的历史进程中，资本主义把人们从封建制的束缚下解放出来，做出了历史性的贡献。但是，资产阶级不可逾越的局限性，和资产阶级无法解决的内在矛盾也是客观存在的。资本主义是一种剥削制度，从它问世的那一天起，就蕴含着不可克服的矛盾。"资产阶级用来推翻封建制度的武器，现在却对准资产阶级自己了"。"资产阶级不仅锻造了置自身于死地的武器；它还产生了将要运用这种武器的人——现代的工人，即无产者"。
"随着大工业的发展，资产阶级赖以生产和占有产品的基础本身也就从它的脚下被挖掉了。它首先生产的是它自身的掘墓人。资产阶级的灭亡和无产阶级的胜利是同样不可避免的"。①

马克思主义学说，正是建立在人类社会发展进入了世界历史时代的基础上。从马克思的上述结论中，我们不难理解"历史向世界历史转变"，实际上包括两个阶段，或两方面的内容。其一是资本主义开创的"世界历史阶段"；其二是从资本主义的世界历史阶段向共产主义的世界历史阶段的转变。世界历史分为资本主义世界历史时代和共产主义世界历史时代，从资本主义走向共产主义是人类历史发展不可逆转的趋势。

二、马克思主义学说中的世界历史理论

马克思的世界历史理论，从全球性的视角论述了人类历史发展的必然趋势，是从民族性的、地方性的历史转向普遍性、世界性的历史，在这个过程中，人类自身也同时从地域性的封闭条件下的个人，转变为世界历史性的、全面而自由发展的个人，世界历史的未来是共产主义。

在《1844年经济学哲学手稿》中，马克思首次提出

---

① 《马克思恩格斯选集》第1卷，人民出版社1995年版，第278、第282、第284页。

世界历史理论，并在《德意志意识形态》、《共产党宣言》等著作中系统地展开表述。马克思对于资本主义社会的本质及其发展规律，进行了终其一生的艰苦探索，尤其是对"世界历史"理论问题的研究更具特色。马克思自大学时代直至逝世前的最后几天，始终坚持对世界历史的研究。约在 1881 年年底到 1882 年年底，晚年的马克思写有一部史学手稿，即《历史学笔记》，这是马克思生前写下的最后一部手稿。

马克思的世界历史理论，是他运用唯物史观的观点来看待历史和解释历史的结晶。什么是世界历史？世界历史在人类历史的发展过程中占有怎样的地位？世界历史是怎样形成和发展的？这些是马克思首先要回答的问题。马克思的世界历史理论，萌生在 1843 年的克罗茨纳赫时期。《克罗茨纳赫笔记》则是这一理论萌生的标志。在这一时期，马克思研读了大量世界历史文献，写下了五本详细的笔记摘录，编写了从公元 600—1589 年的世界历史年表。这些笔记主要是孟德斯鸠、卢梭、沙多勃利昂、麦捷尔、马基雅维利、路德维希·兰克、哈密顿、施米特、林加尔特、盖尔、瓦克斯穆特等政治学家、历史学家著作的摘要，涉及公元前 6 世纪至 19 世纪 30 年代威尼斯共和国、法国、英国、德国、瑞典、波兰和美国的历史，以及世界历史进程中的重大历史事件及其演变。例如，马克思对法国资产阶级革命的世界历史意义给予了充分的关注，认为这场革命开创了资本主义的新时代，加速了世界历史形成的进程。

　　马克思"世界历史"理论形成的重要理论来源之一，是黑格尔的历史哲学。黑格尔在继承、发展前人例如，赫尔德、康德、席勒、费希特、谢林等思想的基础上，形成了自己的历史哲学体系。他通过辩证的方法，从宏观上对"历史向世界历史的转变"进行了概括性的描述。在他看来，世界历史的起点在东方，而终点则在西方。黑格尔在自己的历史哲学中，提出了一个"世界历史民族"的概念。他认为，世界历史的进步，是在体现了特定"民族精神"的"世界历史民族"的推动下实现的。"世界历史民族"是创造历史新纪元的民族，是统治的民族。"它具有绝对权力成为世界历史目前发展阶段的担当者，对它的这种权力来说，其他各民族的精神都是无权的，这些民族连同过了它们的时代的那些民族，在世界历史中都已不再算数了"。① 在黑格尔看来，他们都属于"非世界历史民族"，自然被排除在世界历史的主流之外。所谓"世界历史"是一个有机体，是一部世界历史民族不断更替的历史。

　　在批判地研究、改造黑格尔历史哲学思想的过程中，逐渐形成了马克思的世界历史理论。在标志着马克思从唯心主义转向唯物主义、从革命民主主义转向共产主义的《〈黑格尔法哲学批判〉导言》中，马克思的视野投向了"世界历史进程"，明确使用了"世界历史"这个概念。他说："历史是认真的，经过许多阶段才把陈旧的生活形

　　① 黑格尔：《法哲学原理》，商务印书馆1982年版，第354页。

式送进坟墓。世界历史形态的最后一个阶段是它的喜剧。"① 1844 年，马克思完成了《经济学哲学手稿》。在这部著作中，马克思在保留黑格尔辩证法和世界历史视野的前提下，对黑格尔的思想进行了批判。黑格尔"只是为历史的运动找到抽象的、逻辑的、思辨的表达，这种历史还不是作为一个当作前提的主体的人的现实历史"。马克思认为，"所谓世界历史不外是人通过人的劳动而诞生的过程，是自然界对人说来的生成过程，所以，关于他通过自身而诞生、关于他的产生过程、他有直观的、无可辩驳的证明"。② 马克思还强调，只有在工业时代，即资本主义时代，"私有制才能完成它对人的统治，并以最普遍的形式成为世界历史性的力量"。③ 在这里，马克思的"世界历史"概念已经有了他自己独特的、有别于黑格尔等人的含义。在这里，"世界历史"被认为是与"民族史"、"国别史"和"地区史"相区别的人类整体的历史，是人类活动的"产物"。

1845 年，马克思恩格斯合著《德意志意识形态》问世，这部著作是马克思主义唯物史观诞生的重要标志，马克思的世界历史理论在书中得到全面、系统的表述。在这部著作中，多处使用了"普遍的"、"世界市场"、"全面的依存关系"、"世界历史性的"、"世界历史意义上的"、

---

① 《马克思恩格斯选集》第 1 卷，人民出版社 1995 年版，第 5 页。
② 马克思：《1844 年经济学哲学手稿》，人民出版社 2000 年版，第 97、第 92 页。
③ 马克思：《1844 年经济学哲学手稿》，人民出版社 2000 年版，第 77 页。

"世界历史性的存在"和"世界历史性的共同存在"等概念。所谓"世界历史"，是各民族、国家通过普遍的交往，相互依存，相互联系，使世界整体化的历史。这种"整体化"决定了今天不可逆转的"全球化"历史趋势。

综上所述，马克思认为历史由"民族历史"走向"世界历史"，是人类社会发展的必然趋势，世界历史是资本主义社会发展到一定阶段的必然产物；推动世界历史发展的动力是生产力的普遍发展和人的普遍的交往；然而在不同历史发展阶段，生产力的发展水平和人的交往活动之间又形成了多重相互作用关系，这种多重相互作用关系强调，不能离开生产力的发展水平来空谈人的交往，同时也不能忽视交往扩大对生产力发展的能动作用。随着生产力的发展和社会的进步，人类的交往空间在不断地扩大，人类的交往形式在由低级到高级、由简单到复杂、由单一到多样地发展变化着，马克思认为，人类交往形式变化的深刻原因并不在于交往形式变化的本身，而在于生产力的和人的自主活动的发展。个人只能在一定的生产力条件下根据现实生产力的要求进行交往，但是生产本身又是在个人交往的前提下形成的"合力"。只有通过交往，使个人参与到群体的共同活动中，才会使人类个体有限的、存在差异的能力得以相互的补充，才能转换成获得物质资料的强大联合的力量；在马克思的理论中，人类交往的根本意义在于人的存在、发展和最终获得解放。人类交往关系的内在矛盾是个体与社会的矛盾，人类交往的历史发展过程就是这一矛盾的发展过程，而人类最终将摒弃个体与社会的对立状态，自由地占有交往关系，最后在交往中获得个人的完整性和全面的发展。这一过程是人类由自在到自为、由必然到自由、由创造自己社会生活的条件到开始真正社会生活的过程。

三、马克思的交往理论

马克思的交往理论是马克思的社会发展理论的重要内容之一。1846 年 12 月 28 日，马克思在给俄国自由派著作家巴·瓦·安年科夫的信中，明确阐释了"交往"的具体涵义。他说："为了不致丧失已经取得的成果，为了不致失掉文明的果实，人们在他们的交往［commerce］方式不再适合于既得的生产力时，就不得不改变他们继承下来的一切社会形式。——我在这里使用'commerce'一词是就它的最广泛的意义而言，就像在德文中使用'verkehr'一词那样。例如：各种特权、行会和公会的制度、中世纪的全部规则，曾是唯一适合于既得的生产力和产生这些制度的先前存在的社会状况的社会关系。"① 在这里，"社会关系"包含有人类社会生活各个方面的丰富内容。同时应该特别明确的是，与"社会关系"联系在一起的是"现实中的个人"。

交往是人的社会存在形式，随着社会生产力的变化而变化。交往和生产力一样，可视为时代更迭的动力。马克

① 《马克思恩格斯选集》第 4 卷，人民出版社 1995 年版，第 533 页。

思笔下的"交往"，并非仅仅是个人之间的、民族之间的或国家之间的交往，而是指具有世界意义的"世界历史性"的交往。尽管这些"交往"往往是通过"个人之间"、"民族之间"、"国家之间"进行，但是，社会生产力发展水平所决定的时代的特征，已经赋予这些交往世界历史性的意义。正是因为如此，这种交往才是普遍的、广泛的交往，才能真正克服"狭隘地域"的局限，同时使生活在狭隘地域中的人扩大认识的视野，在彻底改变他们狭隘的生活方式的基础上，扩大世界历史性的视野。只有地域性的个人为世界历史性的个人所代替，他们才能成为全面发展的人。也只有在这种情况下，现实生活中的人的自由和发展才真正有可能。因为在封闭的历史环境中，任何人都不可能真正了解和汲取人类其他先进的文明成果。

　　社会生产力的发展水平，直接制约着交往的水平。在人类历史进程中，不难看到这样一种规律性的现象：孤立、封闭、隔绝，总是和落后的社会生产力水平联系在一起，反之也如此，即交流、交往、开放，往往是和先进的社会生产力水平联系在一起的。这种客观存在的辩证关系，正如马克思所言："生产本身又是以个人彼此之间的交往（verkehr）为前提的。这种交往的形式又是由生产决定的。"① 在"交往——生产"的过程中，社会生产力和物资资料的生产方式的矛盾运动，决定着社会历史进程。

---

① 《马克思恩格斯选集》第 1 卷，人民出版社 1995 年版，第 68 页。

社会生产首先是物质资料的生产。在马克思、恩格斯看来，"思想、观念、意识的生产最初是直接与人们的物质活动、与人们的物质交往、与现实生活的语言交织在一起的。人们的想象、思维、精神交往在这里还是人们物质行动的直接产物"。① 显然，在诸多的交往中，"物质交往"具有决定性的意义。它的主要形式是工业生产、商品交换和武力战争。物质交往是精神交往的基础和前提，没有物质交往就没有所谓的精神交往。物质交往是人类社会生活中最基本的交往，不仅精神交往受物质交往的制约，而且人类社会一切社会关系，都是由物质交往关系所决定的。明确这一点对于正确理解马克思的交往理论十分重要，马克思的交往理论即是从这样的基本认识出发，也即是从始至终坚持彻底的唯物主义的立场出发的。总之，马克思的交往理论坚实地建立在唯物主义的立场上。

交往范畴与生产关系范畴，是既有联系又有区别的两个不同的范畴。"人们在自己生活的社会生产中发生一定的、必然的、不以他们的意志为转移的关系，即同他们的物质生产力的一定发展阶段相适合的生产关系"。② 显然，经济交往只是生产关系的前提，而非等于生产关系。生产关系是一种经济关系，而交往则有着更为丰富的内容，除去经济内容之外，还包括精神方面的内容，诸如文化交往、政治交往等。当然，这些交往和物质交往不能等同并

---

① 《马克思恩格斯选集》第 1 卷，人民出版社 1995 年版，第 72 页。
② 《马克思恩格斯选集》第 2 卷，人民出版社 1995 年版，第 32 页。

论，而是前者受到后者的制约。人们之间的交往绝非是精神的交往，人类的精神交往形式仅是物质交往形式的产物而已。马克思所强调的是"从社会生活的各种领域中划分出经济领域来，从一切社会关系中划分出生产关系来，并把它当作决定其余一切关系的基本的原始的关系"。①那种把人们之间的所有关系或所有交往，都看成是意识的产物，是与马克思主义经典作家的认识背道而驰的。因此，生产关系实际的内容，不是保存在抽象的概念中，它只有和"交往"联系在一起，在交往的现实的实践过程中才能实现，才能成为现实，才有具体实在内容的生产关系。

马克思交往理论的产生，主要体现在《1844年经济学哲学手稿》、《关于费尔巴哈的提纲》、《德意志意识形态》、《1857—1858年经济学手稿》，以及《资本论》等著作中；而这一理论的发展，则主要表现在马克思关于东方社会的理论中，以及《给查苏利奇的信》、《历史学笔记》等文献中。马克思交往理论的要点是：人类的交往，主要包括物质交往和精神交往两种形式。从人类历史发展的进程中，可以将人类历史分成"部落所有制"、"古代公社所有制和国家所有制"、"封建的或等级的所有制"、"资本主义所有制"、"共产主义"。在各种所有制的更迭过程中，交往具有决定性的作用。例如，当部落所有制向古代公社所有制和国家所有制过渡时，"潜在于家庭中的

---

① 《列宁选集》第1卷，人民出版社1995年版，第6页。

奴隶制，只是随着人口和需求的增长，随着战争和交易这种外部交往的扩大而逐渐发展起来的"。① 随着由社会生产力所决定的人类历史的演进，人类交往的不断扩大，人类的历史也同时越来越具有普遍的世界历史的性质，即各个民族从彼此隔绝，到相互交往，逐渐形成整体的、彼此相互依赖的世界历史。

在马克思看来，人类的历史首先是生产力发展的历史。他说："后来的每一代人都得到前一代人已经取得的生产力并当作原料来为自己新的生产服务，由于这一简单的事实，就形成人们的历史中的联系，就形成人们的历史，这个历史随着人们的生产力以及人们的社会关系的越益发展而越益成为人类的历史。"② 在这里，"社会关系的越益发展"，首先离不开"交往"的发展。世界历史形成的根源、前提和动因，首先是社会生产力的发展，以及它所导致的分工和交往的发展。在资本主义社会，资本的膨胀、无限制地扩张，对资本增值的无止境地追求和大工业的发展，推动了冒险、远征和殖民地开拓，建立和扩大世界市场，为此就必须消灭各个国家和民族彼此孤立隔绝的状态。前资本主义那种地方的、民族的、自给自足和闭关自守的状况，被各民族的、各方面的互相往来和各方面的互相依赖所代替，世界越来越成为一个有机联系的整体，地方性的联系逐渐为世界性的联系所取代。正如马克思、

① 《马克思恩格斯选集》第1卷，人民出版社1995年版，第69页。
② 《马克思恩格斯选集》第4卷，人民出版社1995年版，第532页。

恩格斯在《共产党宣言》中说："美洲的发现，绕过非洲的航行，给新兴的资产阶级开辟了新的活动场所。东印度和中国的市场、美洲的殖民化、对殖民地的贸易、交换手段和一般的商品的增加，使商业、航海业和工业空前高涨"，[①] 那些地域的和人为设置的种种障碍，都被资本的膨胀和扩张所冲破，资本主义为自身的发展不断获得更多更大的空间，各个民族的历史越来越成为"世界性"的历史。

世界性的普遍"交往"，是世界历史时代社会生产力普遍发展的前提。"某一地域创造出来的生产力，特别是发明，在往后的发展中是否会失传，完全取决于交往的扩展情况。当交往只限于毗邻地区的时候，每一种发明在每一个地域都必须单独进行；一些纯粹偶然的事件，例如蛮族的入侵，甚至是通常的战争，都足以使一个具有发达生产力和有高度需求的国家处于一切都必须从头开始的境地……只有一切民族都必须卷入竞争斗争的时候，保持已创造出来的生产力才有了保障"。[②] 显然，交往革命是世界历史形成中的重要环节。在资本主义时代，国家与国家、民族与民族之间的联系和往来，在规模、内容和发展速度上，都是前资本主义所无法比拟的。"各民族之间的相互关系取决于每一个民族的生产力、分工和内部交往的发展程度。……然而不仅一个民族与其他民族的关系，而

---

① 《马克思恩格斯选集》第 1 卷，人民出版社 1995 年版，第 273 页。
② 《马克思恩格斯选集》第 1 卷，人民出版社 1995 年版，第 107—108 页。

且这个民族本身的整个内部结构也取决于自己的生产以及自己内部和外部的交往的发展程度"。从世界的视野看，"随着美洲和通往印度的航线的发现，交往扩大了。"① 这种扩大不仅是"量"的扩大，更是"质"的变化，因为它和社会生产力——世界范围的生产力的迅速发展密切联系，对于"世界历史"的形成具有特殊的意义。因为"各个相互影响的活动范围在这个发展进程中越是扩大，各民族的原始封闭状态由于日益完善的生产方式、交往以及因交往而自然形成的不同民族之间的分工消灭得越是彻底，历史也就越是成为世界历史"。② 这里"世界历史"的"世界"，不仅仅是地理范围的不断扩大，而是强调在现实生活中，人类社会已经成为一个有机的整体的辩证统一，而不应将这种"统一性"割裂开来，单独提出所谓"历史学意义的世界历史"和"哲学意义的世界历史"。世界上并不存在抽象的、仅仅存在于哲学范畴中的所谓精神的世界历史。

　　任何一个民族生产力发展的水平，都会通过该民族分工发展的程度上表现出来。因为分工和交往的发展水平，与生产力的发展水平和生产关系的性质在本质上是一致的。"任何新的生产力都会引起分工的进一步发展，因为它不仅仅是现有生产力的量的增加（例如开垦新的土

---

① 《马克思恩格斯选集》第 1 卷，人民出版社 1995 年版，第 68、第 110 页。
② 《马克思恩格斯选集》第 1 卷，人民出版社 1995 年版，第 88 页。

地）"。① 生产力的发展，使自然、自发的分工变成一种制度性的分工，与其相伴随的是私有制的出现，以及物质劳动和精神劳动的分离。因此，在某种意义上，"分工"和"私有制"是同义语。分工导致了商品的交换，而交换的不断扩大使商业贸易迅速发展起来，出现了普遍的繁荣，从而要求冲破国内市场的束缚，走向世界市场，进而引起各民族的普遍竞争和世界性的交往。在加强了各民族之间联系的同时，各民族相互依赖的程度也不断加深。激烈的竞争不断扩大生产和交换的规模，促使世界市场迅速发展，在此过程中，世界上一切国家的生产和消费都成为世界性的了。世界日益联系成为一个整体，决定了世界历史的形成，即历史转变为世界历史。资产阶级以及资本主义的发展，首先揭开了世界历史的序幕。商业贸易和世界市场既是资本主义生产的前提，又是它的后果。

"资产阶级在历史上曾经起过非常革命的作用"。② 这主要表现在，资产阶级创造了庞大的生产资料和交换手段，在它不到 100 年的阶级统治中所创造的生产力，比过去一切时代创造出的全部生产力还要多，还要大。资本主义大工业使每个文明国家以及这些国家中的每一个人的需要的满足都依赖于整个世界，它消灭了各国以往自然形成的闭关自守的状态，使一切民族因生产工具的迅速改进和交通的极其便利，卷入到文明中来。"生产的不断变革，

① 《马克思恩格斯全集》第 3 卷，人民出版社 1960 年版，第 24 页。
② 《马克思恩格斯选集》第 1 卷，人民出版社 1995 年版，第 274 页。

一切社会状况不停地动荡，永远的不安宁和变动，这就是资产阶级时代不同于过去一切时代的地方"。① 资本主义的本质决定了资产阶级必定要奔走于世界各地，到处落户、到处开发、到处建立联系。资本主义的发展，使物质生产和精神生产都成为世界性的。

推动世界历史性交往的基本动力，在于资产阶级的内在需求与资本主义的基本矛盾。资产阶级把人与人之间的一切关系都变成了"赤裸裸的利害关系"，"把人的尊严变成了交换价值"。正是这一本质需求决定了资产阶级的性格特点：一是必须对生产工具，从而对生产关系、对全部社会关系不断地进行革命，否则就不能生存下去；二是必须不断扩大产品销路，到处落户、到处开发、到处建立联系，从而开拓世界市场；三是迫使一切民族——如果它们不想灭亡的话——采用资产阶级的生产方式；它迫使它们在自己那里推行所谓的文明，即变成资产者。总之，它按照自己的面貌为自己创造出一个世界。可见，资产阶级的内在需求就是推动世界交往的动因。

人类历史进程充分表明，"只有随着生产力的这种普遍发展，人们之间的这种普遍交往才能建立起来；普遍交往，一方面，可以产生一切民族中同时都存在着'没有财产的'群众这一事实（普遍竞争），使每一民族都依赖于其他民族的变革；最后，地域性的个人为世界历史性的、经验上普遍的个人所代替。……共产主义只有作为占

① 《马克思恩格斯选集》第1卷，人民出版社1995年版，第275页。

统治地位的各民族‘一下子’同时发生的行动，在经验上才是可能的，而这是以生产力的普遍发展和与此相联系的世界交往为前提的”。① 在马克思主义创始人看来，历史转变成为世界历史，是实现共产主义的前提。因为共产主义的目标不是某一阶级、某一国家或某一民族的解放，而是全人类的解放，无产阶级只有解放全人类，才能最后解放自己。这一目标只能在世界历史、而非在地域的背景下去实现，共产主义运动是世界历史性的运动，实现共产主义，是在全世界而非在某一国家或某一民族实现共产主义。

　　社会生产力的发展，客观上改变着人们的交往，这种"改变"的内容之一，就是作为"交往主体"的人的能力的改变。只有这样，交往的实际内容的改变才有可能。交往中的人的能力的改变，不仅仅表现在如何适宜不断进步的具体的劳动形式和劳动内容上，同时也表现在作为世界历史性的人的素质的全面提高，从某种意义上说，这也是历史转变成世界历史的本质要求和重要特征之一。

　　共产主义社会是实现人的自由全面发展的社会，因此从这种意义上可以认为，人的自由全面发展是共产主义的本质特征之一，是人类获得彻底解放的重要标志。因为"自由"不是一部分社会成员享有，而是属于社会成员整体。这里需要强调的是，"人的自由全面发展"是有条件的。"只有在共同体中，个人才能获得全面发展其才能的

---

① 《马克思恩格斯选集》第1卷，人民出版社1995年版，第86页。

手段，也就是说，只是在共同体中才可能有个人自由"，①
而且"在这个联合体中，每个人的自由发展是一切人的
自由发展的条件"。② 无论是"共同体"，还是"联合体"，
在这里所指的都是"共产主义社会"。世界历史形成，不
仅是实现共产主义的前提，同时也是人的解放和人的自由
全面发展的前提。这不仅是因为"无产阶级只有在世界
历史意义上才能存在，就像共产主义——它的事业——只
有作为'世界历史性的'存在才有可能实现一样"，而且
"每一个单个人的解放的程度是与历史完全转变为世界历
史的程度一致的"。③ 人只有彻底改变孤立的民族性和地
域性而与现代文明交融，完全成为"世界历史性"的人，
才有可能实现人的自由全面发展。

　　只有共产主义社会"人的自由全面发展"才不是一
句空话。除上述已经提及的原因外，还应强调的是社会生
产力的高度发展和物质财富的极大丰富。人的自由全面发
展离不开必要的物质条件和物质基础。在实现共产主义之
前，即"人的自由全面发展"尚是人们追求的理想时，人
们可以清楚地看到在世界历史的条件下，首次出现了人的
"独立性"。这种独立性相对于以往人的"依附性"，无疑
是历史的巨大进步。

---

① 《马克思恩格斯选集》第1卷，人民出版社1995年版，第119页。
② 《马克思恩格斯选集》第1卷，人民出版社1995年版，第294页。
③ 《马克思恩格斯选集》第1卷，人民出版社1995年版，第87、第89页。

四、生产力革命和交往革命

马克思在论述民族历史走向世界历史、揭示人类社会历史的规律性时，十分重视交往。在他看来，交往是一个历史范畴。在人类历史发展的不同阶段，交往的形式是随之变化的。社会生产力的发展，必然要求与其相适应的交往形式的产生。人类历史的交往形式经历了一个由简单到复杂的发展变化过程。人类历史上的"交往革命"直接决定着或影响着世界历史进程，这在以下重要的历史时期明显地表现出来。

在中世纪城市兴起之前，在西欧的一些国家里已经出现了手工业专业化的趋向。10—11 世纪以来，随着社会生产力的发展，农业生产有了更多的剩余农产品，推动了商业活动的进一步开展，与此同时，手工业迅速发展，并出现了作为商业活动中心的城市。从中世纪的农奴中产生了初期城市的市民。"为要解释城市的领先地位，必须把它们置于 11—13 世纪期间逐渐在欧洲形成的第一个经济世界的范围之内。正是在那时候，出现了相当广阔的流通区域，而城市则是流通的工具、转运站和受益者"。① 生产力的发展和交往的发展催生了新的城市不断涌现出来，在 13—14 世纪的西欧，新增加的城市大约有 700 个。

① 布罗代尔：《15 至 18 世纪的物质文明、经济和资本主义》第 3 卷，三联书店 1993 年版，第 86 页。

　　1500 年前后被认为是世界近代史的开端。"因为只是从 1500 年左右新航路开辟之后，西欧人走向海外，开始殖民征服，欧洲贸易才走出地中海狭小的范围而扩大到全世界，为新兴的资产阶级开辟了新的活动场所，从而促进了欧洲的封建生产方式迅速地向资本主义生产方式过渡，对世界其他地区的经济社会发展产生了极大的影响"。①新航路的开辟，资本的膨胀和扩张，对瓜分殖民地的争夺，如葡萄牙东方殖民地国的建立，西班牙对中南美洲的殖民征服等，使得交往的范围及内容不断扩大。

　　17 世纪中叶到 18 世纪末，工场手工业逐渐取代了行会手工业；工场手工业的迅速发展和商业活动的扩大，加快了资本的积累。这一时期交往革命的标志是"世界市场"开始形成。欧洲、亚洲、非洲、美洲之间的贸易迅速发展，使世界市场不断扩大。在 17 世纪，"荷兰人从事的'货栈贸易'一般设有很多分支机构，他们的印度洋贸易显然也按同一模式进行"。② 世界市场的扩大和交往的扩大联系在一起，是促进封建生产方式向资本主义生产方式过渡的重要因素，对冲破生产的封建束缚起了重大的作用。

　　18 世纪后半期，在英国发生了工业革命，并很快扩展到欧美其他国家。1850 年时，英国已经建成的铁路达

---

　　① 吴于廑、齐世荣主编：《世界史·近代史编》，高等教育出版社 2001 年版，第 1 页。
　　② 布罗代尔：《15 至 18 世纪的物质文明、经济和资本主义》第 2 卷，三联书店 1993 年版，第 132 页。

9600多公里。蒸汽机车和铁路的出现，是和形成中的世界市场，和资本主义大工业的产生和发展联系在一起的，因而赋予了"交往"以新的内容，即推动了历史向世界历史的转变，正如恩格斯所说那样，"分工、水力、特别是蒸汽力的利用，机器的应用，这就是从18世纪中叶起工业用来摇撼旧世界基础的三个伟大的杠杆"，[①]其世界历史意义，实际上远远超过了一般意义上的政治革命或社会革命。

　　资本主义"首次开创了世界历史，因为它使每个文明国家以及这些国家中的每一个人的需要的满足都依赖于整个世界，因为它消灭了各国以往自然形成的闭关自守的状态"。[②]资本主义世界市场形成的过程，同时也是人们的交往不断扩大到全世界的过程。但是，"交往"却并非仅仅存在于资本主义历史阶段，而是贯穿于世界历史进程的各个阶段，存在于各社会经济形态中。交往、交往的普遍化，是和世界历史同时发展的。马克思恩格斯在1845—1846年的《德意志意识形态》中，曾谈及"部落所有制"、"古代公社所有制和国家所有制"、"封建所有制"、"资产阶级所有制"（紧接其后的是共产主义所有制）。在《〈政治经济学批判〉序言》中，马克思关于人类历史的分期写道："大体说来，亚细亚的、古代的、封建的和现代资产阶级的生产方式可以看作是经济的社会形

---

① 《马克思恩格斯全集》第2卷，人民出版社1957年版，第300页。
② 《马克思恩格斯选集》第1卷，人民出版社1995年版，第114页。

态演进的几个时代。资产阶级的生产关系是社会生产过程的最后一个对抗形式，……但是，在资产阶级社会的胎胞里发展的生产力，同时又创造着解决这种对抗的物质条件。因此，人类社会的史前时期就以这种社会形态而告终"。① 认识和分析人类历史纵向发展的"五形态"，不能脱离世界历史范围内的社会生产力的发展与交往方式的演变。

　　社会经济形态的更迭标志着世界历史各个时代的性质的变化。这些变化表明，世界历史的进步趋势是不可逆转的。

---

① 《马克思恩格斯选集》第2卷，人民出版社1995年版，第33页。

经济全球化和文化

JINGJI QUANQIUHUA HE WENHUA

反"文化全球化"*

——经济全球化背景下对文化多样性的思考

经济全球化作为一种事实和趋势，正在向我们走来；同时它又是一种价值判断，人们从不同的视角和立场关注着全球化这股巨大的历史浪潮，如何渗透到人类生活的各个领域，如何改变着或将要改变着人们的价值观念、生产方式和生活方式。按照国际货币基金组织的定义，全球化既包括资金、劳动力和资本的全球流动，也包括文化、意识形态领域中国际交流与合作的深化发展。不难看出，全球化的影响是多方面的，不仅仅限于经济生活领域，也涉及文化生活领域，但是，文化领域与经济领域不同，并不形成文化上的全球化或趋同化。相反，文化作为人类社会生存的方式，是一种创造性的活动，是组织和发展人类生命活动的一种特殊方法，却因各民族相异这一特征所决定，在全球化的背景下将进一步形成各民族文化的多样性。

---

* 本文发表于《史学理论研究》2004 年第 4 期。

一、"文化全球化"是谎言和陷阱

文化是人类特有的现象，是人类文明进步的结晶，渗透于社会生活的各领域，它对于人们树立正确的世界观、人生观、历史观、价值观，追求真善美，抵制假恶丑，具有不可替代的作用。民族文化是一个民族的灵魂和精神象征，是文化的核心，钟敬文先生说："民族文化，是一面明亮的镜子，它能照出民族生活的面貌，它还是一种爱克斯光，能照透民族生活的内在'肺腑'。它又是一种历史留下的足迹，能显示民族走过的道路。它更是一种推土机，能推动民族文化的向前发展。"① 总之，任何一个民族的文化，包括生产方式、社会结构、思想意识、宗教信仰、伦理观念和风俗习惯等等，都是这个民族存在的标志和继续发展的前提。

然而，20 世纪末以来，随着国际垄断资本主义在全球扩张加剧，西方一些学者鼓吹在经济全球化的背景下，"文化的全球化"也必将随之而来，预言未来将实现"全球文化的同质化"，以美国文化为代表的单一的西方文化将取代世界多样性的文化。美国杜克大学教授弗雷德里克·詹姆逊认为，文化的全球化是真正意义的全球化，是"界定全球化的真正核心：世界文化的标准化；美国的电视，美国的音乐，好莱坞的电影，正在取代世界上其他一

---

① 钟敬文：《民俗文化学：梗概与兴起》，中华书局 1996 年版，第 194 页。

切东西"。他还预言"文化全球化"的后果，是美国的大众文化模式取代世界上各个民族的传统文化。在这个过程中，各民族文化将遭到破坏。① 在经济全球化的背景下，单一的西方主流文化——"文化全球化"的形成，必将以牺牲多元的民族文化为代价。

马克思主义经典作家曾指出："资产阶级，由于开拓了世界市场，使一切国家的生产和消费都成为世界性的了……过去那种地方的和民族的自给自足和闭关自守状态，被各个民族的各方面的互相往来和各方面的互相依赖所代替了。物质的生产是如此，精神的生产也是如此。各民族的精神产品成了公共的财产。民族的片面性和局限性日益成为不可能，于是由许多种民族的和地方的文学形成了一种世界的文学。"② 马克思恩格斯在这里所说的"世界文学"是指"世界文化"。但能否就此可以理解为这是马克思恩格斯对"文化全球化"将成为可能的"预见"，以及"文化全球化是各民族文化交融的一种必然结果，是人类共同体验、创造的结晶，是人类生存和发展的需要"，③ 这还是一个有待于进一步商榷的问题。包括笔者在内的一些论者不同意上述观点。如有的论者认为，"世界文化是一个色彩斑斓的画卷，而不是清一色的设计图

① 弗雷德里克·詹姆逊：《论全球化和文化》，王宁编：《全球化与文化西方与中国》，北京大学出版社2002年版，第108页。

② 《马克思恩格斯选集》第1卷，人民出版社1995年版，第276页。

③ 罗成琰：《全球化背景下中国文化的创新》，《全球化背景下中国文化竞争力研究》，中国时代经济出版社2004年版，第79—80页。

纸。没有文化的民族化，就没有真正意义上的世界文化。失去了文化的民族个性，世界性的文化共性也就失去了存在的基础。而且，在文化领域内，没有了差异，没有了竞争，也就没有了生机活力，自然也就没有了文化进步"。①总之，民族文化和世界文化不是对立的，世界文化也不等于文化的"全球化"，以美国文化为代表的西方文化竭力要成为世界文化的主流文化，进而要成为全球的"文化"，这里所推行的实际上是体现西方价值观的一种新的意识形态。

正确理解马克思、恩格斯所说的"世界文学——世界文化"的含义，首先应该将其放在广阔的世界历史背景中去理解。随着近代资本主义世界市场的形成，被隔绝的世界开始连成一体，使所有国家的生产和消费，不同程度地愈来愈具有世界性的意义。"世界文化"是相对于封闭的、孤立的"民族"或"地域"的文化而言，首先是相对于那个封闭的、孤立的历史时代而言。正是由于近代世界和中古世界相比发生了剧变，所以各个民族的文化开始有了"世界"的内容，而这种"世界性"的内容，并不是一开始就有的，而是世界历史发展的结果。此外，马克思主义经典作家并不是用"世界文化"来否定或代替"民族文化"。世界文化的形成只是在新的历史条件下，赋予了民族文化新的内容，主要表现为民族文化在保持民族性的同时，

① 丰子义等：《马克思"世界历史"理论与全球化》，人民出版社2002年版，第151—152页。

而更加突出民族文化的时代感和时代精神，传统文化适应时代发展的客观要求，不断发生新的转换。在这里，并不存在着与民族文化相悖的单一的"世界文化"。

因此，我们可以有理由说所谓"文化全球化"，是一个美丽的谎言，或者说是一个陷阱。对这种观点，一些西方学者也持异议，例如英国学者费舍斯通认为：不断增长的国际间货币、商品、影像以及信息等，已经产生了"第三种文化"，它是超国界的，它调和着不同国家之间的文化。总之，在他看来，不存在"同一的全球文化"。又如法国学者魏明德认为："在文化方面，全球化既可以产生最好的结果，也可以产生最坏的结果。……我们可以重新发现我们的根源，通过与外部的接触经感应而再度发现，不是靠重复过去的文化形式，人类可以借由这些文化形式的相互作用踏上追寻自然天性的种种潜能之旅，从而进行创造。我们必须挖掘个性才能达到普遍，但是，只有在我们学会尊重和欣赏他人的个性时，才能够表达出自我个性的精华。"魏明德从以上认识出发，认为在全球化的背景下文化方面的"最坏结果"，就是加速每个文化对自身源头的忘却，"而只有一大盆共同的'汤'"。这似乎可以理解是文化的全球化了，但这只"是一种建立在最平庸的参照和产品上的普遍的伪文化"。[①] 法国另一位学者尚－皮耶·瓦尼耶则更明确地指出，所谓"文化全球化"，"事实上，它只是美、欧、亚洲三角地区，受到其

---

① 魏明德：《全球化与中国》，商务印书馆2002年版，第7页。

所属国家鼓励的私人产业霸权式支配下的一种大型的文化交融现象"。① 全球化对民族文化发展提出了挑战，但是，挑战的结果绝不是要建立起"一大盆共同的'汤'"的伪文化，也不是、也不可能实现归于一统的"文化全球化"，而是使各民族文化在特定的历史环境中通过交流和交融，而变得更加灿烂辉煌，这是世界各民族人民的共同愿望。

在全球化的背景下，依然能够保持文化的多样性，因为这是和保持民族的独立性紧紧联系在一起的。文化的基本特征之一是民族性，这是这一民族立足于世界民族之林的基石。如果一个民族全盘否定自己的文化传统，失去了民族的自信心，心甘情愿地接受异族来"同化"，那就是这个民族走向衰亡的开始。民族文化是民族存在的标志，当任何一种文化失去其"民族性"时，它作为一个独立的文化也就不存在了。建立以美国文化为主导的所谓文化的"全球化"，其实质是推行文化霸权，是典型的"文化帝国主义"。

文化帝国主义，文化侵略或文化扩张，历来是帝国主义的重要内容之一，而非始自上个世纪末全球化时代的到来。美籍学者爱德华 W. 萨义德在其代表作《文化与帝国主义》中，有详尽阐释。19 世纪末 20 世纪初，主要资本主义国家进入帝国主义发展阶段，帝国主义的统治与扩张，包括有意识形态和文化方面的内容。从"西方中心主义"出发，认为西方与世界其他地方之间，有本质的差别。"人们对于西方与非西方的边缘地带间的地理和文

---

① 尚－皮耶·瓦尼耶:《文化全球化》,台湾麦田出版社 2003 年版,第 92 页。

化的界限的感觉与认识非常强烈",而且认为 "这些边界
是绝对的"。"西方对非西方世界的大规模统治现在已经
是为人们所接受的历史研究的一个分支了。现在,就其研
究范围而论,已是全球性的了。……帝国的巨大地理疆
域,特别是英帝国的,与正在普遍化的文化语境已经结合
在一起。当然,是权力使这种结合成为可能。与此同时,
还有能够留在遥远的地方,得以了解别人,整理与传播知
识,发现特征、描绘、传播、展示和表现其他文化(通
过展览、远征、照片、绘画、调查、开办学校)的可能。
而最主要的是统治他们的能力。这一切又产生了所谓对土
著的'职责',在非洲或其他地方为了土著的利益或者为
了祖国的'声誉'而建立殖民地,这是文明人的使命措
辞"。总之,帝国主义的 "统治不是静止不动的,而是以
许多方式传播宗主国的文化。……一系列较新的研究描述
了帝国的主题是如何编进了大众文化和小说结构中或历
史、哲学和地理的语境中去"。如果说,老牌帝国主义的
霸权主要是通过两种力量,一种 "存在于直接的统治",
另一 "存在于文化领域",那么在当代美国,"它的不同
之处在于文化扩张的范围的突飞猛进。这主要是由于传播
与控制信息的工具空前发展"。[①] 在不同的历史时期和不
同的国家或地区,文化帝国主义的内容及表现形式会有所
变化,但是,它和现实世界的紧密联系,以及在政治、经

---

① 爱德华 W. 萨义德:《文化与帝国主义》,三联书店 2003 年版,第 150—151
页,第 415 页。

济、军事和外交等领域的利益关系，却是不会改变的。

　　冷战结束后，各国文化的外部环境都发生了深刻的变化，提出了不少值得人们深思的新问题。在当前"经济全球化"的背景下，文化帝国主义严重地威胁着他国的文化安全。我国的文化安全，首先是意识形态安全和价值观安全，面临着以美国为代表的西方文化帝国主义的严重挑战。在"全球化"的背景下，美国国家政策的一个明显特点是将"文化"和"新经济"、"高科技"并列，极力使以美国文化为中心的"西方文化"，成为当今世界的"主流文化"，用西方的价值观支配世界。托夫勒教授等认为，军事力量和经济力量不再作为衡量国家实力的主要目标，知识的控制是明日世界争夺的焦点。谁的文化成为主流文化，谁将成为国际权力斗争的赢家，谁将掌握未来。[1] 从这一基本战略目标出发，一些美国学者在全球化的背景下极力鼓吹"文化全球化"。

　　冷战结束后，美国耶鲁大学教授保罗·肯尼迪说："今后的世界不是资本主义和社会主义的对峙，而是美国式的放任主义的文化和反美国文化之间的对峙。"美国凭借强大的经济实力和高科技手段，通过电影、电视、广播、书籍、报刊、广告、流行音乐及国际互联网，对包括中国在内的世界各国进行文化渗透。目前，美国控制了世界75%电视节目和60%以上广播节目的生产和制作，每

----

　　① 参见中国社会科学院"世界文明"课题组编：《国际文化思潮评论》，中国社会科学出版社1999年版，第6页。

年向国外发行的电视节目总量达 30 万小时，许多国家的电视节目中美国节目往往占 60%—70%，有的占 80% 以上，文化产品是美国最大的出口产品，每年的出口额达 600 多亿美元，甚至超过航天航空和电子产品的出口额。美国文化所蕴涵的深层内容是西方资产阶级的社会政治理念、价值观念、意识形态和生活方式。当以美国文化为中心的西方文化的比重超过一定的"度"，甚至高于本国文化时，将会使人们的生活方式、思维方式、行为方式、价值观念倾向"西化"，极大削弱了对民族文化的认同。这种情况在我国社会生活的一些方面已有所反映，这是十分危险的。任何文化的形式都是丰富多彩的，但深层次内容都是价值观问题，如果不能积极有效地应对文化帝国主义的严重挑战，我国的社会发展就会失去了共同的、稳定的基本价值观念，或者分裂为许多不同的相互冲突的价值观念，这样，我国稳定、和谐的社会环境将不复存在，国家的文化安全以至于国家的整体安全都将受到严重威胁。

西方的理论家从他们的世界观、价值观出发，同样也不否认文化发展和社会发展之间的内在联系，不否认文化所蕴涵的现实的价值观。亨廷顿为了维护美国国家的基本利益，强调必须战胜"美国存在的崇尚多样性及多文化主义的思想"，并毫不掩饰地指出："如果多文化盛行，如果对开明的民主制度的共识发生分歧，那么，美国就可能同苏联一道落进历史的垃圾堆！"为了维系这种"共识"，"增强人民之间的凝聚力"，就必须制造一个"假想敌"，并可随心所欲地通过"假想敌"突出体现美国国家利益的文化"中心论"的必要性，以此否定任何形式的多元文化——多元的文化价值观的发展。他还认为，冷战后北约组织的主要任务是"保护和维护西方文明"，西方大国领导人的责任是"保护和促进他们共同拥有的珍贵而又独特的文明中的利益、价值观和文化等"。[①]

任何一个有独立文化传统的国家，在经济全球化的背景下，都要为维护本国的文化传统、文化利益和文化安全采取积极的措施。如许多国家以"多极文化论"与美国的"单边文化战略"相抗衡，甚至包括一些西方发达国家。1989 年，欧洲议会通过"无国界电视"指令，确保播放欧洲影视作品的时间额度。1992 年，欧盟认同法国的"文化例外"概念，并确定了界定"文化例外"的六条标准。1993 年，法国和加拿大等国在乌拉圭回合谈判中，提出"文化例外"主张，认为文化产品有特殊性，不能与其他商品一样流通。

二、世界历史是多元文化的历史

漫长的世界历史告诉人们，人类文化的起源是多元的，在世界历史上，从来不存在单一的"全球"文化模式，人类文化的多元文化源头，至今仍可以看得清清楚楚。一部人类文明的历史，从某种意义可以说，就是各个民族多元文化发展的历史。几千年来，希腊文化、希伯来文化、印

---

① 　参见朱马杰：《当代国际关系中的文化博弈》，《国际问题研究》2001 年第 2 期。

度文化、中国文化、非洲文化以及阿拉伯伊斯兰等文化，共同创造了光辉灿烂的人类文化，为人类文化的发展做出了自己独特的贡献，对人类社会的历史和现实产生了深刻的影响。正是各个民族文化的存在和发展，以及不同文化之间的交流和交融，才使文化在各个历史时期呈现出色彩缤纷的多样性，这是整个人类文明存在和发展的基础。

20世纪初，德国历史哲学家斯宾格勒在他所创立的文化形态史观中，为人们描绘了一幅多元的世界文化图景。他认为人类世界有8种独立的高级的文化系统，这就是埃及文化、巴比伦文化、印度文化、中国文化、古典文化（古代希腊罗马文化）、阿拉伯文化、墨西哥文化和西方文化。他否定了“欧洲文化中心”的理论，明确地提出除了西方文化之外，还有其他各种独立的文化。在他看来，“西欧的土地被当作一个坚实的‘极’，当作地面上独一无二的选定地区，理由似乎只是因为我们住在这里；而千万年来的伟大历史和遥远的强大文化则都被迫极其谦逊地绕着这个‘极’在旋转。这是一种太阳行星式的怪想体系！”他认为，这是西欧人自欺欺人制造出来的“‘世界历史’幻景”。他把西欧文化中心的历史体系称作“历史的托勒密体系”，而把他的理论称为“历史领域中的哥白尼发现”，因为从这一理论出发，并“不承认古典文化或西方文化比印度文化、巴比伦文化、中国文化、埃及文化、阿拉伯文化、墨西哥文化等占有任何优越地位——它们都是动态存在的个别世界，从分量看来，它们在历史的一般图景中的地位和古典文化是一样的，从精神上的伟大和上升的力量看来，它们常常超过古典文化"。①
继斯宾格勒之后，英国历史学家汤因比继承并发展了斯宾
格勒的多元文化理论，在 1934—1961 年撰有 12 卷巨著
《历史研究》，他认为 6000 年来的人类历史发展中，曾有
26 种文明形态，其中 21 种得到了发展。虽然他研究世界
历史的单位不是"文化"，而是"文明"，但同样对西欧
文化中心的偏见持否定态度。

　　总之，世界历史是多元文化的历史，在今天的世界
上，大约 200 个国家中，生活着 5000 多个不同的民族
（2004 年《联合国人文发展报告》，2004 年 7 月 16 日）。
1915 年，一个由人类学家组成的小组曾计算出人类历史
上继续存在和已经消亡的文化有 650 余种。② 1992 年，法
国学者埃内贝尔对世界上 160 个国家的种族情况进行了考
察后写道："全球完全属于同性质的国家屈指可数；反
之，在文化、宗教、语言、族群呈现异质的情形在各地皆
属常态。"③ 在人们看来，这是完全正常的，因为今天的
世界仍然有 6000 余种通行的语言，而主权国家和自治地
区的数目也不过 220 多个，这样，平均每个国家就有近
30 种语言或民族。自远古以来的世界历史进程表明，一
些民族之间虽然有冲突，甚至是激烈的暴力冲突，但是从
整体上看，各个民族主要还是和平共处，共同创造着、丰

---

　　① 斯宾格勒：《西方的没落》上册，商务印书馆 1963 年版，第 33—34 页。
　　② 威廉·麦戈伊：《文明的五个纪元》，山东画报出版社，第 34 页。
　　③ 埃内贝尔：《全球部落意识——环球 160 个国家的种族处境》，转引自尚-皮
耶·瓦尼耶：《文化全球化》，台湾麦田出版社 2003 年版，第 143 页。

富着和发展着世界文化，推动着历史的进步和发展。

中国文化是多元一体的文化，它的起源也是多元的。犹如在世界的历史上不存在"西方中心论"一样，在中国的历史上也不存在所谓的"华夏中心论"。① 中国是一个统一的、多民族的大家庭，它的每一个成员都为中国文化的形成做出了自己的贡献。如果仅仅认为黄河流域或黄河、长江流域是中国文化的发源地显然欠妥，因为这只是描述了"农耕文化"的萌生和发展，而忽略了与其并存的"游牧文化"。游牧文化并非是产生于中原的农耕文化的蔓延或辐射，因此可以说，东北辽河流域的红山文化、天山山脉等也是中国文化的发源地之一。在天山南北的辽阔地域，几千年来是塞种、乌孙、康居、大月氏、匈奴、鲜卑、突厥、契丹、蒙古、柔然、铁勒和高车等古代民族繁衍生息的地方，他们共同创造了光辉的"游牧文化"。而红山文化则是农耕和游牧并举的文化，在经济上表现出农耕文化和游牧文化开始融为一体的特点。

早在春秋时期，华夏族许多部落，如神农和黄帝等，

---

① 目前，国内学术界关于中国文明起源地的观点主要有五种说法：其一，"满天星斗说"：认为我国数以千计的新石器遗址，可以分为六大板块；其二，"两大集团说"：一以半坡文化为代表，另一以青莲岗文化为代表；其三，"接触地带说"：以阴山、秦岭、南岭三条山脉为标志划分出接触地带，找出各种文化之间的区别和联系；其四，"大小中心说"：黄河文化是一个大的文化中心，在该中心之外存在若干小中心；其五，"辽河流域文化中心说"：认为赤峰的红山文化，并非受黄河仰韶文化的影响形成，在远古时期，该文化并非落后于中原文化。关于中国文化的起源，则表述为"满天星斗"、"八大中心"、"七大系统"、"六大区系"等，说法虽然不一，但有一点是共同的，即中国文化初曙之时，就已经表现出多样性的特点。

已经与东夷、南蛮、西戎、北狄族有了密切接触，因此有了"诸夏之族"的融合高潮，到汉代时融合成为汉族。正是有了秦汉盛世，汉文化通过与周边民族的文化，如匈奴、鲜卑、契丹、女真等少数民族文化进行了内容广泛的交流和融合，汲取了各个民族的文化成果，才形成了绵延数千年经久不衰的中国文化。[①] 例如，胡琴就是汉族与新疆各民族，首先是维吾尔族相互影响下的产物。中华民族是多元的统一，中国文化也是多元的统一。在保持各民族、各地域文化多样性的同时，也鲜明地表现出中国文化的整体性和统一性，中国文化所以成为世界上唯一延续发展不曾中断的文化体系，重要的原因之一就在于此。

中国"文化的发展要借鉴外邦文化、吸收外邦文化，但同时要保持民族的主体性、独立性。必须资外以宏内，不能徇外而蔑内。如果失去了民族文化的独立性，那就沦为外邦文化的附庸！如果丧失了民族的自尊心和自信心，文化的正常发展也将是不可能的"。[②] 例如两汉时，佛教——当时和中国人的信仰完全不同的宗教，从印度传入中国，并逐渐产生了重要的影响，"独尊儒术"的情况

---

① 我国学界一般认为，中国历史上民族融合的高潮，有以下四次：1. 春秋战国至秦，约500年。楚人、吴人、越人东夷、西戎、南蛮、北狄与"诸夏之族"融合为汉族。2. 南北朝到唐初，约400年。其间匈奴、鲜卑、羯、氐、羌等少数民族入主中原建立前赵、后越、前燕、前秦等十六国，逐渐汉化并融入到汉民族中。3. 从五代十国到明初，约500多年。女真、契丹、西夏、沙陀等民族，进入西北和北部地区后，经过"五代十国"与汉族同化。4. 清入关后。

② 张岱年：《中国文化的改造与复兴》，《文化与价值》，新华出版社2004年版，第253页。

开始发生了变化。但历经两汉、魏晋、隋唐，以至宋元明清，可以清楚地看到印度佛教有一个明显的"中国化"的过程，其结果是印度佛教成了中国化的佛教。和最初传入的印度佛教相比，"中国化的佛教"已经深深植根于中国大地上，成为独立的学说体系。这足以表明中国文化接纳外来文化的能力和自信力。除佛学来自印度外，"景教来自西欧，回教来自阿拉伯，音韵受到《西域胡书》（《隋书·经籍志》）的影响，云冈石佛的作风直接受到印度、间接受到希腊的影响，壁画亦受到印度的影响，……这一一都在中国社会内在的根据上生根、开花、结实，成了中国民族自己的东西"。又如，"'论衡'是汉民族过去的用语，今日已为'批评'或'批判'所代替；苜蓿、葡萄、胡麻、胡桃、豌豆、菠菜、胡萝卜、黄瓜、西瓜、无花果、皂荚、凤仙花、米突、铁道、轮船、摩登……都不是汉民族原有用语，或随同其实物的传入而传入，或随同新事物的发生而发生，今日都成了汉民族自己的用语了"。[①] 明清之际，西学东渐给中国带来了内容广泛的西方文化，特别是科学技术文化，中国以鲜明的文化自信心和宽广的胸怀吸纳着域外文化，以丰富和充实自己。中国文化发展的历史和现实表明，无论是过去、现在还是未来，中国文化与外来文化各种形式的交流和交融，永远都不会停止。

中国文化与外来文化交流和交融的过程，也是中国文

---

① 吕振羽：《中国社会史诸问题》，华东人民出版社1954年版，第175—176页。

化在继承、弘扬自己优秀文化传统的同时，不断进行文化创新的过程。中国文化和世界上各个民族优秀的文化一样，是发展的文化。文化不仅有民族性，而且也有时代性。而时代性的获得，离不开与时俱进、推陈出新，进行积极的文化创新。半个多世纪前，闻一多先生在《女神之地方色彩》文章中就"新诗"写道：新诗应该是"中西艺术结婚后产生的宁馨儿"，"一切的艺术应该是时代的经线，同地方纬线所编织成的一匹锦"。季羡林先生对此比喻十分赞赏，认为"这说法实在是形象生动，比喻确切"。他说："任何国家任何时代的文学（文化的一个重要组成部分）都包含着两方面的因素：民族性和时代性。代表民族性的民族文学传统是历史形成的，这是锦上的南北方向的直线，可以算是经，代表时代性的是民族文学随时代而异的现代化，这是共时形成的，这是锦上的东西方向的纬。经与纬，民族性与时代性相结合就产生了每一时代的新文学。从广义的文化交流方面来看，这种想象更为突出。"① 只有自觉地将文化中的继承与创新、民族性时代性结合起来，才能适应时代的需要，并在面向时代的创新中不断获得新的生命力。文化创新不是一个孤立的过程，它又是和理论创新、制度创新和科技创新密切联系在一起的。只强调继承，不讲创新，将会导致"文化保守主义"，这同全盘否定民族文化的"民族虚无主义"一

---

① 季羡林：《中西比较文学教程·序一》，见乐黛云主编《中西比较文学教程》，高等教育出版社 1987 年版，第 4 页。

样，同样是不可取的。

经济全球化是全球范围内交流与互动的一个自然历史进程。由于人类社会的空间障碍正在消失，不仅使世界经济的发展，而且人类文化的发展也不可避免地会受到深刻影响，但这种影响并不是产生"单一文化模式"的所谓的"文化的全球化"，也不是建立以美国文化为中心的"世界文化的标准化"；恰恰相反，经济全球化使世界不同国家和民族的文化联系空前增强，各文化之间相互交流与融合的机会不断加大，各民族在继承、发扬自己优秀文化传统的同时，以更广阔的胸怀和更开放的心态汲取其他民族的优秀文化成果，从而使全球化时代世界文化的发展，进一步表现出相互融合和多元发展同时并存的明显特征。2004年5月，"世界历史文化名城市长对话会"在中国南京召开，如何构建多元文化的城市，城市如何突出多元文化，以及市民在生活中如何感受到文化的力量，成为会议的主要议题。与会的市长们认为，城市文化的积淀与传承是世界各国重要的精神力量，多元的民族应该保持多元的文化特色，如巴塞罗那市前市长特鲁诺所言："自然界因为生物多样性而美丽，人类也因为文化多元化而丰富，如果全世界都吃麦当劳，喝可口可乐，世界该是多么单调。"[1] 在全球化的背景下，各民族的文化需要进行广泛交流和沟通，形成相互尊重、互相促进的和谐发展态势，保护人类的多元文化生态是世界各国的共同目标。

---

[1]　郑晋鸣等：《城市应突出多元文化》，《光明日报》2004年5月17日。

全球化时代的到来，为不同文化之间的交流和交融提供了新的历史机遇，经济全球化是加快文化交融的强大动力。在"地球村"中，各个国家和民族之间的交往更加广泛、更加频繁，使自己的文化在不同文化的交流和交融中不断获得新的动因，从而使各民族的文化丰富多彩、充满生机，表现出更加鲜明的文化的多样性。由此人们完全可以有理由说，正是在经济全球化这一新的历史条件下，才使文化进一步表现出具有各自民族特征的多样性，而不是相反。

1922 年，英国哲学家罗素在《中西文明比较》中写道："不同文化之间的交流过去已经多次证明是人类文明发展的里程碑。希腊学习埃及，罗马借鉴希腊，阿拉伯参照罗马帝国，中世纪的欧洲又模仿阿拉伯，而文艺复兴时期的欧洲则仿效拜占庭帝国……"[①] 正是由于不同文化之间的碰撞、交流和交融，才使得这些文化在自身的发展中不断地汲取营养，在不同的历史时期都焕发出新的生命力，世世代代延续下去。这种文化的交融，不是一个民族的文化融化到另一个民族的文化之中，导致这个或那个民族文化的消失，或使本民族的文化受到削弱；相反却是在这种交融中，使本民族的文化因汲取外来文化的有益内容而更加健壮，更加生气勃勃。中国文化的发展历程充分证明了这一点。在不断吸纳异质文化精华的过程中，中国文

---

① 参见中华孔子学会等编：《经济全球化与民族文化多元发展》，社会科学文献出版社 2003 年版，第 76 页。

化不仅没有被外来文化所取代，相反却变得根深叶茂，创造出新的、更有活力的中国文化。

不同民族之间的文化、各异质文化所以能够交流、交融，表明文化具有同质性，而且文化的同质性又是和文化的多样性联系在一起的。所谓"文化的同质性"，是强调将人类文化发展作为一个有机的整体进行研究，或者说，人类文化发展有一个共同的层面。任何一种文化，都是世界性和民族性的辩证统一。文化的世界性不是一个抽象的概念，这种世界性存在于民族性之中，并通过文化的民族性体现出来。如果文化的民族性失去了，世界性也就不复存在。世界文化由具有各自鲜明特点的民族文化组成，世界上不存在超然于民族文化之上的所谓独立的"世界文化"，伴随着经济全球化已经或正在形成金融的全球化、传媒的全球化等，并没有出现什么体现出单一价值体系的"文化的全球化"。

2004 年《联合国人文发展年度报告》认为，文化多样性对社会发展至关重要。促进文化多样性是发展的关键。保持文化多样性和保护少数民族的权利对于发展和社会稳定至关重要。政府采取有利于少数民族的赞助性行动或多语教学政策，可以促进国民的团结，降低民族之间爆发冲突的危险。各民族都面临这样的选择：要么接受并促进文化多样性，要么遭遇暴力冲突、发展滞后等问题。"在这些文化认同方面的斗争，如果撒手不管或处理不当，就会很快演变为国内或国际局势动荡的根源之一，引发冲突，从而导致发展倒退"。报告的主笔福田—帕尔说："我认为，今天的现实是，我们认识到国家没有必要建立在单一的文化认同之上。"

三、文化霸权和文化帝国主义

世界各民族和国家在各自历史发展进程中所形成的文化，均具有自己的特色。文化作为一种价值体系，它的核心内容是道德风范和社会理想，包括世界观、人生观和价值观等等，它渗透在人们的精神生活和物质生活之中，集中反映了各个民族的民族精神。在漫长的人类历史发展过程中形成的文化的多样性，这本来是一个不争的事实，经济全球化并没有使这一事实发生丝毫改变，那为什么一些西方的理论家却视而不见，极力宣扬以单一的西方文化为目标的"文化的全球化"呢？因为文化的多样性，以及不断增强的文化多样性的趋势，使各民族的文化不断彰显的同时，"西方文化中心"的理论日趋走向衰落。美国等西方国家用自己的"强势文化"反对所谓"多元文化的盛行"，极力推行文化霸权主义，企图依仗自己经济上的优势，将自己的文化模式强加于人，建立自己意识形态的一统天下。他们通过各种形式的文化渗透宣扬其政治理念、价值观念和生活方式，使发展中国家的某些人，特别是年轻人的价值观念、生活方式、思维方式、行为方式受到侵蚀，民族文化受到消极影响，极大地削弱了人们对民族文化的认同。因此，对西方文化的文化霸权、文化渗透以及单一文化的威胁，我们应有清醒的认识。

目前国内学术界有一种观点认为，文化霸权中的“霸权”，在英语中的对应词汇是“hegemony”，而“hegemony”的希腊文和拉丁文分别是“egemon”和“egemonia”，他们的本义是指一个国家的领导人或统治者。因此，“文化霸权或文化领导权作为概念是同义的，即都是指以同意或服从为基础的文化形态的控制或影响。这对于受过儒家传统文化濡染，知道‘王’与‘霸’区别的国人，似乎有点难于接受。然而仔细想想，西方的理解自有其道理，它所关注的重点在于各种文化相互作用中的主导者或主导权。这是一种客观的实际或客观的状态，它可以向不同方向演化，表现为我们理解的‘王道’或‘霸道’，即确切意义上的领导权或霸权。无论文化领导权抑或文化霸权，其实质就是文化主导权，这是每一个文化主体都无法回避的文化现实”。① 19 世纪末、20 世纪初以来的世界史表明，任何一种文化霸权下的“同意或服从”，都是被迫的文化接受，而不是主动的文化选择；同样，任何一种文化霸权下的“文化形态的控制或影响”，都是和帝国主义政策联系在一起的文化侵略或文化扩张。从这一基本认识出发，或者从事实出发，文化霸权和文化帝国主义在概念上是同义的。这种文化霸权往往以文化的形态表现出来，而其背后所蕴涵的是在政治上、经济上获取更多更大的利益。今日世界上文化霸权和文化帝国主义的存在，是现存国际政治、国际经济秩序不平等的客观反映。

---

① 孙晶：《文化霸权理论研究》，社会科学文献出版社 2004 年版，第 2 页。

"文化帝国主义"这一术语，产生于20世纪60年代。但一般认为，美国加州大学圣地亚哥分校传播学教授赫伯特·许勒1976年在《传播与文化支配》一书中，首先对该概念进行了较详尽的阐释，以后他又在《大众传播与美国帝国》中，继续探讨了这个问题。在他看来，文化帝国主义是若干过程的总和，是一个历史性的现象。就传播媒介领域来看，国际文化的"交流"愈来愈加失衡，年轻的发展中国家的文化发展空间，受到严重的"挤压"。英国诺丁汉特伦特大学国际传播与文化研究中心主任约翰·汤林森教授1991年著有《文化帝国主义》，他通过对60年代产生、90年代又重新被人提起的"文化帝国主义"的分析，探讨了冷战后文化发展的特点和趋势。他认为在西方国家和发展中国家的文化"交流"中，明显地表现出不平等的文化霸权；"文化帝国主义"就是一个国家有那样一种权力，可以把他们的文化转置到别的国家，致力于"文化的全球化"。然而，无论是"文化帝国主义"还是"文化全球化"，都不仅仅是一个抽象的理论问题，同时也是一个现实的问题。从社会生活实际出发，以后他进一步分析道：文化帝国主义理论"其中心前提相当简单，即某些主流优势文化会威胁到其他文化，但其中还包含更多复杂、相互矛盾、模糊不清的理念。事实上所谓的'文化帝国主义'也有不同的界定范围：从美国对欧洲的主宰、'西方世界'对其他区域的主导、核心国家对边陲国家的控制、现代世界对加速消失的传统世界，以及资本主义对几乎是每个人、每项事物的掌控，都可列入其范畴"。① 英国学者弗里德曼明确指出,文化帝国主义是"帝国主义本质内容的一部分,使特定的以美国文化为中心的西方文化,不断通过文化霸权增加其影响力,使美国的价值观、消费产品,及其生活方式广为流传到世界其他地方",② 显然,他清楚地意识到了文化方面的霸权主义政策,是全球化的背景下整个帝国主义政策的重要组成部分。

文化渗透和文化扩张,是美国称霸全球战略的重要组成部分;文化帝国主义是美国谋求世界霸权的重要内容之一。"世界霸权",既包括政治、经济、军事、外交上的霸权,也包括文化方面的霸权。在西方的一些理论家看来,通过"暴力"建立起来的霸权,是对权力的一种简单的体现,是"低质量的权力形式",而通过"知识"或"文化"建立起来的权力———一种"有目的的支配他人的力量",则是"高质量的权力",具有高度的"灵活性"和"权威性"。前美国总统国家安全事务顾问布热津斯基在《大失控和大混乱》中说:"削弱民族国家的主权,增强美国文化作为世界各国'榜样'的文化和意识形态力量,是美国维持其霸权地位所必须实施的战略"。以美国为代表的西方文化和价值观念,极力要渗透到世界其他国家和民族之中,建立起以美国文化为主导的文化,把自己

---

① 约翰·汤林森:《文化全球化》,台湾韦伯文化国际出版有限公司2003年版,第90页。

② Friedman. J∶*Cultural Identity and Global Process.* London∶Sage,1994,p.195.

的意识形态强加给其他国家和人民，甚至以此来干涉别国内政，其实质是典型的"文化帝国主义"。

英国诺丁汉大学汤林森教授不久前访华时表示，40年来世界虽然已经发生了深刻的变化，但今天的世界仍然面临着单一文化的威胁。全球化加快了不同国家和民族之间文化的交流和交融，但并没有改变多元文化并存这一世界文化发展的客观趋势。不平等的文化交流，实际上是弱势文化对强势文化的一种被迫接受，只能进一步加强文化帝国主义和文化霸权主义在政治文化、消费文化和大众传播文化等方面的扩张和渗透。美国等西方国家以"文化全球化"为名推行文化帝国主义，宣扬未来世界各个国家、各个民族的文化都将消失在单一的"全球化"的文化中，比直接鼓吹"全盘西化"具有更大的欺骗性。然而，"文化全球化"是不可能实现的，这不仅在理论上荒谬，而且在实际生活中也行不通。在西方大国的文化扩张面前，广大发展中国家，以及一些发达国家并非如西方大国一厢情愿那样，只是被动地接受，而是在西方文化的剧烈冲击下，选择保护本民族文化健康发展的现实道路，通过积极地进行自身文化的反思，以及传统文化的现代的转化和重构，不断创造着本民族的新文化，以增强本民族赖以生存的民族文化的力量。

四、中国传统文化的现代价值

在经济全球化的背景下，中国文化正在以综合和创新的时代精神走向世界。中国传统文化曾经创造出无比灿烂的辉煌成果，但是近代以来，随着资本主义世界体系的建立和扩张，中国却落后了，甚至在 19 世纪末面临着亡国灭种的危险。显然，历史悠久的中国传统文化在新时代的剧烈冲击下，也表现出明显的缺失。为了加深我国各族人民对中国文化的血脉认同，我们必须对包括中国传统文化的中国文化从整体上有一正确的认识。

张岱年先生对中国传统文化的积极因素和消极因素进行了归纳，认为它有"四长四弊"。四长是："（1）摆脱神学独断的生活信念；（2）重视相反相成的思维方式；（3）肯定道德自觉的人格观念；（4）爱国爱族的牺牲精神。"四弊是："（1）尚通忽别的致思心习；（2）不重实际探求的学术方向；（3）忽视个性自由的人际观念；（4）尊尊亲亲的传统陋习。"① 如果说，对中国传统文化有长有弊的分析，反映了中国传统文化的个性和内涵，或者说在一定程度上描述了中国传统文化的精神，那么，一些人对所谓"计划文化"的认识，却使人感到茫然。有论者认为，新中国成立初期起过积极作用的"计划经济"，虽然已经完成历史使命，基本退出了经济舞台，"但是计划经济时代生成的'计划文化'、'计划心态'、'计划思维'将长期存在，这是由意识形态的发展特征决定的"。至于"计划文化"的特征，则作了如下的描述："除了计

---

① 张岱年：《中国文化发展的道路》，《文化与价值》，新华出版社 2004 年版，第 272 页。

划经济带给它的封闭性、统一性、集体性、被动性等特点
之外，还带有那个时代政治、社会、思想的烙印，从而含
有盲目、迷信、僵化、屈从、专制、虚伪等成分。它的出
现使传统文化中的消极因素得到加强，从而令整个文化土
壤更利于创新之树、发明之苗生长。由此而论，计划经
济，以及相应的上层建筑，对文化竞争力的培育具有某种
腐蚀甚至破坏作用。"[1] 这样，我们看不到如论者所言计
划经济有丝毫的"积极作用"，至于"计划文化"（姑且
先使用这样的称谓）就更是如此。这种脱离历史与现实
的简单化的认识，不仅不能正确评价所谓"计划文化"，
而且对科学认识中国文化的价值和前途也是无益的。

　　对整体上的中国文化，或每一历史时代的中国文化，
都不应采取虚无主义的态度，即承认中国文化是充满生机
的独立的文化，要看到复杂多变历史条件下的中国文化的
"根"和"魂"。在经济全球化的背景下，怎样才能维护
民族文化的独立性呢？首先要自觉汲取世界优秀文化成
果，使本民族文化发展通过不断汲取异质文化的有益营
养，焕发出新的青春活力。积极主动地汲取外来文化的有
益内容和积极抵御、防范外来文化霸权的侵蚀应有机地统
一在一起。在当代，中华民族传统文化需要在与外部环
境、外来文化的不断撞击中得到锤炼和发展。保护传统文
化，并不是像对待古文物那样把它与周围世界隔绝开来，

相反，一种文化只有与时代相适应，跟上时代前进的步伐，既不断地更新和发展，又不失却自身传统的特色，才是一种有生命力的文化、一种根深叶茂的文化。总之，既不是把自己与世界隔绝开来，实行文化孤立主义或文化封闭主义，盲目地把其他民族文化的优秀成果排斥在外；也不是故步自封，妄自尊大，将自己的文化凌驾于其他文化之上；更不能鼓吹文化的极端民族主义，狂热地宣扬某一种文化，而把其他文化视做异端。1999 年，在新的千年到来之际，意大利著名思想家恩贝托·埃柯在纪念波洛尼亚大学成立 900 周年的主题演讲中强调：欧洲大陆第三个千年的目标就是"差别共存与相互尊重"。这就是说，人们发现的差别越多，能够承认和尊重的差别越多，就越能更好地相聚在一种互相理解的氛围之中。[①] 反对文化帝国主义，维护民族文化的独立性，同积极汲取异质文化的优秀成果，承认文化的多元性是一致的，或者说接受文化的多元性，是维护民族文化独立性的前提。因为这种"承认"和"接受"，是对各民族文化多样性、差异性的承认和接受，是对各民族文化特征的充分尊重和理解。

早在公元 1 世纪，中华民族文化便开始了与各民族的文化交流，并鲜明地表现为主动的吸取。文化的交流和交融，有力地促进了中国文化的创造和发展，使当时中华民族的文化在世界各民族的文化中居先进地位。维护民族文化的独立性离不开文化的交融，而文化交融又与文化多样

---

① 参见乐黛云：《跨文化之桥》，北京大学出版社 2002 年版，第 3 页。

性并存，因为文化交融的结果，并不是所有的文化都"融合"或"融化"到某一种单一的文化中。只有正确地理解维护民族文化独立性与文化的多样性之间的辩证关系，中国文化才能主动地进行不同文化之间的交往、交流和交融，在全球化的背景下维护民族文化的独立性的同时，大步地走向世界，汇入世界进步文化的大潮之中。在当代中国社会历史进程中，中国文化首先表现为一种坚实厚重，同时又充满生机的文化实力。中国文化所以能自立于世界民族文化之林，这是中华民族不断发展世界文化的多样性的具体实践的结果，因而也是对世界文化发展的伟大贡献。

现代中国文化是世界文化的重要组成部分。在经济全球化的今天，在广泛的中外文化交流、交融的背景下，保持和发扬中华民族优秀的传统文化，进一步培育中国文化的特色，是摆在我们面前的一项重要的任务。全球化虽然使不同文化之间会通的内容会变得越来越多，但中国文化并不会因此而失去自己的个性。中国古代思想家孔子说："君子和而不同，小人同而不和。"（《论语·子路》）这就是说，在承认"不同"，即承认文化多样性的前提下，努力寻求中外文化之间的"交会点"，并使之和谐发展。这里所说的"和"，既表达了中华民族崇尚"和谐"，一种"和"的民族思维方式，一种"和"的民族心态。同时也表明，中国文化是不同文化融合而成的"和"的文化。过去是这样，现在和未来也是如此。在多样性的世界文化格局中，中国文化只有与外来文化的碰撞、交流和交融中，才能显示出它区别于其他文化的独特魅力，朝气蓬勃地融入世界、走向未来。但无论是交流还是交融，都不是简单的“移植”或“同化”，而是满怀信心的中国人民在创造着与时代相适应的更加辉煌的中国新文化。

对近代大国崛起的文化思考[*]

　　近年国内学术界在论及近代以来大国崛起的主要原因时，论者主要涉及以下五个方面的问题：1. 实现民族独立、国家统一，创造政治稳定的局面；2. 全面发展经济，奠定国家强盛的基础；3. 放弃闭关自守，坚持对外开放；4. 重视改革，不断创新；5. 抓住机遇，及时决策。毫无疑问，这都是十分必要、十分重要的。但是，当我们就上述问题进一步探究"为什么"等历史认识范畴中的价值判断时，就不可避免地会涉及蕴含在这一切背后、直接促成这些国家崛起厚重的文化因素。探讨这个问题，这在今天"全球化"的历史背景下尤其重要。因为独立的、繁荣的民族文化，是一种强大的精神力量，同物质力量一样，也是民族国家崛起的不可或缺的基础和前提之一，而且在特定的、具体的历史条件下，文化—精神力量有时甚至会发挥出更重要的作用。文化是一个国家综合国力的具体体现，文化

　　* 本文发表于《北方论丛》2005 年第 1 期。

因素在社会发展中的重要性不断得到提升。任何一个经济上贫穷、政治上分裂的国家都不可能崛起，发展壮大；同样，任何一个充斥着文盲，文化贫乏、落后的国家，也不可能崛起，发展壮大。沿着近代以来世界历史发展的轨迹探讨这个问题，对于正在实现伟大民族复兴的中国来说，不仅有重要的理论意义，而且还有重要的现实意义。

一、文化在社会发展中的作用

在中国历史发展上，曾经出现过汉、唐王朝的辉煌盛世。这种辉煌盛世，又是和秦汉、隋唐时期的文化高涨直接联系在一起的。这种现象并非是中国所特有，而是人类历史进程中一个具有普遍意义的世界历史现象。因为文化是社会的内涵，作为价值体系，存在于社会关系、社会制度和社会行为之中。总之，文化是毋庸置疑的社会存在。文化的影响和作用，首先表现在对世界各民族、各国家政治、经济发展的影响。对于这个问题，近代以来中国的思想家早有明确认识。例如，1919 年秋李大钊在论及中国的未来时说："我们的理想，是在创造一个'少年中国'。""我所理想的'少年中国'是由物质和精神两面改造而成的'少年中国'，是灵肉一致的'少年中国'。"李大钊这里所说的"精神"，即是"文化"的同义词，所以他认为这种"精神改造运动"是"文化运动"的内容之一。[①] 在

---

① 《李大钊选集》，人民出版社 1959 年版，第 235—236 页。

这里，李大钊非常明确地指出了"精神"、"文化"在社会发展中的作用，特别是在社会改造中的特殊意义。1920年，梁启超在《历史上中华民国事业之成败及今后革进之机遇》中，强调国民的能力决定一国事业的成败，"一事业之完成，大非易易，故一国民在一时代间，往往仅能完成一种事业，或以一种事业为主，而其他为辅"。而"国民能力"的培育，则应克服中国传统文化中的消极因素，用"世界史的眼光"汲取外来文化的有益内容。他说："中国文化，本最富于世界性，今后若能吸收世界的文化以自荣卫，必将益扩其本能而增丰其内容，还以贡献于世界，则二十世纪之中国国民，必在人类进化史上占重要之职役。"① 在这里，梁启超不仅看到了文化在社会发展中的作用，而且从中国的实际出发，进而强调了汲取世界先进文化以丰富中国的传统文化，使其在中国社会发展中能够发挥更加积极的进步的作用。

近年不少学者在自己的著述中，都分析了这样一个值得重视的现象：在东亚金融危机之前的一二十年中，亚洲和全世界热衷于对"亚洲奇迹"、"亚洲价值"、"亚洲文化"的探讨。包括一些西方领导人、学者、媒体、国际组织和亚洲领导人、政府官员、专家学者和媒体在内的很多人士，著书立说，发表演讲、谈话、评论等，把亚洲一些国家和地区在20世纪60年代以后长达几十年经济的高速发展，归结于亚洲特有的"文化"和"价值观"，以至

---

① 《改造》，第3卷第2期，《饮冰室合集·文集之三十六》。

于形成"亚洲模式",出现"亚洲奇迹"。这些观点认为,日本、"四小龙"甚至中国、印度最近 20 年的经济发展,主要是亚洲文化的贡献。1997 年发生东亚金融危机后,亚洲很多国家和地区的经济出现困难,有些国家的经济形势至今仍没有根本改变。于是,很多亚洲内外的政治家、领导人、专家学者、媒体等又同样从文化的因素探讨亚洲的问题所在。这些观点认为,亚洲的"和谐"、集体主义文化使亚洲各国和地区的政府成为"强势政府",对经济和社会的干预过多;亚洲的"中庸之道"文化和教育体制,使亚洲人不鼓励、不培养,也不具备创新能力,只能跟在世界先进科学技术、发明创造后面"模仿",因而亚洲总是落后的,特别是在科技、信息突飞猛进的时代;亚洲重视家庭的文化使亚洲国家和地区"裙带关系"盛行,造成很多地方的腐败现象,提高了生产经营成本,也阻碍了亚洲大生产、大企业的发展;亚洲的保守观念、文化和体制根深蒂固,使亚洲的改革特别困难,甚至在出现困难、危机(包括日本的长达 10 年的经济停滞不前)的情况下,亚洲也难以实行必要和深刻的改革,因此,亚洲的问题难以解决,总之,问题的根源也是在"文化"上。

美国人类学家 A. L. 克罗伯和 K. 科拉克洪在《文化:一个概念定义的考评》中,对 100 余种文化的定义进行了分析和比较。他们认为:文化存在于各种内隐的和外显的模式之中,借助符号的运用得以学习与传播,并构成人类群体的特殊成就,这些成就包括他们制造的各种具体式样,文化的基本要素是传统(通过历史衍生和由选择得到的）思想观念和价值，其中尤以价值观最为重要。英国人类学家 E. B. 泰勒在《原始文化》一书中，认为"文化，就其在民族志中的广义而言，是复杂生活的整体，包括知识、信仰、艺术、道德、法律、习俗和个人作为社会成员所必需的其他能力及习惯"。① 英国另一位人类学家 B. K. 马林诺夫斯基，在对文化进行分类时，将"社会组织"、"精神文化"与"物质设备"及"语言"相并列。在中国学术界，文化被分成"广义的文化"和"狭义的文化"。广义的文化主要是指人类创造的物质产品和精神产品的总和；狭义的文化主要指观念形态的精神产品，以及文学艺术和语言，等等。

由以上不难看出；文化不是先天存在的，而是随着社会的进步和发展，在后天形成的。在形成的过程中，它既表现为社会进步和发展的产物，同时也表现出它是推动社会进步和发展的力量。总之，文化是社会的有机组成部分，任何一个国家或民族要发展，不仅需要强大的经济力量，而且还需要强大的文化力量。从某种意义上可以说，任何一个经济崛起的大国，同时也是一个在文化上同时崛起的大国。"工业化是一项具有巨大历史威力并不断前进的过程。在此之前，从来没有另一件百年才逢一次的大事如此改变地球的面貌及其居民的生活"。② 工业化和工业

---

① E. B. Tylor,1871,*Primitive Culture*,引自 J. Goudsblom,1980,*Nihilism and Culture*, Oxford：Basil Blackwell. p. 56

② 鲁道夫·吕倍尔特：《工业化史》前言，王鸿生：《世界科学技术史》，中国人民大学出版社 2001 年版，第 200 页。

时代的到来，不能脱离社会历史发展的物质基础，同时也不能脱离社会历史文化的积累。

如同任何一个国家或民族的经济力量不能自发形成一样，文化力量也是不能自发形成的。因此，综观近代以来世界历史发展进程，可以很清楚地看到大国崛起中的文化建设，以及对文化力量的积极培育。和教育紧紧联系在一起的"人才"的培养，应是文化建设的核心。清末启蒙思想家严复在《原强修订稿》中曾指出，达尔文、斯宾塞进化理论的核心内容是如何自强。自强，并不仅仅表现为血气体力或聪明智虑等方面，而是"德行仁义之强"。这里的关键是开发民力、民智和民德，"此三者，自强之本也"。在《救亡决论》中，他则进一步明确指出：一个民族的综合素质决定了这个国家的命运。如果科学技术再发达、经济再强大，但是没有人才，只有奴才，那迟早是要失败的。

文化力量的培育离不开教育，或者说首先是教育。以美国为例可以充分说明这一点。美国早在殖民地时期，就已经表现出重视教育、发展教育的传统，其源端是以古代希腊为源头的欧洲传统教育思想。马萨诸塞殖民地在1642年、1647年、1648年连续通过教育法案。法案的中心内容就是发展普及教育，规定每50户以上的乡镇，必须指定专人教儿童读书写字；每100户以上的城镇，必须建立一所学校。美国独立之前，已经建立了哈佛学院（1636年），这是美国第一所大学，此外还建有威廉·玛丽学院（1693年）、耶鲁学院（1701年）、新泽西学院

（1746年，后改为普林斯顿大学）、英王学院（1754年，后改为哥伦比亚学院）、费城学院（1755年，今宾州大学）、布朗学院（1764年）、王后学院（1766年，后为拉特格斯学院）、达特矛斯学院（1769年）等9所学院。英国著名的剑桥大学、牛津大学，是这些大学办学的榜样。由于"教育是人类所必须的"这一观念根深蒂固，所以到1861年美国内战前，在美国已经建有200多所大学。

自开国总统华盛顿始，美国历届总统都十分重视发展教育，政府利用行政力量，积极推进教育改革，通过颁布一系列法律实现国民教育从中小学到大学的跨越式发展，因为这是和培养公民的"美国精神"，以适应经济和科学技术的迅速发展的要求，密切联系在一起的。19世纪70年代，即美国迅速崛起，从"自由资本主义"向垄断资本主义过渡时，美国高等教育以哈佛大学为中心，实施教育改革，大学课程的设置一改远离社会发展现实需求的状况，开设经济发展急需的新课程，同时开办各种专门学院和研究生院，加快培养短缺人才。以研究生教育为主要内容的约翰斯·霍普金斯大学就是在这时建立的。

高等教育的深刻变革和迅速发展，对于提升美国科学发展水平，具有决定性的意义。19世纪后半叶，电力已经得到广泛采用。1851年，莫尔斯发明的电报系统开始应用于美国的铁路线；1867年，贝尔发明了电话机；1886年，爱迪生制造了电灯，1877年又发明了留声机；1892年，杜里雅兄弟成功制造了汽车；1903年，莱特兄弟试制飞机，飞行成功。1880年，美国工业总产值在全国生产总值中的比重，已经超过了农业。1894 年，美国的工业生产总值已经跃居世界首位，成为发达的资本主义国家，这和美国在 19 世纪的教育—文化建设的发展有直接的关系。

这种状况并非美国所特有。自 19 世纪 70 年代到 19 世纪末，西欧主要资本主义国家也开始向帝国主义阶段过渡。在这个过程中，这些国家经济上、军事上展开了激烈的竞争，甚至对抗。教育作为一种最直接的、影响最广泛的文化力量普遍受到这些国家的重视，成为参与这些竞争和对抗的重要内容。1861 年，英国哲学家、教育家斯宾塞在其代表作《教育论（智育、德育和体育）》中，从发展英国资本主义、维护英国资产阶级在世界工业中的垄断地位出发，阐释自己的教育理论。他在回答"什么知识最有价值"时，强调要教授"直接关系保全自己的知识"，进而才能为适应资本主义社会的生活做好"完全的准备"。"因为生命规律的知识比任何其他知识都重要；生命规律不只是一切身心过程的基础，同时也间接是街头屋内一切来往、一切贸易、一切政治、一切道德的基础"。他还强调，为完满的生活做准备是教育应尽的职责。同时将生物界的自然选择原理用于教育理论，成为斯宾塞"社会有机论"的组成部分。

自 19 世纪 70 年代始，西欧主要资本主义国家先后颁布了义务免费教育法令，创办公立的国民小学和职业学校，学生在学校不仅学习自然科学知识，而且还要学习公民、道德、历史、地理、音乐等课程，进行爱国主义教育，传承和培育一代新人的民族精神。发展教育是文化建设的重要内容，它和提高这些国家的经济实力和军事实力，有直接的关系。直到20世纪初主要资本主义国家进入帝国主义阶段，这种状况在本质上没有发生任何变化。如果一定说发生了哪些变化，则主要表现在这时的一系列教育改革措施，如国家加强对教育的控制，增加教育拨款，延长义务教育年限、发展"综合学校"和职业教育，实施"继续教育"和"终身教育"，创办初级学院或社区学院、"开放大学"，以及改革学制，进行学科调整，大力提升理工学科在国民教育体系中的地位，开设有"使用价值"的课程，提倡"实科教育"等，教育和国家政治经济生活有了进一步的联系。特别在高等院校中，除了教学工作外，还承担着繁重的前沿的科学研究的工作，而这些研究的成果。对国家政治、经济发展和国防建设，有密切的关系。总之，教育和文化力量的不断增长，满足了这些国家资本主义发展的客观要求。

二、民族意识、民族精神和文化建设

文学艺术，作为一种文化建设的重要组成部分，在传承民族文化精华、启迪民族意识、培育民族精神等方面具有不可替代的重要作用。近代以来，西欧主要国家民族主义产生和发展的过程中，文学艺术起着重要的作用。这种民族主义在不同的历史时期和历史条件下，又以各种不同的形式熔铸在西欧国家的民族文化中，使这些文学艺术具有更加鲜明的民族性和时代性。文学艺术毫无疑问是当时社会生活的反映，但是这种反映并非是简单的、平面的折射，两者之间的辩证关系在现实生活中的表现是十分复杂的，我们不能只看到文学艺术是时代的反映，而忽略了在一定的条件下，它们也在创造历史，也是推动社会历史前进的动力之一。民族的、独立的文学艺术，同样是一种强大的文化力量，在启迪民族意识的觉醒，增强民族向心力、凝聚力，鼓舞民族斗志等方面，文化的作用是不可替代的。因此，人们就不难理解，为什么文化是推动民族国家走上强国富兵之路的原因之一，为什么经济上、军事上的大国，往往也是文化上的大国。

18世纪末、19世纪初，作为文学运动或文学思潮的浪漫主义在西欧产生。这是西欧社会历史发展的重要转折时期，英国资产阶级革命、法国资产阶级革命使资产阶级在政治上、经济上建立了自己的统治，但是并没有出现启蒙学者所预言的"理性的国家和社会"。资本主义为社会生产力的迅速发展开辟了现实的道路，但是赤贫化的劳动者却日益增加。德国在政治上仍然处在分裂之中，还没有实现民族的统一。浪漫主义是对17世纪以来的古典主义的反拨。古典主义是从封建社会向资本主义社会过渡时期的文艺理论或文化思潮，但是却保留了浓厚的封建主义色彩。所谓"古典"的含义是"典范"，即以古代希腊和罗马的文艺思想为典范。如果说17世纪时的西欧政治、经济的发展，孕育了古典主义，那么，到了19世纪初，在新的历史条件下，就已经显得过时了。

浪漫主义在 19 世纪初作为一种新的文化思潮，受德国古典哲学家康德、费希特和谢林的影响很大。康德、费希特的主观唯心主义哲学强调人的创造性和主观能动作用；谢林的唯心主义哲学则强调人的精神的绝对性和完美性，他们或是资产阶级的民主自由的战士，或是资产阶级的代言人。在德国古典哲学家的影响下，浪漫主义文化思潮同样十分推崇人的独创性和主观能动作用。早在 18 世纪时，启蒙运动最早向古典主义提出挑战。所谓"启蒙"，原来的含意是"照亮"和"启迪"。启蒙运动是强调要用近代的"理性光辉"，冲破宗教神学对人的精神的束缚，建立充满了时代精神的"理性王国"。由此不难看出，启蒙运动是浪漫主义先驱。从启蒙运动到浪漫主义，都反映了发展中的资产阶级的政治理想和精神要求。

浪漫主义首先出现在德国。18、19 世纪之交，弗·施莱格尔发表了《片断》，强调艺术的主观性，被认为是浪漫主义艺术理论的奠基之作。19 世纪初，奥·施莱格尔发表了《关于文学和艺术的讲稿》和《论戏剧艺术和文学》，较系统地阐述了浪漫主义艺术理论，影响颇大。英国浪漫主义的代表人物主要有：华兹华斯、拜伦、雪莱和济慈等。华兹华斯的《抒情歌谣集》被认为是英国浪漫主义文学的宣言。雪莱在《诗辩》中，论述了文学和社会密切相连是自古以来就有的，强调文学的社会意义和教育功能。他的代表作《解放了的普罗米修斯》和《自由颂》、《自由》等，在欧洲 19 世纪 20 年代民族解放运动中产生了广泛的影响。1819 年，他在《西风颂》中写道："如果冬天已经来临，春天还会遥远么？"他强调文学改造社会的作用，被恩格斯赞誉为"天才的预言家"。①继德国、英国之后，法国浪漫主义大抵在 19 世纪初形成。斯达尔夫人在《论文学》中，严厉抨击了矫揉造作的沙龙文学，在分析了文学发展和社会状况之间的相互关系时，批判了古典主义理论，她十分关注文学艺术的民族性，以及民族文化的独创性问题，提出"用我们自己的感情来感动我们自己"，以文学为武器，发展民族文化，加强民族的凝聚力。积极浪漫主义的文化积淀存在于社会生活的每一个细胞中，"润物细无声"，无形地，然而却是强有力地影响着一个国家或民族的历史命运。

　　浪漫主义虽然在各个国家的表现不一，但有一点却是共同的，那就是文学艺术创作关注社会现实，使其作品具有鲜明的社会意义和丰富的社会内容。这在法国浪漫主义艺术理论与实践中，表现得最为突出。例如，雨果等浪漫主义的代表人物的作品，就表现出对复辟王朝严厉的批判，以及反对封建统治的思想倾向。雨果十分重视文学的社会作用，他认为浪漫主义是社会历史发展的必然产物，它的积极作用不仅表现在文学的理论和实践中，而且也体现在对社会历史运动直接或间接的影响上。雨果对社会历史分期的认识，和 18 世纪上半叶意大利历史哲学家维科的认识十分相似。

　　维科在其代表作《新科学》中，认为人类的历史经

---

① 《马克思恩格斯全集》第 2 卷，人民出版社 1957 年版，第 528 页。

历了神的时代——人类的童年时代、英雄时代——人类的青年时代和人的时代——人类的壮年、老年时代。"根据埃及人所说的他们以前已经经历过的那三个时代，即神、英雄和人的先后衔接的三个时代。我们将看到诸民族都是按照这三个时代的划分向前发展，根据每个民族所特有的因与果之间经常的不间断的次第前进"。① 只有"人的时代"才有权力的平等、经济的昌盛和科学文化的繁荣，那是世界历史发展的最高阶段。雨果则认为，文学的发展和人类历史的发展是相一致的。原始时期是抒情性的；古代是史诗性的；近代是戏剧性的。雨果还进而解释道：戏剧描写人生，戏剧的人物是凡人，戏剧以真实来维持。如果说维科的历史哲学是要建立一种"理想的永恒的历史"，揭示人类历史是一个有规律的过程，为资本主义的发展鸣锣开道，因而使其思想"有不少天才的闪光"②；那么，雨果则认为古典主义在 19 世纪已经失去了它的积极意义，代之而起的是浪漫主义。在法国，它是法国资产阶级革命的产物。法国大革命将法国历史发展推入到一个崭新的发展阶段。现代的法兰西应该有现代法兰西的民族文化。在雨果看来，高扬浪漫主义的旗帜，是在发展法国大革命的积极成果。

任何一个国家或民族的文化建设所产生的影响是恒久的。优秀的文学艺术作品陶冶着一代又一代人的审美情

---

① 维科：《新科学》，人民文学出版社 1986 年版，第 459 页。
② 《马克思恩格斯全集》第 30 卷，人民出版社 1974 年版，第 618 页。

趣，通过歌颂民族的伟大、宣扬民族的理想，培育着、滋养着一个国家或民族文化的成长，这是推动民族国家发展的一种无形的动力。观念形态的文化作为一种民族精神的凝聚力，表现在社会生活的各个领域。近代以来，欧美资本主义发展的历史过程充分证明了这一点。

例如，19 世纪是西方美术发展历史的第三次高峰，足可以和古代希腊时期和文艺复兴时期媲美。19 世纪西方美术的中心在法国，就如同文艺复兴的中心在意大利一样，不是偶然的。强烈追求"共和制"的资产阶级自然要以古代罗马作为借鉴。19 世纪的法国是资产阶级革命的时代，绘画艺术的主题不再是女性柔弱的胴体，而是刚毅、坚强、视死如归的英雄。无论是新古典主义、浪漫主义，还是现实主义、新印象主义等等，都不同程度地对法国大革命和法国资本主义的发展，起了推波助澜的作用。

艺术家们将自己的政治理念和对自由、平等、博爱的追求，与多种形式的艺术创作结合起来，向封建主义的意识形态发起攻击，表现出上升时期资产阶级的进步精神。这种精神也是推动法国资本主义发展的重要力量之一。J. L. 大卫不仅是法国著名的画家，而且首先是革命家，他作为一名英勇的战士，参加了 18 世纪末的法国大革命。他与雅各宾派的领袖人物罗伯斯比尔、马拉等过从甚密。在其代表作《荷拉斯兄弟之誓》（1785 年）通过对古代英雄勇敢无畏的献身精神的歌颂，鼓舞着法国人民投身于推翻封建专制统治的斗争中去。他另外的一些作品，如《球厅宣誓》、《布鲁图》等，也直接或间接和法国大革命相关。1793 年，雅各宾派的领袖之一马拉被暗杀，J. L. 大卫立即赶绘了举世闻名的《马拉之死》，生动地再现了他的战友马拉被吉伦特派分子科尔黛刺死的一幕历史悲剧，严谨的写实主义手法使其成为世界美术珍品。

在诸多艺术领域中，可能最能够激发人内在情感的，莫过于音乐。正如 19 世纪德国杰出的音乐家贝多芬所言："音乐使人的精神爆出火花，音乐比一切智慧、一切哲学有更高的启示。"任何一个国家和民族，没有音乐文化的繁荣，就难以有整体文化的发展。在近代欧洲音乐发展的历史上，古典主义在贝多芬时代已经达到顶峰。这是一个时代的结束，同时也是一个新的时代——浪漫主义的开始。浪漫主义的音乐虽然在音乐的体裁形式以及创作和表现的手法上，有自己鲜明的特点，同时也具有整个欧洲浪漫主义文化思潮所共有的特征，那就是关注民族文化的特点，强调个人主观的感受，重视艺术家主体意识的阐释。这一切同样折射出上升时期资产阶级的精神要求。贝多芬是一位有独创精神和政治理想的音乐家。在著名的第九交响乐中，最后一个乐章以德国诗人席勒《欢乐颂》的部分内容作为歌词。歌中唱道："女神啊，在你的羽翼下，所有的人都将成为兄弟，人世上的欢乐都来自大自然的胸膛，……拥抱吧，千百万人民！吻着整个世界。"无论是交响乐，钢琴曲、歌剧，还是合唱曲、歌曲等，都表现出贝多芬对资产阶级革命的歌颂，以及他的革命热情和革命理想。在 19 世纪的德国，贝多芬的音乐作为一种特定的文化标志，融入德意志的民族文化——"德意志精神"

之中，成为不断地推动着社会历史变革的因素之一。

三、近代西方大国崛起中的文化扩张

近代以来的世界历史发展表明，欧美任何一个国家的崛起，都和这些国家的对外扩张有直接联系。但是，这些扩张和这些国家民族的、进步文化的发展并没有直接的联系。诚然，文化的繁荣有力地推动了这些国家的发展，但是，在发展中是通过"扩张"，还是通过"和平"的方式崛起，那主要是这些国家的政治、经济制度决定的，而非文化的"罪过"，何况，那些沉淀在民族文化中的优秀文化成果，不仅仅属于某一个民族或国家，而是属于整个进步人类。但是，也不排除盛行一时的反动文化会逆历史潮流而动，为侵略扩张摇旗呐喊，不过在漫长的人类文化发展的历史长河中，这只是旋起旋灭的浪花，毕竟不是世界文化发展的主流。

近代西方国家崛起的过程中的扩张不仅表现在经济上、军事上，而且也表现在文化上。文化扩张具有双重的性质：它既是经济扩张的结果，也是经济扩张的前提。近代西方大国崛起中的文化扩张，是不容忽视的事实。它们不仅有侵略扩张的行动，而且还有五花八门的理论。例如，19 世纪末，美国海军军官、历史学家马汉著有《海上力量对 1660—1783 年历史的影响》（1890 年）、《海上力量对 1793—1812 年法国革命和帝国的影响》（1892 年）、《美国现在和未来对海上力量的关心》（1897 年）。

在这些和其他的一些著作中，他强调军事的和商业的海上力量，是一个国家建立海上霸权地位的主要因素。他提出制海权决定一个国家兴衰的思想，对美国以及俄国、日本、德国等国家海军的崛起，起着十分重要的作用。1893年，美国历史学家特纳发表《边疆在美国历史上的重要性》，指出"直到现在，一部美国史大部可以说是对大西部的拓殖史"，"美国的发展不只是一个单线的前进运动，而是一个在不断前进的边疆地带上回复到原始状况，同时在那个地区又出现新的发展运动"①。马汉认为美国这种从不停顿的扩张是"文明的扩张"，是"文明对野蛮的征服"。对中国，他曾狂妄地说："日本加入欧洲文明系统充分显示了它的优秀品质。为了普遍的利益，必须使中国对欧洲和美国的生活和思维方式开放，必要时可以使用武力"。针对"义和团运动"，他还颠倒黑白地说："目前，共同遭受的不公正对待使各国为其荣誉不得不对中国的罪行采取切实的、步调一致的反击行动，并要求得到永不再犯的保证。"②

　　16—18 世纪，可被认为是西欧对外扩张的第一个阶段。葡萄牙、西班牙等欧洲国家在古巴、牙买加、波多黎各、巴西、秘鲁、墨西哥等地建立了殖民统治，并大批移民。殖民者建立了农场、牧场，将铁制生产工具和牛、

---

① 参见杨生茂：《美国历史学家特纳及其学派》，商务印书馆 1983 年版，第 1—2 页。

② 马汉：《海权论》，中国言实出版社 1997 年版，第 270、第 273 页。

羊、马等牲畜带到美洲的同时，而且也带进了西方的文化、语言和生活习俗。欧洲文化对美洲（包括欧洲人控制范围以外的地区）的社会发展产生了十分广泛的影响。这种影响至今仍然可以清楚地看到。此外，大体在这一时期，葡萄牙、英国、法国等欧洲人也进入非洲。到18世纪末，西欧列强已经完全在非洲建立起自己的统治。这不仅使欧洲的政治、经济结构发生变化，而且社会文化结构也发生了变化。自18世纪中期以后到19世纪，欧洲工业革命使社会生产力急剧提高，英国在北美建立了殖民地，这是西欧对外扩张的一个新阶段。在这一时期，西欧凭借着绝对的经济、军事优势，完全是按照自己的意志建立新的政治、经济秩序，勾勒出新的政治蓝图。自19世纪70年代，欧美主要资本主义国家开始向帝国主义过渡。随着资本主义世界市场的逐步形成，西方列强同世界各个地区和国家的联系越来越密切了，包括文化在内的世界性的影响逐渐加强。

20世纪初，他们不仅已经建立起强大的世界经济体系，而且也在全球建立起强势文化。这种情况在第二次世界大战结束后得到进一步的加强；而在20世纪80年代中期以后计算机文化的普及，以及信息化时代的到来，和经济领域、金融领域及传媒等领域的全球化，使以美国为代表的主要西方资本主义强国的文化扩张，变得更加突出。这种扩张主要表现为"文化帝国主义"或"文化霸权主义"。

"文化帝国主义"在20世纪60年代受到重视，英国诺丁汉大学文化和社会学中心约翰·汤林森教授 1991 年著有《文化帝国主义》。他认为"文化帝国主义"这个概念，是指一个国家有那样一种权力，可以把他们的文化转置到别的国家，"文化帝国主义是彼民族文化支配了此民族的文化"。①美国哥伦比亚大学教授爱德华·W·萨义德先后著有《东方学》（1978 年）和《文化与帝国主义》（1993 年），就世界范围的帝国主义文化和历史上对帝国主义的反抗进行了分析。他认为，"帝国主义的文化并不是躲躲藏藏的，它也不掩饰它与现实世界的联系和利益关系"。萨义德还特别从国际政治发展的特点出发，分析了"文化帝国主义"盛行的原因："冷战结束后，美国政府关于'世界新秩序'的修辞，它那种孤芳自赏的气味难以掩饰的胜利情绪和它对责任的庄严承诺，……我们是老人，我们注定要领导别人，我们代表着自由和秩序，等等。没有美国人能逃脱这种感觉体系。……在帝国的背景下，话语的力量很容易使人产生一种仁慈的幻觉。但是这样的话语具有一种该死的特点：它曾不止一次被使用过。不但被西班牙人、葡萄牙人使用过，还以惊人的频率多次被现代的英国人、法国人、比利时人、日本人、俄国人使用过。现在，又轮到了美国人。"② 不难看出，"文化"帝国主义是帝国主义体系的重要组成部分，其表现形式是"文化"，但其所追逐的利益的本质，与在政治上、经济

---

① 汤林森：《文化帝国主义》，上海人民出版社 1999 年版，第 133 页。
② 爱德华·W·萨义德：《文化与帝国主义》，三联书店 2003 年版，第 10、第 16 页。

上、军事上所表现出的帝国主义内容毫无二致。冷战结束后，文化霸权或文化帝国主义成为世界帝国主义突出的表现形式之一。

我们清醒地看到，当今世界仍然面临着单一文化，即文化霸权的威胁。以电影、电视、流行音乐及因特网为代表的美国文化借助商业机制和高科技手段，大举对世界各国进行渗透，而且有愈演愈烈之势。目前，美国控制了世界75%电视节目和60%以上广播节目的生产和制作，每年向国外发行的电视节目总量达30万小时，许多国家的电视节目中美国节目往往占60%—70%，有的占80%以上，而美国自己的电视节目中，外国节目仅占1%—2%。美国电影现已占据世界总放映时间的一半以上，占据世界电影市场总票房的2/3。许多发展中国家的电影市场几乎被美国电影所垄断。文化产品是美国最大的出口产品，每年的出口额达600多亿美元，甚至超过航天航空和电子产品的出口额。仅《泰坦尼克号》一部影片的利润就达18亿美元。

除了巨大的商业利益外，美国还借助文化产品的输出公开或隐蔽地推销其社会政治理念、价值观念、意识形态和生活方式，宣扬西方的社会制度并散布"西方文化中心论"。发展中国家的一些人特别是很多年轻人生活方式、思维方式、行为方式、价值观念不断受到侵蚀，本土文化、民族传统受到极大影响，许多民族语言、艺术品种濒临灭绝，极大地削弱了人们对民族文化的认同。包括中国在内的发展中国家，应对西方的文化渗透保持足够的警惕，要采取积极的应对措施，维护国家的文化安全，坚持民族文化的独立性。

冷战结束后，美国等西方强国文化扩张更加明显。他们依仗自己的经济、军事和文化优势，处处强加于人，企图以自己的意识形态一统天下。在当今世界的文化格局中，强势文化，比如美国的政治文化、消费文化和大众传播文化，正在被强加给众多的弱势文化国家。这种霸权主义也不只是存在于西方，日本大东亚共荣圈的梦想者并未灭绝。

西方学者观察世纪之交的局部战争时，认为民族、宗教等文化冲突已成为引发战争的主要原因，亨廷顿教授作出了西方与非西方的文化冲突将引发世界大战的预言。文化冲突的确是未来世纪的核心问题之一，但应该明确的是文化冲突首先起源于文化压制。亨廷顿从西方中心论出发，感到过去以西方为中心的文化建制正在衰落，而各民族文化正在彰显自己。他认为，美国的流行文化和消费品席卷全世界，渗透到最边远、最抗拒的社会，在经济、意识形态、军事技术和文化方面居于压倒优势还不够，他认为还必须战胜"美国存在的崇尚多样性及多文化主义的思想"。他甚至得出结论说："如果多文化盛行，如果对开明的民主制度的共识发生分歧，那么，美国就可能同苏联一道落进历史的垃圾堆！"为了维系这种"共识"，"增强人民之间的凝聚力"，就必须制造一个"假想敌！"① 这

---

① 亨廷顿：《美国国家利益受到忽视》，美国《外交》杂志1997年10月号。

虽然并不代表大多数西方人的意见，但由此不难理解，要战胜各种"中心论"，走向文化多元的和谐发展，实在还有漫长的路程。

四、近代大国崛起的历史启迪

正在建设有中国特色社会主义，努力实现中华民族伟大复兴的中国人民，通过对近代大国崛起文化因素的思考，从中获得了哪些重要的历史启迪呢？笔者认为主要在两个方面：其一，中国崛起的过程中，要积极开展民族的、先进的、面向世界的新文化建设，保持民族文化的独立性，弘扬民族精神，增强民族的凝聚力，积极主动地回应文化帝国主义的挑战，文化是增强国家发展的原动力，是中华民族实现伟大复兴不可或缺的强大的精神力量；其二，中国的崛起是和平的崛起，为了使人们理解这一点，回答"中国威胁论"的诋毁和攻击，需要同其他国家，首先是中国的周边国家进行包括文化在内的多方面的沟通。正如资深外交家吴建民先生最近所言："中国的崛起会引起某些国家的不安，'中国威胁论'有可能伴随中国崛起的全过程。"2003 年 11 月下旬，日本学者船桥洋一在《朝日新闻》撰文认为，在国际政治中，崛起的方式往往比崛起本身对世界的影响更大。19 世纪末的德国和20 世纪初的日本惊人的飞跃发展，就引发了原有势力激烈的反作用。"中国崛起"同样有可能引起各种反抗和反作用。人口规模、低工资、增长"大跃进"、生态灾难、市场至上主义、极端民族主义、而且有朝一日"与美国摊牌",这些都被认为是"改变现状的力量"。船桥洋一的这种认识具有一定的代表性。因此,"中国的和平崛起需要从中华民族文化的角度入手,加深国际社会对中国的理解。我在欧洲时感到,近年来很多欧洲人对中国文化越来越敬佩。随着中国的崛起,世界会重新认识中华文化的价值。在中国传统文化中充满爱好和平的思想和智慧,例如,'以和为贵','己所不欲,勿施于人'等等。从文化角度上去阐述,可能更容易被别人所接受"。①

在经济全球化、金融全球化、传媒全球化到来的同时,西方一些学者提出"文化全球化"或"文化全球化的趋势"问题。美国杜克大学教授弗雷德里克·詹姆逊认为,文化的全球化是真正意义的全球化,是"界定全球化的真正核心:世界文化的标准化;美国的电视,美国的音乐,好莱坞的电影,正在取代世界上其他一切东西"。他还预言"文化全球化"的后果,是美国的大众文化模式取代世界上各个民族的传统文化,而"特定种族—民族的生活方式在这种文化标准化的过程中将遭到破坏"。② 所谓"文化全球化",是一个美丽的谎言,当任何一种文化失去其"民族性",它也就不存在了。以美国文化为主导的文化的"全球化",其实质是典型的"文化帝

---

① 吴建民等:《从大国兴衰看中国崛起》,《环球时报》2004年2月20日。

② 弗雷德里克·詹姆逊:《论全球化和文化》,王宁编《全球化与文化:西方与中国》,北京大学出版社2002年版,第108页。

国主义"。

我们相信，在全球化的情况下，依然能够保持世界各民族文化的多样性，因为这是和保持民族的独立性紧紧地联系在一起的，但是，以美国为代表的西方文化和价值观念，极力要渗透到世界其他国家和民族之中，建立起以美国文化为主导的文化，这的确是一个现实的挑战。中国的崛起和发展，必须要抵御西方的文化渗透，我们要做的工作很多，但最重要的是两项：一是抓住机遇，使五千年中华优秀的思想文化资源更快更多地走向世界，对世界文明的发展作出更大的贡献；同时，要一如既往地积极吸收世界各国的优秀文化成果。二是迎接挑战，积极进取。强身固本才能百病不侵，只有把有中国特色的社会主义文化事业建设好，我们才能真正有效地抵御西方的文化渗透。对于正在崛起、发展的中国来说，抵御西方的文化渗透和弘扬中国的优秀文化是紧密联系在一起的。基于这一理解，审视当代中国文化的发展现实，一个紧迫而艰巨的历史课题便凸显出来：在全球化背景下，如何培育中华文化发展的个性以及如何在现代化文化追寻中保持对中华文化传统血脉的认同。从文化哲学的视角来看，一种文化形态生生不息向前发展的最持久动力，莫过于体现该文化的内在精神及其个性。同时，也正是这种内在精神及其个性，使该文化区别于其他文化形态而在世界文化之林中展示出独特的魅力。

中华传统文化是具有悠久历史的文化，它是人类文明的一个独特的部分，其中所凝聚的智慧、情趣和魅力，为世界文化的丰富和发展作出了杰出的贡献。在经济全球化的今天，中华传统文化面临着继往开来、重铸辉煌的挑战，因此，着力于中华现代文化的特色培育就显得尤为紧迫。首先，积极探寻不同文化的"交会点"。中国古代思想家孔子说："君子和而不同，小人同而不和。"[①]"和而不同"的价值取向在于：要承认"不同"，在"不同"的基础上形成和谐才能使事物得到发展。如果一味追求"同"，不仅不能使事物得到发展，反而会使事物衰败。所以，中华文化在与世界文化的交往中，应以我为主，倡导平等交往和对话，在沟通中取得共识。显然，这种"同"不是一方消灭另一方，也不是一方"同化"另一方，而是在两种不同文化中寻找"交会点"，并在此基础上推动双方文化的发展。坚持"和而不同"原则，就能有效实现"促进全球文明，光大民族文化"的目的。其次，着力于中国传统文化的现代转化。中国传统文化的现代化问题是一个老问题，然而却是一个常议常新的问题。从文化个性化培育的视角要求，就是如何将中华民族文化传统中的优秀成分，转化成具有全球意义的文化价值资源，进而对世界文化作出独特的贡献。在当代，中华民族传统文化需要在与外部环境、外来文化的不断撞击中得到锤炼和发展。保护传统文化，并不是把它与周围世界隔绝开来。一种文化只有与时代相适应，跟上时代前进的步伐，既不断地更新和发展，又不失却自身传统的特色，才

---

① 《论语·子路》。

是一种根深叶茂有生命力的文化。

总之，在中国崛起、发展的过程中，中国文化走向世界，与世界文化进行有效的对话、交流，这是一种不可逆转的趋势。通过在世界文化格局中的交流，碰撞，中华民族文化必将显示出其勃勃生机，成为世界文化中具有独特魅力的部分。这是中国和平崛起，走向世界的强大的精神力量。只有在争取各种文明共存共赢的过程中，才能壮大和丰富中国文化。充分尊重不同民族、不同宗教、不同文明的多样性，本着平等、民主的精神，推动各种文明的相互交流，相互促进，以求共同进步。所以，我们既要反对文化霸权主义，反对超级大国凭借自己的经济和科技实力，把自己的意识形态强加给其他国家和人民，甚至以此来干涉别国内政；同时要反对文化孤立主义，反对把其他文明和文化的成果全部拒之门外；更要反对文化的极端民族主义，反对狂热地抬高一种宗教或者一种文化，盲目地批判、排斥一切外来文化，把其他文化作为异端来对待。

最近，新加坡国立大学王赓武教授著文分析"中国迎来第四次崛起"。他认为在此之前，中国历史上曾经有过三次崛起。第一次是公元前3世纪到公元3世纪；第二次是公元7世纪唐朝的建立；第三次是1368年明朝建立。他认为当今中国第四次崛起有着全新的历史背景，但是"目前中国的改革动力完全可以和2000多年前中国第一次统一的爆发力相提并论。今天的中国还让人想起7世纪时中国的复兴。那时的中国战胜了外来入侵，吸收了外来思想，还向外国贸易和新技术打开了大门，为今天的中国创造了宝贵的文化遗产"。① 与其如王赓武教授所言，中国迎来第四次崛起是"正在试图创造一种新的文化"，不如说，中国从历史与现实的实际出发，正在进行着一种新的文化选择。19 世纪中叶，中国经济、政治沦落，只有被迫的文化接受，不可能进行自觉的文化选择。这个屈辱的时代随着新中国的建立已经结束了。新的文化选择是历史的选择，将使中国在崛起和发展中，不仅保持国内社会发展和谐、稳定，而且始终同周边国家和地区，以及其他国家和地区，也保持良性互动。这是 21 世纪中国和平崛起的保证。

---

① 王赓武：《中国迎来第四次崛起》，《环球时报》2004 年 2 月 27 日。

"文化冷战"和苏联解体*

一、冷战与美国"和平演变"战略

第二次世界大战后，美国成为战后资本主义世界体系的新中心；与此同时，尽管苏联在第二次世界大战中遭受到严重的破坏，但通过实施第四个五年计划（1946—1950年）后，很快发展成为世界强国。第二次世界大战末期和战后，东欧和亚洲一些国家走上了社会主义道路，以苏联为首的社会主义阵营形成，第二次世界大战期间苏联和美国的"盟友关系"结束。

美国在战后的战略目标，是谋求"主宰世界"，"领导世界"，建立体现出美国根本利益的新的世界秩序。还在第二次世界大战进行中，苏联与美国、英国缔结成反法西斯联盟时，西方大国对共产主义意识形态的仇视，丝毫

---

* 本文发表于李慎明主编《历史在这里沉思：苏联解体 20 周年祭》，社会科学文献出版社 2011 年版。

没有改变，他们依然认为，"纳粹制度具备同共产主义一样的最坏特征"。① 战后，苏美及其以苏美为首的东西方两大阵营，在政治、经济、军事、外交，以及文化等领域，出现了全面的对峙和对抗，但又避免在战后不久直接交战，因为真枪实弹的"热战"不但难以击溃社会主义国家，而且西方国家对战争的代价自己也难以承受，于是便开始了所谓的"冷战"。这正如艾森豪威尔所言，"冷战的目的不是占领他国领土或以武力征服他国。我们的目标更为微妙，更为广泛，更为彻底。我们是试图以和平的手段使全世界都相信真理，……为普及这个真理，我们将要使用的方法通常称为'心理战'……所谓的'心理战'就是争取人的思想，争取人的意志的一场斗争"。②

　　1946 年 3 月 5 日，丘吉尔在美国总统杜鲁门的陪同下，在美国密苏里州富尔顿的威斯敏斯特学院发表题为《和平砥柱》的讲话，即揭开冷战序幕的"铁幕演说"。丘吉尔从"全面遏制苏联"的战略理论出发，污蔑社会主义国家是所谓"铁幕后的国家"，"共产党第五纵队已经建立，……到处构成对基督教文明的日益严重的挑衅和危险"，公开反对苏联和其他社会主义国家。1947 年 3 月 12 日，杜鲁门在美国国会两院联席会议上发表咨文，扬言"美国必须支持那些自由国家人民抵抗武装的少数人

---

① 特鲁汉诺夫斯基：《丘吉尔的一生》，北京出版社 1982 年版，第 333 页。
② 弗朗西斯·斯托纳·桑德斯：《文化冷战与中央情报局》，国际文化出版公司 2002 年版，第 165 页。

或外来的奴役阴谋"，这是美国的"伟大责任"。杜鲁门
认为这是"美国对共产主义暴君扩张浪潮的回答"。1947
年4月，美国记者斯沃普首先使用了"冷战"这个术语，
同年，美国著名专栏作家李普曼撰写了一系列有关冷战的
文章，此后，"冷战"一词迅速流传，为人们广泛采用。

　　在冷战中，对社会主义国家实行"和平演变"战略，
是西方垄断资产阶级"遏制共产主义"的重要手段，是
一种"超越遏制战略"。"和平演变"，是通过政治、经
济、思想文化、学术、教育和宗教等渠道，与社会主义国
家的接触，在体现西方价值观的"自由"、"民主"、"平
等"、"人权"等理论的蛊惑下，在价值观、意识形态和
生活方式等方面，向社会主义国家进行渗透和侵蚀，影响
和改造社会主义国家人民，特别是第二代、第三代青年
人；通过经济私有化、政治和思想文化观念西方化，颠覆
社会主义国家，使这些国家走上资本主义道路。而这种资
本主义，并非是与西方大国平起平坐，只能是原始的、买
办式的资本主义，广大劳动者不仅要受本国资产阶级新贵
的奴役，而且要受外国资本的剥削。

　　1953年1月15日，杜勒斯在国会提出用"和平演
变"的方式，实行对社会主义国家的"解放政策"，至今
没有放弃。20世纪80年代末、90年代初，随着苏联东欧
国内政治、经济形势的变化，西方垄断资产阶级认为，对
苏联东欧实行的和平演变政策，已经发生了作用，已经到
了制定一项新政策的时候了，目标要更大胆，使苏联东欧
"同过去决定性地决裂"，"深入持久地进行政治、经济变

革"。1990 年 3 月 27 日，布什向美国国会指出的《美国国家安全战略》报告中指出，"创造条件使苏联加入和欢迎苏联加入一个和平、自由和繁荣的国际社会。……以促进苏联各种思想和民主价值观念的自由交流"，同时使所有东欧国家，成为"自由国家的世界联邦的一部分"。① 布什特别强调，进行这一努力的主要工具是美国之音电台、自由广播电台和自由欧洲广播电台，"他们的影响是无法估价的"。美国之音对苏联广播，每周在 500 小时以上，在苏联解体、东欧剧变中，发挥了不可替代的作用。

二、文化冷战与美国中央情报局

第二次世界大战后，美国为了"抵制共产主义的影响"，发动了长达近半个世纪之久的"冷战"，其中也包括"文化冷战"（cultural cold war）。美国中央情报局 1947 年成立之初，即开始为进行这场特殊的战争组织队伍。美国间谍情报机构在长达 20 年的时间里，一直以可观的财力支持着西方高层文化领域，名义上是维护言论自由。"如果我们把冷战界定为思想战，那么这场战争就具有一个庞大的文化武器库，所藏的武器是刊物、图书、会议、研讨会、美术展览、音乐会、授奖等等"。② 事实表

---

① 辛灿：《西方政界要人谈和平演变》（修订本），新华出版社 1989 年版，第 123、第 124 页。

② 弗朗西斯·斯托纳·桑德斯：《文化冷战与中央情报局》，国际文化出版公司 2002 年版，第 2 页。

明，这些武器的功能，归根结底是为了削弱民族国家的主权，在全球的范围内推行美国的生活方式和价值观，不断增强美国意识形态的力量。

1949年5月，"自由欧洲委员会"成立，表面上，它由"非官方的美国公民组成"，而实际上却同中央情报局有十分密切的联系。中央情报局的一些官员，被安插到该委员会的重要岗位上。该委员会的主要任务是"利用逃亡的东欧人多种多样的专长来开展各种项目，以此积极地与苏联的统治地位做斗争"。为了取得与苏联斗争的胜利，"自由欧洲委员会"强调不仅要利用强有力的物质力量，更要依靠思想上的力量，积极投入形形色色的文化冷战中去。1950年，"自由欧洲电台"在柏林设立，很快又建立了29个广播站，用16种语言进行广播，披着"文化"的外衣，进行反苏反共宣传。"自由欧洲委员会"还成立一机构"自由十字军"，作为它的募集资金的机构。这个机构同中央情报局的关系就更为密切，大量的募款由它自由支配。

美国一向重视向发展中国家的文化输出活动。肯尼迪把美国的外交政策形容为"一手抓箭，一手抓橄榄枝"。"和平队"以文化"使者"的形象活跃在许多发展中国家，与美国强权外交形成鲜明对比，但在服务于美国全球"冷战"战略上，并无本质上的区别，和平队始终是美国对外政策的重要组成部分，被视为美国"软实力"的一种象征。

为了对抗马克思主义和共产主义意识形态的影响，美国政府在"冷战"高潮中,即在 1950—1967 年曾投入巨资,在西欧执行了一次秘密的文化宣传计划。"好的宣传就是要做到不像宣传","文化自由代表大会"(Congress Cultural Freedom)从这一基本认识出发,在中央情报局特工迈克尔·乔斯尔森(Michael Josselson)的主持下执行。这个计划的主要任务,就是让欧洲,主要是西欧的知识分子不再热衷于马克思主义和共产主义,转而从思想上接受美国的观点。鼎盛时期,"文化自由代表大会"曾经在 35个欧洲国家设立办事处,出版各类刊物 20 余种,拥有自己的可提供新闻纪录片和故事片的服务公司。属于该机构的雇员有数十人,他们经常举办各种艺术展览,召开多种内容的国际会议,或为音乐家、画家颁奖等,通过频繁的接触和联系施加影响和进行渗透,加强美国对西欧的吸引力,服务于美国的外交战略。当然,这一切都是在极端秘密的状态下进行的,是一场"无声的战争","一场没有硝烟的战争"。

"文化自由代表大会"存在的 17 年,得到中央情报局数千万美元的支持。它所做的一切,是当时中央情报局直接领导下的"秘密文化战"——文化冷战的重要组成部分。所谓"秘密文化战"的实质是政治战,就是要在文化渗透等方面主动采取攻势,对付社会主义国家,而且要始终将这种攻势保持下去。"文化自由代表大会"成为文化冷战中有"强大杀伤力"的重型武器。在它的控制下,《评论》(Commentary)、《新领袖》(New Leader)、《党派评论》(Partisan Review)等刊物,大肆鼓吹"用民主的制度摧毁极权专制制度", 成为反对共产主义意识形态的载体。

美国进行文化冷战时, 美国中央情报局介入其中, 被越来越多的事实所证实。1966 年,《纽约时报》曾连续发表文章, 揭露美国文化界的一些名人如何利用自己在文化界的声誉为中央情报局服务的, 他们按照美国国家安全委员会文件所规定的内容和要求活动。这种努力中一个重要组成部分是"心理战"。这里"心理战"的定义是这样的:"一个国家有计划地利用宣传或'非战'的活动来沟通思想、交流情况, 以求影响外国群体的观点、感情和行为, 其目的是有助于国家达到其既定目标, 均可称为心理战。"进一步又为"最有效的宣传"下了这样一个定义:"宣传对象按照你所指定的方向走, 而他却以为这个方向是他自己选定的。"① 在文化冷战中, 美国为实现自己的战略目标不择手段, 但又具有很大的欺骗性或迷惑性。当你身陷其中时, 明明是仰承鼻息, 亦步亦趋被人牵着走, 却又丝毫没有察觉, 反而认定这是自己选择的路, 心甘情愿地从思想上缴械, 自觉地成了失去自我的西方俘虏。

三、苏联解体中的"软战争"

第二次世界大战结束后不久, 美国成立了一些以苏联

---

① 美国国家安全委员会指令, 1950 年 7 月 10 日, Final Report of the Select Committee to Study Government Operations with Respect to Intelligence Activities (Washington: United States Government Printing Office, 1976); 转引自弗朗西斯·斯托纳·桑德斯:《文化冷战与中央情报局》, 国际文化出版公司 2002 年版, 第 5 页。

和东欧国家为研究对象的研究所，一些大学也陆续开设有关苏联和东欧历史与现实的课程，包括华沙条约组织的研究等。在此基础上，逐渐形成了一门新的学科——苏联学。"苏联学"丝毫不掩饰它鲜明的意识形态色彩和强烈的反苏反共政治倾向。1945年，美国中央情报局局长艾伦·杜勒斯在国际关系委员会发表的讲演中说："人的脑子，人的意识，是会变的。只要把脑子弄乱，我们就能不知不觉改变人们的价值观念，并迫使他们相信一种经过偷换的价值观念。……我们要把布尔什维主义的根挖出来，把精神道德的基础庸俗化并加以清除。我们将以这种方法一代接一代地动摇和破坏列宁主义的狂热。我们要从青少年抓起，要把主要的赌注压在青年身上，要让他们变质、发霉、腐烂。我们要把他们变成无耻之徒、庸人和世界主义者，我们一定要做到。"① "苏联学"的主要任务和研究内容，和艾伦·杜勒斯所阐述的美国的对外战略完全一致，在学术研究的外衣下，对苏联和东欧社会主义国家"西化"、分化实行和平演变政策时，具有特殊的作用。它不仅在社会主义与资本主义两种社会制度的斗争中，在苏美对抗中，及时、系统地提供理论支持；而且配合美国情报部门的工作，进行超出学术研究范畴的反苏活动。无论是基础理论研究，还是对策性、前瞻性研究，都表现出这些特点。

　　国际垄断资产阶级出于对共产主义意识形态的敌视，

---

① 尼·伊·雷日科夫：《大国悲剧》，新华出版社2008年版，第2—3页。

将通过"和平演变"颠覆社会主义国家作为既定的战略。他们强调，西方对社会主义国家放弃使用武力并不意味着维持现状，而是意味着和平的转变。就苏联而言，美国在各方面的努力，就是要使克里姆林宫上的红旗降落。1981年5月18日，里根在圣母玛利亚大学演讲时说：共产主义是"人类历史上反自然的一章，而且它的最后几页直到今天还继续书写着。这种制度不可能永远存在，他将走到自己的尽头。未来的几年将是我们国家复兴的几年，也是自由事业和文明传播的几年。西方不是遏制共产主义，西方要战胜共产主义。我们不想对此进行批判来给自己找麻烦，我们正在把人类历史上可悲而又可怕的一章删掉，这一章现在已经写到了结尾"。[①] 1985年戈尔巴乔夫发动改革，要建设"人道的、民主的社会主义"；1987年开始推行民主化、公开性和对外政策的新思维，要世界各国人民"摆脱意识形态的狭隘偏见"，提出"新思维的核心是承认全人类的价值高于一切，更确切地说，是承认人类的生存高于一切"。[②] 针对戈尔巴乔夫向右转，在苏联明显地出现了倒向资本主义的变化。美国及时调整对苏和平演变策略，从遏制、"以压促变"，转变为"以接触促变化"，通过"广泛的接触"，加速将苏联纳入到资本主义世界体系中去，结束社会主义与资本主义的"历史性的对抗"。

---

① 罗伊·麦德维杰夫：《苏联的最后一年》（增订再版），社会科学文献出版社2009年版，第155页。

② 戈尔巴乔夫：《改革与新思维》，新华出版社1987年版，第180、第184页。

　　戈尔巴乔夫被西方认为是一个"可以与之打交道的人"。他用社会民主主义代替马克思列宁主义，放弃了在意识形态领域马克思主义的指导地位，使资产阶级思想任意泛滥。曾目睹苏联解体历史过程的美国驻苏大使马特洛克认为，在 20 世纪 80 年代末，戈尔巴乔夫"已经一步一步抽去了影响苏联历史 70 年的'社会主义'的真正含义。到 1991 年中，他实际上已经成为一个隐藏的资本主义者"，"抛弃了马列主义最后的精髓"。① 在戈尔巴乔夫那里，已经一点点社会主义的影子也找不到了。戈尔巴乔夫还提出"不让历史留空白点"，从揭露社会主义的"黑暗面"入手推动改革，不遗余力地丑化苏联各族人民的革命历史、丑化列宁和斯大林的历史，导致了人们思想的严重混乱。俄罗斯联邦共产党中央委员会主席、俄罗斯国家杜马议员久加诺夫说：戈尔巴乔夫、叶利钦掌权期间，利用媒体传播西方民主价值观，破坏了人民对爱国主义和祖国历史的感情，由此产生的后果，比法西斯主义还严重。② 1996 年，在美国出版《胜利：美国政府对前苏联的秘密战略》，作者是美国中央情报局前雇员彼得·施瓦茨。作者披露了美国政府用和平手段，以瓦解苏联为目的的秘密战略的一些内幕。"秘密战略"的核心内容是"攻心为上"，通过"软战争"，使苏联党和国家领导人、各

---

　　① 小杰克·F.马特洛克：《苏联解体亲历记》（下），世界知识出版社 1996 年版，第 655 页。
　　② 参见李兴耕等编：《前车之鉴》，人民出版社 2003 年版，第 128—129 页。

级政府官员，以及高级知识分子和广大民众，对社会主义制度，对苏联的前途失去信心，动摇他们的信仰，直至完全丧失信仰。1991 年 12 月 25 日，世界上第一个社会主义国家苏联解体，苏联共产党同时失去执政地位，这使国际社会主义运动遭到严重挫折。

毛泽东曾指出：帝国主义企图消灭社会主义有两手：战争方法为第一手，"和平旗子，文化往来，人员往来，准备用腐蚀、演变方法消灭社会主义，这是第二手"。①从苏联解体、东欧剧变的过程，和今天以美国为代表的西方大国对我国继续实行的"西化"、分化政策这一事实，我们必须警钟长鸣，保持高度的警觉。

① 《建国以来毛泽东文稿》第 8 册，中央文献出版社 1993 年版，第 599 页。

中欧文化交会和当代中国的 文 化 选 择[*]

世界各国的文化，都是在相互交流和交融中发展起来的。几千年来的中外文化交流，既使中国文化充满生机和活力，也使世界文化更加丰富多彩。文化是沟通人们心灵最好的桥梁，文化交流是推动人类历史前进的动因之一。

中欧文化联系源远流长，至少可追溯到 2000 多年以前的西汉时代。汉使张骞两度出使西域，开辟了连接中国与欧洲的"丝绸之路"，中西文化交流进入一个新的时期。东学西渐，首先是中国文化在欧洲的传播，因为欧洲是西方文化的发源地，也是西方文化的中心。欧洲人对中国模糊的了解，可追溯到 13 世纪以前。明清之际，欧洲文化大量传入中国，这次中欧文化的交会，既与两汉时期与西域草原文化的交会不同，也与唐宋时期与南亚次大陆

* 本文发表于于沛主编《中国社会科学院世界历史研究所学术文集（5）》，江西人民出版社 2007 年版。

文化的交会不同，对中国社会发展产生了深远的影响。

自 19 世纪中叶始，先进的中国人为挽救民族危亡，开始向西方寻求真理，寻找中国文化的再生之路。从进化论到马克思主义，为中国近代反对封建主义、殖民主义，争取民族解放提供了强大的精神武器。中国人民通过自觉的文化选择，在不断的创新中迸发出无穷的活力。"改革开放"，使中国文化在新的历史条件下有了新的光辉起点。

一、上古时期中国与欧洲的联系

中西之间的交往可以追溯到远古时代。早在春秋战国时期，中西关系就已经揭开序幕。古代波斯、印度和希腊等称中国为 CIN、CINA、SINA，表明秦国或秦朝的信息已为西方所知。当时在中国和希腊之间辽阔的地区生活着许多游牧部落，希腊人称之为"斯基泰"人（一译徐西亚人，Scythians），或中国典籍中所说的"塞人"，最早建立起了亚欧之间的经贸联系。英国学者赫德逊在《欧洲与中国》一书中，具体记述了这种联系以及这种联系所产生的影响。书中谈及古希腊商人亚里斯特亚士（Aristeas）在其见闻录《阿里马斯比亚》中有关准噶尔的荒漠"那一边"的记载：那里"有一片富饶的土地，人们定居务农，海水永不结冰"[①]。一般认为，这可能是欧洲人对

---

① 赫德逊：《欧洲与中国》，中华书局 1995 年版，第 23 页。

东亚的最早朦胧认识。

中华民族与世界各民族之间的友好往来，源远流长。秦汉是中西文化交流的开拓期。以张骞通西域为标志，中西文化交流进入新时期。《史记》以下的二十五史，除了《陈书》、《北齐书》之外，其他二十三种史书中，都涉及了对外国的介绍和研究，各代官修纪传体史书都有"外国传记"，包括东南亚、中亚、西南亚、欧洲和西非许多重要的地区和国家。

张骞通西域打通了中西交通，开辟了连接中国与欧洲的"丝绸之路"。德国学者李希霍芬所说的丝绸之路，一般指的是西北丝绸之路，是 2100 多年前，西汉张骞两次出使西域后逐渐形成的历史古道，把欧亚大陆联系在一起。实际上，不仅仅只有陆上的一条西北丝绸之路，此外还有草原的、西南的和海上的丝绸之路。草原丝绸之路的西端是古希腊，汉的丝织品等货物通过这条"丝绸之路"源源不断地输出西方。那时，中国轻柔华丽的丝绸曾风靡欧洲上层社会，罗马时代的上层人士，尤其是妇女喜着丝绸服装，这在古希腊的彩陶和雕刻中有明显反映，如巴特侬神庙中命运女神所着细薄透明的衣裳。公元前 5 世纪，中国丝绸已成为希腊上层人物喜爱的衣料，古希腊史学家克特西亚斯最早在其著作中提到赛里斯国。"赛里斯（Seres）"由希腊语和拉丁语演化而来，其意即是丝绸的意思，源于中国"丝"字的谐音。

在这个时期，中国人开始第一次注视西方，西域各国也得到了中国的信息。中西之间物质文化和精神文化的交流业已发端。丝绸是古代中欧联系的主要媒介，成为西域各国最受欢迎的中国产品。通过"丝绸之路"，中国人民不仅了解了中亚、西亚的历史地理、风俗人情，而且通过当地人民了解了大量希腊、罗马的历史信息和现实状况。

西汉、东汉 400 年间，《史记》、《汉书》和《后汉书》三部史书有关西域国家的记载中，希腊化时代晚期的托勒密王朝、塞琉西王朝、罗马帝国等都在其中，有关"大秦"① 的记载最为具体、详尽。

在《后汉书》的《西域传》、《西南夷传》中，补充了班固去世以后许多重要的材料，首次记录了有关"大秦国"的情况，大秦被认为是一个"有类中国"的国家。范晔具体介绍了大秦的地理位置、经济发展、风土人情，以及政治制度等。"大秦国一名黎轩，以在海西，亦云海西国。地方数千里，有四百余城，小国役属者数十。以石为城郭，列置邮亭，皆垩塈之。有松柏诸木百草。人俗力田作，多种树、蚕桑。皆髡头而衣文绣，乘辎𫐐白盖小车。出入击鼓，建旌旗幡帜。所居城邑，周圜百余里。城中有五宫，相去各十里，宫室皆以水精为柱，食器亦然。

---

① 关于"大秦"，我国学术界有不同解释。一般有三种说法：指罗马帝国东部；指罗马帝国；或指黎轩，即亚历山大城。三种说法中，以后一说较为妥当。《史记》：张骞之后，汉朝"益发使抵安息、……黎轩……"，黎轩在后来的史籍中叫做大秦，又叫做海西国，后世学者大都认为系中国人对当时地跨欧亚两洲的罗马帝国的称呼。实际上，无论在张骞身前，还是在张骞身后相当长时期内，中国和欧洲并没有建立起直接的联系。汉使所到之黎轩，只可能是罗马帝国在西亚的属地。参见《中国大百科全书·中国历史》第 1 卷，第 142 页；钟叔和：《走向世界：近代中国知识分子考察西方的历史》，中华书局 2000 年版，第 3 页。

其王日游一宫听事，五日而后遍"。

在《后汉书》中还具体说明了大秦国所以被称作"大秦"的原因，是因"其人民皆长大平正，有类中国"。大秦国物产丰富，经济繁荣，"多金银奇宝，有夜光璧、明月珠、骇鸡犀、珊瑚、琥珀、琉璃、琅玕、朱丹、青碧。……以金银为钱，银钱十当金钱一。与安息、天竺交市于海中，有利十倍。其人质直，市无二价"。①

在公元 166 年以前，中国人和欧洲人一直没有留下过直接接触的记录。后汉桓帝延熹九年（166 年），大秦王安敦（Marcus Aurelius Antoninas，一译马可·奥勒略）派遣使节自日南徼外献象牙、犀角、玳瑁。由此中国与大秦，"始乃一通焉"。

此后，西人来中国的行踪，"正史"多有记载：例如，公元 226 年（二国吴黄武五年），人秦商人秦论到交趾，交趾太守吴邈遣谒孙权。当时西域货币"金银之钱"在中国一些地方流通。这已为东罗马金币和萨珊银币在中国境内的陆续出土所证实。中国的养蚕技术也在这时远传到波斯和东罗马等地，呈日趋普及趋势。4 世纪罗马历史学家 A. 马赛里努斯曾言，"原来丝衣仅限于贵族，现在则普及到社会各阶层，乃至社会底层的下等人"，② 大抵反映了这一事实。

公元 635 年（唐太宗贞观九年），大秦景教"上德"

---

① 《后汉书·西域传》。
② H. Yule：*Cathay and Way Thither*，Ⅰ，london，1915，p. 203

阿罗本到长安。景教为基督教"聂斯脱利派"在中国的名称。这是基督教传入中国的开端。景教作为重要的宗教形式在这时传入到中国，并留下被人誉为世界石刻之王的《大秦景教流行中国碑》。

由于东罗马的首都君士坦丁堡是在希腊古城拜占廷的基础上发展起来的，所以通常又将东罗马帝国称作拜占廷帝国。拜占廷占据了中、近东大片地区，与东方交往密切，在东晋及南北朝的史籍中，以拂菻、蒲林、普岚、伏卢尼知名。不同汉译名的出现，是由于用汉语转译各种不同的东方古代语言对东罗马帝国名称 Rum 的译音时形成的。6 世纪后半叶，以争夺丝绸之路贸易为中心，拜占廷与突厥汗国往来频繁，进一步密切了与东方的关系。

唐代与拜占廷的关系在前代的基础上进一步得到了发展，据载，贞观十七年（643 年）拜占廷国王波多力遣使献赤玻璃、绿金精。大食帝国的兴起和扩张并没有阻碍拜占廷与唐朝的交往。6 世纪中叶以后，拜占廷继续保持了与唐朝的联系，唐人地理著述中也时见关于拜占廷的记载。

近世出土的大批文书和文物表明，作为丝绸之路西端的拜占廷帝国，在中欧交往中占有重要地位。与萨珊波斯银币一样，拜占廷金币是中国境内发现的最重要的东罗马遗物。在新疆吐鲁番阿斯塔那墓地与和田地区曾先后发现过 10 枚东罗马金币（3 枚为仿制品），其中有些就是在唐代墓葬中发现的。此外，在内地唐代遗址中，也屡有发现。1979 年，在陕西咸阳唐贺若氏（卒于武德四年，621

年）墓发现东罗马查士丁二世（Justin Ⅱ，565—578 年）金币 1 枚。1981 年，在洛阳龙门唐安菩夫妇墓发现东罗马金币 1 枚，为东罗马福克斯（Focas，602—610 年）所铸。1969 年，曾在西安何家村唐代窑藏中发现东罗马希拉克略（Heracliue，610—641 年）金币 1 枚。西安土门村唐墓发现阿拉伯仿拜占廷希拉克略金币。

在中国内地发现的拜占廷金币仿制品远不止此。西安东郊唐陈感意墓中发现东罗马阿那斯塔修斯一世（Anastasius Ⅰ，491—518 年）金币的仿制品。西安西郊曹家堡唐墓中也发现拜占廷金币仿制品。在拜占廷金币仿制品中，以宁夏固原南郊粟特胡人墓葬中发现的金币最引人注目。1981 年，在唐史道德墓（仪凤三年，678 年）发现的金币可能属于东罗马皇帝差诺（Zeno，公元 474—491 年）金币的仿制品。1985 年，在唐史索岩墓（麟德元年，664 年）中又发现了拜占廷金币仿制品。1986 年，在唐史诃耽墓（咸亨元年，670 年）也发现了仿制的拜占廷金币。在粟特胡人家族的墓地中集中发现拜占廷金币的仿制品，再次证明了粟特商人在欧亚内陆贸易交往中起的重要作用。

二、《马可·波罗游记》和中欧交流不断扩大

在元代，中国与欧洲之间有了不少可以确考的直接交往。西欧的商人、传教士和使者陆续来到中国，他们带回的消息使欧洲人开始了解到中国的存在。成吉思汗家族在

1219—1223 年、1236—1241 年、1253—1258 年，三次西征，横扫欧亚大陆，将东亚、中亚、西亚和东欧联系在一起，东西交通十分发达，结束了东西文明彼此隔绝的状况。在汗八里（今北京）或行在（今杭州）可以看到来自中亚、西亚、欧洲的商人，在威尼斯或里昂，可以买到西亚的织品、珠宝，印度、爪哇的香料，中国的生丝与瓷器。

成吉思汗的子孙在欧亚大陆上建立了钦察、伊儿、察合台、窝阔台四大汗国，四大汗国都尊奉元朝的皇帝为"大汗"。1245—1247 年间，罗马法王因诺建（Innocent）四世派人到萨莱访钦察汗拔都，又访元定宗于喀喇和林。1253 年法国路易九世派人到喀喇和林，就传播基督教访元宪宗。1293 年，罗马法王尼古拉斯（Nicholas）派孟德可儿威诺（Joan du Monte Corvino）到燕京，经元世宗同意后修建教堂，一时教徒达 6000 人之多。当时世界各国的使者、商人、旅行家络绎不绝地来到中国，其中最有名的是《马可·波罗游记》一书的作者、13 世纪后期意大利旅行家马可·波罗（Marco Polo）。

《马可·波罗游记》（约 1298 年）被认为是"世界一大奇书"，书中盛赞北京、西安、开封、扬州、杭州、泉州的富庶和繁荣，以及日本、缅甸、暹罗、印度、爪哇和苏门答腊等地的情况，向欧洲人展示了一个神奇美丽的东方世界。马可·波罗将欧洲的商人、传教士带到中国，又将中国的形象带回欧洲，是中西交通史上划时代的事件，是中国欧洲文化交流史上的大事。著名旅行家哥伦布因阅读《马可·波罗游记》，对中国文明钦慕不已，决心远航中国。哥伦布远航发现了美洲新大陆，揭开了欧洲资本主义历史的序幕。无论是哥伦布横渡大西洋发现美洲，还是达·伽马绕过好望角到达印度，这两件人类历史上的伟大事件，都和当时中国文化形象的影响有关。

除《马可·波罗游记》之外，中国的影响还在其他文学作品之中，例如英国的乔叟在《侍从的故事》中就提到了成吉思汗。国际贸易上，因欧洲人到中国经商渐多，所以才有裴哥罗梯《通商指南》那样的著作问世。中欧交流不断扩大，不仅仅表现为经济方面的内容，当时不仅有人将物产丰盛、商贸兴隆，以及元代使用纸币的信息传到欧洲，而且还从城市繁荣、交通便利、君权稳定、宗教宽容等方面介绍中国。

从1245年，圣方济各会修士约翰·柏朗嘉宾受教皇之命出使蒙古，到1347年马黎诺里从刺桐（今泉州）登船返回欧洲，一个世纪间到中国的欧洲人，历史上有具体记载的，不下100人。从1247年柏朗嘉宾写作《蒙古行记》到1447年博嘉·布拉希奥里尼完成他的《万国通览》，两个世纪以来，在西方游记、史志、书简、通商指南、小说、诗歌等各种类型的出版物中，都具体描绘了欧洲人眼中最初的中国形象。

罗马教廷这时也开始派传教士在中国正式传教，1307年蒙特—科维诺成了首任大都大主教暨东方总主教，而后在泉州还设立了分教区。同时，蒙元的使者也已抵达欧洲。1248年，钦察汉国拜住大将的代表薛儿吉思等在意大利受到教皇的接见，而元代畏兀人列班扫马也在 1275 年离大都访问伊朗后，在 1287—1288 年间奉伊利汗之命出使西欧，成为发展中国和欧洲关系的先行者。

三、来华传教士和"西学东渐"

　　明代前期最重要的壮举当属成祖时开始的郑和下西洋。明永乐时期，国家强盛统一，政治较为清明。政府致力于恢复和发展中国与海外诸国的友好关系。郑和奉命率领船队 7 次下西洋，表明当时中国的航海技术居世界先进水平。从 1405 年（永乐三年）至 1433 年（宣德八年）的 28 年中，郑和从南京下关宝船厂出发，沿江、浙、闽、粤海岸南下复西行，沿西太平洋航行，并穿越马六甲海峡进入太平洋，一路播撒中国古代的先进文明。最远到达非洲东岸肯尼亚的蒙巴萨，访问了亚非沿岸 30 多个国家和地区，成为中外贸易往来及文化交流史上的盛事。联系到同一世纪晚期的哥伦布远航美洲和达·伽马开辟西欧——印度的海上航线，人们可以清楚地认识中国和欧洲走向海洋这一事实。

　　从 16 世纪末起，中国这一古老国度的文化通过欧洲的商人、旅游者、传教士等，被大量介绍到欧洲各国。来华传教士是中西文化交流的重要媒介。他们大都通晓中国语言与文字，对中国文化有兴趣，可直接对中国政治、经济、文化等问题进行研究。他们这些工作对中欧文化交流起了重大作用。不但向欧洲传播了中国文化，而且向中国传播了西方文化。

欧洲的耶稣会 1583 年（明朝万历十一年）来华。1596 年意大利罗马耶稣会士利玛窦（Ricci Matthieu）出任在华耶稣会首任会长。利玛窦 1552 年生于意大利中部的马赛拉塔城，1610 年死于北京，在中国生活了 28 年。他认为"中国人是最勤劳的人民"，"中国这个古老的帝国以普遍讲究温文有礼而知名于世，这是他们最为重视的五大美德之一。……对于他们来说，办事要体谅、尊重和恭敬别人，这构成温文有礼的基础"。① 利玛窦是中欧文化交流历史上的代表人物之一。他一人就有 24 部中文著作，收入《四库全书》和《四库全书存目》的就有 13 部之多。

传教士在华翻译的第一本书，是由意大利耶稣会士罗明坚（Ruggieri Michel）口授，华人笔录的《天主圣实录》，1584 年出版，这是一本宣扬天主教教义的书。这方面的译作还有高母羡所译的《天主教教义》（1593 年）。1629 年，出版了汤若望（Bell, Johann Adam Schall von）所译的《主制群征》二卷。艾儒略（Aleni, Jules）译有《天主降生言行纪略》八卷，这是《圣经》最早的汉文节译本。

传教士在中国传播西方文化，推动了中国近代史上的"西学东渐"，对明末清初政治、经济、文化和社会发展产生了重要影响。

首先，西方作品的大量译入对中国思想界是一个很大的冲击。在天主教到来之前，中国的思想界受儒家思想的

① 《利玛窦中国札记》，中华书局 1983 年版，第 19、第 63 页。

统治近两千年。道教和佛教在中国的地位已经根深蒂固。天主教以一种新的宗教形式，进入了中国思想界。

其次，耶稣会士将大量的科技作品译入中国，促进了中国科学技术的发展，虽然他们介绍的远不是西方科学技术的最新成就。1606年，利玛窦和徐光启合译欧几里得的《几何原本》前六卷，1607年，合撰《测量异同》、《勾股义》，编译《乾坤体义》。1608年，利玛窦和李之藻合译《圆容较义》，1613年合译《同文算指》。1624年，罗雅各（Rho，Jacques）与徐光启合著《测量全义》。在这些著作中，介绍了欧洲几何、三角、笔算等数理知识，为近代中国数学的发展奠定了基础。除数学外，传教士们在物理学、机械工程学、生物学、医学、农学、天文学及历法改革、地理学及地图绘制等方面的介绍和研究，也使中国社会各界耳目一新。这表明，来华传教士带来的是远远超出宗教的更广泛的欧洲文化，在传播教义的同时，也把欧洲许多科学技术与文学艺术传到了中国，进一步加强了中欧的文化联系。就科学技术而言，这似乎是历史上中欧科技交往的某种积极回应。英国生物化学家、科学史家李约瑟说："在公元最初的14个世纪里，中国向欧洲传播了许多发现和发明，说明这段时间的贡献将是毫不困难的。而欧洲在接受这些发现和发明时并不清楚他们起源于何地。"[①] 显然，那种认为中国历史上从无科学的观

---

① 何兆武、柳卸林主编：《中国印象——世界名人论中国文化》，广西师范大学出版社2001年版，第142页。

点是不符合事实的。

与此同时，经传教士翻译介绍到欧洲的中国科学文化也相当可观，其中包括中国的典籍、中国天文学、医药学等。传教士们向欧洲介绍的一个重点是中国的儒家学说，因为在他们看来，中国人以儒教治国，有着大量的文献，远比其他教派更为著名。现存最早的中国典籍的西译本，是罗明坚翻译成西班牙文的《明心宝鉴》。利玛窦曾将中国的《四书》翻译成拉丁文本。葡萄牙人郭纳爵（Ignatius de Costa）与殷铎泽（Prosper Intorcetta）翻译了《大学》。两人还一起翻译了《论语》，这是《论语》的最早译本。殷铎泽后来又译了《中庸》。比利时人卫方济（Francois Noel）曾以拉丁文译《四书》、《孝经》和《幼学》。奥地利人白乃心（Grueber）曾译过《孔子传》和《中庸》。法国人宋君荣（Antonius Goubil）曾译《诗经》、《书经》、《易经》、《礼记》。《老子》一书的最早欧洲译本，约于 1750 年出现。

除了大量的译作之外，传教士们还根据自己在中国的所见所闻和对于中国文化的了解，写了很多关于介绍中国的著作。如蓝方济（Lombard）神父所著《大中华王国新见解》（Nouveau avis du grand Royaume de la Chine）；曾德昭（Alvare de Semedo）的《大中国志》（Imperio de la China）；李明（Louis Le Comte）的《中国现势新志》（Nouveaux Memories sur l'etat present de la Chine），等等。1667 年，德国传教士基尔谢编著的《中国图志》（China Illustrata）在阿姆斯特丹出版，该书内容涉及中国的方方面面，附有大量精致的图版，被誉为"17 世纪关于中国的百科全书"。这些著作对中国的政治制度、风俗习惯、科举制度、宗教信仰、民族风情等做了详细的介绍。西班牙人门多萨（Mendoza, Juan Gonzalez De）神父写的《大中华帝国史》（The History of the Great and Mighty Kingdom of China and the Situation, 1585 年首版罗马）不仅提供了有关中国的真实的信息，而且塑造了一个完美的中国形象。在文艺复兴时代的欧洲，中国形象已被理想化，成为具有文化象征意义的改造社会的动力。该书问世后在欧洲产生广泛影响，约有各种文字的 44 种版本先后问世，以至于有人认为这部著作是继《马可·波罗游记》之后，欧洲了解中国的最重要的一部作品，这不无道理。

耶稣会入华前，欧洲没有真正地研究过中国的历史和文化，中国在欧洲人的眼中只是模糊的"东方圣地"。这种情况在耶稣会入华后开始发生变化。耶稣会士有关中国的报告、著作和译作，成为欧洲研究中国直接的、最有价值的文献。

传教士在著作中对东方文明的介绍，引起了欧洲启蒙运动思想家们的极大兴趣。伏尔泰、孟德斯鸠、霍尔巴赫就是其典型代表。伏尔泰极为赞赏中国的道德和理性宗教，他认为从中国发现了一个全新的道德世界。中国人"具有完备的道德学，他居于各科学的首位"。[①] 德国启蒙

---

① A dolf Reichwein : *China and Europe Intellectual and Artistic Contacts in the Eighteenth Century*, London, 1925, p. 89.

哲学家斯宾诺莎和莱布尼兹的哲学也受到过老子等思想家的影响。伏尔泰、莱布尼兹、魁奈及百科全书派等人，通过耶稣会士的介绍，认识了中国和孔子。在他们的著作中，表扬中国文化，称道中国的"仁君"和"仁政"，以及儒家以德教人的伦理思想。伏尔泰曾赞美科举考试制度。这种通过考试选拔官吏的方式，于 18 世纪末在法国开始采用，英国继之，直接影响到沿袭至今的文官考试制度。启蒙时代是中国文化传入欧洲的极盛时代，也是中欧文化交流史承先启后的时代。中国的文化形象似乎成为启蒙运动的一面旗帜。

随着世界资本主义的发展，各国之间的联系日益密切，到清时以欧洲传教士为主要媒介的中西文化传播得到进一步发展，而且在中国和欧洲都引起了巨大的反响，这构成了清代前期中西文化交流的土线。

在中国，汤若望、南怀仁（Verbiest, Ferdinand）等来自欧洲的传教士，受到清廷重视，被委以重任。他们根据科学测算，改订历法，传播天文历算等科学知识，继承了明末耶稣会士的交流活动。而中国的天文历算之学在大量吸收西方知识并加以消化吸收之后，终于编著出《律历渊源》等融会中西诸说的巨著，出现了王锡阐、梅文鼎这样杰出的科学家。意大利人朗士宁（Castiglione, Joseph Giuseppe）1715 年来华，任宫廷画师，深受乾隆皇帝的赏识。圆明园是东西文化交流的结晶，它融会了法国、意大利及东方园林艺术特征的精华，成为"万园之园"，以至于人们把它和希腊的巴特侬神庙、埃及的金字塔、罗马的竞技场、巴黎圣母院相提并论。

在欧洲，随着中国文化的不断传入及影响不断扩大，到18世纪时终于形成一股中国热。18世纪欧洲出现的中国热，突出表现为思想界对中国文化的关注，推动了欧洲汉学的发展，揭开了中欧文化交流史上重要的一页。

1814年12月，法国法兰西学院正式开设汉学课程，设汉学教授席位，标志着西方汉学已经摆脱了传教学的框架，在西方教育史中，汉学开始作为一门独立的学科出现。汉学在研究方法、研究内容上都日趋专业化和学术化。英国的汉学研究始于1840年鸦片战争以后，首先设立汉学教席的是剑桥大学的东方学部，继而是伦敦大学的亚非学院。荷兰汉学是随其在东方的扩张而逐步形成的，1875年莱顿大学设立了第一个汉学席位，1890年由著名汉学家考狄所创立的《通报》成为西方第一份汉学的专业刊物，至今仍有着重要的影响。德国汉学起步比较晚，直到1912年在腓特烈·威廉帝国大学才成立了汉学研究所，并有了专职的教授席位。瑞典汉学以19世纪末探险家斯文·赫定的中国西部探险而开始，以高本汉在任哥德堡大学东亚语言与文化学教授而开始了它的汉学历程。高本汉在语言学上所取得的成就，曾令国内学术界惊叹，它直接影响了赵元任、李方桂等中国学者的语言学研究。俄罗斯汉学源于1741年3月23日圣彼得堡科学院聘用伊拉利昂·罗索欣为汉学教师为起点，在清康熙年间就有驻华东正教团从事汉学研究。由于地缘关系，俄罗斯对汉学研究所投入的人力和资金在欧洲都一直居于领先地位。

四、鸦片战争和"睁眼看世界"新思潮

随着西欧国家工业革命的完成，资本主义在其自身发展的历史上，由原始积累时期逐渐过渡到"自由"资本主义时期，商品输出以及与之相联的掠夺海外市场和原料产地，成为殖民侵略的重要内容之一，幅员辽阔的中国成为欧洲列强掠夺的主要目标。19世纪，英国为了改变对华贸易的巨额赤字，大量向中国输入鸦片，遭到清政府的抵制。林则徐领导的禁烟运动，使英国受到沉重打击。1840年，英国发动蓄谋已久的鸦片战争，迫使清政府签订丧权辱国的《南京条约》，自此，中国的主权独立和领土完整受到破坏，中国的社会性质发生了根本变化，沦为半殖民地半封建社会。

鸦片战争以后，西方义化随着欧美殖民主义的炮舰、鸦片涌入中国，其声势和规模远远超过明末清初时西学东渐的水平。西方"坚船利炮"的直接轰击，使中国在文化上失去了主动性，自19世纪中叶始，先进的中国知识分子为挽救民族危亡，努力改变被动的文化接受，先后提出"师夷长技以制夷"、"中学为体、西学为用"等策略，和君主立宪、三民主义以及社会主义的社会理想。

西学在近代中国传播滥觞于第一次鸦片战争时期的林则徐、魏源等开明士大夫的倡导。至19世纪60—70年代，西方自然科学得到广泛而系统的介绍，形成了传播的第一个高潮。资本主义列强的侵略、掠夺，使中华民族危机加剧，上层统治阶级中的一些人也急切地开始探索世界

大势，企图从中求得"御夷之策"。一股"睁眼看世界"的新思潮由知识界开始，逐渐成为一股新的社会思潮。

林则徐是"睁眼看世界"的第一人，1839年3月至1840年11月，林则徐在广东主持禁烟期间，为了了解西方列强的历史与现实，积极组织翻译工作，在不长的时间内编译出大量的外文书籍资料，成为近代中国"睁眼看世界的第一人"。他根据英国人慕瑞所著《世界地理大全》，亲自润色、评述，编译成《四洲志》，较完整地介绍了亚洲、非洲、欧洲和美洲30多个国家历史、地理、政治、经济、文化、民族、民俗以及宗教等。《四洲志》是近代中国第一部系统论述外国史地的志书，被公认为是影响中国近代历史进程的名著之一。

从戊戌维新运动起，先进的知识分子开始注意介绍西方的哲学和社会政治学说，使西学传播别开生面。尤其在辛亥革命期间，一些知识分子对西方社会科学作了较为广泛的介绍，西学传播出现了新的高潮。

在蔡尔康的协助下①，英国传教士李提摩太（Timothy Richard）编译的《泰西新史揽要》，1894年3月至1895年3月在《万国公报》上连载，名《泰西近百年大事记》。1895年由广学会出版单行本。在晚清出版的所有西方史学译著中，此书销量最大，影响最广。《泰西新史揽要》系英国麦肯齐原著，原名《19世纪史》（History of

---

① 蔡尔康，上海人，先后在《申报》、《字林沪报》、《新闻报》、《广学会》、《万国公报》等处任职。由西方传教士口述，蔡尔康笔录，译有多种西方著作问世。

Nineteenth Century），1889 年在英国伦敦出版。主要是叙述 19 世纪欧美各国发展的历史，包括政治、经济、文化、军事、科学技术和社会发展等方面。除了欧洲地区史的内容之外，还涉及英国、法国、德国、奥地利、意大利、俄罗斯、土耳其和美国等国的历史。19 世纪末的英国盛行进化论，在其影响下，《泰西新史揽要》宣扬一个国家和民族所以强盛，主要在于积极进取，不断地弃旧图新，鲜明地体现了进化论的精神。就此书的现实意义，《泰西新史揽要》的《译本序》中写道："此书为暗室之孤灯，迷津之片筏，详而译之，质而言之，又实救民之良药，保国之坚壁，疗贫之宝玉，而中华新世界之初桄也，非精兵亿万战舰什佰所可比而拟也。"① 从如此高的评价中，不难看出进化论和进化史观在当时中国的广泛影响。

这个时期的西学传播对当时和以后的中国社会历史的发展产生了深远的影响。首先，传播的西学学科齐全。辛亥革命以前，中国引进西学主要侧重于科技知识，而社会科学则不多。辛亥革命后的情况发生了明显变化。西方的哲学、社会政治学说等受到进步知识分子的重视，这些学科主要有哲学、政治学、经济学、伦理学、社会学、法学、文学、美学、逻辑学等；在这些学科中，包括古希腊时代的主要学派；文艺复兴时期的诸家思潮；19 世纪欧美流行的资产阶级、小资产阶级的社会思潮和包括马克思

---

① 麦肯齐著，李提摩太、蔡尔康译：《泰西新史揽要》，上海书店出版社 2002 年版，第 1 页。

主义在内的各派社会主义思潮；涉及的代表性人物有柏拉图、亚里士多德等欧洲古代思想家；培根、笛卡儿、卢梭、孟德斯鸠等启蒙大师；康德、黑格尔、亚当·斯密、达尔文、斯宾塞、巴枯宁等世界文化巨匠。科学社会主义创始人马克思也日渐为中国的知识界所了解。

辛亥革命时期的西学传播在数量上相当可观。1899年出版的《东西学书录》，收录了中国自 1840 年以后半个多世纪出版的译书书目；1904 年问世的《译书经眼录》，收录了 1900—1904 年间出版的主要译著。前者共分39 类，收录各种书目 568 种，后者分 25 类，所载书目达533 种。这表明辛亥革命时期前 5 年的译书出版量，几乎相当于以前 50 多年的总和。《译书经眼录》中提到的中国译者共有近 300 名，严复、林纾、马君武、王国维、梁启超、章太炎、丁福保、范迪吉、杜亚泉、张相文、樊炳清、赵必振等均名列其中。

西学知识的广泛介绍，使中国知识分子的眼界豁然大开，开始从更新的层次和角度思考中国的前途与命运。梁启超在《论中国国民之品格》一文中认为：世界上的国家分三等：有"挟莫强之兵力"横行霸道的"受人畏慑之国"；有"坐听他人之蹂躏操纵"的"受人轻侮之国"；还有"其教化政治卓然冠绝于环球"的"受人尊敬之国"。后者由于"教化政治"发达被认为是上乘的国家。[①] 进步知识分子把鲜明的文化意识与救国救民的历史责任感紧密

①　《饮冰室文集之十三》第 1 页，《饮冰室合集》第五册。

地联系在一起，从文化的视角探求西方国家强大和中国落
后贫弱的原因。有人撰文指出：文化学术是世界文明进步
的动力之一，"泰西何以强？有学也，学术有用，精益求
精也。中国何以弱？失学也。学皆无用，虽有亦无也"。[①]
世界各国的竞争不应忽视学术文化。中国要救亡图存，必
须在发展"兵战"与"商战"的同时积极开展"学战"。
所谓"学战"，集中反映了辛亥革命时期仁人志士要求振
兴中国近代文化的呼声。

五、马克思主义和现代中国的文化选择

19 世纪末、20 世纪初，中国社会的半殖民化进一步
加深，内忧外患进一步促进了近代中华民族的觉醒。1898
年，严复译英国赫胥黎《天演进化论》出版，系统阐释
了"物竞天择，适者生存"的原理，使中国思想界受到
极大震动。此后，不少欧美学者的社会进化论著作，陆续
译成中文出版，如马君武译英国《斯宾塞社会学原理》
（1903 年）、赵兰生译《斯宾塞干涉论》（1903 年）等。
进化论日益深入人心，使中国民气为之一变，成为广大爱
国知识分子思想解放、变法图强的思想武器。

进化论和近代中国社会的变革有着直接的联系。近代
中国民主革命的伟大先行者孙中山，领导武昌起义推翻帝
制，积极捍卫共和制度，为改造旧中国立下了丰功伟绩。

[①]　贯公：《振兴女学说》，《开智录》1901 年 3 月 5 日。

他的政治思想成为近代中国思想史的宝贵遗产。应该指出的是，社会进化论不仅是孙中山历史哲学思想的核心，而且也是他的整个政治思想的基础。他说，达尔文《物种起源》一书问世后，"则进化之学，一旦豁然开朗，大放光明，而世界思想为之一变"。孙中山将达尔文进化思想与其政治理想结合起来时，突破了生物进化论和一般社会进化论的思想局限。在他看来，人类历史分成物质进化时期、物种进化时期和人类进化时期三个阶段。他强调人类的历史是一个由蒙昧到文明的进化过程，但又反对人类社会的进化照搬动物的进化过程。因此在人类进化时期，应当用"仁义道德"代替"弱肉强食"，用"互助"、"仁爱"代替"竞争"、"杀戮"，只有这样，才能消灭种族压迫和仇视，实现"天下为公"的美好理想。

早在19世纪70年代，马克思主义学说即已开始了在中国的传播过程。1871年巴黎公社革命开始了无产阶级革命的世界历史进程时，香港的《华字日报》、《中外新报》等报纸，最早对巴黎公社的斗争进行了报道。这时，从欧洲归来的王韬和精通外语的张宗良，写了大量的文章在这些报纸发表。同年，王韬将记述巴黎无产者斗争的文章汇集在一起，编成《普法战纪》14卷，由中华印务总局在1873年出版。

1873年至1882年，上海江南制造局不定期出版《西国近事汇编》，介绍当时欧美工人运动和社会发展中的主要事件，成为人们了解世界的重要窗口。社会主义思想被译述为主张"欧罗巴大同"、"贫富适均"等。在这些汇编中，也有报道国际社会主义运动的消息。1877 年 5 月，美国传教士林乐知（Allen Young John）写道："美国费拉特尔费亚省来信，谓美有数处民心不靖，恐康密尼人乱党夏间起事，……今乱党以体恤工人为名，实即康密尼党唆令作工之人与富贵人为难。去年工人滋闹，尚无头绪，今有数处康密尼人练演为兵，此种人为教训约束所不及，须用武以制之，或用教会以开导之。""康密尼人乱种，非可行于美国，美国断不容也。"① 这里所说的"康密尼人"，即是根据英语发音转译的"共产主义者"或"共产党人"。由此可以看出当时美国工人运动的发展，以及统治阶级的恐惧，准备用武力镇压社会主义运动。

由传教士主办的《万国公报》（The Review of the Times），也有关于马克思的介绍，如《大同学》文中写道："今世之争，恐将有更甚于古者。此非凭空揣测之词也。试稽近代学派，有讲求安民新学之一家。如德国之马客偲，主于资本者也"。② 在中国，正是在这篇文章中最早提到了马克思、恩格斯的名字。

1908 年 1 月，《〈共产党宣言〉恩格斯 1887 年英文版序言》由民鸣译成中文，发表在《天义报》第 15 卷。同年，《天义报》1908 年春季增刊（第 16—19 卷）发表了民

① 林乐知口译，蔡锡龄笔述：《西国近事汇编·光绪三年》，姜义华编：《社会主义学说在中国的初期传播》，复旦大学出版社 1984 年版，第 13 页。
② 《万国公报文选》，三联书店 1998 年版，第 620 页。《大同学》，系英国传教士李提摩太、中国文人蔡尔康根据英国社会学家本杰明·颉德著《社会进化论》一书编译而成。

鸣所译《共产党宣言》的第一章《绅士与平民》（即《资产者与无产者》）。刘师培为其写了《序》，称马克思、恩格斯是"社会主义大师"，并评价《共产党宣言》说："观此宣言所叙述，于欧洲社会变迁纤悉靡遗，而其要归，则在万国劳民团结，以行阶级斗争，固不易之说也。""欲明欧洲资本制之发达，不可不研究斯编。复以古今社会变更均由阶级之相竞，则对于史学发明之功甚巨，讨论史编，亦不得不奉为圭臬。"刘师培充分肯定用马克思主义的阶级学说研究历史，这从一个侧面反映了马克思主义在中国的影响正在不断扩大。1915 年 9 月，陈独秀在上海创办《新青年》，吹响了提倡科学与民主的新文化运动的号角。除科学社会主义理论外，作为新文化、新思潮的还有施蒂纳的无政府个人主义、蒲鲁东的社会无政府主义、巴枯宁的团体无政府主义、克鲁泡特金的无政府工团主义，欧文等人的合作主义、柯尔等人的基尔特社会主义，伯恩施坦、考茨基等人的社会民主主义，以及人文主义、实用主义、新实在主义、新康德主义、生命哲学等。

1917 年俄国十月社会主义革命后，马克思主义在中国得到广泛传播。"十月革命一声炮响，给我们送来了马克思列宁主义。十月革命帮助了全世界的也帮助了中国的先进分子，用无产阶级的宇宙观作为观察国家命运的工具，重新考虑自己的问题"，"这时，也只是在这时，中国人从思想到生活，才出现了一个崭新的时期"，[①] 涌现

---

① 《毛泽东选集》第四卷，人民出版社 1991 年版，第 1471、第 1470 页。

出李大钊、毛泽东等信仰共产主义的先进知识分子，还有一些优秀的青年，如周恩来、陈毅、邓小平等远赴欧洲，满怀激情去学习西欧国家和俄国的革命经验，寻求改造中国和世界的正确途径。正是在这时，20世纪初少数先进知识分子的文化选择，逐渐成为阶级的和民族的选择，因为这一选择反映了中国社会历史发展的客观趋势。马克思主义的普遍真理与中国实际相结合，马克思主义中国化的历史进程包含着巨大的文化意义，它不仅是扬弃传统文化的过程，也是创造中国新文化的过程。今天，已经获得了独立、解放的亿万中国人民，正满怀信心地建设中国特色的社会主义，为实现中华民族的伟大复兴而奋斗。

2005年12月6日，温家宝总理在巴黎综合理工大学发表题为《尊重不同文明，共建和谐世界》的演讲中指出："在人类社会的历史长河中，我们勇敢、智慧和勤劳的祖先创造了丰富多彩的文明。随着时间的推移，这些文明有的成为了历史，有的生生不息地一直延续下来，有的相互交融产生了新的文明。今天，人类文明正在发生深刻的变革。科技进步和经济文化交往缩短了各种文明之间的距离。无论在巴黎的香榭丽舍大街还是在北京的长安街，都可以看到不同服装、不同肤色、不同母语的人们接踵而行。无论在东方还是西方，人们的交往从来没有像今天这样密切，影响人们日常生活的因素已不再局限于某一种文化。文化是一个民族的灵魂，是她赖以生存和延续的基础。无论对中华民族还是对法兰西民族来说，我们各自继承和发扬的文化都是民族之根、国家之魂。文化多样性是人类文明的重要特征。文化多样性之于人类社会，就如同生物多样性之于自然界一样，是一种客观现实。只有尊重文化的多样性，才能使人类文明得以发展。"① 温家宝总理还强调，使不同文明共存和发展的关键在于"和"，首先是世界和平。中华民族是爱好和平的民族。中国古代思想家提出的"以和为贵"，"共享太平之福"、"亲仁善邻，国之宝也"、"己所不欲，勿施于人"等思想，反映了中国人民爱好和平、渴望同各国人民友好相处的美好愿望。和平是中国繁荣昌盛的前提，和平使中华文明更加辉煌灿烂。

进入 21 世纪，人类面临的经济和社会问题更加复杂。文化因素将在新的世纪里发挥更加重要的作用。中国和欧洲国家同是世界舞台上的重要力量，在维护世界和平、促进共同发展等方面有着广泛的共同利益。中国和欧洲都有自己悠久的历史和灿烂文化，都曾为人类文明进步做出过重大贡献。当今世界的潮流是要和平、要发展。实现 21 世纪的和平与发展，中欧可以而且应该发挥重要作用。

但是，中国与欧洲国家毕竟经历的是不同的历史进程，中欧之间在社会经济制度、生产力发展水平、文化传统和价值观念等方面都存在差异，这是完全正常的。我们生活的这个星球，有 60 多亿人口，200 多个国家，2500 多个民族，6000 多种语言，还有基督教、天主教、伊斯

---

① 2005 年 12 月 6 日，温家宝总理在法国巴黎综合理工大学的演讲：《尊重不同文明 共建和谐世界》，《光明日报》2005 年 12 月 7 日。

兰教、佛教和道教等多种宗教。正是这些不同文明的相互依存、相互交流、相互借鉴、相映生辉，才构成今天这个丰富多彩的世界。

1922 年，英国哲学家罗素在《中西文明比较》中写道："不同文化之间的交流过去已经多次证明是人类文明发展的里程碑。希腊学习埃及，罗马借鉴希腊，阿拉伯参照罗马帝国，中世纪的欧洲又模仿阿拉伯，而文艺复兴时期的欧洲则仿效拜占庭帝国……"[①] 没有一个民族的发展，不受益于不同文明之间的对话和交流。正是在这种对话和交流中，每一个国家和民族才能汲取各个方面的营养，以丰富自己、完善自己、充实自己、发展自己，使其政治、经济、文化走向辉煌。中欧文化交会给我们以深刻的历史启迪。我们应尊重各国人民在自身发展进程中创造的不同文明。各种文明相互交流和借鉴，是人类进步的动力。不同的文明和不同的社会制度应该而且可以长期共存，在求同存异中共同发展。世界是丰富多彩的，各种文明交相辉映，不可能只有一种模式。我们坚信，一个和平相处、和谐发展，充满活力而又绚丽多彩的世界一定会到来。

---

① 参见中华孔子学会等编：《经济全球化与民族文化多元发展》，社会科学文献出版社 2003 年版，第 76 页。

史学理论和历史理论

SHIXUE LILUN HE

LISHI LILUN

时代　史家　史著[*]

——读《新编剑桥世界近代史》

　　多卷本近千万字的《新编剑桥世界近代史》，综述了15 世纪末欧洲文艺复兴至第二次世界大战结束这一时期的世界历史。该书是 20 世纪西方史学具有代表性的重要著作之一。这不仅是因为其内容丰富，更重要的是它从史学理论与史学研究实践的结合上，阐释了西方史学理论与方法的某些基本原则，反映了当代西方史学的发展趋势。《新编剑桥世界近代史》自 1957—1970 年陆续出版后，在国际史坛上产生了广泛的影响，引起了越来越多学者的重视。20 世纪 80 年代修订本问世后，则更是如此。英国剑桥大学出版社授权中国社会科学出版社独家出版中文横排简体本，现已出版 6 卷；年内还将出版 2 卷，余下的正文 4 卷，续编 1 卷，地图 1 卷，计 14 卷，即将出齐。面向新世纪的中国史学正处于一个新的转型时期，翻译出版

＊ 本文发表于《历史研究》1999 年第 3 期。

《新编剑桥世界近代史》以及对其进行研究，取其精华，弃其糟粕，对当代中国史学的建设无疑是有益的。

一、从《剑桥世界近代史》到
《新编剑桥世界近代史》

由英国著名史学家阿克顿（Lord Acton）勋爵主编的14卷本《剑桥世界近代史》于1902—1912年出版，即撰写于19世纪末，问世于20世纪初。1902年第1卷出版时，阿克顿勋爵已于同年6月19日溘然长逝。但他的史学思想以及他提出的撰写此书的宗旨，却在著作中得到很好的贯彻，那就是：将历史学在19世纪已经取得的成绩和进展确定下来；同时为历史学在即将到来的新世纪指明方向，制定规划。①

19世纪初被誉为"历史学的世纪"。因为在这一个世纪中，历史学的专业化过程完成，不仅史料的发掘与积累以前所未有的速度增长，而且史学理论与方法也更加系统化、科学化。思辨的历史哲学以赫尔德（J. G. von Herder）、黑格尔（Ceorg Wilhelm Friedrich Hegel）为代表发展到高峰，而且狄尔泰（Wilhem Dilthey）、文德尔班（Wilhelm Windelband）、李凯尔特（Heinrich Rickert）等分析与批判的历史哲学也开始兴起。历史研究的领域明显扩大，通史、断代史、国别史、专史诸领域都为后人留下了

---

① 巴勒克拉夫：《当代史学主要趋势》，上海译文出版社1987年版，第8页。

传世之作。欧美各国史学家的联系与合作不断加强，各种历史学派层出不穷。总之，在资本主义世界空前繁荣与科学技术不断进步的广阔历史背景下，西方史学进入了自己发展的黄金时代。《剑桥世界近代史》从内容到形式都是这一特定的历史时代——"历史学的世纪"的产物。

1834 年 1 月 10 日，阿克顿生于英国一个贵族之家。其父是英国男爵，其母是德意志巴伐利亚显赫的贵族之后。他不仅有日耳曼人的血统，而且还在德国接受过历史教育，在柏林大学听过著名学家兰克（Leopold von Ranke）的讲座。阿克顿平生治学勤奋，孜孜不倦。他读万卷书，行万里路，除英国和德国外，在法国、意大利、美国、俄国、瑞士、奥地利和苏格兰都留有他的足迹。1895 年，剑桥大学钦定教授施里（John Robert Seeley）病故后，他被聘为该校近代史讲座的钦定教授。19 世纪西方浪漫主义和实证主义史学思潮，对其史学思想的形成都产生了重要的影响。他努力将矛盾的东西调和起来，力图使"德国和西欧的历史思想和实践的成果融为一体"[①]。他反对过分地财富崇拜事实，认为史学家不能陷在史料的汪洋大海之中。在《剑桥世界近代史》第 1 卷的序言中，他明确指出，这种极端将会把他从一个饱学之士变成一个百科全书的"编纂者"。但他也信奉兰克所言，历史学家的任务在于"如实地说明历史"，要严格考证史料，"如实记述"。在撰写《剑桥世界近代史》时，阿克顿曾发表

---

① 巴勒克拉夫：《当代史学主要趋势》，上海译文出版社 1987 年版，第 8 页。

致撰稿人的公开信。他在信中提出：我们将尽力取得所有历史文献；写作时，每一位作者的国籍、宗教、党派都不应在著作中表现出来，因为个人观点的表达将会导致全书的混乱；他还强调：我们所描写的滑铁卢必须使法国人、英国人、德国人和荷兰人都能同样满意①。阿克顿对英国史学家伯里（Edward John Bury）的名言"历史是一门科学，不多也不少"不以为然，但他也强调历史学家不同于历史事实的搜集者，他们之间的根本区别就在于"概括"。他认为，人们应该重视隐含在历史学家内心深处的东西，尤其是那些著名的历史学家。历史思考凌驾于历史知识之上。但他还认为，历史是一门特殊的知识，它包含其他科学②。不难看出，阿克顿认为历史学既是一门搜集和考据史料的艺术，但也是一门科学。对历史性质的解释，他也提出了一些令人鼓舞的内容，他说："历史是争论的仲裁者，是迷路人的指南针，是道德标准的坚持者，而世上的强者，包括宗教本身一直在试图降低道德的标准。"③

正是从上述认识出发，阿克顿主编了《剑桥世界近代史》。这部巨著表明，他作为英国剑桥学派的主要创立

---

① 阿克顿：《近代史讲演录》Lord Acton, Lcton, Lectures on Modern History，伦敦1906年版，第318页。

② 巴特菲尔德：《对人类过去的认识》Herbert Butterfield, Man on His Past，剑桥1969年版，第64、第97页。

③ 阿克顿：《论自由和强权》，克利夫兰1887年版，转引自杨豫《西方史学史》，江西人民出版社1993年版，第345页。

人和主要代表人物，是当之无愧的。在英国史学发展史
上，阿克顿以学识渊博、治学精严而声望卓著。既然如
此，克拉克（George Clark）爵士为什么在半个世纪之后
要"新编"一部《剑桥世界近代史》呢？显然他不是心
血来潮。与其说这是英国或西方史学发展的客观需要，不
如说这是英国或西方资本主义社会发展的客观需要更准确
些。就是说，《新编剑桥世界近代史》这部著作首先是历
史和社会的产物。英国史学家卡尔（Edward hallett Carr）
说："在研究历史之前，应该先研究历史学家"，"在研究
一个历史学家之前，应该先研究他的历史环境和社会环
境。历史学家是单独的个人，同时又是历史和社会的产
物。研究历史的人正是应该从这双重的事实出发来看待历
史学家。"① 卡尔所言极是，他为我们搞清《剑桥世界近
代史》为什么要"新编"提供了一把正确的钥匙。关于
社会与史家、史著的关系，克拉克本人也持与卡尔类似的
观点，他在《新编剑桥世界近代史》的《总导言：史学
与近代史学家》中说："研究什么历史课题和为什么进行
研究，取决于人类社会的许多显然毫不相干的情况"，
"历史学家的社会职能过去一向是、而且今后也永远是随
着千变万化的社会情况而发生变化的。历史学家的技能与
读者的要求之间永远存在着一种紧张状态。不管他们是为
了个别的赞助者，或是为了一个政府部门，或是为了他们
能够吸引来阅读他们的著作的那些群众写作，他们都必须

---

① 卡尔：《历史是什么》，商务印书馆1981年版，第44页。

在一定程度上满足一种要求。"① 重视历史与现实的联系，是剑桥学派的传统。早年施里也曾说："我们的大学乃是，而且必须是一所政治家的培养所。没有至少起码的历史知识，一个人不可能对政治感到合乎理性的情趣，而没有丰富的历史知识，一个人也就不会对政治作出合乎理性的判断。"②

20世纪中期同19世纪末相比，人类社会的政治、经济、文化与科学技术的发展，都发生了根本的变化。特别是在这期间爆发了两次世界大战，"西方的没落"，使形成于资本主义上升时期的普遍乐观主义情绪开始消失，资本主义世界精神和物质的危机感加强，世界政治格局的重大改变，以及科学革命、科学技术日新月异，突飞猛进，这一切都要求西方社会对人类历史的昨天、今天和明天重新认识。对于历史学家来说，他们的任务非常明确，那就是让人们更加全面、更加准确地了解过去，从而清醒地认识现在，最重要的是更加主动地把握未来。社会的需求仅仅是一种社会的呼唤，而要将其变成现实，关键是当时西方史学的发展，是否已经具备了完成这种任务的条件。20世纪中期，即第二次世界大战后，西方史学的发展进入了一个崭新的阶段，不少国家的历史研究都受到社会科学与行为科学越来越大的影响。英国史学家巴勒克拉夫

---

① 克拉克主编：《新编剑桥世界近代史》，中国社会科学出版社1999年版，第25、第29页。

② 古奇：《十九世纪的历史学和历史学家》下册，商务印书馆1989年版，第590页。

（Geoffrey Barraclough）说："如果我们想概括一下 1955 年以来历史研究的新趋势，我们便可以说，最为突出的趋势是集中，这种集中的主要特征是全面抛弃了前一代历史学家的基本观点。与此同时还伴随着恢复对历史学的思考和写作理论的兴趣。"① 从那时起，历史学家的研究视野和历史研究的领域愈来愈加扩大；在历史研究的实践中，形成了一系列新的历史学分支学科；历史研究方法更加多样化；史学理论、方法论的研究也有了巨大的进步。值得重视的是，"二战"后，西方马克思主义史学也有了长足发展，并直接或间接地对当代西方史学的发展产生了重要的影响。"到 1955 年，即使在马克思主义的反对者中，也很少有历史学家会怀疑聪明睿智的马克思主义的历史研究方法的积极作用及其挑战。"② 通过以上的初步分析，我们不难理解，克拉克为什么在 20 世纪中期要新编《剑桥世界近代史》，同时也找到了正确认识这部近代史著作究竟"新"在何处的途径。

19 世纪末 20 世纪初，阿克顿主编《剑桥世界近代史》时，他的目标是使其成为一部"有权威的"、"经典的"近代史著作，用他的话说，是能够成为"未来世纪的航海图和指南针"。而半个世纪后，克拉克主编《新编剑桥世界近代史》时，则彻底放弃了这样的目标。他说："在制定《剑桥世界近代史》的这个新版本的计划时，不

① 巴勒克拉夫：《当代史学主要趋势》，上海译文出版社 1987 年版，第 66 页。
② 巴勒克拉夫：《当代史学主要趋势》，上海译文出版社 1987 年版，第 42 页。

是把它作为撰写权威性的历史的阶梯，也不是把它作为我们有关这一时期的全部知识的摘要或者按比例绘制的缩略图，而是把它作为符合事实的判断的完整体。"① 之所以有如此变化，不是克拉克个人懒惰或他缺少雄心壮志，而是由于受现代西方史学发展中所形成的一些重要理论制约的结果，特别是否定历史进步，在历史性质解释上的悲观主义对其更有深刻的影响。

克拉克认为，新一代历史学家没有像阿克顿那样，一定要写出"权威性的历史"的奢望。"因为关于过去的知识是通过一个或更多的人的思想传播下来的，是经过他们'加工'的东西，……""历史不是人生活的延续，而是思想意识的延续。""有些研究工作者采取的方法表明他们认为存在着具有统一结构的真实的历史，而且在了解更多的真实历史方面，不断地变得更有技巧，但却往往忘记这样一件事：在全部真实历史中，人们所能了解到的只不过是沧海一粟。历史的绝大部分已经烟消云散，永远也不可能用我们拥有的手段使之再现出来。……要掌握全部历史的想法是不切合实际的。"克拉克指出，一些学者陷入到怀疑主义中去，认为"既然一切历史判断都涉及个人与观点，则一种判断与另一种判断同样有道理，因而没有什么'客观'的历史真理存在。"因此，在战后西方史学界关于历史学究竟是一门科学还是一门艺术的争论中，他

① 克拉克主编：《新编剑桥世界近代史》第1卷，中国社会科学出版社1999年版，第31页。

更倾向后一种观点。他说："就历史学而言，我们可以断定，如果说它是一门科学的话，它是一门从事评价的科学。"① 显然，克拉克对"历史学是一门科学"持相当大的保留态度。

阿克顿认为历史学的基本特征是"概括"，而克拉克则认为是"评价"或"判断"。几字之差，反映了两种不同的历史观。概括，是对史实的概括，是建立在史实的基础之上的。尽管有时离历史实际相差遥远，但在历史思维上，毕竟属于本体论范畴。而所谓判断，自然指的是价值判断，它是评价的前提。在《新编剑桥世界近代史》的《总导言》中，克拉克多次论及"判断"和"评价"问题。除上面已提到的外，他还说："如果编写历史书的人都认为：一部历史书与仅仅是一堆有关过去的报道之间的区别之一，就是历史学家经常运用判断力。"他进而强调，"对于历史学家来说，他们的工作是做出判断。"② 马克斯·韦伯（Max Weber）说：历史学家"在他表明自己的价值判断之时，也就是对事实充分理解之时"。③ 如韦伯所言，"判断"和"理解"是联系在一起的，而理解，由于世界观、价值观的不同，以及个人经历、审美情趣、情感倾向等非理性因素的影响，不同的人对相同的事，往

① 克拉克主编：《新编剑桥世界近代史》第 1 卷，中国社会科学出版社 1999 年版，第 19—31 页。

② 克拉克主编：《新编剑桥世界近代史》第 1 卷，中国社会科学出版社 1999 年版，第 21—22 页。

③ 韦伯：《学术与政治》，三联书店 1988 年版，第 38 页。

往有不同的理解。这是经常会遇到的，也是正常的。因此，评价或判断的过程，就是作为历史认识主体的历史学家的主体性或主体意识充分发挥的过程。在这个过程中，无论是逻辑思维、形象思维、还是灵感思维，以及由此而进行的判断和评价，无不印上社会的烙印。

前面已经谈到，阿克顿是坚决反对历史研究中无法回避的社会性的。而克拉克则恰恰相反，他认为"必须放弃阿克顿的一个原则"，就是撰稿人应"排除或隐瞒他们个人的信念"。因为他认为他和阿克顿处于不同的时代。在西方史学发展史上，阿克顿属于自由主义时代，而他则属于自我批判时代。在这个时代，无法做到公正无私，对一些问题的认识不可能人人同意。因此，撰稿人"必须满足于毫无保留地阐明自己的思想，并尊重他们无法排除的分歧"。[①] 这样，也就决定了《新编剑桥世界近代史》不同于《剑桥世界近代史》的又一新特点。这个特点在书中表现得十分明显。主体意识淋漓尽致地发挥，可以使人们对当代西方历史学家如何认识近代世界的历史，有更全面的了解。有些学术观点虽然我们无法理解、无法接受，但却提出了许多令人值得思考的问题。有时提出问题比解决问题更重要，它的价值在于启发我们进行积极思考，从理论与实践的结合上进行深入的探讨，力争得出更加符合历史实际的结论。

---

① 克拉克主编：《新编剑桥世界近代史》第1卷，中国社会科学出版社1999年版，第31页。

二、《新编剑桥世界近代史》和
当代西方史学主潮

从《剑桥世界近代史》到《新编剑桥世界近代史》，反映了西方史学思想的重大变化。首先，在历史哲学方面，居统治地位的思辨的历史哲学，逐渐让位于分析与批判的历史哲学。历史哲学家们已不满足于对兰克史学思想的修正，而是深入到历史认识、历史解释或历史知识性质的探讨，以及对历史叙述的结构与意义的研究等。在此基础上，出现了以《剑桥古代史》、《剑桥中世纪史》、《剑桥近代史》为代表的传统史学向新史学的迅速转变。20世纪50年代中期，西方史学经过转变、反思、重新定向，开始形成当代西方史学的新潮流。《新编剑桥世界近代史》成书于新史学的鼎盛时期，可以被认为是这股新潮流的典范之一。通过这部多卷本的史学专著，我们可以更具体地了解当代西方史学主潮的内容；同样，通过了解当代西方史学主潮的具体内容，可帮助我们更深入地理解《新编剑桥世界近代史》。

分析与批判的历史哲学家主要代表人物有意大利哲学家克罗齐（Benedetto Croce）、英国历史学家、哲学家柯林武德（Robin George Collinwood）、法国历史哲学家阿隆（Raymond Aron）和马鲁（Henri – Irence Marrou）、英籍科学哲学家波普尔。他们的哲学思想，以不同的方式不同程度地渗透在《新编剑桥世界近代史》中，以克罗齐和柯林武德的影响为最大。克罗齐认为，历史是精神的历史，"历史存在我们每一个人身上，它的资料就在我们的胸中。因为，只有在我们的胸中才能找到那种熔炉，使确凿的东西变为真实的东西，使语文学与哲学携手去产生历史"。所以克罗齐强调，"历史决不是用叙述写成的"。这样，历史就不可避免具有当代性，"一切真历史都是当代史"。① 柯林武德的一个著名命题是，一切历史都是思想史，史学的确切对象是思想。他说："一个自然过程是各种事件的过程，一个历史事件过程则是各种思想的过程。"② 历史学家的工作，不过是在自己的心灵中重演古人的思想。克拉克在《新编剑桥世界近代史》导言中所强调的一些基本原则，如历史学家的工作是"做出判断"，是"运用判断力"；历史学是一门"从事评价的科学"，以及"历史是人类思想意识的延续"等等，同克罗齐、柯林武德的历史哲学思想如出一辙。分析与批判的历史哲学的研究，推动了西方历史学家对史学自身发展中的一系列理论问题的研究，对历史研究实践有重要的指导意义。在《新编剑桥世界近代史》中，时时处处都可以清楚地感受到这一点。

当代西方史学主潮的一个重要内容是历史研究的理论化趋势，以至一些学者提出"理论史学"（theoretical history）的问题。1910 年，美国学者埃尔伍德（Charles Ell-

---

① 克罗齐：《历史学的理论与实际》，商务印书馆 1982 年版，第 142 页。
② 柯林武德：《历史的观念》，中国社会科学出版社 1986 年版，第 245 页。

wood）曾说："历史学是一种明确的、记叙式的社会科学，其目的在于建构过去社会的图景。社会学则是一种抽象的、理论化的社会科学，关注那些支配社会组织与社会变迁的法则与原理。"针对他的观点，蒂利（Charles Tilly）1986年在题为《未来的历史学》的讲演中指出：在一定的条件下，"社会学便能释放出它作为现代历史学的潜能"，这样，"历史学与社会学的区别终将泯灭"。①历史研究的理论化趋势，主要表现为从描述性的历史转向分析性的历史，从传统的历史过程的描述转向理论性的描述。但自20世纪70年代下半期始，又出现了"叙事体的复兴"，即出现了"新叙事史"。如何认识这种"复兴"？西方学者众说纷纭，有些观点截然对立，我们现在对其进行评价为时尚早，但叙事体的复兴却是不争的事实。

　　历史研究的理论化趋势和其中的变化，人们从《新编剑桥世界近代史》中，都能清楚地看到，首先，该书各卷的第一章均为《导言》。在一些卷的《导言》中，对本卷中所涉及的一些重大理论问题，进行了专门的论述。如第1卷的"史学和近代史学家"、"作为历史转折点的文艺复兴"、"文艺复兴出现的必然性及其特点"，第2卷的"宗教改革为什么作为一个完整的历史时期"，第6卷的"时代的划分和政治地理的变化"，第9卷的"经济和社会变革、政治地图、政治趋势"，第10卷的"这个时

---

　　①　肯德里克等编：《解释过去，了解现在——历史社会学》，上海人民出版社1999年版，第14、第20—21页。

代的一般特征"，第 12 卷的"论近代史的局限性"、"历史观的变化"、"20 世纪的某些变化"、"'近代'和'现代'"等。对历史学和历史进程中的这些理论问题的集中探讨，深化了人们对历史过程的理解。其次，《新编剑桥世界近代史》在叙述过程中的具体问题时，也重视理论层面上的介绍和分析，使著作从整体上表现出一定的理论色彩。如文艺复兴时期一章中讲到西欧的艺术时，论述了"艺术理论"；在讲到法国宗教改革时，分析了"宗教改革在社会、宗教和学术方面的来龙去脉"；在讲到 16 世纪上半期的战争时，分析了"战争艺术的演变"和"文献：对古代理论和实践的研究"；在讲到 16 世纪下半期至 17 世纪初欧洲的教育和学术研究时，分析了"哲学领域的新发展"、"史学方法"、"欧洲和亚洲语言研究"，此外还有"17 世纪作为一个单独的历史时期"，"民族主义的重要意义"，"作为政治统一体的欧洲与基督教世界"，"17 世纪哲学思想和科学思想的紧密联系"，"自笛卡儿至洛克时期的哲学的主要特征"，"17 世纪思想的主要特征"，"国际关系中的"均势"原则及起源"，"当代作家论政治思想"，"德国历史学家论普鲁士的兴起"，"康德哲学的永久的重要意义"，"边沁的功利主义"，"先验论哲学"，"18 世纪理性主义的教育含义"，"瓜分是保持力量平衡的一种手段"，"从启蒙运动到实证主义"，"音乐和作曲家的社会作用"，"19 世纪的现实主义"，"马克思主义与达尔文主义"，"基督教神学与思想"，"帝国主义与非洲民族主义"，"俄国革命：一个长期历史过程的顶峰"，等等。

《新编剑桥世界近代史》在体例上采取了国别史、地区史、专题史交错论述的方法。这种方法，同我国学者及其他国家学者撰写通史的方法不大一样。所以如此，可能因有不同的写作要求、不同的目的，以及因文化背景不同，而形成的不同的撰史习惯有关。这种方法有较大的难度，因为从专题研究中最能看出史学家的理论造诣和史学功底。在坚实的专题研究的基础上撰写通史，自然有不可替代的优势，但也有不足之处，那就是容易割裂历史进程之间的联系。《新编剑桥世界近代史》在这方面处理得比较好，其原因就是重视历史进程的理论描述，通过理论描述而构建起历史矛盾运动的联系。当然，这对读者也提出了更高的要求，即读者在史学理论方面，也应有一定的修养，否则阅读这部通史时，会有支离破碎、头绪凌乱之感。

当代西方史学主潮的另一重要内容是历史学领域的扩大。在《新编剑桥世界近代史》中，表现得非常明显。同19世纪末，即阿克顿主编《剑桥世界近代史》时相比，历史研究的主线，已从政治转移到经济、社会、思想、文化、科技、艺术和心理、家庭、人口等领域。本文前面曾谈到，《新编剑桥世界近代史》的内容十分丰富，其原因即在于此。克拉克说："历史学家的兴趣很少有单纯的"，"现在历史学有数不清的分支，每个分支都单独地研究一项特殊的问题"。"在通史中，对于某些分支注意的程度有大有小，但是对于所有这些分支，即便没有提供最后的总结，毕竟会提供导言或基本论述。"① 在《新编剑桥世界近代史》中，我们对这一说法有了更具体的理解。因为 20 世纪中期以来形成的历史学分支学科，如经济史、社会史、人口史、家庭史、心理史、新政治史、文化史、科技史和思想史等分支学科的理论、方法、内容，在书中比比皆是。从某种意义上说，《新编剑桥世界近代史》是一部跨学科的历史学著作。

如果认为跨学科方法，仅仅是一种史学方法，那显然是不妥的。同传统史学相比，它首先是一种崭新的历史观念。就如同比较方法、计量方法不单纯是史学方法，而是比较历史学、计量历史学一样。与跨学科方法紧紧联系在一起的，是跨学科的历史学。跨学科的方法是它的形式，而其实质则是与相关学科建立密切的联盟，从历史学的实际出发，借助相关学科的理论、原则和方法，从总体上对历史认识客体进行宏观研究。20 世纪 70 年代初，美国《跨学科历史杂志》问世，有力地推动了跨学科历史学的发展。跨学科方法，又是同历史研究中的理论化趋势联系在一起的。因为"不仅在研究历史实际本身时，而且在研究历史科学中使用的研究程序的特点时，使用跨学科方法都是重要的"②。《新编剑桥世界近代史》向人们表明，传统历史学的界限变得越来越模糊了。丰富的内容，并不

---

① 克拉克主编：《新编剑桥世界近代史》第 1 卷，中国社会科学出版社 1999 年版，第 25 页。
② 赫活斯托娃：《论现代历史认识的特点》，［俄］《近现代史》1996 年第 4 期。

是传统史学所研究的那些内容的重复和扩大，而是汲取相关学科的营养，扩大了历史研究的视野，开拓了新的研究领域，从而提出新的、以前从没涉及或很少涉及的研究课题。《新编剑桥世界近代史》有意识地克服"通史"即"国别史"和"地区史"的汇编，而国别史、地区史的核心内容又是"政治史"的缺陷，向人们展示了跨学科历史学的魅力。

　　同其他多种多样的世界近代史著作相比，《新编剑桥世界近代史》体现出当代西方史学主潮所表现出的突出特点之一，是高度重视近代人类社会生产力发展历史的研究，使人们清楚地看到科学技术的飞速进步，在社会历史进程中具有何等伟大的"革命意义"①。编撰者引用19世纪末贝尔福（A. J. Balfour）勋爵的话说：科学家，"他们才是改变世界的人"，是推动世界前进的"动力"。作者认为，"19世纪结束时，在自然科学方面发生了根本性的、革命性的变革，同时，人们在一定程度上认识到：塑造未来世界的是科学"。到了20世纪50年代，"各阶层的男女开始认识到，他们的生死存亡取决于科学的进展，或者取决于他们自己的统治者或其他国家的统治者决定如何利用这种进展。然而，到第二次世界大战将告结束时，通过可怕的现实，这些问题就变得更明显、更严峻了。"②

---

　　① 克拉克主编：《新编剑桥世界近代史》第12卷，中国社会科学出版社1999年版，第4页。

　　② 克拉克主编：《新编剑桥世界近代史》第12卷，中国社会科学出版社1999年版，第115—117页。

如果将各卷有关科技的内容汇集在一起，那将是一部很不错的近代科技史著作，因为这些内容给予人们的不是一般常识性的科技史知识，而是深入研究的成果。但是这样做也将有很大的局限，会成为近代"科技发展史"，而不如放在《新编剑桥世界近代史》中，能结合史实更明确地揭示科技发展的重大社会后果。因为各卷叙述科技发展时，是与近代人类社会历史进程密切结合在一起叙述的，如"17世纪末至19世纪末的科学技术，以及科学和技术更密切的联系"、"科学运动及其对思想与物质发展的影响"、"19世纪末科学与技术的变化，科学与技术的结合"和"科学革命"等都是如此。

除科学技术外，《新编剑桥世界近代史》对人类精神文化在历史进程中的作用，比一般世界近代史著作叙述得更详尽。而这些叙述并不是脱离历史矛盾运动孤立地叙述，所以也就更有说服力。如"15世纪的文化和政治变革"、"意大利文艺复兴与欧洲文化的未来"、"宗教改革时代：文化发展趋势"、"路易十四时代：法国在艺术、思想和文学方面的成就"、"1688—1725年：西欧文化的变迁"、"启蒙运动"、"法国革命：文学和思想"、"1793—1830年：文学和思想中的革命影响和保守主义"、"19世纪30—70年代的教育与亲闻"、"19世纪末的社会和政治思想"等方面的内容，都令人耳目一新，给人留下了较深刻的印象。此外，该书在讨论政治、经济、军事、外交、民族、人口、宗教、国际关系、社会心理、社会舆论、社会思想、社会生活等问题时，还以较大的篇幅论述了一些国家的建筑、雕塑、绘画、诗歌、戏剧、散文、音乐、艺术、直观艺术、视觉艺术、方言文学、学派、学术研究和大中小学教育、女子教育、成人教育、技术教育等方面的内容。所有这一切，从不同角度、不同层面再现了生动丰富的世界近代历史画卷。不仅有一些震撼世界的大事凸现在读者面前，而且人类一般物质、精神文化生活的热闹场景也历历在目，使人们有一种具体的而不是抽象的历史感。这对于全面、深入地了解近代世界的历史行程无疑是有帮助的。

三、根深蒂固的"西方中心论"

克拉克在《新编剑桥世界近代史》的《总导言》中说："新版本的目标与阿克顿勋爵为旧版本所确定的目标绝大部分是一致的。"笔者认为，克拉克与阿克顿目标的一致性，首先或者说集中表现在"西方中心论"历史认识的偏见上。如果说，《新编剑桥世界近代史》立足于当代西方新史学的大潮中，但又印有英国传统史学的痕迹的话，那么，所有痕迹中最深最重的就是"西方中心论"。让我们先看以下这样一组统计数字，就足以说明这一点：《新编剑桥世界近代史》正文12卷，除第1卷的《总导言》和个别卷的《附录》外，共有272章。而这272章中，主要论述亚洲历史的其中有以下5章：《欧洲与东方》（第2卷）；《欧洲与亚洲》（第4卷）；《在印度的角逐》（第7卷）；《与南亚和东南亚的关系》（第9卷）；

《印度和东南亚》（第 12 卷）。此外，还有个别章节是将亚洲与非洲，或与其他地区合并在一起论述的。主要论述中国历史的只有以下 4 章："远东"（第 10 卷）；"中国"（第 11 卷）；"太平洋上的扩张和争夺中国的斗争"（第 11 卷）；"1900—1931 年的中国、日本和太平洋"（第 12 卷）。这样，加在一起还不到 10 章，其所占比例不过是 272 章的 3.7%。从以上各章的标题不难看出，对于包括中国在内的亚洲历史的论述，多是为了说明欧洲史的某些内容才撰写的，似乎亚洲只是欧洲史的陪衬，没有独立存在的价值。还应指出的是，全书各卷论述科学、艺术、文化、教育、建筑、宗教、哲学、学术等方面的内容时，对欧洲以外地区和国家的史实更是只字不提。更令人难以理解的是，第 12 卷以《1930—1939 年的外交史》、《第二次世界大战》、《第二次世界大战外交史》3 章的篇幅论述"二战"时，居然对中国人民伟大的抗日战争视而不见，寥寥数语，只讲什么"远东国际秩序的瓦解"，"中日谈判破裂"，"远东的防务被忽略"，"远东战事结束"，等等。

"西方中心论"，亦被称为"欧洲中心论"、"西欧中心论"，后来又发展为"欧美中心论"。其实质是大肆宣扬西欧诸民族人种优越，以西欧的历史视为整个人类普遍的历史，用西欧的历史来剪裁世界各地区、各国家、各民族的历史。它最早在 18 世纪中期由德国哥丁根学派史学家提出，后由黑格尔将其完善，兰克则使其系统化，并用于历史研究实践。兰克同时代的法国哲学家、社会学家孔德（Auguste Comte）推波助澜，声称历史研究的对象应以西欧诸民族为主，因为他们是人类的"精华"，而中国、印度等东方国家，对世界历史没产生"实际影响"，所以不必考虑；美国历史学家海斯等公开宣称，欧洲白种人是世界历史的主角。

自20世纪20—30年代起，一些西方学者即对"西方中心论"提出批评，英国历史学家巴勒克拉夫堪称重要代表人物之一。1955年，其论文集《处于变动世界中的历史学》出版，矛头直指"西方中心论"，同时提出了"全球历史观"的基本思想。他要求史学家"跳出欧洲，跳出西方"，因为"主要用西欧观点解释历史事件已不够了，我们必须采用更为广阔的世界史观"①。在该书的封皮上，印有英国著名史学家汤因比（Arnold Joseph Toynbee）的题词："这里有足够的炸药，能把19世纪的西方历史主义烧为灰烬。"巴勒克拉夫在其代表作《当代史导论》（1967年）中，写有"从欧洲均势到全球政治时代——朝向全球联系的局势的演变"、"对西方的反抗——亚非对欧洲霸权主义的反映"、"观念的挑战——共产主义理论和苏联范例的影响"等章，从理论与实践的结合上继续批判"西方中心论"。在《当代世界的文学和艺术——人类看法的转变》一章中，他讨论了包括中国在内的亚洲新文学运动，强调"中国的文学革命集中体现了欧洲以外世界以文化复兴为基础的变革"。②

---

① 巴勒克拉夫：《当代史导论》，上海社会科学出版社1996年版，第7页。
② 巴勒克拉夫：《当代史导论》，上海社会科学出版社1996年版，第264页。

　　20 世纪 80 年代初，巴勒克拉夫在论述世界史的前景时，认为"认识到需要建立全球的历史观——即超越民族和地区的界限，理解整个世界的历史观——是当前的主要特征之一"。① 在"全球历史观"得到越来越多的西方历史学家认同的时候，克拉克却是例外。他在主编《新编剑桥世界近代史》时公开宣布：阿克顿在 19 世纪末提出的"主流"思想，即他的指导思想，"依然是这部《新编剑桥世界近代史》的准绳。"何谓"主流"思想？阿克顿在主编《剑桥世界近代史》时，将世界上的国家分为"主流国家"和"非主流国家"两种，其区别在于对"主流"是否有贡献，或贡献大小；而"主流"则主要是指西欧国家的历史进程，如文艺复兴、宗教改革、宗教战争、君主专制政体、革命等。这样，非西欧国家多被归入"非主流国家"的行列。他还表示，为了不分散人们的"注意力"，只有当"非主流国家"处于重要地位的时候，即"进入主流"时，才能对其历史"加以叙述"。这种情况实在不多，克拉克举例说："彼得大帝时代的俄国"，就是俄国"第一次进入主流"。不言而喻，在这种"主流思想"的指导下，《新编剑桥世界近代史》在 20 世纪末继续坚持"西欧中心论"，就没有什么值得奇怪的了。

　　克拉克没有阿克顿那样的雄心壮志，但他也提出了明确的编撰目的，那就是"《新编剑桥世界近代史》不必去满足旧版所要适应的一切需要，而要作为一部能适应我们

──────────

　　① 　巴勒克拉夫：《当代史学主要趋势》，上海译文出版社 1987 年版，第 242 页。

时代的研究和教学工作的需要的标准通史，来实现一个更为明确的目标"。① 它是一部"标准通史"吗？笔者以为，答案只能是否定的。因为这部著作以"西方中心论"为指导思想，所以它是一部很不完整的世界近代史。人们从中看不到近代亚洲、非洲、拉丁美洲、澳洲和东欧、北欧各国人民较为完整的历史活动场景。至于克拉克所说，"明确的目标"，是要把已经肯定的研究成果表述在"文明"的历史之中，这种"文明"从15世纪起由它最初的欧洲发源地向外扩展，在扩展的过程中同化外来的成分，直至它在全世界各个地方或多或少稳固地扎下了根。克拉克所谓"更为明确的目标"，是以"西欧中心论"为理论指导的。他所说的"文明的发源与扩展"、"扩展中的同化"、"在世界各地扎根"等，无一不是从西欧出发来认识和分析的，似乎西欧从15世纪以来，始终就是人类历史发展的中心，虽然历史事实并非如此。在《新编剑桥世界近代史》中，克拉克所要追求的"更为明确的目标"确实是实现了，但恰恰是它的"实现"，极大地损害了这部学术巨著的科学性和完整性。

　　自古以来，人类历史的矛盾运动就是不平衡的，近代史也不例外。不排斥在某一或长或短的历史时期内，西欧的历史发展走在世界的前面，成为世界历史矛盾运动的中心。但是，这绝不是说，西欧的历史发展就永远走在世界

---

　　① 克拉克主编：《新编剑桥世界近代史》第1卷，中国社会科学出版社1999年版，第32页。

的前面；西欧以外各地区、各国家人民的历史发展就永远落后于西欧；更不是说这些国家和人民的历史无足轻重、可有可无，或可任意篡改、歪曲。与《新编剑桥世界近代史》丰富的内容相比，由"西方中心论"所决定的历史思维，显然是苍白的。在它面前，新的史料、新的历史学方法、新的研究领域所提出的新问题，都受其局限，无法发挥其应发挥的作用。克拉克是"西方中心论"的信奉者，他与其同时代的一些西方历史学家相比，显然是落后于时代了。

《新编剑桥世界近代史》以"西方中心论"为指导思想，导致的另一后果是歪曲非西欧国家、特别是亚非国家的历史。所以出现这样的情况，一方面是由于某种历史上形成的、意识形态上的、或其他的偏见，另一方面则是由于轻视这些国家的历史，对其没有什么研究或研究不够，往往表现出无知或信口开河。顺手拈来中国近代史的几个实例，就足以看清楚这一点。中国近代史上的一些重大历史事件，如新文化运动、马克思主义在中国的广泛传播、五四运动、中国共产党的成立、工农革命运动、国共合作、历次国内革命战争，以及西方列强对中国的侵略、掠夺和中国人民前仆后继的反抗斗争，等等，在《新编剑桥世界近代史》中都消失得无影无踪，或一笔带过。

书中提到的一些历史事件，如太平天国运动被认为是"叛乱"、是"大规模造反，把这个国家弄得四分五裂"。[①]

---

① 克拉克主编：《新编剑桥世界近代史》第 10 卷，中国社会科学出版社 1999 年版，第 961、第 949 页。

关于鸦片战争，论及战争爆发的原因时说：中英"双方对于国际交往既有根本不同的看法，而且又都非常骄傲，因而在 1834 年以后的广州局势中，早晚势必要爆发战争"。① 还说："外国商人在广州所处的困境，引起了中英两国间 1839 年的战争"。② 义和团运动则是"大规模的拳乱"、"暴徒捣乱"③，义和团是"一个反对西方的宗派"，他们在北京"残杀中国的基督教徒，骚扰外国人，攻打各国公使馆"。④。1937 年"七七事变"，是日本帝国主义为发动全面侵华战争蓄意制造的军事冲突。而该书却认为是"为了对付中国日益敌视的态度，日本就运用军事行动与政治阴谋并施的办法……1937 年中日两国军队在北京附近的一次武装冲突，造成了对中国的全面入侵"。⑤这样的例子还可再举出不少。这一切不能不说是这部著作的败笔。

最后，想就《新编剑桥世界近代史》中的史学方法问题，谈一点简单的看法。让我们看一下第 12 卷中的两个实例，其一，作者将 1917 年俄国十月革命同 1640 年英

---

① 克拉克主编：《新编剑桥世界近代史》第 10 卷，中国社会科学出版社 1999 年版，第 943 页。

② 克拉克主编：《新编剑桥世界近代史》第 12 卷，中国社会科学出版社 1999 年版，第 440 页。

③ 克拉克主编：《新编剑桥世界近代史》第 10 卷，中国社会科学出版社 1999 年版，第 963 页。

④ 克拉克主编：《新编剑桥世界近代史》第 12 卷，中国社会科学出版社 1999 年版，第 450 页。

⑤ 克拉克主编：《新编剑桥世界近代史》第 12 卷，中国社会科学出版社 1999 年版，第 936 页。

国资产阶级革命、1789 年法国大革命进行了比较。还把俄国社会民主工党（布尔什维克）、孟什维克分别比作法国大革命中的"山岳党"和"吉伦特派"。这样，就出现了一个如何认识"可比性"和"非可比性"的问题。笔者不同意进行这样的比较，包括西方历史学家在内的不少中外学者都认为，不同质的内容是无法进行比较的，否则，很难得出符合历史实际的结论。当然，这是个学术问题，还有待继续讨论。其二，作者论述斯大林妻子之死（1932 年 11 月）时，利用心理学的方法对斯大林进行了如下的分析："这个事件使斯大林的个性发展产生了一个重要的转折。斯大林生性一贯疑心太重，对人报复的手段毒辣，而对待自己的党羽的关系尤其如此，但是从历史记载中可以看出，正是从这个时候开始，他性格中的这些特点有了明显的增强，变成一种病态心理，危害党和国家生活，到死方休。看来，大约也就是在这个时候，他开始要求对以往各次反对派运动中的首要成员采用极刑。"[1] 事实是否如此，可存疑继续研究，但仅仅从斯大林妻子的死，分析他的心态就得出以上结论，却是没有说服力的。有人说"心理分析所提出的一些公式已经深入到西方文人的'血液'中去"。[2] 看来并不过分，这显然过分夸大了心理分析的作用。看来，从使用史学新方法，到如何科

---

① 克拉克主编：《新编剑桥世界近代史》第 12 卷，中国社会科学出版社 1999 年版，第 605 页。

② 克莱芒等：《马克思主义对心理分析学说的批评》，商务印书馆 1985 年版，第 217 页。

学地使用史学新方法，这之间还要有一段路要走，而且这也不单纯是个"方法"问题，还涉及历史认识的许多复杂问题。

以上仅仅是初读《新编剑桥世界近代史》的一些想法，掩卷之余，自然会联想到当代中国史学的建设问题。在历史与现实、理论与实践的结合上，历史研究的成果如何体现出时代感、时代精神？在坚持中国史学的优秀传统，立足于当代中国史学现实，如何吸取西方史学的有益内容？西方史学家经常讲"没有理论就没有历史学"、"历史学的界限变得越来越模糊了"、"现实决定了研究什么和怎样研究"、"历史学家不仅在编撰历史，而且在创造历史"，这些话的含义究竟是什么？通过阅读《新编剑桥世界近代史》，人们都可以从中得到有益的启示。如果说20世纪20年代初，美国新史学的宣言书、鲁滨逊（James Harvey Robinson）的《新史学》译成中文出版，曾有力地推动了中外史学的交流和交融，那么，《新编剑桥世界近代史》中文本的问世，则在20世纪末，为这种交流和交融加上了浓重的一笔。因此，它是一部值得反复认真研读、认真思考的书。

中国世界史研究的
新起点、新阶段 *

在中国世界史学科发展的历史上，2008 年是有重要意义的一年。自 1978 年始，中国社会发展经历了 30 年改革开放的风雨历程，取得了举世瞩目的辉煌成就，我国的世界史学科在这期间也得到迅速发展，出现了中国世界史发展史上从不曾有过的繁荣景象。尽管如此，但就像如何认识改革开放一样，在如何认识今天的世界史研究上，也同样存在着不同的观点。毋庸讳言，我国的世界历史研究，仍存在着这样或那样的问题，但 30 年来它的发展方向完全正确，成就不容否定。改革开放 30 年来，在建设中国特色社会主义，努力实现社会主义文化大发展、大繁荣的新的历史条件下，我国世界史学者辛勤耕耘，成果显著，这已成为中外史学界同人的共识。至于极个别人出于某种偏见，极力诋毁、否认 30 年来的世界史学科发展，

---

* 本文发表于于沛等主编:《中国世界史研究30年》,中国社会科学出版社2008年版。

那也无妨，丝毫无损世界史学科的健康成长。在某种意义上看，这也不是坏事，因为它是从反面推动我们持续前进的动因。在攀登科学研究的高峰上，我们不为任何风险所惧，不被任何干扰所惑，坚信中国世界史研究有光荣的过去，有凯歌行进的今天，一定会有更加辉煌的未来。

一、中国世界史研究和中国社会
发展的脉搏一起跳动

中国的世界史研究萌生于 19 世纪中后期，是从中国先进分子"睁眼看世界"开始的。尽管是在萌生时期，但他们对世界历史的认识已表现出强烈的关注现实、求真致用的精神，自觉地和中华民族实现民族复兴这一伟大的时代的主题密切地联系在一起。它的突出特点和优点，是和中国社会发展的脉搏一起跳动，中国世界历史研究的主流，始终贯穿于中国人民争取民族解放、建立独立、自由、民主、富强的国家的历史进程中。党的十一届三中全会后，中国人民开始了一场深刻的伟大革命。邓小平在科学地总结了我国社会主义胜利和挫折的历史经验，并借鉴其他社会主义国家兴衰成败历史教训的基础上，提出了建设中国特色社会主义的一系列理论，改革开放成为不可抗拒的历史潮流。在新的历史条件下，中国世界史研究的优秀传统不断发扬光大，它顺应改革开放的历史潮流，赋予了新的时代精神，表现出崭新的时代内容。

1984 年 10 月邓小平指出：我们总结了历史经验，中

国长期处于停滞和落后状态的一个重要因素是闭关自守。经验证明，关起门来搞建设是不能成功的，中国的发展离不开世界。他还强调，现在的世界是开放的世界，任何一个国家要发展，孤立起来是不可能的，闭关自守是不可能的。建设有中国特色的社会主义，必须大胆吸收和借鉴人类社会创造的一切文明成果，包括资本主义国家所创造的一切先进成果。改革开放的中国这个大环境，为我国世界史研究的发展提供了历史的机遇。中国人民满怀信心地走向世界、走向未来时，不能脱离对历史文化资源的开发。欲知大道，必先为史，自然也包括世界史，改革开放愈加深入，则愈加呼唤不断加强世界史研究。

中共中央政治局举行集体学习时，胡锦涛总书记曾指出：在新形势下，我们要更加重视学习历史知识，不仅要学习中国历史、还要学习世界历史，不仅要有深远的历史眼光、而且要有宽广的世界眼光。中国史学的优秀传统之一，是强调经世致用，关注现实。当代中国的世界历史研究继续保持了这个特点。30 年来，广大世界史工作者以强烈的责任感和使命感，从不曾脱离现实生活，不回避当代社会发展中提出的重大问题，努力做到世界史研究中历史感与现实感的统一，在马克思主义史学理论方法论；科学社会主义的历史命运；时代的本质特征；新殖民主义新霸权主义问题；当代资本主义政治、经济及阶级关系的新变化；我国周边国家历史研究；经济全球化和反经济全球化问题；国际文化发展战略问题；苏联东欧剧变的原因及历史教训；"冷战"后世界战略格局的演变；科技革命与当代社会变迁；20 世纪人类历史巨变等方面的研究，取得明显成果。近年在文明起源和早期国家形态研究、第二次世界大战史研究、冷战史研究、生态环境史研究、全球化和全球史研究、中东等世界热点问题的历史探源等方面的研究，正不断深化。

　　中国的世界史研究，广泛汲取世界各国，包括西方大国同行的有益成果，以为借鉴，不断提高自己的科研水平；同时对披着学术外衣，极尽篡改、丑化中华民族历史的所谓学术著作，进行针锋相对的斗争。例如，对魏特夫的批判。魏特夫是 1896 年生于德国的犹太人，早年曾参加德国共产党，后加入美国籍。魏特夫在 20 世纪 30 年代中期退出共产主义运动后，以研究中国历史为名，公开攻击马克思主义，他的代表作《东方专制主义——对于极权力量的比较研究》具体反映出冷战时期西方资产阶级历史观的阶级内容，是冷战政策的产物。魏特夫通过歪曲古代中国、古代希腊、古代印度和古埃及的历史，否定马克思主义基本理论，污蔑马克思主义是"无与伦比的对科学的犯罪"。① 他认为东方国家处于干旱、半干旱地区，属于"治水社会"。这种社会需要大规模的协作和纪律，需要强有力的领导，于是就产生了"专制君主"和"东方专制主义"。他认为包括新中国在内的社会主义国家不过是"东方专制主义"的"变种"。魏特夫公开声称他撰

---

　　① 魏特夫：《东方专制主义——对于极权力量的比较研究》，中国社会科学出版社 1989 年版，第 35 页。

写这部著作的目的，是为了填补西方资本主义世界在与共产主义运动作斗争时因理论上的贫乏而造成的"真空"。该书即是"为自由世界而斗争"，"献给自由世界的贡物"，① 这部著作集中体现了垄断资产阶级反动的历史观，出版后，我国世界史学界对其进行了严肃的批判，1997年，李祖德等主编了《评魏特夫的〈东方专制主义〉》，由中国社会科学出版社出版。

中国社会科学院世界历史研究所是我国世界史研究的重要中心，由其联系着全国性的世界历史研究方面的学会，如中国世界古代史研究会、中国世界近代史研究会、中国世界现代史研究会、中国非洲史研究会、中国拉丁美洲史研究会、中国英国史研究会、中国法国史研究会、中国德国史研究会、中国美国史研究会、中国朝鲜史研究会、中国日本史研究会、中国苏联东欧史研究会、中国中日关系史学会、国际共运史研究会、中国第二次世界大战史研究会等，此外，还有地方社科院所及高等院校世界史教学、科研人员，组成了我国世界史研究的基本队伍。近20年来，我国世界史研究队伍有了长足发展，1978年开始招收世界史专业的研究生，现在，大批国内外培养的硕士、博士研究生，成为世界史研究的新鲜血液，在各自的岗位上已成长为日益发挥着重要作用的学术骨干。

随着世界史研究的深入发展，在北京大学、东北师范

---

① 李祖德等主编：《评魏特夫的〈东方专制主义〉》，中国社会科学出版社1997年版，第1页。

大学、南开大学、吉林大学、辽宁大学、南京大学、复旦大学、天津师范大学、华东师范大学、山东师范大学、武汉大学、浙江大学、浙江师范大学、厦门大学、暨南大学、云南大学等高校建有国别史、地区史或专门史的研究机构，这些研究机构除担负系统的教学任务外，还承担着省部级或国家级的重点科研任务，历年硕果累累，不少课题开辟了新的研究领域，或填补了研究空白，具有重要的开拓意义，为繁荣中国的世界史研究做出了重要贡献。2004 年，中国史学会世界史工作委员会成立，并在华东师范大学成功地举行了第一届学术年会。这是一个全国性的世界史论坛，将由相关高校逐年轮流主办，如江西师范大学、复旦大学、山东师范大学、南开大学、东北师范大学等承担。

　　1978 年创刊的《世界历史》，是世界史学工作者的重要阵地，也是他们的精神家园。《世界历史》主要登载代表本学科国内最高学术水平的学术论文，反映本学科建设的最新进展，提倡历史感和现实感的结合，关注现实，努力回答当代社会发展中提出的一系列重大理论问题，注重扶植和培养优秀中青年学者。《世界历史》辟有史学理论与方法论、研究综述、争鸣、书评、学术报道、书讯等栏目。1987 年创刊的《史学理论》及后来的《史学理论研究》杂志，每期都有较多的篇幅发表外国史学理论的著述，及时将外国学者最新的研究成果及研究动态介绍给中国史学界。这些杂志在不断提高世界史研究学术质量，推动中国世界史研究持续发展，加强国内外学术交流、团结广大世界史研究学者、培养史坛世界史研究新人做出了积极的贡献。

　　国家社会科学基金项目评审会议下设世界史评审组，评审委员由来自全国高校或研究机构的专家学者组成。每年召开会议评审研究课题项目或制定哲学社会科学发展规划时，都对如何加强世界史学科建设给予了充分的重视，无论是重大项目、重点项目、一般项目或青年项目，支持的力度逐年增加。这些项目有重要的学术价值和现实意义，它们的完成不仅为世界史研究出优秀成果、出优秀人才做出了积极的贡献，而且对建设中国特色社会主义有借鉴或启迪作用，在理论与实践、历史与现实的结合上，为更充分地实现历史科学的社会功能做了积极的贡献。

二、马克思主义中国化的最新成果
统领世界史研究

　　恩格斯指出，"历史就是我们的一切，我们比任何一个哲学学派，甚至比黑格尔，都更重视历史"。[①] 在改革开放的历史潮流中，中国的世界历史研究如何才能真正做到立足国情，立足当代，自觉担负起认识世界，传承文明、咨政育人、服务社会的职责？那就是首先要旗帜鲜明地坚持马克思主义的理论指导，自觉用马克思主义中国化的最新成果统领世界史研究工作和教学工作；继承和发扬

---

　　① 《马克思恩格斯全集》第 1 卷，人民出版社 1956 年版，第 650 页。

中国马克思主义史学的优良传统，保持世界历史研究的正确的政治方向和理论方向。这是在新的历史条件下，广大世界史工作者继承、发扬中国世界史研究优秀传统的具体体现。30 年来的研究实践表明，只有自觉抵制"唯物史观过时"、"指导思想多元化"和"淡化意识形态"等错误思想；自觉坚持马克思主义的立场、观点和方法，努力掌握马克思主义活的灵魂，用发展着的马克思主义指导科研工作，我们世界史研究就会前进。为了保持世界史研究的正确理论方向，当务之急是实事求是地探求和正确回答：哪些是必须长期坚持的马克思主义基本原理，哪些是需要结合新的实际加以丰富发展的理论判断，哪些是必须破除的对马克思主义的教条式的理解，哪些是必须澄清的附加在马克思主义名下的错误观点。

新文化运动和五四运动前后，马克思主义在中国得到广泛传播。这种传播首先是从介绍唯物史观开始的。1919年 5 月，北京的《晨报》副刊刊登了陈博贤译日本河上肇的《马克思的唯物史观》一文。该文指出，唯物史观是马克思主义的两大根底之一。唯物史观对 20 世纪中国社会和中国史学的发展，产生了无可替代的重要影响。陈独秀、李大钊、蔡和森、李达、瞿秋白、恽代英等中共早期领导人，开始用唯物史观分析中国和世界的历史。在唯物史观理论的指导下，人们对中国和世界历史的认识，进入了一个新的阶段。

1923 年 8 月—1924 年 7 月，李大钊对西方历史哲学进行了较深入的研究，主要著述有：《桑西门的历史观》、

《孔道西的历史观》、《史观》、《鲍丹的历史思想》、《鲁雷的历史思想》、《孟德斯鸠的历史思想》、《韦柯及其历史思想》、《马克思的历史哲学与理恺尔的历史哲学》等。这些文章，大多收入《史学思想史讲义》。李大钊通过分析西方历史哲学思想，进一步坚持并阐释了马克思主义唯物史观的基本原理。1923 年，为了适应革命的需要，国民党和共产党联合创办上海大学。瞿秋白、蔡和森、张太雷等在该校任教。蔡和森主讲《社会进化史》。其主要内容是将恩格斯的《家庭、私有制和国家的起源》，用通俗的语言加以介绍。蔡和森在法国留学期间，曾经认真研读过恩格斯的这部著作，1921 年归国后在参阅大量世界历史文献资料的基础上，写成《社会进化史》。蔡和森在《绪论》中，探讨了"有史以前人类演进之程序"。在以后的三篇中，分别阐述了"家族之起源与进化"、"财产之起源与进化"和"国家之起源与进化"。1924 年 8 月，《社会进化史》由上海民智书局出版，到 1929 年，再版 5次，在阐述唯物史观方面曾产生重要影响。

在改革开放的新的历史时期，中国世界历史研究前进的每一步，都是在唯物史观的理论指导下取得的。30 年来我国世界历史研究最重要的理论成果之一，就是继承中国马克思主义史学的优秀传统，在马克思主义理论指导下，提出并逐渐形成了具有中国特色的世界历史研究理论体系。

1985 年，吴于廑教授在其主编的《十五十六世纪东西方历史初学集》的《前言》中指出："十五、十六世纪是世界历史上的重大转折时期，亚欧大陆农耕世界东西两端封建国家的农本经济，在这两个世纪中都在发生着明显的变化。耕织结合之趋于分解，生产之转向商品化，经营、生产组织和所有制之探求新的形式或某种改变，以及农村和城市之间的关系等等，都按各自的历史条件，多少不等地显示出旧制度统治力的松弛，显示出更新的转折或转折的动向。与这些变化相伴随，在变化较剧烈、较深刻的亚欧大陆西端，航海活动开始越出了沿海和内海的局限，飞跃为跨越大洋的、连接世界新旧大陆的远航。由此，基于农本经济的各地区、各民族之间的互相闭塞的状态，开始出现了有决定意义的突破。分散隔绝的世界，逐渐变成了联系为一体的世界。人类‘历史也就在愈来愈大的程度上成为全世界的历史’”。① 吴于廑在《中国大百科全书·外国历史》卷中，进一步阐释了这一思想。他说："世界历史学科的主要任务是以世界全局的观点，综合考察各地区、各国、各民族的历史。"他认为，人类历史发展为世界历史，经历了纵向发展和横向发展漫长的过程。纵向发展，"是指人类物质生产史上不同生产方式的演变和由此引起的不同社会形态的更迭"。而横向发展，"是指历史由各地区间的相互闭塞到逐步开放，由彼此分散到逐步联系密切，终于发展成为整体的世界历史这一客观过程而言的"。历史正是在不断的纵向、横向发展中，

---

① 吴于廑主编：《十五十六世纪东西方历史初学集》，武汉大学出版社1985年版，第1页。

"已经在越来越大的程度上成为世界历史",因此,"研究世界历史就必须以世界为一全局,考察它怎样由相互闭塞发展为密切联系,由分散演变为整体的全部历程,这个全部历程就是世界历史"。① 吴于廑提出的世界史体系,是其常年研究的结晶,无论是当时还是后来,对中国世界史学学科建设具有重要的意义。此外,他在《世界历史上的游牧世界与游牧民族》(《云南社会科学》1983 年第 1期)、《世界历史上的农本与重商》(《历史研究》1984 年第 1 期)、《历史上的农耕世界对工业世界的孕育》(《世界历史》1987 年第 2 期)、《亚欧大陆传统农耕世界不同国家在新兴工业世界冲击下的反应》(《世界历史》1993年第 1 期)等相互关联的论文中,也都阐释了相似的观点,在中国世界史学界产生了广泛而长远的影响。

吴于廑关于世界史研究理论体系的立论基础,是马克思的世界历史理论。在《德意志意识形态》等著作中,马克思首次提出了世界历史概念并逐渐形成了自成系统的世界历史理论。在马克思的历史视野中,历史有两个层次:一个是民族的历史;另一个是世界性的历史。马克思说:资本主义生产与交往的发展,"各个相互影响的活动范围在这个发展进程中越是扩大,各民族的原始封闭状态由于日益完善的生产方式、交往以及因交往而自然形成的不同民族之间的分工消灭得越是彻底,历史也就越是成为

① 《中国大百科全书·外国历史》,中国大百科全书出版社 1990 年版,第 1、第5、第 15 页。

世界历史"。① 马克思笔下的"世界历史"是相对于"民族历史"而言。生产力的发展，使各个民族之间开始有了交往，发生了"交往革命"，出现了经常性的交往，从而有可能在世界的范围内创造着历史。正是在这个意义上，马克思强调："世界史不是过去一直存在的，作为世界史的历史是结果。"② 马克思的"世界历史理论"是唯物史观的有机组成部分，也是今天我们以马克思主义为指导，理解"全球史观"的理论基础。基于这样的认识，我们可以说，吴于廑提出的世界史体系理论，也是印有鲜明中国符号的"全球史观"的理论。关于世界史体系理论和全球史观，是现今史学界仍在讨论中的重大理论问题，方兴未艾，我们无意说吴于廑等人的观点是历史认识的"终极真理"，而且也不可能是，但是，这些理论提出对于讨论这些问题的重大推动作用和深远影响，却是客观存在，对我国世界通史研究尤其有重要的指导意义。

吴于廑、齐世荣主编《世界史》（六卷本），由高等教育出版社在1992—1994年出版。这是由国家教委委托主编的高校教学用书。这部著作集中反映了中国学者当时在世界通史研究的最新成果，涉及经济、政治、文化、社会等方面。和以前的教材相比，内容更为丰富，视野更开阔，而且在体系上、历史分期上、中国在世界的地位等问题上，都提出了自己独立的见解。如全书立足于全世界全

---

① 《马克思恩格斯选集》第1卷，人民出版社1995年版，第88页。
② 《马克思恩格斯全集》第46卷（上），人民出版社1974年版，第48页。

人类，着力探讨世界各地区、各民族、各国家如何打破隔离状态，最后形成一个互相联系、互相影响的整体。又如，在编纂时采取了纵横交错的方法，既有历史的纵向演变，也重视这一历史时期各地区、民族和国家之间在经济、政治、文化等方面的横向联系。再如，充分关注了中国在世界史中的地位和影响。该著作的出版，对提高高等院校世界史教学水平做出了积极的贡献。该书自2001年开始出版修订第二版。新版本既保持了初版的基本体系，又吸取了近年我国世界史学界的研究和教学成果，并弥补了初版中存在的一些缺陷，使之更趋完善。

2006年，高等教育出版社相继出版了吴于廑、齐世荣总主编的4卷本《世界史》，即古代卷、近代卷、现代卷和当代卷。这部世界史作为普通高校"十五"国家级规划教材，首先彻底摒弃了所谓"当代人不写当代史"的陈规旧说。《世界史·当代卷》始于反法西斯战争的胜利与当代世界历史的转折，下限为世界更替，千年交接的世界，"更替"和"交接"的主要内容包括经济全球化和区域经济集团化；国际格局多极化；联合国面临新的机遇和挑战；和平与发展的时代主题等。这部著作的《前言》，同六卷本《世界史·总序》一样，对当代中国世界史研究的发展，从内容到文风，具有重要的指导意义。例如，关于"社会形态的更迭"这个被搞乱了的重大理论问题，编者写道："马克思主义根据人类社会内部生产力与生产关系基本矛盾的不同性质，把人类历史发展的诸阶段区分为原始公社制、奴隶制、封建制、资本主义制和共产主义制几种生产方式和与之相应的几种社会形态。它们构成一个由低级到高级发展的纵向序列，但不是所有民族、国家的历史都无一例外地按照这个序列向前发展。有的没有经历过某一阶段，有的长期停顿在某一阶段。总的说来，人类历史由低级社会形态向高级社会形态的更迭发展，尽管先后不一，形式各异，但这个纵向发展的总过程仍然具有普遍的、规律性的意义。"① 这段话虽然不长，但却以马克思主义为理论指导，从人类历史矛盾运动的客观事实出发，深入浅出地揭示了社会发展的客观规律，因此有很强的说服力。这从一个侧面表明，经过 30 年的世界历史研究实践，我国世界史学者的理论素养，特别是马克思主义理论素养，在整体上已经有了显著提高，并在许多基本理论问题上达成共识，从而为世界史学科的今后发展，奠定了坚实的理论方法论基础。

世纪之交，作为中国社会科学院的重大课题之一，中国社会科学院副院长武寅研究员主持的多卷本《世界历史》已经开始结项，即将由江西人民出版社陆续出版。《世界历史》，由理论与方法、经济发展、制度模式、民族与宗教、战争、国际关系、思想文化、中国与世界计 8 卷 38 册组成，这将是我国第一部专题研究与编年相结合的大型通史类著作。它以唯物史观为理论基础，通过对复杂的世界历史进程的研究，特别是通过对影响人类历史进程的若干重大问题的深入研究，再现人类生动的丰富多彩

---

① 吴于廑、齐世荣主编:《世界史·当代卷》，高等教育出版社 2006 年版，第 1 页。

的历史图景，揭示人类历史不断前进的不可逆转的进步趋势，并在此基础上，概括人类历史发展的一般规律和特殊规律。《世界历史》采取专题与编年相结合的撰写体例，强调以时间为纵线，点面结合；既有一定的时空涵盖面，又有重点专题上的学术深度，彻底摒弃大而全，教科书式的写法。《世界历史》不回避当代社会发展中提出的重大理论问题和现实问题，因此历史视野更加开阔，开拓了许多新的研究领域，表现出鲜明的时代精神。中国史作为世界历史的有机组成部分，将在本课题中独立成卷，重点探讨中外文化的碰撞、交流和交融，以及这些对世界和中国历史发展产生的影响。

三、中国世界历史学科建设的新成果

"文化大革命"前，我国的世界史研究以介绍外国学者的观点为主，独立的、系统的研究成果很少，而且研究力量薄弱，研究领域较为狭窄，在中国史学界影响不大。改革开放有力地推动了我国世界史研究的发展，世界史学科的建设进入了一个崭新的阶段。

广大世界史学者认真研究马克思主义基本原理及在当代的新发展，有力地促进了大家对马克思主义这一科学体系的全面完整的理解，在党的解放思想、实事求是的思想路线指引下，彻底打破了所谓研究"禁区"，就以往从不曾研究或研究不多的问题展开了热烈的讨论，并进行了深入的科学分析，学术水平迅速提高。以优秀成果和优秀人才大量涌现为标志，在30年间，我国的世界历史研究，基本完成了由一般性的介绍到严格意义的科学研究的转变。现在，研究领域明显地扩大了，在古代中世纪史研究、亚非拉美近现代史研究、俄罗斯东欧史研究、西欧北美史研究、外国史学理论研究、专门史研究（主要是国际关系史研究），第二次世界大战史研究、华侨华人史研究等方面，都有标志性的成果问世。

这里特别要提及的，是30年来世界历史学科建设工程中，一些基本文献的收集、整理和编辑出版情况。如果认为，和撰写学术专著、学术论文相比，这些工作的意义和价值，似乎可以退居其次，那就大错特错了，事实是，正是这些基础性的工作，对世界史研究提供了不可或缺的学术等多方面的支持。

20世纪80年代到90年代初，中国世界史学者通过自己的研究成果，在加强世界史学学科建设上，迈出了坚实的步伐。1990年1月，《中国大百科全书·外国历史》卷由中国大百科全书出版社出版，是世界史学学科建设的重要成果之一。《中国大百科全书·外国历史》卷，计两册，约333.4万字。该卷编辑委员会主任为陈翰笙，副主任为刘思慕、吴于廑、朱庭光。主要内容包括亚洲、非洲、欧洲、拉丁美洲、北美洲、大洋洲等国家和地区的历史，国际共产主义运动的历史，国际关系史等。此外还有"总论"，涉及人类的起源、社会经济形态、三大宗教、外国史学理论与史学史，中国世界史研究机构、团体、学者，等等。该书词条质量普遍较高，虽然不是论文或专著，但确是几代中国世界史学者共同努力的结果，从整体上反映了我国世界史研究当时所能达到的水平，是一个多世纪以来，中国人民对外国历史的认识不断深化、系统化、科学化的一个缩影。

20世纪60年代周一良、吴于廑主编的《世界通史》4卷出版不久，为了提供学习时所必需的参考数据，与教材配套的《世界通史资料选辑》，由周一良、吴于廑主编，陆续出版。其中，《世界通史资料选辑》，上古部分主编林志纯；中古部分主编郭守田；近代部分（上下册）主编蒋相泽。由商务印书馆1962年12月、1964年9月、1964年4月陆续出版。1974年正值"文化大革命"时，随着周一良、吴于廑主编的《世界通史》4卷再版，《世界通史资料选辑》4册也同时再版。

1978年改革开放后，《世界通史资料选辑》为了适应教学工作发展的需要，在80年代初修订重印，仍然由商务印书馆出版。这次修订重印时，针对旧版存在的问题，作了比较大的修改。例如在"中古部分"便做了以下五个方面的变动：对德国、意大利、拜占庭、法国、土耳其等基础薄弱的章节，补充了必要的内容；对英国、法国、俄国农民起义、意大利梳毛工人起义等的介绍，增加了一些史著中的相关数据；对早期文艺复兴、尼德兰革命、三十年战争的介绍，增加国外新书刊中的一些数据；增加了与中国邻近的东南亚国家的经济、文化方面的史料；除继续使用英文、俄文和日文史料外，新增加了较多的法文史料。

在80年代初修订重印《世界通史资料选辑》时，新增加了"现代部分"第一、第二分册,由齐世荣教授主编。《世界通史资料选辑·现代部分》两册的上下限为1917—1939年,即俄国十月革命胜利到第二次世界大战爆发。这一历史时期的内容十分丰富,编者从国际关系、国际共产主义运动、欧洲国家、美洲国家、拉丁美洲国家等方面加以介绍,收有不少珍贵的历史文献,对开展相对薄弱的世界现代史研究,有积极的推动作用。在我国,世界现代史研究正是在80年代之后蓬勃发展起来。

朱寰主编《世界上古中古史参考资料》,高等教育出版社,1987年出版;北京师范大学历史系世界古代史教研室《世界古代及中古史资料选集》,北京师范大学出版社,1991年出版。该书分世界上古史、世界中古史两编,其中上古史部分的埃及、希腊和罗马的数据;中古史部分的城市、文艺复兴和宗教改革等资料,都是第一次在国内公开发表。

李书城主编的《中国日本学文献总目录》,中国人事出版社,1995年出版,收入自先秦到20世纪90年代万余条目录,内容较为系统、完整,为深入研究日本史提供了有利条件。1996—1997年,中国社会科学出版社出版《战后中日关系文献集》两卷(1945—1970,1970—1995),共收930份重要文件,是研究战后中日关系史重要的历史文献资料。刘同舜主编:《战后世界历史长编》(10卷),上海人民出版社1975—1997年出版。该书按照年代分编,40年代(1945—1949年)为第一编;50年代为第二编;60年代为第三编;70年代为第四编。《长编》

以战后国际关系为主要内容，重大历史事件单独立专题，作较为详尽的叙述，一般事件在日志中记述。另附有部分历史人物传记。该书取材较为丰富，兼有工具书和一般著作的特点。

巴赫主编《第一国际和巴黎公社（文件、资料）》，三联书店1978年出版；罗新璋编译《巴黎公社公告集》，上海人民出版社1978年出版；中央党校党建教研室选编《共产主义运动国际章程汇编》，河南人民出版社1980年出版；中央编译局国际共运研究室编《国际共运史研究资料》（1—6辑），人民出版社1981—1982年出版，在上述文献中，有些具有不可替代的重要的史料价值。例如，《巴黎公社公告集》是根据巴黎国立图书馆所藏《巴黎公社公告》，并参照《法兰西政治墙》一书和《法兰西共和国公报》及有关书刊资料辑录而成。几乎包括了巴黎公社时期发布的公告。"公告是公社时期一种重要的宣传方式。取其形式便捷，张贴于街头路角，在风云激荡的革命时期，配合急遽发展的革命形势，能将各项政令、决议、号召、战报，迅速传达到社会各阶层。是当时公社联系群众的纽带，起着宣传革命、推动革命的历史作用；今天，这些记载着公社前进步伐的公告，成为我们了解公社、研究公社的宝贵史料"。① 这些传单均为原件，有些揭自街头的公告，可见到当年的硝烟弹痕，作为历史的见证更为珍贵。

关于国际关系史的文献资料，相当一部分分别选入断

---

① 罗新璋编译：《巴黎公社公告集》，上海人民出版社1978年版，第1页。

代史或第二次世界大战等专门史的文献选编中，尽管如此，仍有专门的国际关系史文献汇编问世，这对于弥补部分重要文献缺漏，推动国际关系史学习有积极的作用。例如，王绳组主编的高等学校参考资料《国际关系史资料选编》，何春超、吴世民为副主编，武汉大学出版社 1983年出版。编者认为，"学习和研究国际关系史，必须直接接触各种国际文件和资料，以便使学生在学习理论的同时，能够了解和分析一些实际问题。这本《资料选编》是适应这种需要而编辑的"。① 该书精选基本的国际文件和资料，包括原始档案文件，如条约、协定、照会、备忘录、外交文书和历史人物的回忆录等。

中国学者编纂的世界历史方面的工具书，除了已经提及的《中国大百科全书·外国历史》卷外，上海辞书出版社 1985 年出版由靳文翰、郭圣铭、孙道天主编的《世界历史词典》，是一部有较高学术价值的中型专业工具书。全书 221 万字，7600 多词条，包括政治、经济、军事、外交、文化、科技、艺术等方面的内容。中国社会科学院拉丁美洲研究所编《拉丁美洲历史词典》，1993 年由上海辞书出版社出版，也是一部很有特点的世界史词典。全书约 160 万字，4880 词条，内容涉及文化遗址、经济、社会、历史事件和历史人物、政治组织、国际会议和条约、宗教、民族、语言、文化教育、音乐舞蹈以及民俗及

---

① 王绳组主编：《国际关系史资料选编·说明》，《国际关系史资料选编》上册（第一分册），武汉大学出版社 1983 年版。

特产等等。2003 年，华夏出版社出版了王捷、杨玉文等
主编的《第二次世界大战大词典》，这是一部有关第二次
世界大战百科条目式的专业工具书。全书近 246 万字，
1 万多词条。第二次世界大战期间国际关系、会议、政
治、经济、战争计划、战略战役、军队组织、编制、武器
装备等，都包括在内。本辞书的重要特点之一，是编者针
对西方学术界在二战史研究中"重欧轻亚"的偏见，通
过确凿的历史事实，强调中国是第二次世界大战时期反法
西斯同盟国的主要国家之一；抗日战争是第二次世界大战
的重要组成部分。

中国自古以来，就有"左图右史"的传统。世界历
史地图集在史料建设中的作用，为愈来愈多的世界史学者
所理解和认同。

1981 年，外语教学与研究出版社出版了《世界史参
考地图 1640—1945 年》，应该说这是一本世界近、现代历
史的地图集。由北京外国语学院国际政治教研室洪育沂编
译、李谋远绘制。该地图集除"译名对照表"、"主要资
料来源"外，共编有 41 幅地图，自新航路的探索、17 世
纪英国资产阶级革命起，直至欧洲反法西斯战争的胜利、
联合国的成立等。"这本示意图，是利用国内外一些历史
地图，加工绘制编译的，可供具有中等以上文化程度的读
者学习世界近、现代史和国际关系史参考"。① 该书所绘

---

① 洪育沂编译、李谋远绘制：《世界史参考地图 1640—1945 年》，外语教学与研
究出版社 1981 年版，封三。

内容除重大的领土变迁外，几乎包括了世界近现代历史上发生的所有重大历史事件，对于西欧北美以外地区的重大历史事件也给予了充分的重视，如"独立前后的拉丁美洲"、"1857—1859 年印度民族起义"、"19 世纪中叶日本的反幕府的斗争"、"沙皇割占中国领土"、"帝国主义瓜分非洲"、"彼得格勒十月武装起义"、"1918—1923 年土耳其民族革命"、"意大利侵略埃塞俄比亚"、"波兰的领土变迁"、"日本的侵略扩张"等。每幅历史地图都有简明扼要的文字说明，为读者正确理解地图所描绘的内容有较大的帮助。

中国学者近年编了两部有较大影响的世界历史地图集。其一，吴于廑主编《大学世界历史地图——从地图看世界历史行程》，人民出版社 1988 年出版。编者认为，"世界历史行程这一宏伟而悠久的为人类自古及今所曾经历的客观过程，可以用一系列的地图，铺开它的纵向和横向两个方面，投入读者的视野，借以一览它的演变的轮廓"。① 该地图集列有 67 幅地图，从"人类的起源"、"农耕与畜牧的起源"，直至"帝国主义殖民体系及其没落"、"社会主义中国屹立在世界东方"、"处于科学技术新发展中的当代世界"。为学习和研究方便，所编地图一般都有主图和附图，在图目的编列和文字说明上力求显示出世界历史进程的主线。

---

① 吴于廑：《大学世界历史地图——从地图看世界历史行程·前言》，《大学世界历史地图——从地图看世界历史行程》，人民出版社 1988 年版。

其二，张芝联、刘学荣主编《世界历史地图集》，中国地图出版社 2002 年出版。"本地图集编选的范围，上起原始社会，下迄海湾战争与东欧剧变。分上古、中古、近代、现代四部分；内容包括政治、军事、经济、文化和国际关系方面的事件和政区疆界，并适当地选了一些反映人民革命斗争的图幅。作为一部世界历史地图集，当然应包含中国史的内容，因为我国是一个文明古国，对世界历史的发展做出了重要贡献。在本地图集中中国史应占有一定的篇幅。既突出了中国特色，也便于中外对照"。[①]

四、中国世界史研究是国际史坛的重要组成部分

改革开放后，中国世界史研究彻底结束了自我封闭状况，走向世界，学者们同国外同行建立起密切的联系，通过互访及出席各类学术会议，共同研讨人类历史进程中的重大理论问题或史学自身发展中的重要问题。今天，中国世界史研究，不仅是中国史学的重要组成部分，而且也已成为国际史坛的重要组成部分。中国世界史研究在国际史坛日益产生广泛的影响，发挥着愈来愈加重要的作用。这不仅使中国史学界加深对世界各国史学发展的了解，而且也有助于国际史学界对迅速发展的中国史学的认识。在广泛的中外文化交流、交融的背景下，中国史学和世界各国

---

① 张芝联：《世界历史地图集·前言》，张芝联、刘学荣主编《世界历史地图集》，中国地图出版社 2002 年版。

史学的联系日趋密切。

在改革开放的新时期，中国世界史学者和国外同行实现了具有完整意义的学术交流。即在各种类型的国际学术会议上，中外学者可以完全平等地探讨问题，各自发表不同的甚至是截然对立的意见，而不是教师和学生的关系。在国内举行的一些重要的国际学术会议，都充分说明这一点。

1989 年 3 月 14—15 日，中国社会科学院和中国史学会在北京联合召开纪念法国大革命 200 周年学术会议。以全法纪念法国大革命委员会史学组主席米歇尔·弗维尔教授为首的法国史学家代表团，和百余名中国学者出席会议。与会代表就法国大革命的遗产，以及 20 世纪中国的影响等问题，进行了深入的讨论。3 月 18—21 日，上海复旦大学举行了法国大革命与中国国际学术讨论会。与会中外学者就法国大革命的意义及其对中国历史的影响，进行了深入的讨论。

1995 年 8 月 15—17 日，纪念中国抗日战争胜利 50 周年国际学术讨论会在北京举行。来自英国、日本、俄罗斯、新西兰、美国、马来西亚和中国的 70 余名学者，就中国抗日战争在世界反法西斯战争中的战略地位，中国共产党在抗日战争中的领导地位和中流砥柱作用等，进行了热烈的讨论。

2001 年 5 月 17—19 日，中国社会科学院世界历史研究所和南京大学共同主办"20 世纪的历史学"国际学术研讨会。来自美国、德国、俄罗斯、加拿大、墨西哥和中国的 70 余名专家学者出席了本次会议。与会代表不仅科学地总结了 20 世纪的历史学和历史学家，而且对 21 世纪史学发展的主要趋势也进行了较深入的探讨。

2003 年 9 月 17—18 日，吉林大学当代国际关系研究中心与历史系在长春联合举办了"历史学与国际关系学：方法论探索与学科构建"高级国际学术研讨会，来自英国、美国和中国的 60 余位学者出席了会议。会议就"历史学与国际关系学跨学科研究"等问题，展开了热烈的讨论。

2003 年 12 月 11 日北京大学历史系举办"世界历史上的断裂与延续：从古希腊到现代世界"国际学术研讨会。来自中国、希腊和欧美多国历史学家出席了会议。一些学者就世界史研究中的"希腊不死"等命题，进行了深入的讨论。

2004 年 4 月 7—9 日，"东亚国家和地区现代化进程"国际学术研讨会在北京举行。这次学术研讨会是由国际历史科学委员会、中国史学会和中国社会科学院世界历史研究所共同举办。来自中国、德国、美国、韩国、日本等国家和地区的 40 余名学者出席了会议。会议就"东亚模式"的特点和内涵，以及"东亚模式"和"欧美模式"的异同等问题，进行了热烈的讨论。

2005 年年底，首都师范大学全球史研究中心与美国世界历史协会联合举办了"世界通史教育"国际学术研讨会。国内和来自美国、俄罗斯、加拿大、澳大利亚、意大利、德国、哥伦比亚、新西兰等国的世界史学者出席会议。与会代表指出，在今天的世界通史教育中，不可避免地会受到经济全球化和全球史的影响。如何认识全球史，是一个不可忽视的重要理论问题和实践问题。

"今日历史学：个人的思考"国际学术讨论会于2007年11月7—8日在北京召开。这次会议是由中国社会科学院学术咨询委员会、中国社会科学院老专家协会和中国社会科学院世界历史研究所主办。美国格奥尔格·伊格尔斯教授、海登·怀特教授，德国约恩·吕森教授，荷兰弗兰克·安克施密特教授，日本佐藤正幸教授等参加会议，并做主题发言。中国张椿年、陈启能、于沛等教授，分别就马克思主义与历史科学、后现代思潮对历史学的挑战、近代早期中国对世界历史的认识等问题，作大会专题发言。

1980年中国史学会组团，作为非会员国参加在罗马尼亚布加勒斯特举行的第15届国际历史科学大会，这是"文化大革命"结束后，中国史学界第一次组团出席国际史坛盛会，引起广泛关注。1985年后，中国代表团作为会员国参加了历届国际历史科学大会。2005年7月3—9日，第20届国际历史科学大会在澳大利亚悉尼新南威尔士大学举行，来自世界大约60多个国家的1200多名学者出席了大会。中国史学会派出了以张海鹏为团长、于沛为副团长的代表团。30多名来自大陆、香港和台湾的中国学者出席了大会。这是有史以来中国学者参会人数最多的一次。

中国世界历史研究的迅速发展，除表现为一系列标志性的学术成果问世，各类优秀人才脱颖而出外，还表现在其他方方面面，其中之一就是在中国举行了代表世界水平的世界历史精品文物展览，使广大中国人民不出国门，在欣赏到人类文明瑰宝的同时，有力地推动了世界历史知识的普及。这些展览主要有：世界文明珍宝：大英博物馆之250年藏品展；卢浮宫珍藏品展；古希腊艺术；欧洲文艺复兴珍品展；古罗马艺术展；太阳城：辉煌的苏联社会主义现实主义展；公平的竞争——古希腊竞技精神展等。展出的石器、青铜器、铁器、金银器、陶器、瓷器、木器、雕塑、绘画等，每件展品都蕴涵着丰富的人类历史文化信息。在展览举行的同时，文物出版社还出版了同名的图文并茂的书刊，无论对广大史学爱好者，还是对专业研究人员，都有重要的参考价值。

在改革开放的推动下，中央电视台电影频道的足迹遍及世界60多个国家，在世界史学者的合作下，摄制了百集大型纪录片《世界历史》，这是我国第一部以世界历史发展为主题的大型电视纪录片。《世界历史》的内容，自史前时期到第二次世界大战结束。制作该片的指导思想是努力做到革命性、科学性和可视性的统一，即旗帜鲜明地坚持唯物史观的理论指导，深刻揭示人类历史进程规律性的本质联系，在表现形式上努力做到深入浅出、雅俗共赏，充分发挥电视作为大众传媒的独特优势，为世界历史知识的普及做出了积极的贡献。

近年中国世界史研究走向世界，中外学者的交往不断加强的另一重要标志，是体现或代表了国外世界史研究前沿问题，或反映了国外世界史研究新趋势、新特点的著述，及时译成中文出版。限于篇幅，不可能一一介绍，但只要将一些有一定代表性的书名列出，即可以清楚地看到这一点。例如［美］布瑞安·伊恩斯著《人类酷刑史》（时代文艺出版社2000年版）；［英］克莱夫·庞廷著《绿色世界史：环境与伟大文明的衰落》（上海人民出版社2002年版）；［美］理查德·扎克斯著《西方文明的另类历史：被我们忽略的真实故事》（海南出版社2002年版）；［英］恩·贡布里希著《写给大家的简明世界史：从远古到现代》（广西师范大学出版社2003年版）；［英］弗雷德里克·F.卡特赖特著《疾病改变历史》（山东画报出版社2004年版）；［美］威廉·麦戈伊著《文明的五个纪元：以五个文明划分世界历史》（山东画报出版社2004年版）；［美］杰里·本特利著《新全球史》，（北京大学出版社2007年版）；［美］林·亨特《法国大革命时期的家庭罗曼史》（商务印书馆2008年版）。不难看出，这些著作与传统的世界史著作已经有所不同，不单纯是选题的扩大，而是历史理念的变化。对中国世界史学者说来，这些著作的价值不在于它的具体结论是什么，而在于它提出什么样的问题，以及为什么会提出这样的问题。对这些问题的深入探究，无疑会推动我国的世界历史研究。

　　改革开放为我国世界史研究提供了历史的发展机遇，加强世界史研究是时代的呼唤。我们虽取得不少成绩，但和现实生活的需求相比，尚有较大的距离。

　　当代中国的世界史研究，面临着以下艰巨任务：这就是在不断提高研究者马克思主义理论素养的基础上，进一步拓宽研究视野，不断加强科研创新能力，逐步优化学科体系，以适应时代和社会发展的需要，适应世界史学科建设的需要。这样，我国的世界史研究，必将会涌现出更多的优秀人才，必然会有更多有重大学术价值和现实意义的标志性成果问世。胡锦涛总书记在党的十七大报告中说："事实雄辩地证明，改革开放是决定当代中国命运的关键抉择。"他还说："实践永无止境，创新永无止境。全党同志要倍加珍惜、长期坚持和不断发展党历经艰辛开创的中国特色社会主义道路和中国特色社会主义理论体系，坚持解放思想、实事求是、与时俱进，勇于变革、勇于创新，永不僵化、永不停滞。"这不仅是对党和国家全局性的工作而言，而且对繁荣发展我国的世界历史研究，同样具有重要的现实意义和指导意义。让我们在马克思主义指导下，进一步发扬中国世界历史研究的优秀传统，不辜负时代的呼唤，不辜负党和人民的期望，百尺竿头，更进一步，努力在世界历史研究中取得更大的成绩。

没有理论就没有历史科学的发展[*]

——20 世纪我国史学理论研究的回顾和思考

在漫长的中国史学发展史上，20 世纪的中国史学占有极其重要的地位。这是因为，中国传统史学出现了从不曾有过的深刻变化：封建主义史学衰败，并被资产阶级的、马克思主义的史学所代替；在激烈的社会革命、社会变革，以及科学进步和学科发展中，马克思主义史学经受了锻炼和考验，历经艰难曲折，不断成长壮大，得到迅速的发展。在中国史学发展史上，20 世纪的中国史学不仅结束了一个时代，开辟了一个时代，而且还以其丰硕的成果作为珍贵的学术遗产，直接影响到新世纪中国史学的走向。回顾 20 世纪中国史学发展的历程，可清楚地看到史学理论的研究和建设，是中国史学发展不可替代的前提；而史学的发展，又不断提出新的理论问题，有力地促进了对历史进程或历史学自身一系列理论问题的研究和探讨。

---

* 本文发表于《史学理论研究》2000 年第 3 期。

总之，回顾和思考 20 世纪我国史学理论研究的重要结论之一，就是没有史学理论的不断进步，就没有历史科学的发展。明确并认真研究这个问题，对新世纪中国史学的建设，无疑有重要的现实意义。

一、从进化史观到唯物史观

19 世纪末、20 世纪初，中国封建社会发展处在剧变的前夜。中国封建主义史学，同样孕育着一场革命性的变革。无论是社会的剧变，还是史学的变革，从本质上说，都是社会历史发展的客观要求，都是时代的呼唤。然而，这一切又都不是自发进行的，首先需要理论的支持和指导。20 世纪初中国新史学的出现，是这一时期以进化史观为核心的史学发展的直接成果。正是进化论、进化史观的广泛传播，才为 20 世纪初中国新史学的问世开辟了现实道路。

20 世纪初，进化论和进化历史观猛烈地冲击着中国封建史学的基础，成为先进知识分子在史学领域思想解放、破旧立新的锐利武器。而它们的出现，首先是和包括史学在内的外国学术思潮在国内的广泛传播有着密切的关系。20 世纪初，严复的《群学肄言》、《天演进化论》系统阐释了斯宾塞的普遍进化论原理，大力宣扬赫胥黎的"物竞天择，适者生存"的原则。此后，不少欧美和日本学者的社会进化论著作，陆续译成中文出版，如马君五译《斯宾塞社会学原理》（1903 年）、赵兰生译《斯宾塞干涉论》（1903 年）、吴建常从日文转译美国吉丁斯著《社会学提纲》（即《社会学原理》）、章太炎译岸本能武太的《社会学》（1902 年）、麦仲华译有贺长雄的《社会进化论》，以及欧阳钧译远藤隆吉《社会学》（1911 年）等。

社会进化理论向"天不变，道亦不变"等封建传统思想，以及中国封建史学的复古观及"一治一乱"的循环史观提出了强有力的挑战。20 世纪初，梁启超以进化论、进化史观为理论基础，发起了"为史界辟一新天地"的"史界革命"。他认为"史界革命"关系到国家的命运和前途，中国史学的陈腐和落后，是中国社会发展落后的重要原因之一。因此，"史界革命不起，则吾国遂不可救"，不能立于世界之林。[①]

在《中国史叙论》、《新史学》，以及后来撰写的《中国历史研究法》及其补编等著作中，梁启超尖锐地批判封建史学，揭开了中国近代史学发展的序幕，具有划时代的意义，使中国史学开始脱离 2000 余年的封建传统。

梁启超认为中国传统史学从来没有"良史"，针对中国封建史学的弊病，他强调指出："吾中国所以数千年无良史者，以其于进化之现象，见之未明也。"[②] 梁启超多次阐释他的历史进化思想和进化史观，他说："数千年之历史，进化之历史，数万里之世界，进化之世界也"，[③]

---

① 梁启超：《新史学》，《饮冰室合集》文集之九。
② 梁启超：《新史学》，《饮冰室合集》文集之九。
③ 梁启超：《论学术之势力左右世界》，《饮冰室合集》文集之六十。

而且"天下进化之理,无有穷也,进一级更有一级"。①
梁启超力主历史研究要充分发挥其社会功能。在他看来,
撰写历史的目的是"使国民察知现代之生活与过去未来
之生活息息相关",从而"能将历史纳入现代生活界使生
密切之联锁"。②

"五四"运动之后,大批在欧美和日本读书的留学生
陆续回国,一些人先后将日本史学家坪井九马三、九米邦
武、浮田和民,英国史学家巴克尔,美国史学家鲁滨逊、
班兹、塞格利曼,法国史学家朗哥诺瓦、瑟诺博习等人的
代表作译成中文出版。20 世纪 20 年代中期到 30 年代中
期,一些中国学者明确提出向西方史学学习,并用西方史
学改造中国史学的问题。北京大学教授朱希祖明确指出:
"我国现在的史学界实在是陈腐极了,没有一种破坏,断
不能建设"。③

在"破坏"中国旧史学,"建设"新史学的过程中,
以鲁滨逊为代表的美国"新史学派"理论,发挥了重要
的作用。何炳松在北京大学历史系讲授"西方史学原理"
时,即以鲁滨逊的《新史学》为课本。美国新史学派
的主要代表作,在当时几乎全部译成中文出版。除《新
史学》(1924 年)之外,还有约翰生的《历史教学法》
(1926 年),绍特威尔的《西洋史学史》(1929 年),桑戴

---

① 梁启超:《自由书·成败》,《饮冰室合集》专集之二。
② 梁启超:《中国历史研究法》,《饮冰室合集》专集之七十三。
③ 朱希祖:《新史学·序》,鲁滨逊《新史学》,商务印书馆 1924 年版。

克的《世界文化史》(1930 年)、班兹的《史学史》(1930
年)、《西洋史进化概论》(1932 年)、《新史学与社会科
学》(1933 年) 等。

"五四"之后, "建设中国新史学"成为一个令人鼓
舞的口号。一些史学家在积极介绍西方史学理论方法论有
益内容的同时, 结合中国史学的历史与现实, 开始了史学
理论方法论的研究, 有不少重要的成果问世。除梁启超的
《中国历史研究法》(1922 年)、《中国历史研究法·补
编》(1926 年)、《历史统计法》(1922 年) 外, 还有李泰
芬《史学研究法大纲》(1926 年)、朱谦之《历史哲学》
(1926 年)、杨鸿烈《史地新论》(1924 年)、何炳松《通
史新义》和《历史研究法》(1927 年)、卢绍稷《史学要
论》(1930 年) 等。这些著述的问世, 标志着近代以来的
中国史学理论研究进入了一个新的发展阶段, 从而推动历
史研究的实践不断向前发展。在中国史坛上, 出现了一些
有影响的历史学派。

"五四"时期, 疑古史学思潮的出现和疑古史学的兴
起, 是中国古典学术"疑古惑经"传统继承和发展的产
物, 1923 年 5 月, 顾颉刚在《与钱玄同先生论古史书》
一文中提出"层累地造成的中国古史"的观点。[①] 他的观
点得到钱玄同、胡适、傅斯年、周予同、罗根泽等知名学
者的支持, 并以他们为中心形成了中国史学的疑古派或古
史辨派。20 年代末 30 年代初形成了以傅斯年为代表的

---

① 顾颉刚:《与钱玄同先生论古史书》,《努力》增刊《读书杂志》1923 年第 9 期。

"史料学派"，傅斯年认为，中国的历史研究，"如不问西洋人的研究学问法，仍然是一无是处"。① 该学派在理论上主张"史学本是史料学"。他在《历史语言研究所工作的旨趣》中提出了以下著名的命题："历史学不是著史"，"近代的历史学只是史料学，利用自然科学供给我们的一切工具，整理一切可逢着的史料"。②

1937 年抗日战争爆发后，在中国史坛出现了以西方"文化形态史观"为理论基础的"战国策派"，主要代表人物有陈铨、何永佶、林同济、雷海宗等。一些论者认为，战国策派是一个在史学革命尝试与文化重建构想中极富理论个性的学派，在文化构想层面上有独到的思路。③它在中国史学发展史上存在的时间虽短，但直至半个世纪之后，学界对其评价仍褒贬不一，甚至大相径庭。④

20 世纪上半期，除了上述论及的"新史学"、"疑古派或古史辨派"、"史料学派"、"战国策派"史学的理论

---

① 傅斯年：《清代学问的门径书几种》，《傅斯年全集》第 4 册，台北联经出版社 1980 年版，第 415 页。

② 傅斯年：《历史语言研究所工作的旨趣》第 1 本第 1 分册，1928 年 10 月。

③ 温儒敏、丁晓萍编：《时代之波——战国策派文化论著辑要》，中央广播电视出版社 1995 年版，第 1—2 页。

④ 对战国策派及其代表人物的评价，20 世纪 80 年代以来，主要有两种不同的观点，其一是从政治上学术上持完全否定的态度，其二是对其学术思想一分为二，既有批评，也对某些内容予以肯定。参见：郭圣铭《西方史学史概要》，上海人民出版社 1983 年版，第 249—250 页；史念生主编《中华民国文化史》下，吉林文史出版社 1989 年版，第 872 页；王敦书《雷海宗关于文化形态、社会形态和历史分期的看法》，《史学理论》1988 年第 4 期；侯云灏《文化形态史观与中国文化两周说述论》，《史学理论研究》1994 年第 3 期。

外，还有一些学者在历史研究的实践中，提出了有较广泛影响或较大反响的史学理论与方法。

王国维在《古史新证》中提出"二重证据法"。所谓"二重证据法"，就是将地上、地下的文献资料相结合，尽可能地运用更多更新的资料相互印证，去进行历史研究，以求更符合历史的真实。陈寅恪曾概括指出王国维的史学方法是以下3条：（1）取地下之实物与纸上遗文互相释证；（2）取异族之故书与吾国之旧籍互相补证；（3）取外来之观念与固有之材料互相参证。① 王国维的史学方法是新史学理论的具体运用，是20世纪初中西史学交融的产物。

陈寅恪提出"诗史互证，以诗证史"的史学方法；主张扩大历史认识的视野，将其放在广泛的历史背景中去认识和分析。因为"吾人今日可依据之材料，仅为当时所遗存最小之一部，欲借此残余断片，以窥测其全部结构，必须备艺术家欣赏古代绘画雕刻之眼光及精神，然后古人立说之用意与对象，始可以真了解。所谓真了解者，必神游冥想，与立说之古人处于同一境界，而对于其持论所以不得不如是之苦心孤诣，表一种之同情，始能批评其学说之是非得失，而无隔阂肤廓之论"。② 他还主张历史研究应有一定的时代的特点，顺应历史的潮流。他说：

---

① 转引自《王国维学术研究论集》第3辑，华东师范大学出版社1983年版，第14页。

② 陈寅恪：《金明馆丛稿二编》，上海古籍出版社1980年版，第247页。

"一时代之学术，比有其新材料与新问题。取用此新材料，以研究问题，则为时代学术之潮流。"①

陈垣的史学方法被后人公认为是"竭泽而渔"的方法，他的研究领域在宗教史、元史、中西交通史等方面，而为了在这些领域求真求实，他在目录学、年代学、校勘学、史源学、史讳学以及在文献学和辑佚、编纂等方面进行了大量艰苦的开创性和奠基性的工作，表现出他严谨的治学精神。陈垣虽致力于古史研究，但他始终强调发挥史学的社会功能，"提倡有意义之史学"，使其一些研究成果表现出鲜明的时代精神。抗日战争期间，他完成了他的代表作之一《通鉴胡注表微》，表现出他强烈的爱国主义精神，以及对官场的腐败及贪官污吏的不满及蔑视。

"五四"之后，马克思主义史学异军突起，成为20世纪上半期中国史坛最重要的内容之一，而它的产生和发展，则是和唯物史观及以它为核心的马克思主义史学理论的广泛传播紧紧联系在一起的。马克思主义的史学理论对20世纪中国史学的发展，产生了无可替代的重要影响。

1917年俄国十月革命后，马克思主义在中国得到进一步传播。李大钊等开始用唯物史观认识和分析中国历史，向封建主义史学和当时颇有影响的历史进化论提出了强有力的挑战。1919—1920年，李大钊在《新青年》等刊物发表《唯物史观在现代史学上的价值》、《马克思的历史哲学》、《史观》、《研究历史的任务》、《物质变动与

---

① 陈寅恪：《金明馆丛稿二编》，上海古籍出版社1980年版，第236页。

道德变动》、《由经济上解释中国近代思想变动的原因》
等文章，表明他在社会生活和科学研究的实践中，彻底摆
脱了庸俗进化论的影响。李大钊作为一名马克思主义者，
还对史学的一系列基本理论问题初步进行了唯物主义的概
括，强调"发明历史的真义的是马克思"。①

1920 年秋，李大钊在北京大学史学系讲授《唯物史
观研究》，同时还开设《史学要论》、《史学思想史》等课
程。如果说《史学思想史讲义》是我国最早用唯物史观
总结西方史学发展历程的西方史学理论研究的专著；那
么，1924 年 5 月出版的《史学要论》，则是我国第一部系
统论述马克思主义史学理论的专著。他说："从来的史学
家，欲单从社会的上层说明社会的变革，——历史——而
不顾社会的基址；那样的方法，不能真正理解历史。社会
上层，全随经济的基址的变动而变动，故历史非从经济关
系上说明不可。这是马克思的历史观的大体。"② 他还说，
"今日的历史学，即是历史科学，亦可称为历史理论。史
学的主要目的本在专取历史的事实而整理之，记述之；嗣
又更进一步，而为一般关于史的事实之理论的研究，于已
有的记述历史之外，建立历史的一般理论。严正一点说，
就是建立历史科学"。③ 强调历史学应该重视理论的概括
和总结，而不能永远停留在史料的记述和整理上。为中国

---

① 《李大钊文集》下，人民出版社 1984 年版，第 678 页。
② 李守常：《史学要论》，商务印书馆 1999 年版，第 77 页。
③ 李守常：《史学要论》，商务印书馆 1999 年版，第 87 页。

马克思主义史学的建立奠定了坚实的理论方法论基础。

中国马克思主义史学自诞生之日起，就同社会生活保持着密切的联系。李大钊等马克思主义者结合中国的历史与现实，自觉地回答中国社会发展中提出的一系列尖锐的问题。继李大钊之后，郭沫若、吕振羽、翦伯赞、范文澜、侯外庐等堪称中国马克思主义史学的优秀代表。他们自觉接受马克思主义的唯物史观，刻苦研读马克思主义经典作家的著作，努力做到理论联系实际，为丰富、发展和完善中国马克思主义史学的理论，做出了重要的贡献。

中国马克思主义史学诞生之后，迫切需要回答的问题是中国历史上究竟经过了哪些社会经济形态？这不仅是重大的史学理论问题，有重大的学术意义，而且是当时中国革命实践中提出亟待解决的现实问题，如中国和世界各国有无共同的发展规律？马克思主义学说的基本原理，特别是人类社会发展学说，是否适用于中国？中国社会史论战的中心内容，即是研究中国历史上究竟经过了哪些社会经济形态，或经过了哪些发展阶段？它所涉及的主要问题有3个：亚细亚生产方式；中国历史上有没有奴隶社会阶段；所谓"商业资本主义社会"或"前资本主义社会"和"专制主义社会"。在这场论战中，马克思主义史学家开始把马克思主义的社会经济形态理论和中国历史实际相结合，提出自己的中国历史分期理论。在中国社会史大论战中，马克思主义史学家及广大进步的史学工作者，坚持以唯物史观为理论指导，明确指出中国和世界各国有共同的发展规律，中国革命是符合历史矛盾运动方向的产物。

这不仅为马克思主义史学的发展奠定了坚实的理论基础，同时为那些因第一次国内革命战争失败而苦闷彷徨，看不清中国革命前途的人，指明了前进的方向。

二、马克思主义史学理论在探索中曲折发展

新中国成立后，中国史学进入了一个新的发展阶段，其主要标志是马克思主义史学逐渐占绝对统治地位。在新中国成立后相当长的一段时间内，中国史学理论研究的主要内容是以下两大方面：其一，介绍、学习苏联史学理论及其研究实践，以其为榜样；坚持唯物史观，批判和清除资产阶级的史学理论及封建主义传统史学的影响。其二，在广大史学工作者自觉接受和运用唯物史观进行科学研究的基础上，对中国历史进程中的一些重大理论问题开展了热烈的争鸣和讨论，在50年代和60年代初，中国史坛出现了繁荣景象，有力地促进了中国马克思主义史学的发展，同时受"左倾"思想的影响，也出现了一些曲折。

新中国成立后先后出版的《历史问题译丛》、《史学译丛》，以发表苏联史学家的史学论著为主，其中不少是关于民族问题、封建社会与奴隶社会问题，以及批判欧美资产阶级史学思想的文章。《历史研究》先后编辑出版了《苏联关于封建主义基本经济规律的讨论》（三联书店1956年）、《苏联关于游牧民族宗法封建关系问题的讨论》（科学出版社1957年）、《封建社会发展阶段问题译文集》（科学出版社1959年）、《俄国农民战争译文集》

（科学出版社 1960 年）等文集。此外，还有《封建社会历史译文集》（尚钺编，三联书店 1955 年）、《苏联史学家在罗马第十届国际史学家代表大会报告集》（三联书店 1957 年）等。

1954 年，意识形态领域展开对唯心主义批判时，史学界对胡适的唯心主义历史观和实用主义的史学方法论展开了批判。不久，陈梦家、雷海宗、向达、荣孟源等人的史学思想及方法受到严厉批判，并被戴上"反动"、"反马列主义"的政治帽子。当北京大学历史系教授邓广铭以个人治史的切身体会，向学生讲解职官制度、历史地理、年代学、目录学是研究历史的四把钥匙时，也受到"为什么不提马列主义这把最灵验的钥匙"的责难。1958 年春，在陈伯达的推动下，史学界开始了所谓的"史学革命"，通过在史学领域大搞"拔白旗，插红旗"，使简单化、概念化、绝对化和庸俗唯物论盛行一时，我国马克思主义史学的优秀传统受到严重破坏。

新中国成立后到 60 年代初，我国史学界不仅批判唯心主义与唯心史观；而且对一些重大理论问题进行争鸣和讨论，都和学习苏联史学理论有着直接或间接的联系。尚钺在谈及编辑《封建社会历史译文集》的目的时说，"我国史学界将展开对于我国古代分期问题的讨论。具体地说，对于我国奴隶社会与封建社会分期问题的讨论之际，把苏联历史学家关于封建社会的各方面问题的研究，介绍到我国来，对于我们的研究和讨论工作是有意义的。"该书公开出版，便于"我国历史学家在处理封建社会的许多问题时参考"。①

　　当时展开热烈讨论的重大理论问题有中国古代史分期（即中国奴隶制与封建制分期）、中国封建土地制度、中国古代农民战争、汉民族形成、中国资本主义萌芽，以及中国封建社会的长期性、关于中国古代民族关系、亚细亚生产方式、阶级观点与历史主义、历史人物的评价等。其中前5个问题被人们称之为"五朵金花"。这些讨论在中国史学发展史上占有重要的一页。"文化大革命"前，三联书店出版了《汉民族形成问题讨论集》（历史研究编辑部编）、《太平天国革命性质问题讨论集》（景珩、林言椒编）、《中国封建社会土地所有制形式问题讨论集》（南开大学历史系编）、《中国近代史分期问题讨论集》（历史研究编辑部编）、《中国古代史分期问题讨论集》（历史研究编辑部编）、《中国的奴隶制与封建制分期问题论文选集》（历史研究编辑部编）、《中国历代土地制度问题讨论集》（历史研究编辑部编）、《中国封建社会农民战争问题讨论集》（史绍宾编）等文集，人们从中不难看到讨论时的热烈情况。

　　限于篇幅，本文不可能一一介绍每一问题的研讨情况，更不可能就每种观点做出这样或那样的评价。下面仅就两三个问题的讨论略作介绍，虽然早已事过境迁，但仍可从中感受到当时学术讨论的特点。

　　关于汉民族的形成问题，《新建设》杂志1952年5月号即已提出，但没有引起人们更多的重视。1954年，范

---

　　①　尚钺编：《封建社会历史译文集》，三联书店1955年版，第1页。

文澜在《历史研究》第 3 期发表论文《试论中国自秦汉时成为统一国家的原因》①，对汉民族形成的问题，进行了较全面的论述。范文澜根据斯大林指出的民族的 4 个特征（即共同的语言、共同的地域、共同的经济生活、共同的文化），认为秦汉时代汉族已经具备了"民族"的这些特征，同时他又提出"独特的民族"的理论。强调"汉族自秦汉以来既不是国家分裂的部族，也不是资本主义时期的资产阶级民族，而是在独特的社会条件下形成的独特的民族"。章冠英等同意范文澜的观点，他认为中国封建社会的地主经济阶段所占较长，由此产生与欧洲封建社会许多不同的特点。民族可以形成于前资本主义时期，"秦汉以后的汉民族只能是一种低级阶段的民族"，"只能是一种独特的民族"。② 另一种观点表示反对，反对的主要依据是：按照斯大林所说"民族"的定义，资本主义以前没有"民族"，只有"部族"，因为作为"民族"共同经济生活的基础的民族市场还无法形成。他们认为范文澜把"车同轨、书同文、行同伦"理解成共同的语言、共同的地域、共同的经济生活、共同的文化是不妥的。③

---

① 该文后收入《历史研究》编辑部编《汉民族形成问题讨论集》，三联书店 1957 年版。

② 章冠英：《关于汉民族何时形成的一些问题的商榷》，《历史研究》1956 年第 11 期。

③ 持反对意见的文章主要有：曾文经《论汉民族的形成》，《历史研究》1955 年第 1 期；杨则俊《关于汉民族形成问题的一些意见——与范文澜同志和格·叶菲莫夫同志商榷》，《教学与研究》1955 年第 6 期；官显《评"独特的民族"论》，《新建设》1955 年第 5 期。

　　关于中国古代民族关系问题，首先涉及的是如何理解历史上的中国。范文澜、吕振羽、岑家梧、翁独健等人认为，我国自古以来就是一个统一的多民族的国家，即自秦汉以来，经过两千多年的发展变化，到了清代，我国的版图和疆域便确定下来了。在这个历史发展过程中，汉民族的政治、经济、文化发展水平较高，起主导作用，其余各个少数民族，包括已经消失了的古代民族，也都为祖国的缔造和发展做出了重大的贡献。历史上的中国民族，除了汉族还有少数民族，中国的历代疆域不仅包括中原王朝，也包括少数民族独自建立的国家或政权的辖区；不能将历史上的中国与封建王朝画等号，更不能与汉王朝画等号。中国历史上各族人民长时间互相影响，友好共处，共同反对封建压迫和外来侵略，共同缔造了祖国。① 孙祚民持有不同的意见。他认为，"中国自古以来就是一个统一的多民族的国家"的提法，是一种缺乏科学性的论据，存有明显的漏洞。"以我国历史上历代疆域为历代国土的范围，因王朝统治的范围不同而历代国土有所变更伸缩"。他认为，凡在封建王朝之外的独立民族国家，就不应包括在当时的中国范围之内。以今天的祖国疆域来判断历史上

---

　　① 范文澜：《中华民族的发展》，《学习》第3卷，1950年第1期；吕振羽：《论我国历史上民族关系的基本特点》，《学术月刊》1961年第6期；岑家梧：《在教学上如何处理祖国历史上的民族关系》，《历史教学》1962年第9期；翁独健：《关于中国少数民族历史研究的情况和问题》，《中国民族问题研究集刊》1956年第5辑。

汉王朝与其他各少数民族国家的关系，这是荒谬的。① 翦伯赞不同意孙祚民的观点，他明确指出，中国自古以来就是一个多民族的国家，不能把少数民族作为"外国人"看待。② 关于中国古代民族关系的讨论，一直延续到"文化大革命"结束后。

　　关于阶级观点与历史主义，是史学界普遍关心的重大理论问题之一。翦伯赞早在新中国成立前就提出重视历史主义的问题。③ 新中国成立后不久，他再次提出这个问题，并对非历史主义的观点进行了批评。④ 在这之前，范文澜也提出了纠正非历史主义倾向的问题，他还以自己的研究实践为例，进行了自我批评。⑤ 阶级观点和阶级分析的方法，在马克思主义史学中占有重要的地位，但在20世纪50年代末60年代初之后，历史研究实践中出现了运用阶级观点简单化、概念化、公式化的倾向。针对这个问题，翦伯赞提出只有将阶级观点与历史主义两者结合起来，才有可能对复杂的历史过程或历史人物做出全面的、公正的评价。⑥

---

　　① 孙祚民：《中国古代史中有关祖国疆域和少数民族的问题》，《文汇报》1961年11月4日；《再论中国古代史中有关祖国疆域和少数民族的问题》，《文汇报》1962年8月2日。

　　② 翦伯赞：《对处理若干历史问题的初步意见》，《光明日报》1961年12月22日。

　　③ 翦伯赞：香港《文汇报·史地周刊》"编者的话"，1948年9月10日。

　　④ 翦伯赞：《关于历史人物评论中的若干问题》，《新建设》1952年第9期。

　　⑤ 范文澜：《关于〈中国通史简编〉》，《新建设》第4卷，1951年第2期。

　　⑥ 翦伯赞：《对处理若干历史问题的初步意见》，《光明日报》1961年12月22日；《目前史学研究中存在的几个问题》，《江海学刊》1962年第2期。

翦伯赞的文章发表后，在史学界引起广泛的反响，学者们的讨论主要是围绕着以下3个问题：什么是马克思主义的历史主义；历史主义与阶级观点的关系；在历史研究实践中，如何做到两者相统一等。当时发表的主要文章后收入《阶级观点与历史主义问题讨论集》（三联书店1966年）。应当指出，当时各种不同的观点主要是从学术上进行讨论的，正当人们深入讨论历史主义和阶级观点的问题时，戚本禹在1966年初发表文章，从政治上宣布"历史主义是对阶级观点的反动"，① 从此"历史主义"成为人们不得继续研究讨论的"禁区"，直到"文化大革命"结束后，才又继续展开讨论。

新中国成立后，学习苏联史学理论是和新中国的史学建设积极联系在一起的。50年代初到60年代初，介绍和学习苏联史学理论和方法，尤其历史的必然性和合理性。它对中国历史学家和广大史学工作者自觉地掌握和运用唯物史观研究或学习中外历史，有着积极的意义；但是，毋庸讳言，在学习苏联史学积极合理的内容过程中，苏联史学理论中对马克思主义的曲解，以及运用唯物史观所存在的教条主义僵化模式和不良倾向，也不可避免地对中国史学发展产生了消极的影响。加之自50年代中期起，我国社会主义建设和革命出现了主要表现为"左倾"的失误和曲折，则更使那些负面的影响长期不能得到克服。

1961年，周扬主持召开了全国高等学校文科教材编

---

① 戚本禹：《翦伯赞的历史观点应当批判》，《红旗》1966年第4期。

选计划会议。会议明确提出既不要照搬苏联，也不要照搬资本主义国家，而是要建设自己的文科教材的任务。同年底，在上海召开了由北京大学、复旦大学、武汉大学、中山大学、南京大学和杭州大学、华东师范大学等校教师参加的外国史学史教材编写会议。与会者认为，学习西方史学史，对高校历史系的学生来讲，是十分必要的。会议较充分地探讨了现代西方各种史学流派的形成和发展，一致认为应当把外国史学史列入高校历史系的教学计划中。60年代初，以高校文科教材编写会议为契机，对西方史学和西方史学理论的研究，开始取代新中国成立后对中国史学发展有深刻影响的苏联史学和苏联史学理论。西方史学和西方史学理论开始较系统地介绍到中国来。在这期间，开始出版吴于廑先生主编的《外国史学名著选》，以及西方史学（包括史学理论）名著的全译本或选译本，一些著名的历史学家也开始较深入地从事这方面的研究工作，并且在较短的时间内有不少有影响的成果问世。[①] 但是，不少文章的内容明显地印有受"左倾"思潮影响的痕迹，那就是一般性的政治批判代替了具体的学术研究，对西方史学家的思想和西方史学思潮采取彻底否定的态度。

---

① 这些成果主要有：耿淡如《资产阶级史学流派与批判问题》，《文汇报》1962年2月11日；齐思和《欧洲历史学的发展过程》，《文史哲》1962年第3期；吴于廑《论西方古今的两个"客观"史学家》，《江汉学报》1963年第6期；周谷城《评没有世界性的世界史》，《文汇报》1961年2月7日；周谷城《论世界历史发展的形势》，《历史研究》1961年第2期；吴廷璆《建立世界史的新体系》，《光明日报》1961年4月9日；郭圣铭《批判阿诺德·汤因比的反动史观》，《文史哲》1962年第1期。

60年代中期，随着"文化大革命"的到来，西方史学理论以至整个西方史学，都被当作"资产阶级的大毒草"、"反动的意识形态"，进一步在政治上受到严厉批判。这样，刚刚起步的西方史学理论的介绍和研究，只是停留在规划上，很快就夭折了。

三、"文化大革命"后中国史学复兴中的理论建设

"文化大革命"首先是从史学界开始的。1965年11月10日，姚文元在《文汇报》上刊出《评新编历史剧〈海瑞罢官〉》，揭开了"十年浩劫"的序幕。紧接着1966年5月16日《中国共产党中央委员会通知》，即"五·一六"通知后，陈伯达、关锋、戚本禹以《人民日报》社论的形式发表文章造谣惑众说："资产阶级代表人物，把史学当作他们反党反社会主义的一个重要阵地。他们歪曲历史，借古讽今，欺骗群众，为资本主义复辟进行舆论准备。广大的工农兵群众、革命干部和革命的知识分子，正在利用唯物史观这个战斗武器，揭露历史的本来面目，解剖现实的阶级动向，为保卫无产阶级专政，保卫社会主义，同反动的史学观念进行激烈的斗争。"① 史学领域成为"文化大革命"的重灾区，中国历史科学遭到了严重的破坏。

"文化大革命"结束后，历史科学迎来了自己的春

---

① 《人民日报》社论：《夺取资产阶级霸占的史学阵地》，1966年6月3日。

天。党的十一届三中全会后，恢复了马克思主义实事求是、一切从实际出发、理论联系实际的科学精神，打破了"左倾"思潮影响下盛行的种种精神枷锁，重新确立了解放思想、实事求是的辩证唯物主义思想路线。对史学理论（包括外国史学理论）问题的关注，拨乱反正，对某些问题展开热烈的讨论和争鸣，成为"文化大革命"后中国史学复兴的重要标志之一。

1979 年 3 月，在成都召开全国历史学规划会议时，明确提出加强马克思主义史学理论研究的问题，立即得到广大史学工作者的认同。大家从自身的研究实践中，特别是从中国史学发展的曲折道路中，深深感到加强史学理论研究的重要性和必要性。1983 年 5 月，全国哲学社会科学规划会议在长沙召开，会议再次强调加强史学理论研究，并做出了定期召开全国性的史学理论研讨会的决定。

中国社会科学院历史研究所、近代史研究所、世界历史研究所的有关专家，组成历史规划组史学理论小组，在他们的积极筹划和组织下，自 80 年代中期开始已经召开了 10 届全国史学理论研讨会，每次都有百余人参加，先后研讨了历史与现实、历史发展的统一性与多样性、自然科学方法与历史研究、历史学方法论、历史认识理论、社会经济形态理论、外国史学理论的传入及对中国近现代史学的影响、东方历史发展道路、新中国成立以来史学理论研究的回顾与展望，等等。

1987 年，全国性的史学理论研究专业刊物《史学理论》创刊。1992 年，在《史学理论》的基础上，创办了

《史学理论研究》杂志。这些杂志在发表史学理论研究优秀成果，团结史学理论研究队伍，培养史学理论研究新人，加强国内外史学理论研究学术交流，及时传达史学理论研究的最新动态等方面，做出了积极的贡献。中国史学会《中国历史学年鉴》每年都约请有关专家撰写史学理论研究综述，并辟出专栏，刊登《史学理论方法论研究论著的要目索引》，以及介绍史学理论研究新作的书讯。1993年，经过多年的筹备，成立了全国性的"中国史学会史学理论研究分会"，所有这一切，都有力地推动了史学理论研究工作的开展。

同"文化大革命"前相比，高等院校历史系发生的重要变化之一，就是陆续开设了"史学概论"课。1983年，葛懋春、谢本书主编的《历史科学概论》，白寿彝主编的《史学概论》出版。以后又有姜义华、瞿林东、赵吉惠、马雪萍合著的《史学导论》（陕西人民教育出版社，1989年），宁可、汪征鲁合著的《史学理论与方法》（中央广播电视大学出版社，1991年）等著作问世。此外，还有十余种版本的"史学概论"方面的著作出版。随着研究生教育的发展，历史系招收史学理论和史学史的硕士、博士研究生的名额不断增加，使史学理论研究队伍的科学水平不断提高，后继有人；一些重点大学还成立了史学研究所，在史学理论与史学史方面的科学研究、教学和培养研究生方面，做出了重要的贡献。

"文化大革命"后史学理论研究主要表现在以下四个方面：其一是一些老的理论问题，在"文化大革命"前即已开始讨论，但由于种种原因未能深入讨论下去，"文化大革命"后又重新开始探讨；其二是一些以前从来没有涉及，或很少涉及的所谓"禁区"或"敏感"的理论问题；其三是以往较少涉及的历史学自身发展中的理论问题；其四是外国史学理论方法论问题，对这些问题研究的深度和广度，都是前所未有的。

　　阶级观点与历史主义，在"文化大革命"后仍是史学界关注的重要理论问题。张芝联提出应阐明资产阶级历史主义与马克思主义历史主义的区别后，引起较广泛的反响。[①] 关于历史主义，论者的观点基本接近。许永璋对马克思主义的历史主义作了如下的界定：以发展的观点对待历史，根据事物所处的具体条件来考察历史，从历史的内在联系中找出历史的规律性，以向前看的态度去回顾以往的一切，这种研究历史的态度就是马克思主义的历史主义。[②] 蒋大椿强调，不应将唯物史观、阶级观点、马克思主义历史主义相割裂或相对立，而应将它们结合起来，只有这样，才能揭示社会历史十分复杂而充满矛盾的过程。不能再用阶级观点来排斥历史主义了。[③] 关于阶级观点，有两种不同的意见：一种意见认为，以往阶级观点、阶级分析的方法几乎成为历史研究唯一的研究方法，其后果是

---

① 张芝联：《资产阶级历史主义的形成及其特征》，《世界历史》1979 年第 1 期。
② 许永璋：《浅论历史主义》，《社会科学辑刊》1979 年第 1 期。
③ 蒋大椿：《关于历史主义的几个问题》，《安徽大学学报》1979 年第 3 期。

束缚了史学方法论的发展。① 持相反的意见认为，阶级观点仍是分析阶级社会历史的基本方法，不能认为政治上批判了以阶级斗争为纲，在历史研究中阶级分析的方法也不能使用了。②

如何认识爱国主义与民族英雄问题，这是中国历史研究不可回避的重要理论问题。关于爱国主义的概念和内涵，范文澜曾有论述，③ 被大多数学者接受，一些学者虽有分歧的意见，但似乎不是十分尖锐。当涉及"忠君与爱国"、"国内各民族之间的战争中，是否存在爱国主义"、"何谓民族英雄"、"是否存在代表各民族共同利益的民族英雄"等具体问题时，则明显存有多种不同的意见，甚至是截然相反的意见。

范文澜在《关于中国历史上的一些问题》一文中提出，当阶级矛盾或民族矛盾处于不同地位时，"忠君"的客观效果是不一样的。当阶级矛盾成为主要矛盾时，统治阶级的忠君爱国，与起义农民的爱祖国是没有丝毫共同之处的。但在反抗外族侵略的情况下，忠君与爱国却存在一致性。反抗异族的侵略，基本上是出于对君朝的爱，这与爱祖国的利益是一致的。另一种对立的观点认为，忠君不

---

① 他石：《阶级分析不是唯一的历史研究方法》，《世界历史》1985 年第 1 期；李祖德：《论历史研究中的阶级分析法》，《求索》1986 年第 5 期；孔立：《历史现象的阶级分析》，《福建论坛》1985 年第 5 期。

② 《1986 年全国史学理论讨论会综述》，《安徽史学》1986 年第 4 期；王慎荣：《关于历史研究方法的几个问题》，《求是学刊》1985 年第 6 期。

③ 范文澜：《关于中国历史上的一些问题》，《范文澜历史论文选集》，中国社会科学出版社 1979 年版。

等于爱国。王继烈认为，爱国主义是对自己和祖先所赖以休养生息的土地家园的热爱，而忠君则是服从皇帝个人意志的"愚忠"，是一种封建道德。而当君主制度成为阻碍历史进步的桎梏时，忠君思想则明显起着反动作用。① 李一氓同样认为忠君不等于爱国，特别是在今天，引用某些历史事件来颂扬爱国主义，这又恰是汉族爱国主义，显然会影响全国各族人民的团结。② 一些论者认为，历史上国内各民族之间的战争中，不存在爱国主义。马寿千说，爱国主义是一种现代词汇，是资本主义社会以后的东西。历史上的所谓亡国之君和忠君爱国，这里的国家是指一家一姓的国家社稷，和今天说的爱国主义是有区别的。③ 与之相对立的一种观点认为，爱国热情不仅仅存在于国家与国家之间的斗争中。在反对国内民族统治者的分裂割据和叛乱恣扰，反抗民族压迫，维护祖国的集中统一，推进民族融合，也是一种爱国主义情感。④ 邓广铭、张希清认为，各民族建立的政权都可称为国家，在双方战争中应以站在正义或非正义一方，划分为爱国者和卖国贼。岳飞、辛弃疾、陆游等人是爱国者，而秦桧则是最典型的卖国贼。⑤

对"民族英雄"这一概念的理解，存有较大的分歧。一种意见认为，凡是某人在历史上对某个民族的发展起过

① 王继烈：《评岳飞的忠君思想》，《青海社会科学》1980 年第 2 期。
② 李一氓：《读〈辽史〉——兼论〈四郎探母〉》，《文艺研究》1981 年第 4 期。
③ 马寿山：《民族关系与历史剧》，《中央民族学院学报》1979 年第 1—2 期。
④ 黄秉泽：《谈谈我国古代文学的爱国主义》，《社会科学战线》1978 年创刊号。
⑤ 邓广铭、张希清：《略论爱国主义和民族英雄》，《人民日报》1981 年 12 月 8 日。

积极作用，他就是那个民族的英雄。不要因为他们曾侵扰过别的民族，而去否定他。① 另一种意见认为，凡是抵御"外来民族"的侵犯，反抗"外来民族"压迫的杰出人物，都是中华民族的英雄。邓广铭、张希清强调"外来民族"有两层涵义：其一是指中华民族内各族之间，在其斗争的历史时期内，互为"外来民族"；其二是指中华民族之外的外国民族。对发生在中华民族内各族之间的战争，要区分正义与非正义，站在正义一方并做出重大贡献的人，都是中华民族的英雄。② 白寿彝认为，民族英雄有两种：一是中华民族共同的英雄，这是在反对封建主义、殖民主义和帝国主义的斗争中出现的英雄；二是一个民族内部的英雄，是在和别的民族的斗争中，或在本民族内部的斗争中成长起来的。③

翦伯赞等人认为，在国内各民族间的战争中，不存在各族共同的民族英雄，因为在阶级社会的历史条件下，民族英雄受时代和阶级的局限，不可能没有褊狭的种族主义或民族主义的思想。④ 吕振羽则认为，在国内各民族对立斗争时期，可以产生各族共同的英雄。如岳飞所进行的抗金战争和活动，基本上符合历史发展的趋势和人民的要

① 李桂海：《如何看待中国历史上少数民族建立的独立政权问题》，《中南民族学院学报》1981 年第 1 期。

② 邓广铭、张希清：《略论爱国主义和民族英雄》，《人民日报》1981 年 12 月 8 日。

③ 白寿彝：《关于中国民族关系史上的几个问题》，《北京师范大学学报》1981 年第 6 期。

④ 翦伯赞：《关于处理中国史上的民族关系问题》，《中央民族学院学报》1979 年第 1—2 期。

求——既符合汉族人民的利益和要求，客观上也有利于女真人民长远的利益。持相同或相近观点的还有蒙喆、陈梧桐、郭预衡、邓广铭、张希清等人。

关于中国封建社会长期延续问题的论战和讨论由来已久。如果从18世纪70年代英国著名经济学家亚当·斯密最早提出这个问题算起，关于这个问题的论战已有200多年了；如果从1927年第一次国内革命战争失败算起，也有50多年的历史了。这半个世纪在我国的论战和讨论，大体上可以分成4个阶段：30年代前期；抗日战争爆发；50年代及60年代初；"文化大革命"结束以后至今。从讨论时间之长，涉及问题之广，参加人数之多来看，都可以说这个问题是我国史学界讨论最热烈的问题之一。白钢编著有《中国封建社会长期延续问题论战的由来与发展》（中国社会科学出版社，1984年），较全面地介绍了30年代前期以来至今的论战和讨论情况。他认为1978年以来关于中国封建社会长期延续问题讨论的主要特点是：出版物的数量总计约在120篇以上，超出以往3次讨论之总合；关于这个问题的讨论，是史学界众多有争议的议题之中最活跃的；比较普遍地注意到中外的对比研究；一些被搁置多年的老问题，近年被一些论者重新提了出来，并加以论证。①

历史的创造者和历史发展的动力问题，是历史研究的基本理论问题之一，也是"文化大革命"后讨论的重要

---

① 白钢编著：《中国封建社会长期延续问题论战的由来与发展》，中国社会科学出版社1984年版，第277—278页。

的史学理论问题之一。1979 年 3 月，中国社会科学院在成都召开史学规划会议时，戴逸在会上作了题为《关于历史研究中阶级斗争理论问题的几点看法》的发言，强调"推动社会历史前进的直接的主要动力是生产斗争"，其他一些学者也有类似的看法，对"阶级斗争是历史发展唯一动力"的命题提出异议。同年 10 月 13 日，《光明日报》"史学"专刊开展了"关于历史发展动力问题"的讨论，此后，许多省市自治区的报刊、高校及研究机构，也都就这个问题展开了较广泛的讨论，代表性的意见大体可以概括成以下 7 种：生产斗争、生产力说[①]；阶级斗争说[②]；社会基本矛盾说[③]；合力说[④]；物质利益说[⑤]；客观的社会需要说[⑥]和人民群众说[⑦]。

[①] 刘泽华、王连升：《关于历史发展的动力问题》，《教学与研究》1979 年第 2 期；戴逸：《关于历史研究中阶级斗争理论问题的几点看法》，《社会科学研究》1979 年第 2 期；杨生民：《略论历史发展的动力问题》，《教学与研究》1979 年第 4 期。

[②] 刘大年：《关于历史前进的动力问题》，《近代史研究》1979 年第 1 期；苏双碧：《略论历史发展的动力问题》，《社会科学研究》1979 年第 3 期；漆侠：《农民战争是推动中国封建社会历史发展的动力》，《光明日报》1979 年 12 月 18 日。

[③] 戎笙：《只有农民战争才是封建社会发展的真正动力吗?》，《历史研究》1979 年第 4 期；金景芳等：《生产力与生产关系的矛盾是社会历史发展的根本动力》，《吉林大学学报》1980 年第 4 期；汤再林：《社会基本矛盾推动社会发展》，《社会科学研究》1980 年第 1 期。

[④] 伍宗华、冉光荣：《历史发展动力问题的再探讨》，《四川大学学报》1979 年第 2 期；宋士堂、李德茂：《历史发展的动力是社会各种矛盾运动的合力》，《光明日报》1980 年 1 月 15 日；陈依元：《简论社会历史发展的动力》，《福建师大学报》1981 年第 3 期。

[⑤] 丘成羲、高秀波：《论物质利益在社会发展中的作用》，《求是学刊》1980 年第 1 期；严钟奎：《人类的物质利益是历史发展的根本动力》，《光明日报》1980 年 1 月 15 日。

[⑥] 蒋大椿：《历史的内容及其前进的动力》，《近代史研究》1981 年第 4 期。

[⑦] 俞兆鹏：《人民群众是历史发展的原动力》，《江西日报》1980 年 3 月 6 日。

　　讨论历史发展的动力问题时，自然要涉及谁是历史的创造者的问题。新中国成立后，"人民群众是历史的创造者"，是大家普遍接受的，认为是符合马克思主义的命题。"文化大革命"期间，在批判林彪、陈伯达反动的政治观点时，批判了"英雄与奴隶共同创造历史"的观点，得出"只有奴隶才是历史的创造者"的结论。1980年，余霖、安延明著文《历史是整个人类创造的——"奴隶创造历史"论质疑》指出：马克思主义经典作家曾指出"人们自己创造自己的历史"，所谓"奴隶创造历史"在理论上实践上都只能导致混乱。① 1984年，黎澍发表论文《论历史的创造者及其他》，指出时下流行的"人民群众创造历史"是不科学的。应是所有的人都参与了历史的创造，只讲英雄创造历史或只讲人民群众才是历史的创造者，都是片面的。他还指出，"人民群众创造历史"的说法源于苏联学术界，是对《苏联共产党（布）历史简明教程》一书中某些观点的引申和附会。在我国又发展成"人民群众是历史的主人"，这种观点既不科学又不符合事实。② 黎澍的论文在史学界引起广泛的反响，有人支持或部分支持，有人反对，还有人提出招致激烈反对的

---

　　① 有代表性的论文主要有：蒋大椿：《关于历史创造者的理论考察》，《历史研究》1984年第5期；张云勋：《历史合力与历史动力》，《江淮论坛》1986年第3期；郭祥瑞：《关于人民群众是历史的创造者》，《历史研究》1986年第3期；黎鸣：《历史是创造者创造》，《光明日报》1986年12月17日。

　　② 黎澍：《论历史的创造者及其他》，《历史研究》1984年第5期。此外，黎澍还多次著文论及此问题，见《关于历史的创造者及其他》，湖南人民出版社1988年版。

"新英雄史观"①，不同观点的交锋和热烈的讨论，促进了史学界对这个理论问题的深入研究和思考。

"文化大革命"后，关注历史学自身发展中的理论问题的研究是近20年来我国史学理论研究的一个重要特点，它反映了改革开放后新时期中国史学的进步，特别是史学理论研究方面所取得的重大进展。这方面的问题，除了以往已涉及的"史学的社会功能与学术价值"、"史与论的关系"外，中外史学史研究受到学者们的重视。历史认识论的研究原来基本上是一个空白，近年的研究已经有了一定的基础。历史认识的一些主要问题，如历史认识的主体和客体，以及两者之间的辩证关系，历史认识过程的一般特点，历史学家的主体意识，历史认识的模糊性，历史认识的相对性，历史思维，史料的自然属性和社会属性等，都有学者进行研究。史学方法，近年主要关注是计量方法、比较方法，以及心理学方法、社会学方法、人口学方法、政治学方法、口述方法等在历史研究中的应用。研究者认为，这些方法是马克思主义史学方法的补充，对促进中国历史科学的发展，具有重要的意义。

特别应该指出的是，在"文化大革命"前几乎没有人涉及的外国史学理论方法论研究，在"文化大革命"后有了长足的发展。对外国史学理论方法论的研究，是和建

---

① 有代表性的论文主要有：蒋大椿：《关于历史创造者的理论考察》，《历史研究》1984年第5期；张云勋：《历史合力与历史动力》，《江淮论坛》1986年第3期；郭祥瑞：《关于人民群众是历史的创造者》，《历史研究》1986年第3期；黎鸣：《历史是创造者创造》，《光明日报》1986年12月17日。

设中国马克思主义史学、不断丰富和完善马克思主义史学理论方法论联系在一起的，取其精华，弃其糟粕，在马克思主义唯物史观的指导下，认真汲取外国史学理论的有益内容，是发展中国马克思主义史学的迫切需要，是在新的历史条件下，历史学学科发展的呼唤。

1983 年 5 月，在全国哲学社会科学规划会议上，外国史学理论研究问题得到了前所未有的重视，并做出了加强外国史学理论的介绍和研究，组织力量，译介出版当代有代表性的外国史学理论名著。1985 年，中国社会科学院世界历史研究所筹备并成立了外国史学理论研究室，近年，该室研究人员主持或参加的国家、院级重点课题已有多项完成，其成果已公开出版。① 与此同时，中国社会科学院研究生院世界历史系开始招收外国史学理论专业的研究生，加强这方面人才的培养。主要由世界史所外国史学理论室编辑的《史学理论》、《史学理论研究》杂志，其宗旨之一，就是研究外国史学理论方法论。1993 年成立的"中国史学会史学理论研究分会"，广泛团结了一批外国史学理论研究学者，对推动外国史学理论研究有重要的意义。

---

① 这些成果主要有：罗凤礼主编《现代西方史学思潮评析》，中央编译出版社 1996 年版；陈启能、于沛等著《苏联史学理论》，经济管理出版社 1996 年版；何兆武等主编《当代西方史学理论》，中国社会科学出版社 1996 年版；罗凤礼著《历史与心灵》，中央编译出版社 1998 年版；于沛主编《现代史学分支学科概论》，中国社会科学出版社 1998 年版；陈启能、于沛、姜芃等著《马克思主义史学初探》，社会科学文献出版社 1999 年版。

近20年来，一支有较高水平的外国史学理论研究队伍已经基本形成，他们及时追踪国外史学理论研究的前沿课题，结合中国史学发展的实践，在各自的研究领域内取得了令人可喜的成果。当前，外国史学理论研究以追踪战后欧美史学新发展为主，其主要研究方向是以下几个方面：

其一，西方历史哲学研究。研究的重要内容十分丰富，包括西方历史哲学产生的社会历史背景、关于历史规律性问题、关于历史客观性的问题，关于思辨的历史哲学，关于分析或批判的历史哲学，关于思辨的历史哲学与分析或批判的历史哲学的关系，其中涉及维柯、伏尔泰、黑格尔、斯宾格勒、汤因比和雅斯贝斯等人的历史哲学思想，以及新康德主义的历史哲学、新黑格尔主义的历史哲学和分析哲学的历史哲学等。近年对西方历史哲学研究的主要特点是课题不断开拓，研究视野不断开阔，理论深度不断加强。一些论者还就建立马克思主义历史哲学问题提出了不少有价值的意见。①

其二，西方史学中的历史学分支学科研究。第二次世界大战后，哲学人文科学研究中的理论化和整体化趋势明显加强，历史学也不例外。其结果正如法国年鉴派史学家所说的那样，历史学的界限变得愈来愈模糊了。历史学的研究领域不断扩大，宏观性的研究课题引起愈来愈多的历

---

① 关于近年我国西方历史哲学研究概况，可参见拙文《我国近年的西方历史哲学研究》，《历史研究》1993年第3期。

史学家的兴趣，传统的研究方法已经无法完成这些课题。计量方法、比较方法，以及其他人文科学相关学科的研究方法也被历史学家广泛采用。这一切都促进了新的历史学分支学科的形成和发展。90 年代，一批研究成果问世，就新社会史学、人口史学、家庭史学、妇女史学、城市史学、新经济史学、新政治史学、心智史学、比较史学、计量史学、心理史学、口述史学、文化史学等进行了较系统的研究，从每一分支学科产生的社会历史背景，主要理论观点及方法，代表性著作及代表性人物，在史学发展史上的地位及影响等方面进行了较全面的分析。①

其三，外国史学思想史研究。史学思想史不同于史学史，它们之间既有联系，又有区别。近年外国史学史研究有不少优秀成果问世，为外国史学思想史研究创造了有利的条件。而外国史学思想史研究，则是在外国史学史研究的基础上，对外国史学思想研究的深化和系统化。外国史学思想史，重点阐释的是外国史学思想发展的历史轨迹，论述学科思想发生、发展、继承、演变的逻辑进程，揭示外国史学思想发展的固有规律。它不仅要阐释影响和指导西方史学发展的哲学思想和方法论思想，而且要阐释西方史学思想体系赖以建立的基本概念、范畴原理的创立、发展及其演变的逻辑进程。

---

① 这方面的著作主要有：庞卓恒主编《西方新史学述评》，高等教育出版社 1992 年版；杨豫《西方史学史》的有关章节，江西人民出版社 1993 年版；于沛主编《现代史学分支学科概论》，中国社会科学出版社 1998 年版。

在 20 世纪，史学理论研究作为中国历史学的重要组成部分，走过了一条不平坦的路。我们可以清楚地看到，作为史学理论所依托的有生命力的史学思潮，往往和反映社会历史矛盾运动发展趋势的社会思潮有着直接的联系。在这种情况下，史学思潮和社会思潮是分不开的，史学思潮同样也是社会思潮，或者说，史学思潮是社会思潮的重要组成部分，如 20 世纪初在我国广泛传播的进化论—进化史观，以及后来代替它的唯物论—唯物史观等……当然，在近代以来的中国史学发展历史上，还曾出现过其他种种史学理论或史学思潮，但很快就消失了。既然它们对学科发展不曾产生什么影响，自然也就没有什么价值，昙花一现，理所当然成了过眼烟云。之所以如此，这是因为它们脱离作为一门科学的史学自身发展的实际，脱离中国史学所依托并深深扎根其上的中国社会发展的实际。

在中国史学发展史上，进化史观和唯物史观，最初都是少数先进知识分子个人的选择。1895 年中日甲午战争后，特别是 20 世纪初八国联军的入侵，使中华民族的危机空前加剧，面临着"亡国灭种"的危险。王韬、黄遵宪、严复等宣传社会变革和进化思想，以"优胜劣败"、"适者生存"为核心的社会进化论风靡一时，救亡图存、求强求富成为中华民族的共同愿望，他们的选择符合历史发展的潮流，于是成为社会的选择。以进化史观为理论基础的新史学自然有了存在和发展的土壤。同样，李大钊、蔡和森、李达、瞿秋白等马克思主义者对唯物史观的选择，正是在俄国十月革命后马克思主义的广泛传播，中国无产阶级作为一支独立的阶级力量登上政治舞台，中国工农运动与马克思主义相结合后，才逐渐成为阶级的、社会的选择，成为20世纪中国史学史上占有重要地位的马克思主义史学的理论基础。

不难看出，任何一种崭新的历史观，以及与之相联系的历史学思潮，同提出并发展它们的人们一样，都是历史的产物，都是在一定的历史时期内的特定历史条件下的产物。任何人都不可能超越历史，同样，任何一种历史观、历史思潮也不可能超越历史；如同任何人不可能随心所欲地创造历史一样，也不可能随心所欲地创造出历史学的理论和史学思潮。20世纪中国史学研究的实践证明，理论是基础，任何一次史学实践的重大发展，都是以史学理论的进步为前导。在古老的历史学中，史学理论是常青的，从而使历史学永葆青春，不断获得前进的动因。当前重要的是，我们应该自觉地站在时代的前列，顺应历史的潮流，将自己平凡的工作同当代社会发展的主流紧紧联系在一起，投身于正在发生深刻变化的现实生活中去，通过艰苦的理论探讨，不断丰富和完善马克思主义史学的理论和方法论，促进中国历史科学的发展。

随着社会的发展，科学的进步，特别是"文化大革命"后历经磨难的历史科学的复兴，史学理论研究也得到了较大的发展。在科学技术迅猛发展，建设有中国特色社会主义，以及中外文化碰撞、交融的广阔历史背景下，唯物主义历史观也在发展，不断提出一些新的概念、范畴和理论，汲取人类文明的一切优秀成果，以丰富自己，从

而更好地发挥理论指导作用。不少历史学家认为，在 21
世纪，中国历史学的前景首先在于史学理论研究有无建
树，不是没有道理的。如果说，没有理论就没有历史科
学；那么，我们同样可以说，没有史学理论研究的发展，
就没有整个历史科学的进步和繁荣。

　　回顾、思考与展望总是联系在一起的。展望 21 世纪
史学理论研究的进步和发展，可以相信其研究的内容将不
断深化；史学理论研究的时代精神和现实感将不断加强；
史学理论研究和历史研究实践将建立起更加密切的联系，
理论联系实际，不断提高历史研究的理论水平；史学思维
和研究手段的现代化将极大地提高科研效率。相信在解放
思想、实事求是的辩证唯物主义思想路线指引下，史学理
论研究将发挥更大的作用，在新世纪中国历史学科的建设
和发展中做出更大的贡献。

从地理边疆到"利益边疆"*

——美国霸权主义和西方边疆理论的演变

当代国际政治生活的一个重要现象，是美国的世界霸权。冷战结束后，美国凭借着雄厚的经济实力极力谋求世界霸权，两极格局的终结成为美国世界政治霸权的起点。冷战结束后，如何在全球化的背景下建立新的国际体系，成为世纪之交世界各国所关注的热点。由于现实国际政治发展所提出的问题是空前的复杂和深刻，所以这方面涉及的问题很多，但究其实质，无非是在对世界政治秩序的模式进行新的定位时，"单极"和"多极"之分。美国所谓"世界领袖"、"领导地位"的实质，是建立以其为主导的单极霸权体制，谋求全球霸权。这在以美国为代表的西方边疆理论的演变中，也清楚地表现出来。

---

* 本文发表于《中国边疆史地研究》2005 年第 2 期。

一、边疆观属于一定的历史范畴

边疆是历史的产物，属于一定的历史范畴。在不同的历史时代有不同的边疆观，边疆理念与国家经济发展的现实需求相适应，也表现出不同的特点。在自然经济条件下，国家对于自身利益的认识建立在地理概念基础之上。农业社会中的国家发展，大都以自然边疆为基础；而在工业社会，人类大范围频繁交往逐渐形成一种制度和潮流，自工业革命以来，人类社会在物质生产方式、生活方式、思维方式和行为方式和交往方式，和农业社会相比都发生了质的变化，国家利益迅速向更大的地缘"势力范围"延伸，在其直接影响下，国家的战略控制线往往会超越边界，例如19世纪下半叶西方列强在全球范围内抢占"势力范围"；冷战期间，美苏争夺地缘政治优势等。但是，直至20世纪80年代末，大多数国家的生存与发展利益仍基本局限于本土疆域之内，军事战略普遍奠基于地理边疆之上。冷战后，在西方出现了以国家利益拓展线划界的"利益边疆"概念，如果说"利益边疆"产生的根本原因，在于使国家的利益已不仅仅在自己所属的国家范围内存在，那么经济全球化则进一步强化了这一点，它对人类社会生活已经产生，并将继续产生深刻的影响。

全球化使国家利益开始突破本土地理疆界向全球拓展，各国的利益，首先是经济利益，日趋在更深刻、更广阔的层面上融入世界，国内和国外的经济利益更加紧密地联系在一起。这样，边疆观必须依据国家安全利益和经济利益的扩展而演进。利益边疆和战略边疆相对于传统意义的领土边疆而言。领土边疆是国际法公认的主权国家行使对内最高管辖权的地域界限。这条地域界限往往以边界线的形式表现出来。边界线内外有着绝对的、原则的区别。而利益边疆则没有明确的地域指向性，它突出的表现形态之一是地域的不确定性，有时利益边疆和领土边疆的内容相同；但有时也不同，经常表现出某种非地域性特征，利益边疆（既包括国内利益，也包括该国的国际利益）更多地表现出无形性特点，它是领土边疆概念的放大和转化。它远远大于领土边疆。西方军事理论家一种有代表性的理论认为，要保证国家的安全，必须使自身的"利益边疆"远远大于"地理边疆"。冷战时期，美苏对中东欧国家及一大批"中间地带国家"进行争夺，以及冷战后，美国加强对欧亚大陆的控制，北约不断东扩，极力把俄罗斯挤出传统势力范围，都是从这一理论出发的。

　　20世纪80年代中期，美国等西方大国从维护自身利益的需要出发确定战略控制范围，首先使用了"利益边疆"概念，全球化则进一步催生了利益边疆，使国家主权的内涵已经发生并继续发生深刻的变化，虽然我们强调的国家主权是国家所具有的对内最高的、对外独立的权力这一基本原则没有改变。全球化时代国家的边疆是多义的、弹性的，或者说全球化时代是多边疆的时代，总之，"利益边疆"的存在已是事实，并成为全球化时代维护国家主权和制定国家战略的重要基点，因而有时也被称为

"战略边疆"。国家利益与利益边疆、战略边疆是对同一内容从不同角度进行的认识和概括。如果说利益边疆回答的是国家利益的范围，战略边疆则是回答国家利益的战略要求。国家利益是主权国家制定内外发展战略的基本依据。在全球化时代，国家利益日益呈现全球化趋势，维护国家主权有两方面的意义：一是维护领土边疆，另一是维护国家的利益边疆或战略边疆。只有清醒地认识到这一点，才能主动地应对西方大国利益边疆或战略边疆的拓展，积极反对各种形式的霸权主义，真正地做到维护国家的主权利益。

经济全球化是利益边疆产生和发展的不可或缺的基本条件。马克思曾经指出，"资产阶级除非对生产工具，从而对生产关系，从而对全部社会关系不断地进行革命，否则就不能生存下去。反之，原封不动地保持旧的生产方式，却是过去的一切工业阶级生存的首要条件。生产的不断变革，一切社会状况不停的动荡，永远的不安定和变动，这就是资产阶级时代不同于过去一切时代的地方"。这样，"资产阶级在它的不到一百年的阶级统治中所创造的生产力，比过去一切世代创造的全部生产力还要多、还要大"。① 资产阶级为了不断追求新的市场、原料和廉价劳动力，需要不断地开拓新的空间，其结果是跨越国家边界的全球性市场经济形成。"资产阶级，由于开拓了世界市场，使一切国家的生产和消费都成为世界性的了。……

---

① 《马克思恩格斯选集》第1卷，人民出版社1995年版，第275、第277页。

旧的、靠国产品来满足的需要，被新的、要靠极其遥远的国家和地带的产品来满足的需要所代替了。过去那种地方的和民族的自给自足和闭关自守的状态，被各民族的各方面的互相往来和各方面的互相依赖所代替了"。① 马克思主义经典作家在一个半世纪以前所预见的资本主义生产力的迅速发展，以及世界性社会关系的建立，今天都已经成为现实。第二次世界大战后，特别是 20 世纪 80 年代中期以来，新技术革命推动人类社会飞速发展，使全球化成为我们这个时代最重要的特征之一。在全球化时代，人类以往在空间方面的障碍、制度的障碍、宗教的障碍、种族的障碍，以及文化的障碍等等，得到进一步的克服。人们在全球范围内更充分地实现物质与信息的沟通。在这个过程中，人们享受到全球化的恩惠，同时也在国家利益、国家安全等方面，提出了严峻的挑战。"利益边疆"日益成为人们普遍关注的问题。

　　正如西方理论家所指出的那样，资本从诞生的那一天起，就是以全球为着眼点的。② 资本的内在扩展倾向，决定了它一定要跨出国界，向海外扩张，以往按照民族、领土划分的经济实体原则受到严重冲击。这样，在一国疆域内，必然也会有他国利益的客观存在。在 20 世纪 90 年代，全球跨国母公司的数目已经达到 3.7 万家，控制了分

---

① 《马克思恩格斯选集》第 1 卷，人民出版社 1995 年版，第 276 页。

② Robert Cox："*A Perspective On Globalization*"，*in Globalization*：*Critical Reflections*，*edited by James Mittelman*，Lynne Rienner Publisher，1996.

布在世界各地的20.6万家的分公司。世界银行1992年的
报告指出：世界上350家最大的跨国公司之间的业务，在
20世纪80年代，就已经占全球贸易的40%。① 不难看出，
国家领土、边疆和国界线，对跨国公司来说已经失去了
意义。

在全球化的背景下，全球公共问题日益凸显。人们普
遍认为，目前全球公共问题主要是恐怖主义、环境污染、
跨国犯罪和贩毒，大规模杀伤武器扩散，人口和难民问
题，等等。② 全球公共问题具有的全球性、客观性和危害
性的特征使得传统的国家领土安全概念受到冲击。例如，
恐怖主义在世界的蔓延导致国家安全利益的变化，传统的
安全观念只能应付传统领域的领土安全问题，而且传统的
疆域观对于新的国家安全利益的维护则是不利的，非传统
安全问题，包括各种形式的"利益边疆"问题，使人们
不能不给予高度重视。

"利益边疆"不仅是理论问题，而且还是实践问题，
在现实生活中，"利益边疆"首先涉及的是经济边疆和政
治边疆。

关于国家的经济边疆，这是在经济全球化背景下，人
们面临最复杂的问题之一。其复杂性主要表现为，本国的
经济问题往往受到国界以外的诸多因素的影响，这是因国

---

① World Bank: *Global Economic Prospects and the Developing Counties*, Washington, D. C., 1992, p. 33

② Jagdish Bhagwati, "*Borders Beyond Control*", Foreign Affairs. January/February. 2003.

际贸易的规模急剧扩大，并呈不可逆转的上升趋势所决定的。这既表现在经济自身发展中的问题，如市场经济、市场体制等；同时也表现在似乎是市场经济之外的环境和资源等方面。在这诸多方面，跨国公司导致的资本流动国际化和生产的全球化，使各个国家的经济开始联成一个整体。跨国公司的争夺是经济边疆的典型代表之一。它打破了国家边境，传统的国家边界变得越来越模糊不清，使一个国家在某一经济领域里不可能获得全部经营利润。

关于国家的政治边疆，是和国家的政治安全联系在一起，同时又与经济边疆有密切的联系。稳定的、不受侵犯的经济边疆是政治边疆的基础。同样，可靠的政治边疆则是经济边疆的保障。在经济全球化的背景下，政治边疆所面临的主要问题，是如何维护国家疆域领土完整，保证国家领土、领空和领海的统一；如何维护国家主权独立，使社会进步、经济发展、人民幸福；如何维护意识形态的稳定，旗帜鲜明地坚持有中国特色的社会主义道路，坚持马克思主义的理论指导；如何维护民族尊严，不断提升国家的威信和声誉；如何抵御外来敌对势力侵袭，粉碎种种分裂祖国的图谋等等。一个国家失去了经济边疆无法生存，同样，一个国家失去了政治边疆即丧失了国家主权，同样也无法生存。因此，我们必须清醒地认识到，政治边疆问题在全球化中并没有被淡化，相反却处于一个非常重要的地位。无论是经济边疆，还是政治边疆，都和国家的基本利益联系在一起。在全球化时代，任何一个国家所追求的安全边疆普遍大于国家的领土边疆。这是我们认识"利益边疆"的一个重要的出发点。

二、全球化时代国家主权面临的严峻挑战

"全球化"已经成为我们所生活的这个时代的重要特征之一。它主要表现为，人类现实生活中的各种障碍，例如文化的障碍、种族的障碍、空间的障碍、制度的障碍，以及宗教的障碍等，正在以前所未有的速度被跨越。尽管这些现象很容易被看到，尽管"全球化"成为国际政治生活中使用频率最高的词汇之一，但很难有一个普遍的、能为大家所接受的定义。这其中的重要原因之一，就是人们从不同的视角去认识和分析它，都可以得出不同的答案。

虽然从长远、从整体上看，经济全球化有利于世界经济的发展，但是在世界范围内，却存在着对全球化的抵抗，反对全球化的运动始终没有停止。例如，2001年和2002年7月，在意大利热那亚先后发生大规模的反对全球化的抗议活动；2002年9月，美国华盛顿有2000余人举行反对全球化的集会，600余人被捕。与此同时，西方学者还有不少批判全球化理论的著作问世。例如德国汉斯—彼得·马丁等著的《全球化的陷阱：对民主和福利的进攻》（1996年）；格拉德·博克斯贝格等著的《全球化的十大谎言》（1998年）；英国贾斯廷·罗森伯格著《质疑全球化》（2000年）等。世纪之交，法国学者布迪厄在《遏止野火》中指出："全球化"不是一个"自然的过程"，而是一种有预谋、有组织实施的"政治行为"，

是一场"旷日持久"的"思想灌输工作"在人们心目中强加的信仰。① 美国为代表的西方大国,以"全球化"之名,行霸权主义之实,强行推行"美国模式",已经引起世界上越来越多国家的人民不满。

"国家是社会在一定发展阶段上的产物;国家是承认:这个社会陷入了不可解决的自我矛盾,分裂为不可调和的对立面而又无力摆脱这些对立面。而为了使这些对立面,这些经济利益互相冲突的阶级,不至于在无谓的斗争中把自己和社会消灭,就需要有一种表面上凌驾于社会之上的力量,这种力量应当缓和冲突,把冲突保持在'秩序'的范围之内;这种从社会中产生但又自居于社会之上并且日益同社会相异化的力量,就是国家"②。传统上,国家的组成有四大要素:领土、人口、政府和主权。在过去几个世纪,领土、主权和国家的统一,已为国际社会所接受,这被认为是"不言而喻的"、"自然而然的"和"不可抗拒的"。因此,领土原则——国家拥有确定的边界,这些边界划定并确立国家的统治范围。在边界以内,国家可以制定并行使法律;主权原则——国家及其代表拥有采取行动和实行统治的主权。国家不承认任何凌驾于它之上的权威。在一块特定的领土上,不能同时由两个权威来控制;合法性原则——主权国家之间的关系可以成为国际协议与国际法的对象,但是,国际协议与国际法要产生

---

① 河清:《全球化与国家意识的衰微》,中国人民大学出版社2003年版,第3页。
② 《马克思恩格斯选集》第4卷,人民出版社1995年版,第170页。

效力，则必须得到各个国家的同意等，也为国际社会所接受。

然而，随着全球化时代的到来，这些"不言而喻的"原则，在西方理论家提出所谓"非领土化的国家"、"非民族国家化"和"主权的困境"后，也面临着新的挑战。在这方面影响较大的，首先是"领土国家原则的全球化"理论。该理论强调："领土国家的世界秩序的建立和稳定也依赖于全球化的一种形式：只有在相互承认的前提下，各个民族国家及这种全球的国家制度才是可能的。因此，任何个别国家恰好不是产生于自己的主权，而是产生于所有其他国家对领土国家的世界秩序的确认以及在此范围内对该国家的承认，也就是说，在政治、财政和军事方面支持该国——反对例如某些种族群体和其他国家的竞争性要求。领土国家原则的全球化是该原则产生效力的前提"。①我们并不是一般性地否认全球化进程对国家主权观念所产生的影响，而在于反对全球化导致国家主权"丧失"，反对全球化时代国家的主权要掌握在他人手中的霸权主义理论。

主权被认为是近代国家构成的基本要素之一。生活在16世纪末期的法国学者让·不丹曾经对"主权"从六个方面进行了概括：主权是国家的最高权力；主权具有不受限制性；主权的永久性；主权具有普遍性；主权的不可分割性；主权的不可让与性。他在《论共和国》中提出

---

① 乌·贝克等著：《全球化与政治》，中央编译出版社2000年版，第14页。

"绝对主权"理论，认为"主权是在一国中进行指挥的绝对的和永久的权力"。这些论述为近代以来国际法中的主权问题奠定了坚实的基础。17世纪国际法产生后，国家即成为国际法的主体。包括领土主权在内的国家主权原则，是国际法不可替代的基石，重申在同一领土上，只能存在一个完全主权的国家。由于跨国公司已经成为全球经济活动的主体，使人们似乎看到一种非稳态的所谓"软边疆"现象。但是，并不会像某些西方理论家所宣扬的那样，在全球化的背景下，国家将不再是一个传统意义上的国土概念，国家主权会被削弱或终结，甚至还将使国家开始消失等。① 恰恰相反，国家主权原则不但不会削弱或消亡，相反在全球化的背景下建立新的国际政治新秩序、经济新秩序时，这些原则在新的历史条件下，在整体上还会得到加强。这种加强是和冷战后国际政治的发展趋势不是单极化，而是多极化是完全一致的。

---

① 例如，美国《纽约时报》1999年4月24日发表署名文章说：全球化使"国家主权无可避免地——并且心甘情愿地——受到全球经济力量的削弱"。美籍日本学者大前研一认为，全球化已经开始导致"民族国家的终结"，长期形成的民族国家这一基本政治单位很少再会有什么贡献。"国家利益"不过是某些落在后面的人为维护自己利益找借口。他还提出，将弱小国家的自主权让与列强国家，将民族国家的自主权转让给那些创造财富的区域国家。（参见 Kenichi Ohmae, *The End of Nation State：The rise of regional economies* New York：The Free Press, 1995, pp11—16）1999年6月6日，美国《芝加哥论坛报》文章中说："过去10年里，有关主权的概念已经发生了彻底的变化。一个国家的边境不可侵犯以及一国政府可以在自己境内做任何事情的想法，已随着冷战的结束而消亡。美国作为世界上唯一超级大国，不管其愿意不愿意，都承担着领导责任。这意味着美国现时要以这种或那种方式参与世界范围的每一次干预行动。"

2002 年"9·11"事件后,"新帝国主义"的理论盛行一时,至今仍有不断强化之势,与其相联系,体现这一理论的"全球化意识形态"——"美国式的全球化模式"日渐走上前台。这一意识形态的核心内容是推行强权政治和世界霸权主义,其表现多种多样,和国家领土主权相关的主要内容是:在全球化时代,人类利益高于国家和民族利益;并在此基础上提出"国家主权已经过时","有限主权"、"人权高于主权",以及"新干涉主义"、"人道主义干预"等荒谬绝伦的"理论"。近年,一些西方学者还提出了"虚体国家"(Virtual State)这样的概念。所谓"虚体国家",是指经济依赖于流动性的生产要素而不重视以领土大小来确定生产能力的国家。他们还预言,在21 世纪,虚体国家将主导世界经济的发展,以至取代现在幅员辽阔的国家实体。我们并不否认全球化对国家主权观念所产生的影响,只是说这种影响并非如西方理论家所宣扬的是"国土概念开始消失"。

现在的世界是开放的世界,任何一个国家要生存、要发展,不能将自己孤立起来。闭关自守不仅不能维护国家利益,而且适得其反。在这方面,我们有深刻的教训。全球化对国家主权观念产生的影响,首先表现为国际交往和国际联系空前加强,全面地对外开放,而不是闭关自守。这种开放不仅在经济方面,而且也在精神文化方面。但是这种"开放",一方面在国际交往和联系中,吸收和借鉴人类社会创造的一切文明成果,另一方面坚决抵制外来腐朽思想的侵蚀。在坚持自己的意识形态和价值观的同时,继承、发扬悠久的历史传统和民族精神。只有这样，才能维护国家的基本利益。

正确认识全球化时代的国家主权，不仅表现为维护本国的独立自主权力，还意味着对他国国家主权的尊重，以及在国际事务中维护自己主权的同时，积极参与全球性问题的解决。全球化时代，全球性问题急剧增加，例如人口问题、生态环境问题、恐怖主义问题、毒品问题、跨国犯罪问题以及宗教极端主义等。这些问题，是人类所面临的共同威胁。在日益加剧的危险面前，不同国家人民相互依存程度不断加深，致使越来越多国家的人民，开始用世界眼光和全球思维来思考既维护国家主权，又保证国际社会的协调，以及如何建立有效的国际合作机制的问题。但是，这并不是西方理论家所认为的那样："全球化不仅意味着（经济的）国际化、集约化、跨国交融和网络化，它也在更大的程度上开辟了一种社会空间的所谓'三维的'社会图景，这种社会图景不以地区、民族国家和领土来界定。"① 从这一认识出发，他们强调民族国家现代性的主权权利已经失去了"内核"，民族国家传统的思维方式和行为模式，已经"过时"，无法应对"全球化的挑战"，因此他们要担负起"全球的责任"，要进行"超越民族国家的治理"，以及"没有政府的治理"，等等。显然，发展中国家主权被"侵蚀"，已经不仅是理论问题，而且是一个现实的问题。

----

① 乌·贝克等著：《全球化与政治》，中央编译出版社2000年版，第14页。

从 20 世纪 90 年代以来，愈演愈烈的经济全球化作为一种影响世界历史的客观进程，已经对民族国家及国家主权产生了极大的冲击，国家主权面临着前所未有的挑战。在全球化的过程中，国家主权的某些内容会削弱或分散。这主要表现为超国家组织对国内政治生活的影响不断扩大；跨国公司不仅操纵着经济全球化进程，也在一定程度上开始左右着民族国家的国内政治，这一切导致国家在权力体系中的核心地位被动摇，出现程度不同的国家权力多元化和国家主权的弱化。但是，民族国家及国家主权在国内和国际政治生活中仍起核心作用，国家及其主权的基本功能并未消失。国家主权仍将是民族国家的基础；领土仍然是划分国家的基本标识。维护国家领土主权的起点和归宿，都是为了更加有效地维护国家利益。在全球化时代，依然是这样，而且要在保卫自己国家主权的前提下，切实地把维护国家利益凸现出来，使其成为决定内外政策的出发点。在这个问题上，人们应该清醒地认识到西方理论家所宣扬的"全球的共同利益"的本质。无论在怎样漂亮的辞藻下，用所谓"全球的共同利益"代替"民族国家的利益"，其实质是大国霸权主义。

三、霸权主义边疆观：从地理边疆到利益边疆

传统意义上"边疆"的含义，主要指"地理的边疆"，即在一个相对稳定的空间内，各族群长期活动、交往的广义边界。现代意义上的任何国家之间，都有明确的

领土分野，并以确定的国界为标志。民族——国家自形成始，便有一条明确的"边界"，边界是一条精确的界限，对边界的任何侵犯，都是对神圣的国家主权的侵犯。在国际政治生活中，特别是近代以来的国际政治生活中，"边疆"或"边界"从来就不是一个自然地理概念。在研究自然地理的"边疆"或"边界"时，总要和政治、经济、军事、文化、民族等诸多因素联系在一起，在更多的情况下，被纳入地缘政治学的研究领域。

在现实的国际社会中，"边疆观"是一个发展着的概念。在陆权时代，普遍的看法是，谁控制了欧亚大陆，谁就掌握了世界。当人类社会生产力有了迅速发展，将自己的生活范围从陆地扩大到海洋时，才出现了"领海"或"海疆"的问题，"海权"逐渐成为国家主权的主要内容之一。曾经两次出任美国海军学院院长的马汉，在认真总结和研究人类历史上的海战及其影响后，1890 年撰写《海权对历史的影响》，强调"制海权决定了一个国家的国运兴衰"，创立其影响人类历史进程的海权理论。随着飞机的出现，国家边疆的概念再次被突破，"领空"同样被纳入国家主权的范畴。意大利人 J. 杜黑（1869—1930年）是空军战略理论家，制空权理论的奠基人。他在1921 年出版的《制空权》一书中提出：天空比海洋更重要，战争取胜的关键是掌握制空权；制空权包括空中交通控制权和空中作战成功两部分。20 世纪中期以后，人类开始征服太空，俄、美等航天大国展开了激烈的争夺和较量，随着太空航行、星球探测以及太空防御战略系统的构想等的出现，开始出现了"天疆"这样的概念。同"陆疆"相比，人们的边疆观念已经有了极大的扩展。

国家主权在信息时代面临的突出问题之一，就是信息得不到传统的国家边界的保护。在农业或工业时代，对他国的侵略主要表现为物质掠夺和军事征服。而在信息时代，哪个国家掌握了信息控制权，就可以随意地侵占他国的信息资源。如果一个国家的信息控制权丧失了，那就意味着这个国家主权的丧失，后果不堪设想。随着信息时代的到来，信息时代那种崭新的、特殊的社会生产方式，立即展现在人们面前。信息科学与信息技术全面推动着政治、经济、科技和文化的持续发展，使社会生产方式和生活方式，迅速发生着根本性的变化。并非需要有多么复杂的技术，一台直径30厘米的小型家用卫星接收器，就可以直接接收100套以上国际卫星电视讯号。信息的国际化迅速交流，标志着一个新时代的到来。正是在信息时代，才有可能出现"信息新大陆"，以及与之相连的"信息边疆"。"信息新大陆"是正在形成中的人类生存的新大陆，丰富的跨国网络，日益成为重要的战略资源。因此，它在某些人的眼中被看作是地球上新出现的"第八大陆"，不是没有道理的。但它和亚洲、非洲、欧洲、美洲、大洋洲等七大洲不同，它没有清晰的"边界"界限。全球化和信息社会已经改变、并继续改变着国家疆域的范围和空间。这就直接导致了"国内问题国际化"。这是对国家主权的粗暴干涉，例如，不容置疑属于国家主权范畴的"人权问题"，已经成了"国际化"的问题，有多少罪恶就是在"人权高于主权"的旗号下犯下的。

有效地控制跨国信息流动的内容和方式,已经成为国家主权的重要内容之一。"信息边疆"是一种正在形成和崛起的新的国家边疆。美国未来学家托夫勒说:"谁掌握了信息,控制了网络,谁就将拥有整个世界。"① 正是在这种特定的历史背景下,出现了"信息边疆"这个来自现实生活中的新概念。它主要指在遥感技术、卫星通信、网络技术和多媒体技术等信息技术迅速发展和广泛应用的条件下,主权国家为了保护自身的信息资源,同时获取和创造新信息的空间和领域。这样,"信息边疆"于是就成了在陆疆、海疆、领空和太空之后的"第五边疆"。它与传统的"地理边疆"截然不同,大大突破了国家的地理疆界,成为影响国家安全的一个新的因素。它的主要特点,首先就表现为它的无形性和普遍性,使国家之间的传统地理界限趋于淡化,以至基本消失。以领土、领空、领海自然疆域画线的边疆观,正在被"信息疆域"、"信息边界"等新理念所挑战。但是,在维护国家利益和国家安全方面,它和传统的地理边疆一样,具有同等重要的意义。在多边疆时代维护"信息边疆"安全,日益成为信息时代国家安全的重心。对于传统的、有形的地理疆域向无形的"信息疆域"拓展,是一个不可逆转的事实,对此,我们应该有清醒的认识。

信息边疆的出现,导致国家利益的构成内容发生了深

---

① 转引自黄立军编著:《信息边疆》,新华出版社 2003 年版,第 13 页。

刻的变化，由信息边疆的"地缘"政治理论所决定，"信息"已经成为国家利益的重要组成部分。它是新时期保障国家发展的基础和前提。一个国家信息科学与信息技术的发展水平，一个国家所拥有的信息量，以及对这些信息的控制和使用，成为衡量国家力量、制约国家安全的重要因素。"谁能占有信息社会，谁就能称雄全球以至整个宇宙。不难预料，占有或垄断信息资源，必会成为世界各国的奢望，攫取信息资源赖以生存的信息空间以拓展各自的信息疆域，必会成为世界各国的战略目标"①。美国是全球网络中心，拥有世界 50% 以上的上网人口和 75% 以上的电子商务。网站 85% 以上使用英文。这种情况毫无疑问强化了"欧美中心意识"，而通过网络对此进行宣扬，极力推行西方的意识形态、价值标准，进行文化渗透，对广大发展中国家将会产生更大的危害。国际间争夺信息战略空间的斗争并非自今日始，只不过在信息时代，愈演愈烈的趋势引起了世界各国人民的重视。西方大国，特别是美国凭借强大的经济实力和先进的科学技术，不断拓展信息边疆，使网络已经成为美国推行世界霸权的重要工具。

2000 年 3 月 8 日，时任美国总统的克林顿在约翰·霍普金斯大学讲演时说：在新世纪，自由将通过移动电话和因特网传播。在过去的一年里，中国的因特网网址增加了 3 倍以上。从 200 万增加到 900 万，2005 年预计这个数字将超过 2000 万。他特别强调："我们知道因特网使美国

---

① 黄立军编著：《信息边疆》，新华出版社 2003 年版，第 23 页。

发生巨大变化。我们已经是一个开放的社会。我们可以想象它可能使中国发生变化。"同年 2 月，小布什在接受美国全国广播公司电视采访时说：因特网在中国的发展对促进中国的民主是极为重要的。如果因特网以在其他国家发展的那种方式进入中国，那么"自由"将迅速地在那片土地上站稳脚跟。不难看出，美国政要鼓吹在中国建立所谓的"自由"，以及希望在中国出现的"变化"，无非是要用西方的意识形态、政治理念等，取代马克思主义在中国的指导地位。为了应对美国利用网络进行意识形态渗透，图谋世界霸权，我们应有针对性地建立起无形的精神防线，同时加快自己因特网的建设，固守自己的"信息边疆"。

　　本文所研究的"边疆"，不是单纯的自然地理的边疆，而是国际关系体系中的边疆。这样，"边疆"问题就远远不是理论问题，而更主要是实践问题。这就是说，对边疆以及与之有关的一系列问题的解读，主要是在国际政治生活的实践中，而不仅仅是在书本中。"冷战"结束后，美国在"全球化"的背景下相继提出了"人权高于主权"、"人道主义干预"、"防止人道主义灾难"、"软边疆"、"利益边疆"、"国家主权终结"等理论，而且实施"先发制人"的国家安全战略，构筑信息时代的新的边疆"地缘"学说，粗暴地践踏国际法。这一切对国际法理中的边疆理论和当代国际关系已经产生并继续产生着深刻的影响。对"边疆"概念或"边疆学"进行研究的前提，是积极投身于现实生活之中，对风云变幻的国际政治进行持之以恒的追踪研究，如果脱离正处于深刻、复杂变化中的实践，而急于做出这样或那样的理论判断，是无法得出正确结论的。

十月革命和科学社会主义的历史命运*

——纪念十月革命90周年

1991年12月25日，苏联解体，列宁亲手缔造的世界上第一个社会主义国家毁于一旦。苏联为何会发生如此剧变？西方一些理论家将其根源归咎于列宁领导的十月社会主义革命，污蔑十月革命犯了"原罪"，苏联解体是十月革命的"必然结果"；在俄罗斯也就"十月革命的意义"展开了激烈争论：一些人诋毁十月革命是布尔什维克精心策划的"阴谋"，是一次"政变"，是在特定的历史条件下"各种偶然事件巧合"，使俄国"偏离了人类文明进步的轨道"，"中断了俄国的自然发展进程"。总之，十月革命是俄国的"悲剧"。

苏联解体后，列宁主义遭到前所未有的攻击。列宁主义被一些人认为是"布朗基主义的继承和发展"，认为它

---

* 本文发表于《中国社会科学》2007年第5期。

"以极左的面目、崇尚暴力专政，是教条化马克思主义的理论产物"，他们还认为，列宁领导的十月革命使俄罗斯走了70多年的"弯路"，直到90年代初才回到历史的"正道"上来。与此同时，一些西方资产阶级学者还声称：资本主义与社会主义两种体制的竞争，在其正式开始后不到75年时间内已经结束，资本主义获得了最终胜利。美国学者弗朗西斯·福山宣扬资本主义的自由民主制度是"人类历史发展的终极状态"，是"人类意识形态发展的终点"。不难看出，如何认识十月革命，是和如何认识列宁主义，从而如何认识马克思主义——科学社会主义联系在一起的。正确评析十月革命，不仅有重大的理论意义，而且还有重大的现实意义。

1921年10月14日，十月革命四周年前夕，列宁指出："这个伟大的日子离开我们愈远，俄国无产阶级革命的意义就愈明显，我们对自己工作的整个实际经验也就思考得愈深刻"，[①] 80多年过去了，在十月革命90周年到来的今天，列宁的话仍然闪烁着真理的光辉，给人们以深刻的历史启迪。

一、十月革命使社会主义从理想 变成现实的社会制度

19世纪中叶，马克思主义诞生。马克思恩格斯在

---

① 《列宁选集》第4卷，人民出版社1995年版，第563页。

《共产党宣言》中，第一次全面系统地阐述了科学社会主义理论，指出共产主义运动已成为不可抗拒的历史潮流。《宣言》的问世，标志着科学社会主义理论体系正式诞生。它的核心思想是：每一历史时代主要的经济生产方式和交换方式，以及必然由此产生的社会结构，是该时代政治的和精神的历史所赖以确立的基础。马克思恩格斯从这一基本原理出发，论证了资本主义产生、发展和必然灭亡的历史规律。资产阶级在历史上虽然起过非常革命的作用，但是资本主义的所有制关系已不再能够适应不断发展的社会生产力，社会化的大生产必然要求消灭私有制。资产阶级不仅锻造了置自身于死地的武器——巨大的社会生产力，而且它还产生了将要运用这种武器的人——现代的工人，即无产者。《宣言》公开宣布必须用革命的暴力推翻资产阶级的统治，建立无产阶级的"政治统治"，"资产阶级的灭亡和无产阶级的胜利是同样不可避免的"。①《共产党宣言》是国际共产主义运动的第一个纲领性的文件，它"以天才的透彻而鲜明的语言描述了新的世界观，即把社会生活领域也包括在内的彻底的唯物主义、作为最全面最深刻的发展学说的辩证法以及关于阶级斗争和共产主义新社会创造者无产阶级肩负的世界历史性的革命使命的理论"。②

1871 年 3 月 18 日，巴黎无产阶级发动武装起义。这

---

① 《马克思恩格斯选集》第 1 卷，人民出版社 1995 年版，第 284 页。
② 《列宁选集》第 2 卷，人民出版社 1995 年版，第 416 页。

是世界历史上推翻资产阶级统治、实行无产阶级专政的第一次尝试，是一次划时代的伟大革命。4月17日，当巴黎公社还在浴血奋战的时候，马克思在写给路·库格曼的信中就指出，"不管这件事情的直接结果怎样，具有世界历史意义的新起点毕竟是已经取得了"。① 如果说在这以前社会主义能够代替资本主义还只是一种科学预见的话，那么巴黎公社的革命实践表明，这种预见已经成为一种现实的历史趋势。由于当时法国资产阶级正处在上升阶段，法国工人阶级在政治上还不成熟，不具备无产阶级革命的历史条件，巴黎公社起义仅存72天就失败了。

为了总结巴黎公社的经验教训，马克思在公社的最后一批战士殉难后两天，写下了《法兰西内战》。他精辟地分析了巴黎公社的发展过程和历史意义，概括了巴黎公社的历史经验，进一步丰富和发展了科学社会主义理论。马克思指出，无产阶级不能简单地掌握现成的国家机器，并运用它来达到自己的目的；必须用革命暴力打碎旧的国家机器，用无产阶级国家机器代替资产阶级国家机器。巴黎公社虽然失败了，但"斗争也只是延期而已。公社的原则是永存的，是消灭不了的；在工人阶级得到解放以前，这些原则将一再表现出来"。② 巴黎公社运动被镇压后，资本主义发展进入了相对稳定的"和平"发展时期，虽然西方资产阶级革命已经基本结束，整个资本主义世界歌

---

① 《马克思恩格斯全集》第33卷，人民出版社1973年版，第210—211页。
② 《马克思恩格斯全集》第17卷，人民出版社1963年版，第677页。

舞升平，处处弥漫着享乐主义的情绪，但是历史的发展并不以资产阶级的意志为转移。在国际共产主义运动处于低潮时，各国无产阶级在科学社会主义理论指导下，积极积蓄力量迎接新的革命高潮的到来。在巴黎公社——人类第一次的社会主义实践失败 46 年之后，马克思的预言在俄国得到证实。列宁领导的十月革命推翻了资本家和地主的统治，在世界上建立了第一个社会主义国家，将社会主义由理想变为现实。

恩格斯说："共产主义不是学说，而是运动。它不是从原则出发，而是从事实出发。被共产主义者作为自己前提的不是某种哲学，而是过去历史的整个过程，特别是这个过程目前在文明各国的实际结果。……在共产主义作为理论的时候，那么它就是无产阶级立场在这个斗争中的理论表现，是无产阶级解放的条件的理论概括。"[①] 如果说马克思和恩格斯从资本主义和平发展、自由竞争时期的资产阶级和无产阶级的阶级斗争中，揭示了社会历史矛盾运动的一般规律；列宁则从资本主义从自由竞争过渡到垄断阶段这一具体事实，在科学分析世界历史进程的新变化、准确把握时代基本特征的基础上，揭示出帝国主义的基本矛盾，并针对新的情况，回答新问题，得出新的结论。早在 1899 年，列宁就明确指出："我们决不把马克思的理论看作某种一成不变的和神圣不可侵犯的东西；恰恰相反，我们深信：它只是给一种科学奠定了基础，社会党人如果

---

① 《马克思恩格斯全集》第 4 卷，人民出版社 1961 年版，第 311—312 页。

不愿落后于实际生活，就应当在各方面把这门科学向前推进。我们认为，对于俄国社会党人来说尤其需要独立地探讨马克思的理论……"① 然而，这一切不能脱离千百万人的革命实践，20 世纪初的俄国，"已经到了这样一个历史关头：理论在变为实践，理论由实践赋予活力，由实践来修正，由实践来检验"。② 列宁正是在领导俄国无产阶级革命和建设的实践中，不仅继承、捍卫了马克思主义的基本原理，而且依据新的历史条件，创造性地发展了马克思主义。

19 世纪"一方面产生了以往人类历史上任何一个时代都不能想象的工业和科学的力量。而另一方面却显露出衰颓的征兆，这种衰颓远远超过罗马帝国末期那一切载诸史册的可怕情景"。③ 19 世纪中叶，资本主义获得迅速发展，欧美一些国家的资产阶级不仅建立起自己的政治统治，而且资本主义世界市场开始形成。但是，这一切并没有消除资本主义的基本矛盾。19 世纪 70 年代，资本主义自由竞争发展到顶点；19 世纪末 20 世纪初，资本主义由自由竞争阶段过渡到垄断阶段即帝国主义阶段，世界历史开始进入不同于马克思主义创始人在世时的新的时代——帝国主义和无产阶级革命的时代。

1916 年，列宁在《帝国主义是资本主义的最高阶段》

---

① 《列宁选集》第 1 卷，人民出版社 1995 年版，第 274 页。
② 《列宁选集》第 3 卷，人民出版社 1995 年版，第 381 页。
③ 《马克思恩格斯选集》第 1 卷，人民出版社 1995 年版，第 774 页。

一书中全面分析帝国主义的本质和基本矛盾，揭示了它产生、发展和灭亡的客观规律，得出帝国主义是无产阶级社会革命的前夜的结论。列宁在开创俄国社会主义道路时，坚持社会历史发展统一性与多样性的辩证法，明确提出社会主义道路的多样性和民族性，以及不同的国家和民族如何以独特的形式表现出人类历史发展的普遍规律。这不仅是科学社会主义发展中的重大理论问题，而且也是俄国社会主义革命进程中不可回避的实践问题。列宁说："在人类从今天的帝国主义走向明天的社会主义革命的道路上，同样会表现出这种多样性。一切民族都将走向社会主义，这是不可避免的，但是一切民族的走法却不会完全一样，在民主的这种或那种形式上，在无产阶级专政的这种或那种形态上，在社会生活各方面的社会主义改造的速度上，每个民族都会有自己的特点。"[①] 在走向社会主义道路时，造成"多样性"的原因是多方面的，主要包括当时所处的历史条件、国际环境的深刻变化，以及每一国家政治、经济和文化发展的民族特点等。

在俄国这样一个小商品生产占优势、小农生产者占绝大多数的国家里，社会主义革命不能停留在一般的认识上，而应从俄国的实际出发，充分考虑到俄国的特殊性，特别是清醒地认识到如何才能将前资本主义的各种关系过渡到社会主义去，找到从前资本主义的小生产过渡到社会主义的"中间环节"。列宁不囿于成说，不拘泥于马克思

---

① 《列宁选集》第2卷，人民出版社1995年版，第777页。

主义创始人在特定历史条件下得出的个别结论，深入地研究了俄国社会发展提出的这些新问题，他从不否定在俄国进行社会主义革命需要一定的物质前提；同时充分肯定人民群众在建立崭新的社会主义制度中的革命主动性、创造性和革命实践的能动作用，此外，他还深刻把握了帝国主义和无产阶级革命的时代已经到来这一新的时代本质特征，分析了帝国主义阶段资本主义各国经济政治发展不平衡的规律，认为帝国主义战线有可能在它最薄弱的地方被突破，从而得出"社会主义可能首先在少数甚至在单独一个资本主义国家内获得胜利"[①]的结论，代替了马克思恩格斯根据自由资本主义时代的情况所得出的社会主义革命，只有在多数资本主义国家同时举行进攻才能获得胜利的结论。

　　当时考茨基、普列汉诺夫、苏汉诺夫等都认为十月革命违背了历史的普遍规律，指责列宁背离了马克思主义。然而，十月社会主义革命的胜利，首先在俄国开始了社会主义的历史进程，却证明正是列宁极大地丰富和发展了马克思主义的基本原理。列宁把马克思主义运用于俄国社会主义革命和建设、国际共产主义运动及对各种机会主义和错误思潮的批判中，根据新情况提出新观点，得出新结论，丰富和发展了马克思主义，把马克思主义推进到一个新的历史阶段——列宁主义阶段。列宁主义是帝国主义时代的马克思主义，其核心内容包括帝国主义理论、无产阶

---

① 《列宁选集》第 2 卷，人民出版社 1995 年版，第 554 页。

级革命理论、民族殖民地问题理论、无产阶级专政理论、建设社会主义的理论、新型无产阶级政党的理论等。列宁主义和马克思主义既有区别，又有联系。"马克思列宁主义"是一个完整的、有机联系的理论体系。十月革命的胜利，进一步丰富了科学社会主义理论，是科学社会主义——马克思主义、列宁主义的胜利。

共产主义是客观的历史矛盾运动，是人们自觉地创造历史的现实运动。马克思和恩格斯根据资本主义社会的发展进程，深刻论证了资本主义制度的历史暂时性，揭示了资本主义将被社会主义取代的不可逆转的历史趋势，使社会主义从空想变成科学，实现了科学社会主义发展历史上的第一次飞跃。十月革命的胜利，实现了社会主义发展历史上的第二次飞跃，即科学社会主义从理论向实践的飞跃，使社会主义从一种崇高的信仰、理想变成现实的社会主义制度，开辟了人类历史的新纪元。1918 年 1 月 25 日，全俄苏维埃第三次代表大会通过的《被剥削劳动人民权利宣言》庄严宣告："俄国是工兵农代表苏维埃共和国。中央和地方的全部政权均归这些苏维埃掌握。"全俄工兵农代表苏维埃认为自己的基本任务是："消灭一切人剥削人的现象，完全消除社会的阶级区分，无情镇压剥削者，建立社会主义的社会组织，使社会主义在一切国家中取得胜利。"①《宣言》还宣布废除土地私有制，将土地无

---

① 《被剥削劳动人民权利宣言》，齐世荣主编：《世界通史资料选辑》现代部分第 1 分册，商务印书馆 1980 年版，第 274—275 页。

偿拨给劳动者使用；同时将森林、草原、水流、耕畜、农具、农业企业，以及银行、工厂、矿山、铁路等一切生产资料和运输工具收归工农国家所有。

十月革命胜利后，俄国的工人、农民和广大劳动群众成为国家的主人。但是，列宁清醒地看到"俄国是个介于文明国家和初次被这场战争最终卷入文明之列的整个东方各国即欧洲以外各国之间的国家，所以俄国能够表现出而且势必表现出某些特殊性，这些特殊性当然符合世界发展的总的路线，但却使俄国革命有别于以前西欧各国的革命"。① 当时摆在苏维埃俄国面前的主要任务，是从俄国的实际出发，努力从理论与实践的结合上，探索经济文化落后的俄国如何建设社会主义。

科学社会主义理论是资本主义历史时代的产物，从其产生到今天不过150多年。在20世纪，社会主义打破了资本主义世界的一统天下，并从一个国家发展到多国，曾取得了辉煌的成就。20世纪90年代，苏联解体和东欧剧变，使原来10个社会主义国家分裂成了28个非社会主义国家，社会主义运动随之处于低潮。但是，社会主义遇到挫折、困难，甚至暂时的失利，都不足为怪。"如果斗争只是在有极顺利的成功机会的条件下才着手进行，那么创造世界历史未免就太容易了"，② 世界社会主义运动通常循着曲折的道路向前发展，不会像走在平坦的"涅瓦大

① 《列宁选集》第4卷，人民出版社1995年版，第776页。
② 《马克思恩格斯全集》第33卷，人民出版社1973年版，第210页。

街"上那样始终凯歌行进，有时倒退几十年也是完全可能的，不能因此而抹杀社会主义对世界历史进程所产生的深远影响，也不能因此而否定科学社会主义的原理。"设想世界历史会一帆风顺、按部就班地向前发展，不会有时出现大幅度的跃退，那是不辩证的，不科学的，在理论上是不正确的"。① 邓小平针对苏东剧变曾指出："资本主义代替封建主义的几百年间，发生过多少次王朝复辟？所以，从一定意义上说，某种暂时复辟也是难以完全避免的规律性现象。一些国家出现严重曲折，社会主义好像被削弱了，但人民经受锻炼，从中吸取教训，将促使社会主义向着更加健康的方向发展。因此，不要惊慌失措，不要认为马克思主义就消失了，没用了，失败了。哪有这回事！""马克思主义是打不倒的。打不倒，并不是因为大本子多，而是因为马克思主义的真理颠扑不破。""世界上赞成马克思主义的人会多起来的，因为马克思主义是科学。"② 近十几年世界历史的发展，充分证明了这一点。

十月革命的胜利是在马克思列宁主义指导下取得的，而苏联解体是背离马克思列宁主义的结果。苏联解体不仅不能否认十月革命划时代的伟大意义，反而从另一方面说明了十月革命的伟大。如果说苏联解体是社会主义遭到了"失败"，那绝不是科学社会主义的失败，而只是一种社会主义模式的失败，"模式"并不等于"本质"，而且这

---

① 《列宁选集》第2卷，人民出版社1995年版，第694页。
② 《邓小平文选》第三卷，人民出版社1993年版，第383、第382页。

种模式失败的最根本原因，恰恰是鼓吹"摆脱意识形态的狭隘偏见"、确立体现全人类价值的"新的政治思维"，① 在"民主和人道的社会主义"理论指导下，彻底背叛了科学社会主义的崇高理想、背离了马克思列宁主义基本原理的结果。

社会主义代替资本主义将是一个长期的、复杂的历史过程。这一进程始终是曲折、艰辛的，不可能一蹴而就。但是，失败和挫折是暂时的，代表人类社会发展方向的社会主义最终将取得胜利。

二、中国革命的胜利是马克思主义中国化的胜利

俄国十月革命的胜利，不仅从理论与实践的结合上丰富了科学社会主义的基本原理，为新的共产主义社会经济形态奠定了基础，推动了欧洲无产阶级革命运动的发展②，而且"在社会主义的西方和被奴役的东方之间架起了一座桥梁，建成了一条从西方无产者经过俄国革命到东方被压迫民族的新的反对世界帝国主义的革命战线"，③ 有力地推动了被压迫国家、被压迫民族争取独立、自由、

---

① 米·谢·戈尔巴乔夫：《改革和新思维》，新华出版社 1987 年版，第 180、第 181 页。

② 在十月革命影响下，欧洲出现革命高潮，影响最大的是德国十一月革命和匈牙利苏维埃共和国建立，以及共产国际成立等。

③ 《斯大林全集》第 4 卷，人民出版社 1956 年版，第 149 页。

解放的革命运动。① 十月革命改变了世界历史的方向，属于资产阶级和资本主义范畴的世界革命成为过去，"从此以后，开始了第二种世界革命，即无产阶级的社会主义的世界革命。这种革命，以资本主义国家的无产阶级为主力军，以殖民地半殖民地的被压迫民族为同盟军"。② 十月革命后，中国革命成为世界无产阶级社会主义革命的一部分。十月革命帮助了中国的先进分子，他们用无产阶级的宇宙观作为观察祖国命运的工具，重新考虑中国的现实和未来。十月革命的胜利给半殖民地半封建的中国指明了方向，中国人民在回答"中国向何处去"时，选择了走俄国人的路，选择了社会主义理想，这种历史性的选择对中国新文化运动、中国共产党的建立、中国革命的历史进程等，都产生了直接的影响。

十月革命爆发后三天，上海《国民日报》即报道了十月革命胜利的消息。当时《太平洋》、《劳动》、《东方杂志》等杂志先后发表了《革命后之俄罗斯政变》、《俄罗斯社会革命之先锋李宁（列宁）事略》、《述俄国过激派领袖列宁》、《俄国过激派实行之政略》、《俄国外交代表对外之表示》等文章，介绍列宁生平和苏维埃俄国的内外政策。1918 年夏，孙中山先生致电列宁，热烈祝贺十月革命的胜利，并向列宁和布尔什维克党表示极大的敬

---

① 在十月革命影响下，亚洲，以及非洲、拉丁美洲民族解放运动蓬勃发展，形成世界性的历史潮流。主要内容包括：五四运动和中国共产党建立，印度的非暴力运动，土耳其凯末尔革命，埃及的华夫脱运动，墨西哥的卡德纳斯改革等。

② 《毛泽东选集》第二卷，人民出版社 1991 年版，第 671 页。

意；希望中俄两国革命党团结一致，共同奋斗。十月革命在中国引起广泛反响，这是因为"中国有许多事情和十月革命以前的俄国相同，或者近似。封建主义的压迫，这是相同的。经济和文化落后，这是近似的。两个国家都落后，中国则更落后。先进的人们，为了使国家复兴，不惜艰苦奋斗，寻找革命真理，这是相同的"。[①] 十月革命使受帝国主义、封建主义压榨的中国人民受到极大鼓舞，给中国先进分子以新的革命启示，推动了他们认真研究十月革命和指导十月革命的马克思列宁主义学说。

十月革命后，中国的一些先进分子开始把注意力转向俄国，出现了一批赞成俄国十月革命、具有初步共产主义思想的知识分子，李大钊是其中的优秀代表之一。他最早了解十月革命的性质，以极其敏锐的政治洞察力，预见到这场革命对人类历史进程将产生划时代的影响。1918 年 7月，李大钊发表了《法俄革命之比较观》，明确指出十月革命"是立于社会主义上之革命"，它"非独俄罗斯人心变动之显兆，实二十世纪全世界人类普遍心理变动之显兆"[②]，是推动世界革命的巨大力量。11 月 15 日，北京大学在天安门前举办演讲大会，李大钊发表了著名的《庶民的胜利》的演讲，接着又写了《Bolshevism 的胜利》（《布尔什维克主义的胜利》）等论文发表。李大钊在这两篇文章中强调："一九一七年的俄国革命，是二十世纪中

---

① 《毛泽东选集》第四卷，人民出版社 1991 年版，第 1469 页。
② 《李大钊选集》，人民出版社 1959 年版，第 102、第 104 页。

世界革命的先声。"① 十月革命的胜利，"是社会主义的胜利，是 Bolshevism 的胜利，是赤旗的胜利，是世界劳工阶级的胜利，是二十世纪新潮流的胜利"。② "试看将来的环球，必是赤旗的世界"！③ 同年 12 月，李大钊在《每周评论》1919 年元旦社论《新纪元》中，热情讴歌十月革命开辟了人类历史的新纪元，号召全世界劳工阶级和广大劳动群众联合起来，"打破国界，打倒全世界资本的阶级"④。

自从 1840 年鸦片战争失败那时起，先进的中国人为寻求民族解放之路，前仆后继，流血牺牲，无论是太平天国运动、戊戌变法、义和团运动，还是辛亥革命都失败了。洪秀全的"天朝田亩制度"、康有为的《大同书》，孙中山的"三民主义"都没有解决中国的问题，只是在十月革命后，"中国人从思想到生活，才出现了一个崭新的时期。中国人找到了马克思列宁主义这个放之四海而皆准的普遍真理，中国的面目就起了变化了"。⑤ 在政治、经济、文化都落后的中国，如何用产生于西欧的马克思主义指导中国革命的实践？毛泽东等中国共产党人从列宁的革命实践中汲取了宝贵的经验。

列宁主义是实践的、具有时代特征和民族特色的马克

① 《李大钊选集》，人民出版社 1959 年版，第 111 页。
② 《李大钊选集》，人民出版社 1959 年版，第 113 页。
③ 《李大钊选集》，人民出版社 1959 年版，第 117 页。
④ 《李大钊选集》，人民出版社 1959 年版，第 121 页。
⑤ 《毛泽东选集》第四卷，人民出版社 1991 年版，第 1470 页。

思主义。它的"精髓"，是要研究资本主义发展到帝国主义阶段后，俄国"走向社会主义这一极端困难的新道路的特点"，从俄国实际出发确定革命与建设的方针和政策，一步也不能脱离"俄国革命的特殊条件和革命发展的特殊道路"①。列宁在晚年探讨了在经济文化落后的苏俄，如何建设社会主义的问题，初步回答了在苏维埃俄国如何巩固十月革命的胜利成果这一崭新课题。列宁强调，"只有不可救药的书呆子，才会单靠引证马克思关于另一历史时代的某一论述，来解决当前发生的独特而复杂的问题"。② 在这里，强调列宁主义是俄国化的马克思主义，强调列宁主义是俄国的民族特色与时代本质的辩证统一，对包括中国人民在内的世界各国人民有着非常重要的革命启示。否则，就会把列宁主义教条化，把十月革命的经验简单化、绝对化，从而脱离本国的实际，把列宁主义当作普遍的"公式"不加分析地照搬套用，这样只会脱离本国国情，使这些国家的革命和建设受到挫折，甚至遭到失败。

在指导中国革命的实践中，毛泽东强调具体问题具体分析，一切从中国的实际出发，充分认识中国历史与现实的特殊性，在马克思列宁主义基本原理指导下，坚定不移地走中国革命独特的道路。因此，"马克思主义的'本本'是要学习的，但是必须同我国的实际情况相结合。

① 《列宁选集》第3卷，人民出版社1995年版，第483、第614页。

② 《列宁选集》第1卷，人民出版社1995年版，第162页。

我们需要'本本'，但是一定要纠正脱离实际情况的本本主义"。① 这就是说，马克思列宁主义只有同各国具体的革命实践相结合，才能成功地指导各国的革命实践。

为了以马克思主义为指导解决中国的问题，毛泽东最早提出了"马克思主义中国化"的问题。马克思主义中国化，就是将马克思主义理论与中国革命和建设实践相结合，与中国的传统文化相结合，使之坚实地扎根于中国历史与现实的基础上，获取具体的中华民族形式，从而为中国人民所接受，成为指导中国革命和建设的强大思想武器。毛泽东强调"马克思主义必须和我国的具体特点相结合并通过一定的民族形式才能实现"。② 1938 年 6 月，他在中共六届六中全会上作政治报告时，具体阐释了马克思主义中国化对于指导中国革命的重要意义。他说：离开中国的特点来谈马克思主义，只是抽象的空洞的马克思主义。因此，马克思主义的中国化，使之在其每一表现中带着中国的特性，即是说，按照中国的特点去应用他，成为全党亟待了解并亟须解决的问题。③ 实现马克思主义中国化，还是马克思主义科学体系的本质要求，因为"马克思的整个世界观不是教义，而是方法。它提供的不是现成的教条，而是进一步研究的出发点和供这种研究使用的方法"。④ 历史已经证明、并将继续证明，马克思主义只有

① 《毛泽东选集》第一卷，人民出版社 1991 年版，第 111—112 页。
② 《毛泽东选集》第二卷，人民出版社 1991 年版，第 534 页。
③ 毛泽东：《论新阶段》，《解放》1938 年第 57 期。
④ 《马克思恩格斯选集》第 4 卷，人民出版社 1995 年版，第 742—743 页。

和中国具体的实际相结合，才能发挥其革命的指导作用。

　　十月革命后，马克思主义广泛传入中国以来，就存在着是将马克思主义教条化，还是将马克思主义中国化两种不同的理念。这是两条不同的思想路线。中国共产党成立80多年的历史，就是坚持马克思主义中国化的历史。

　　以毛泽东为代表的中国共产党人实事求是，从中国革命实际出发，在领导中国人民进行新民主主义革命和社会主义革命的实践中，创造性地运用和发展了马克思主义列宁主义的基本原理，创立了不同于俄国革命道路的中国革命的具体道路。毛泽东思想是马克思主义中国化的第一个伟大成果，具有鲜明的实践特色、民族特色和时代特色。1981 年 6 月，中共十一届六中全会通过的《关于建国以来党的若干历史问题的决议》中，进一步概括指出毛泽东思想在以下 6 个方面以独创性的理论，丰富和发展了马克思列宁主义。这些独创性的理论是：关于新民主主义革命的理论；关于社会主义革命和社会主义建设的理论；关于革命军队的建设和军事战略的理论；关于政策和策略的理论；关于思想政治工作和文化工作的理论；关于党的建设的理论。

　　马克思主义中国化，既秉承了科学社会主义的基本原理，又融入中华民族的本土特色和时代发展的客观要求，创造性地回答中国社会发展中提出的重大现实问题，在实践中全面丰富和发展了科学社会主义的基本原理，努力做到用实践来检验一切。如果说 1917 年十月革命的胜利，是列宁主义的胜利，马克思主义俄国化的胜利；那么，

1949 年中国革命的胜利，则是毛泽东思想的胜利，是十月革命之后马克思主义中国化的伟大胜利。

　　毛泽东把马克思列宁主义基本原理同中国具体实际结合起来，领导我们党和人民，制定了无产阶级领导的、人民大众的，反对帝国主义、封建主义和官僚资本主义的新民主主义革命总路线，开辟了与十月革命迥然不同的建立农村根据地、农村包围城市、武装夺取政权的革命道路，领导中国人民推翻了"三座大山"。中华人民共和国成立后，他又从中国的国情、时代特征和革命实际出发，积极探索中国自己的建设社会主义的道路，用国家资本主义的形式与和平赎买政策改造资本主义工商业，用逐步过渡的形式改造个体农业和个体手工业。① 尽管在社会主义革命和建设的探索中有曲折，甚至有严重失误，但社会主义制度在我国的全面确立，却实现了近代以来我国历史上最广泛、最深刻的社会变革。

　　改革开放和社会主义现代化建设新时期，建立以公有制为主的多种所有制共同发展的基本经济制度，以按劳分配为主的多种分配形式并存的基本分配制度，建立和完善社会主义市场经济制度，等等，都是马克思主义经典作家

　　① 1955 年 3 月，毛泽东在党的全国代表会议上讲话时指出："中央委员会根据列宁关于过渡时期的学说，总结了中华人民共和国成立以来的经验，在我国国民经济恢复阶段将要结束的时候，即一九五二年，提出了党在过渡时期的总路线。" 1956 年全国"三大改造"基本完成之后，中国共产党第八次全国代表大会宣布："社会主义的社会制度在我国已经基本上建立起来了。"以上参见：《毛泽东文集》第六卷，人民出版社 1999 年版，第 389 页；中共中央办公厅：《中国共产党第八次全国代表大会文献》，人民出版社 1957 年版，第 809 页。

未曾遇见过的。邓小平的历史功绩，在于他把社会主义看成是一个不断实践的、探索的过程，而不是僵化的公式。他说："一个党，一个国家，一个民族，如果一切从本本出发，思想僵化，迷信盛行，那它就不能前进，它的生机就停止了，就要亡党亡国。"① "我们的现代化建设，必须从中国的实际出发。……把马克思主义的普遍真理同我国的具体实际结合起来，走自己的道路，建设有中国特色的社会主义，这就是我们总结长期历史经验得出的基本结论。"② 邓小平建设有中国特色社会主义的理论，是马克思列宁主义与当代中国实际和时代特征相结合的产物，科学地回答了什么是社会主义、怎样建设社会主义的问题，深刻地揭示出社会主义的本质是解放生产力，发展生产力；消灭剥削，消除两极分化，最终达到共同富裕。邓小平理论是在总结我国社会主义革命胜利和挫折的历史经验，并借鉴苏联等社会主义国家兴衰成败历史经验的基础上，形成和发展起来的。在邓小平理论指导下，逐步形成了以经济建设为中心、坚持四项基本原则、坚持改革开放的党在社会主义初级阶段的基本路线，开拓了科学社会主义在中国发展的新境界。

　　江泽民集中全党智慧创立的"三个代表"重要思想，同马克思列宁主义、毛泽东思想、邓小平理论一脉相承，同时又根据我国实际和时代变化与时俱进，丰富和发展了

---

① 《邓小平文选》第二卷，人民出版社1994年版，第143页。
② 《邓小平文选》第三卷，人民出版社1993年版，第2—3页。

马克思主义，是继毛泽东思想、邓小平理论之后马克思主义中国化的又一理论形态，是"我们党的立党之本、执政之基、力量之源"，[①]为坚持和发展党的基本理论、基本路线、基本纲领、基本经验做出了杰出贡献。

科学社会主义的历史，是一个在社会实践中不断开辟新道路、在理论不断创新的历史。党的十六大以来，以胡锦涛同志为总书记的党中央，在中国特色社会主义建设的伟大实践中，提出科学发展观重大战略思想，深化了马克思主义关于经济社会发展一般规律的认识；提出构建社会主义和谐社会的战略目标和任务，丰富和发展了马克思主义关于社会主义社会建设的理论；还提出加强社会主义新农村建设，建设创新型国家，建设和谐文化和社会主义核心价值体系，树立社会主义荣辱观，加强党的执政能力建设和党的先进性建设，推动建设和谐世界，走和平发展道路等一系列新思想、新观念，创造性地发展了科学社会主义理论。

科学社会主义是无产阶级和广大劳动群众争取自由解放的思想武器，是亿万人民认识世界、改造世界的理论指南。90年前，俄国人民在以列宁为代表的布尔什维克党的领导下，夺取了十月社会主义革命的胜利，在人类历史上建立了第一个社会主义国家。中国革命是十月革命的继续。十月革命开创的争取人类解放的伟大事业，在中国社会主义革命和建设中继续得到发展。科学社会主义随着时

---

① 《江泽民文选》第三卷，人民出版社2006年版，第15页。

代的发展而发展。在不同的历史时期，中国共产党人和广大人民群众理论联系实际，实事求是地进行理论探索和革命实践，沿着十月革命的道路乘胜前进，为当代科学社会主义理论的发展已经做出、并将继续做出历史性的贡献。

三、"由资本主义向社会主义过渡"的历史趋势不可逆转

1894 年，恩格斯在写给意大利西西里岛社会党人的贺信中，曾满怀信心地预言，"即将来临的新时代"，是"国际无产阶级大军"获得胜利的时代 [1]。1917 年俄国十月社会主义革命的胜利揭开了新时代的序幕，开辟了"两个具有世界历史意义的时代，即资产阶级时代和社会主义时代，资本家议会制度时代和无产阶级苏维埃国家制度时代的世界性交替的开始"。[2] 这里所说的"世界性交替"，是指"由资本主义向社会主义过渡"的无产阶级革命的新时代的到来，这是"由一个新阶级实行统治的时代"。[3] 在近代以来的世界历史进程中，"时代"的具体涵义是指一定社会发展阶段的历史时代。社会生产力与生产关系，以及阶级社会中的阶级关系，是划分不同历史时代的标准。因为"每一历史时代的经济生产以及必然由此

---

[1] 《马克思恩格斯全集》第 22 卷，人民出版社 1965 年版，第 558 页。
[2] 《列宁全集》第 36 卷，人民出版社 1985 年版，第 208 页。
[3] 《列宁选集》第 4 卷，人民出版社 1995 年版，第 567 页。

产生的社会结构，是该时代政治的和精神的历史的基础"。"每一历史时代主要的经济生产方式和交换方式以及必然由此产生的社会结构，是该时代政治的和精神的历史所赖以确立的基础，并且只有从这一基础出发，这一历史才能得到说明"。① 列宁继承并发展了马克思主义创始人关于"时代"的基本理论。十月革命胜利后他具体指出，"消灭资本主义及其遗迹、实行共产主义制度的原则，构成现在已经开始的世界历史的新时代的内容"。②

　　时代的性质是由社会基本矛盾决定的。生产力和生产关系的矛盾是人类社会的基本矛盾，它在资本主义社会中表现为资本主义生产方式与社会化大生产的矛盾。这一矛盾在资本主义体系内无法自行得到解决，尽管在一定的历史条件下，这一矛盾可能得到缓解，但资本主义最终必将走向灭亡是不可逆转的。十月革命的胜利揭开了资本主义走向灭亡的序幕。无产阶级在人类历史上第一次成为统治阶级，第一次建立了社会主义的政治、经济制度。十月革命已经过去 90 年了，无论是十月革命的故乡，还是现代资本主义世界体系，都发生了深刻的变化，但是，由社会基本矛盾决定的现时代的性质，即"由资本主义向社会主义过渡"的时代并没有改变。这一事实在不同程度上也为西方一些学者所接受，例如，美国纽约州立大学伊曼纽尔·沃勒斯坦教授认为，"我们并非处于资本主义胜利

---

　　① 《马克思恩格斯选集》第 1 卷，人民出版社 1995 年版，第 252、第 257 页。
　　② 《列宁全集》第 39 卷，人民出版社 1986 年版，第 423 页。

时期，而是处于资本主义混乱的告终时期"。[①]"资本主义将成为过去，它的特定的历史体系将不再存在"。[②]他在《资本主义全球体系处于崩溃中》认为，资本主义全球体系的发展因先天的局限，已经处于崩溃之中，资本主义不可避免地在走向衰亡。

　　十月革命冲破了世界帝国主义的一统天下，不仅在俄国推翻了资产阶级的统治，建立了世界上第一个社会主义国家，同时为国际无产阶级树立了榜样，为殖民地、半殖民地人民的民族解放运动提供了强大的思想武器。十月革命的胜利充分证明：被压迫阶级完全能够依靠自己的力量改变自己的被统治地位；被压迫民族完全能够在世界争得平等的地位；在推翻剥削阶级的统治之后，工农大众完全有能力建立起自己的政治统治，建设好自己的国家。

　　在十月革命的影响下，第二次世界大战后，东欧社会主义国家和中华人民共和国诞生。到 20 世纪中叶，社会主义国家领土面积占世界陆地面积的 1/4 以上，人口约占世界总人口的 1/3，工业产值约占世界的 2/5。这清楚表明世界历史进入了一个新的发展阶段，即两种社会制度并存的阶段，这是以十月革命为开端的现代世界历史进程的崭新内容。正是在这个意义上，毛泽东指出，"十月社会主义革命是人类历史上的一次最伟大的革命。十月革命的

---

　　① 伊曼纽尔·沃勒斯坦：《现代世界体系·中文版序言》，《现代世界体系》第 1 卷，高等教育出版社 1998 年版，第 1 页。

　　② 伊曼纽尔·沃勒斯坦：《历史资本主义》，社会科学文献出版社 1999 年版，第 108 页。

胜利，从根本上动摇了帝国主义的统治基础，开辟了人类从资本主义过渡到社会主义、共产主义的新纪元"。① "十月革命的道路，从根本上来说，是全人类发展的共同的光明大道。"②

在经济全球化的背景下，我们仍生活在十月革命开辟的从资本主义向社会主义过渡的时代。经济全球化始于第二次世界大战之后，到 80 年代已经显露其雏形，90 年代则呈加速发展之势。世纪之交，经济全球化已成为世界历史潮流，它是"当今世界发展的客观进程，是在现代高科技的条件下经济社会化和国际化的历史新阶段"。③ 在经济全球化这一新的历史条件下，资本主义和社会主义的斗争、合作及相互影响将长期存在，这是因为经济全球化并没有改变、也不可能改变"一球两制"这个基本事实。在经济全球化的背景下，资本主义和社会主义发展的历史趋势，并没有发生任何本质的变化，即资本主义的灭亡和社会主义的胜利仍然是历史的必然。今天的社会主义已经不仅仅是一种价值理念或社会理想，而是一种实实在在的社会制度存在。这种存在是全球化进程中与资本主义对抗的基本力量，对于改变资本主义极力追求的经济全球化的一元格局，具有不可替代的积极意义。

---

① 毛泽东等祝贺十月社会主义革命 45 周年的电报，1962 年 11 月 6 日。
② 毛泽东：《在苏联最高苏维埃庆祝伟大的十月革命四十周年会议上的讲话》，人民出版社 1957 年版，第 3 页。
③ 汪道涵：《全球化与中国经济》，雅克·阿达著《经济全球化·序》，中央编译出版社 2000 年版，第 I—II 页。

经济全球化并非仅存在于资本主义历史阶段，而是存在于资本主义与社会主义共存的历史阶段，全球化并不是资本主义的全球化，或全球资本主义化。从资本主义过渡到共产主义是一整个历史时代；经济全球化是资本主义向社会主义过渡的一个历史阶段。但是，"无论哪一个社会形态，在它所能容纳的全部生产力发挥出来以前，是决不会灭亡的；而新的更高的生产关系，在它的物质存在条件在旧社会的胎胞里成熟以前，是决不会出现的"。① 只要资本主义制度还没有发挥完它所能容纳的全部生产力，社会主义就还得和资本主义在同一个地球上并存下去。

在西方，经济全球化最初被认为是经济上的一场革命，其实质是资本、技术、通讯、管理以及全球范围内的劳动力的自由组合。② 随着经济全球化的深入发展，对其认识也不断深化，英国学者安东尼·吉登斯在 1990 年指出：所谓全球化，是"世界范围内的社会关系的强化，这种关系以这样一种方式将彼此相距遥远的地域连接起来，即此地所发生的事件可能是由许多英里以外的异地事件而引起的，反之亦然"。③ 在吉登斯看来，这种巨大的"时—空变化"或"时—空转换"，并非仅仅局限在经济生活中，甚至主要并不是一种经济现象，而是人类社会生活的方方面面，都将受到全球化的直接挑战。所以他强调

① 《马克思恩格斯选集》第 2 卷，人民出版社 1995 年版，第 33 页。

② Richard Longworth：*Global Squeeze：The Coming Crisis for First World Nations*，Contemporary Books，1988，p. 7

③ 安东尼·吉登斯：《现代性的后果》，译林出版社 2000 年版，第 56—57 页。

全球化"在建立国际间新秩序和力量对比的同时，也在改变着人们的日常生活"。① "全球化不只是在一个'外在'（out there）的现象。它不仅指大规模全球体系的产生，而且指日常生活每一环节的变革。因此它是一个'内在'（in here）的现象，甚至影响着个人认同的亲密行为（intimacies）"。② 不难看出，经济全球变化并非只是指经济活动，其影响已经延伸到政治、社会、文化和传媒等领域。全球化是全方位的全球化，③ 因此，西方学者在提出世界历史已经进入"全球化时代"的同时，还从不同视角提出"后冷战时代"、"后后冷战时代"、"新帝国"时代、"建立'新帝国'时代"、"公民权利的时代"、"环境时代"、"信息时代"等概念。这些概念的涵义各不相同，但却有一点是相同的，即都否认我们所处的时代是十月革命开辟的"由资本主义向社会主义过渡的时代"。

"和平与发展"是时代的主题，但并非是"和平与发展"已经成为当今世界的现实，因为影响和平与发展的不确定因素在增长，不合理的国际政治、经济秩序并没有从根本上改变，我们所面对的，是世界多极化和经济全球化趋势的不断发展和复杂多变的国际形势，和平与发展这

---

① 安东尼·吉登斯：《第三条道路：社会民族党的复兴》，北京大学出版社、三联书店 2000 年版，第 36 页。

② 安东尼·吉登斯：《失控的世界》，江西人民出版社 2001 年版，第 108 页。

③ 参见：Roland Robertson：*Globalization*：*Social Theory and Global Culture*，Sage，1992，p. 9.

两个问题至今一个也没有解决。例如，美国为了维持其在世界贸易和生产中的霸主地位，始终把强化军事实力当作王牌。[①] 苏联解体、东欧剧变以来，美国在海外的军事行动从来没有停止：1989 年入侵巴拿马，1990 年至 1991 年发动海湾战争，1992 年至 1993 年对索马里进行军事干涉，1998 年至 1999 年对海湾地区发动空袭，1999 年空袭科索沃和南联盟，2001 年发动阿富汗战争，2003 年发动伊拉克战争。"9·11"袭击事件为美国扩大和加强对欧亚地区的军事和经济控制提供了契机……美国产生追求实力的新动力并非因为'9·11'事件，袭击前美国经济实力已经开始削弱了。如果历史上不存在'9·11'事件，这一天的可怕事件从未发生过，美国很可能照样在阿富汗和伊拉克发动战争"。[②] 这表明，以美国为代表的国际垄断资产阶级在当代的各种矛盾，从来没有解决，而且看不到解决的远景，军事实力不可能从根本上改变美国衰落的命运。

"和平与发展"是时代的主题，但不等于世界已经完全进入"和平与发展的时代"，更不能因此而宣布十月革命开辟的"由资本主义向社会主义过渡的时代"已经结

---

① 冷战结束后十余年间，美国的军费开支为 2 万亿美元。超过所有对手花费的总额。如今，"美国的国防支出相当于世界 189 个国家总和的 40%—50%"。Niall Ferguson，"American Colossus"，http://www. channe14. com/history/microsites/H/history/a—b/American. html。

② 瓦西利斯·福特卡斯等：《新美帝国主义》，世界知识出版社 2006 年版，第 16 页。

束，或已经过时。"和平与发展"是时代的主题、世界主题，是当代世界的两大问题；而"由资本主义向社会主义过渡"则是时代的性质。"时代主题"和"时代性质"是既有联系，又有本质区别的两个概念，不应将其混淆在一起。现时代依然是由资本主义向社会主义过渡的时代，这是时代的性质，自1917年十月革命胜利以来，时代的性质从本质上看，并没有改变。"9·11"事件向世人表明了美国的脆弱。随着世界资本主义体系在20世纪90年代短暂繁荣的结束，必将开始一个混乱的年代。这使人们对资本主义向社会主义过渡时代的性质将有更清晰的认识。

德国法兰克福大学教授哈贝马斯撰文鼓吹"马克思主义过时论"，在他看来，苏联解体、东欧剧变表明"由1917年布尔什维克所引发的全球内战终于取得胜利"，"从法西斯主义开始的一个时代正在走向终点，自由主义的社会组织观以宪制民主、市场经济和社会多元主义的形式初见成效，有关'意识形态终结'的匆匆预断似乎最终成为真实"。[①] 在哈贝马斯等西方理论家的话语中，所谓"意识形态终结"是和"历史的终结"，即"社会主义的终结"联系在一起的。既然资本主义是"永恒的"，那么，由资本主义向社会主义过渡的时代自然就"终结"了，十月革命的世界历史意义也不复存在。近年，"意识

---

① 哈贝马斯：《东欧剧变与〈共产党宣言〉》，俞可平主编：《全球化时代的"马克思主义"》，中央编译出版社1998年版，第40、第41页。

形态终结"论在国内也有反映，有论者认为，全球化使国家利益中"意识形态的因素下降"，全球化趋势的不断发展，客观上要求"放弃简单的意识形态对抗立场"。与国家的经济利益、地缘战略利益相比较，"意识形态利益显然居于次要地位"。然而，这只是一相情愿。

实际上，"意识形态终结论"的本质，应概括为"意识形态统一论"，即包括科学社会主义在内的世界上所有的意识形态，都"统一"到以美国为代表的西方意识形态体系中去，形成西方意识形态的一统天下，即如萨缪尔·亨廷顿所言，"没有一些意识形态，只有一种意识形态，这就是我们民族的宿命"。① 在当今的美国社会，代表垄断资产阶级利益的新的意识形态加倍冒出来，渗透于社会各个角落。例如，1993 年，美国国会建立"共产主义受难者基金会"。2007 年 6 月 12 日，美国总统布什在华盛顿出席"共产主义受难者纪念碑"揭幕仪式时恶毒攻击共产主义。他说：20 世纪是人类历史上死亡最惨重的世纪。共产主义在这个世纪里夺走大约一亿男男女女和孩子的性命，光是在中国和苏联就夺走了几千万人的生命。以"邪恶和恨为基础的共产主义"，到今天还继续存在。他还说，共产主义不只夺走受难者的生命，他们还企图盗窃他们的人性，抹消他们的记忆。这座纪念碑的落成，就是要归还他们的人性，重建他们的记忆。布什把共产主义与恐怖主义相提并论，认为共产主义与伊斯兰极端

---

① 萨缪尔·亨廷顿：《失衡的承诺》，东方出版社 2005 年版，第 26 页。

恐怖主义一样，"野心勃勃，藐视自由，打击异己，追求专制统治"，而且"杀人不眨眼"，但只要自由世界团结一致，共产主义将和恐怖主义一样，"终将走进历史灰烬"。① 从布什和美国政府的言行中，人们看到的只是放肆的诋毁和野蛮的霸权，哪里有什么"意识形态终结"可言。

　　资本主义是比封建主义更高级的生产方式和社会形态，其萌生至今的 500 余年来，历经了在封建社会母体内孕育、萌发、资本原始积累、自由资本主义、私人垄断资本主义、国家垄断资本主义和国际垄断资本主义等发展阶段。在垄断资本主义阶段，帝国主义国家始终存在着腐朽、停滞和迅速发展这样两种趋势。但是，"如果以为这一腐朽趋势排除了资本主义的迅速发展，那就错了。不，在帝国主义时代，某些工业部门，某些资产阶级阶层，某些国家，不同程度地时而表现出这种趋势，时而又表现出那种趋势。整个说来，资本主义的发展比从前要快得多"。② 现代资本主义的重大变化之一，是一般垄断转变为国家垄断，这是资本主义生产关系的重大调整，这种调整扩大了资本主义生产关系对生产力的容量。而国际垄断资本主义，则是在私人垄断资本主义和国家垄断资本主义基础上逐渐发展起来的。它和 20 世纪 90 年代开始的包括金融全球化、传媒全球化，以及经济全球化等在内的所谓

---

① http://www.whitehouse.gov/news/releases/2007/06/20070612 – 2.html.
② 《列宁选集》第 2 卷，人民出版社 1995 年版，第 685 页。

"全球化时代"到来联系在一起。如果说"国家垄断资本主义是社会主义的最充分的物质准备，是社会主义的前阶"，[①]"社会主义无非是从国家资本主义垄断向前跨进一步"，[②]那么，国际垄断资本主义也是如此，即国际垄断资本主义离社会主义更近了。在今天的帝国主义国家内，无论是先进的科学技术，强大的物质生产基础，还是完备的社会经济条件，都是未来建设社会主义所不可或缺的。经济全球化形成的世界生产力，以及生产力的迅速发展和高度增长，是社会主义、共产主义绝对必需的实际前提。从这种意义上可以理解，全球化必然导致的社会主义、共产主义，既是近代以来世界历史发展的产物；也是全球化的产物。

在经济全球化的新的历史条件下，确实为实现资本、资源、劳动力、信息、技术和人才资源的配置在世界范围内提供了优化的条件，社会生产力迅速增长，世界经济的发展似乎更加有序，在某种程度上表现出资本主义的自我调适能力及潜力。然而，这既没有解决资本主义的基本矛盾，也没有改变科学社会主义所揭示的资本主义的历史地位。国家垄断资本主义或国际垄断资本主义，仍然是以生产资料私有制为基础的资本主义，资本主义的本质特征并没有变；资本主义基本矛盾没有变；帝国主义的垄断特征没有变。这样，就不存在着所谓资本主义世界正在发生着

① 《列宁选集》第3卷，人民出版社1995年版，第266页。
② 《列宁选集》第3卷，人民出版社1995年版，第265页。

一场"静悄悄的革命",更不会因这场"革命"使资本主义进入"人人都是资本家"的"人民资本主义"的发展阶段,而使时代的特征有所改变。

　　资本主义生产是以雇佣劳动为基础的社会化生产。尽管经济全球化为资本的扩张和增值开辟了新的天地,在一定程度上缓解了发达资本主义国家的内在矛盾,但并没有改变生产社会化与资本主义私人占有之间的矛盾,而且有时会在全球范围内进一步加剧这一基本矛盾。这是资本主义一切矛盾的根源,资本主义在自身的范围无法解决。全球化并没有改变资本主义国家的阶级关系的实质。资本家阶级仍然拥有巨额资本,无偿占有和瓜分劳动者的剩余劳动。工人的社会福利和生活水平也有了一定的提高,但是工人作为受剥削的雇佣劳动者的地位没有改变,资本主义的分配制度也没有任何实质性的改变。在发达国家内部,贫富的差距不断加大。欧盟统计局1997年5月份的报告说,有5700万欧洲人,即17%的欧盟人口生活在贫困家庭。法国前总统希拉克说:"与19世纪以来欧洲传统相反,欧洲,即欧盟,第一次处于贫困不断加重、不断扩大的境地。各种各样的穷人受排挤和排斥的现象就是这个原因造成的。"①

　　经济全球化推动了资本主义的全球性扩展,使资本更加集中。据世界银行1992年的报告指出:世界上350家最大的跨国公司之间的业务,早在20世纪80年代,就已

---

　　①　胡元梓等主编:《全球化与中国》,中央编译出版社1998年版,第9页。

经占全球贸易的40%。① 西方发达国家利用雄厚的经济力量和科学技术等方面的明显优势，操纵全球性的经济组织，抢占国际市场，向发展中国家转嫁危机，进行不平等、不等价的交换，破坏性掠夺发展中国家的经济资源。资本主义生产和消费之间的矛盾、垄断资产阶级与无产阶级和人民大众之间的矛盾、西方发达国家与广大发展中国家的矛盾、发达资本主义国家之间的矛盾日趋尖锐。随着经济全球化的深入，由发达资本主义国家主导的不平等的国际经济秩序变得更加不平等，世界两极分化更加严重，南方国家和北方国家之间表现出越来越大的差距。在20世纪90年代后期，最富裕国家占全世界人口的20%。却控制了全球国内生产总值（GDP）的86%；而构成世界人口20%的最贫穷国家只占全球国内生产总值的1%；外国直接投资的68%集中在最富裕的20%国家中；20%的穷国只接受了1%。②

全球化为社会主义的发展创造着新的历史前提。当代资本主义是资本社会化的最高的形式，社会生产力迅速发展，物质财富不断丰富，为社会主义经济的宏观管理和调控准备了机构与手段，为资本主义最终消亡和人类走向社会主义和共产主义创造了条件。在全球化时代，资本主义社会内部逐渐积累社会主义因素。社会主义因素在资本主

---

① World Bank：*Global Economic Prospects and the Developing Counties*，Washington，D. C.，1992，p. 33.

② UNDP，*Human Development Report*，1999，pp. 2–3.

义社会中的生长，是不以资产阶级的意志为转移的，而是社会经济发展的必然结果。另一方面，经济全球化使资本主义的基本矛盾扩展到全球，从而使资本主义生产方式的扩张愈来愈接近极限，使它缓解矛盾的空间越来越少，这将使人们更加清醒地认识到，资本主义为社会主义所代替，是世界历史发展的必然趋势。

资本主义的调整改革的确有意无意地借鉴了社会主义国家的一些做法，如资本主义国家加强对国民经济的宏观计划调控，以及劳动者在失业、医疗、养老等众多方面的社会福利和保障制度等。但是，这既不意味着当代资本主义会自行进入社会主义，也不意味着资本主义与社会主义的"趋同"。一切问题的关键是：资本主义的本质并没有任何改变，资本主义和社会主义存在着原则的区别，只是资产阶级主观上是为了资本主义的生存和发展，但在客观上造成了社会主义因素的存在。在"旧社会"内部形成"新社会"因素的过程中，即资本主义向社会主义过渡的进程中，资本主义充当了历史发展的不自觉的工具。

中国是当今世界最大的社会主义国家，经过改革开放20多年的艰苦探索，我们科学地回答了什么社会主义，怎样建设社会主义的问题，并在实践中逐渐形成了中国特色社会主义理论的科学体系。然而，有些人却要把属于科学社会主义体系的中国特色社会主义，与属于资产阶级改良主义思潮的"民主社会主义"混为一谈。中国特色社会主义与民主社会主义在是否坚持马克思主义的理论指导；是否坚持共产主义的奋斗目标；是否坚持生产资料所有制的主体地位；是否坚持人民民主专政等方面有着本质的区别，划清两者之间的界限，就是划清马克思列宁主义与反马克思列宁主义、社会主义与资本主义的界限。这对于汲取苏联亡党亡国的历史教训，坚持马克思主义在意识形态领域的指导地位至关重要。

当代中国社会发展所取得的宏伟成就令世人瞩目，这一切是我们始终不渝地高举中国特色社会主义伟大旗帜，坚定不移地走中国特色社会主义道路的结果。这不仅扭转了20世纪后期社会主义陷入低潮的趋势，使世界各国人民重新看到了社会主义的希望，而且必将对21世纪世界社会主义运动产生积极的影响。21世纪将是社会主义复兴的世纪，中国特色社会主义前景光明，这将使世界各国人民更加坚信科学社会主义是颠扑不破的伟大真理，更加自觉地沿着十月社会主义革命开辟的广阔道路奋勇前进！

近代早期中国对世界
历史的认识[*]

　　中国史学的优良传统之一，是重视对外国的研究。中华民族与世界各民族之间的友好往来，源远流长。人们谈及中国古代史家对外国的最初认识时，往往会首先谈到战国时期齐人邹衍，他将世界分为九大州，在"大九州"之中，中国为九分之一，即赤县神州。

　　西汉司马迁撰《史记》，有关外国的介绍和研究，主要集中在"列传"中。从某种意义上可以说，《史记》是一部中国最早的"世界史"，是一部立足中国，面向世界的当时中国人心目中的世界历史性的著作。《史记》以下的二十五史，其中二十三史中，都涉及了对外国的介绍和研究，包括东南亚、中亚、西南亚、欧洲和西非许多重要的地区和国家。

　　近代以来，中国和世界的联系、交流和交融，和以往

相比已经发生了质的变化，这是和资本主义在世界范围内的迅速发展，资本主义极力要建立起自己统一的世界市场，要在全球建立自己的政治统治联系在一起的。正是在这样特定的历史条件下，中国对世界的认识，进入了一个新的发展阶段，而这些认识，首先是对世界历史的认识。这是从 19 世纪中期中国先进分子"睁眼看世界"开始的。认识历史，是为了更清醒地认识现实，回答中国社会发展提出的迫切需要回答的问题，它始终和近代中国人民"救亡图存"，实现民族独立、解放这一时代的主题联系在一起。回顾近代早期中国对世界历史的认识，不仅有重要的学术价值，而且有重要的现实意义。

一、为拯救民族危亡而研究世界史

1840 年鸦片战争后，中国开始沦为半封建半殖民地，帝国主义列强的侵略、掠夺和政府的腐败无能，使中华民族危机加深，面临着被西方列强奴役瓜分的实际危险。魏源（1794—1857 年），《海国图志》的作者，近代中国著名爱国思想家之一，明确提出向西方学习的第一人。他激烈批判封建文化，鼓吹变法图强，重振国威以洗刷鸦片战争失败的国耻。魏源的思想核心是"悉夷"、"师夷"和"制夷"，即"师夷长技以制夷"。他以俄国彼得大帝为例来阐述这一思想：俄罗斯摆脱鞑靼蒙古人的统治，建立了统一的中央集权国家后，"始抗衡欧罗巴洲各国"，俄国"人犹雄悍，未谙西洋技艺"。到彼得大帝时，他"聪明奇杰，离其国都，微行游于岩士达览等处船厂、火器局，讲习工艺，旋国传授，所造火器、战舰，反优于他国，加以训兵练阵，纪律精严。迨至近日，底利尼王攻取波兰国十部落，又击败佛兰西国王十三万之众，其兴勃然，遂为欧罗巴最雄大国"。① 应该指出的是，魏源所说的"悉夷"和"师夷"，并非仅指工艺、科技等先进的科学技术，也包括西方的思想文化，所以他在《海国图志》论述自己变法图强的思想时，涉及的内容十分广泛。在这部被称作是"简明世界史"的著作中，包括政治、经济、军事、科技、历史、地理、宗教、文化、教育，以至风土民情等等。

鸦片战争之后，外国资本大量涌入中国，在中国开设工厂。自19世纪60年代起，清政府中的一些高官，为了达到"富国"的目的，开始仿效西方，采用资本主义的一些生产技术，兴办"洋务"，创办自己的民族工业。这些人被称为"洋务派"，主要代表人物有奕诉、曾国藩、李鸿章、左宗棠、张之洞等。在洋务运动时期，中国进一步对外开放，一些中国知识分子走出国门，亲身体验、了解，进而研究世界各国的实际情况，这些宝贵的感性知识，为他们对外国史地的编撰创造了有利的条件。洋务运动的兴起促进了以实地考察为主要特征的外国史地研究。王韬等人的著作，表明中国人对世界历史和现实的认识，在原有的基础上已有了新的发展。

这一时期中国的世界史研究的重要代表人物之一是王

---

① 魏源：《海国图志·俄罗斯国总记》。

韬（1828—1897 年），他是我国 19 世纪研究世界近代历史的先驱之一。主要代表作有《法国志略》和《普法战记》。此外还有未刊行的《西古史》、《俄罗斯志》、《美利坚志》等。王韬十分赞赏法国"君民共主"的君主立宪制度。这是他矛盾的历史观的具体反映。他在反对君主专制的同时，也强调中国封建社会的"纲常则亘古而不变"，他既反对"政出一人"的专制统治，又反对"视君如弈棋"的"民主之国"的社会改良主张。在他看来，"专制"和"民主"都不可取，只有"君民共主"才能够"上下相安"，使国家远避动乱之源，稳定发展。

　　《普法战纪》是我国第一部描写欧洲战史的著作，也是第一部记述巴黎公社的著作。香港《华字日报》、《中外新报》等首先报道了巴黎公社的伟大斗争。《普法战纪》出版后，很快在日本引起重视。1879 年，王韬应邀到日本。在日期间，见到了日本著名的历史学家冈千仞，就撰写或编译《法国史》、《美国史》、《俄国史》交换了意见。1884 年，冈千仞来华访问时，曾将他所著的《法兰西志》、《美利坚志》等带到中国。王韬对明治维新之后的日本有不少亲身体验，增加了许多感性的认识。他认为，日本的可取之处，就在于"贵知所变"。日本虽然是亚洲东方的一个小国，"一旦勃然有志振兴，顿革平昔因循之弊。其国中一切制度，概法乎泰西，仿效取则，惟恐其人之不深"。日本在向西方学习时，从日本的实际出发，是有选择的，并非是全部"西化"，这给王韬留下深刻的印象。由于能够做到"师其所长而掩其所短"，所以近代日本发生了深刻的变化。王韬认为，中国应该像日本一样，通过变法维新，以适应世界在"变"的形势，使国富民强。他还充满自信地说，"不信吾言，请验诸百年之后"。①

黄遵宪（1848—1905 年）的《日本国志》，是 19 世纪另一部著名的著作。"在近代中国，第一个对日本有真正了解，其关于日本的研究在国内产生大影响的人，应该算是黄遵宪"。② 黄遵宪是近代中国启蒙思想家。1877 年为中国驻日使馆参赞，广泛地收集、阅读有关日本的历史文献资料。黄遵宪通过研究日本的历史，特别是明治维新以来的历史，以其作为中国变法自强的借鉴，他同样是世界近代史的先驱者之一。黄遵宪还是热烈的爱国主义者，晚年他在给梁启超的一封信中，总结自己的一生时说："自吾少时，绝无求富贵之心，……盖其志在变法，在民权……既而游欧洲，历南洋，又四五年，归见当道者之顽固如此，吾民之聋聩如此，又欲以先知先觉为己任，借报纸以启发之，以拯救之。……及戊戌新政，新机大动，吾又膺非常之知，遂欲捐其躯以报国矣。自是以来，愈益挫折，愈益艰危，而吾志乃益坚。"③

黄遵宪撰写的《日本国志》，1887 年完成。这是中国人所写的第一部日本通志，40 卷，200 余万言。为撰写此

---

① 王韬：《变法自强·下》，《弢园文录外编》，卷二。
② 钟叔河：《从东方到西方》，岳麓书社 2002 年版，第 204 页。
③ 钟叔河：《从东方到西方》，岳麓书社 2002 年版，第 206 页。

书，黄遵宪参考了 200 余种图书，历时八九年。该书介绍
了日本自建国至明治时期的数千年的历史进程，特别是明
治维新时期以来的历史，详细介绍了明治维新以来在政
治、经济、学术、教育、文化、民情、工业、商业、军
事、外交等各个方面的深刻变化。由于这部著作编撰的原
则，是从借鉴的目的出发，能够通今致用，效法自强，所
以有意识地做到厚今薄古，详近略远，对日本学习西方，
实行社会变革的内容的介绍，尤其详尽，突出宣传维新观
点，所以在戊戌变法时期广泛流传，对变法维新的社会思
潮有一定的推动作用。

二、19 世纪末的世界史译著出版高潮

1895 年中日甲午战争后签订的《马关条约》，使中国
半殖民化进一步加深帝国主义列强急欲瓜分中国，中华民
族面临着严重的危机。资产阶级改良派为了救亡图存，把
史学作为重要工具之一，十分重视发挥史学的作用。甲午
战争结束后，出现了一些有关这次战争的著作，如王炳耀
辑《中日战辑》，自 1895 年开始辑录，并写有《自序》。
其弟王炳堃写有《中日战辑·序》。1896 年上海书局石印
本。1897 年，姚锡光编撰《东方兵事记略》，较详细地记
述了中日甲午战争的过程。当时，也出现了少量的国别史
著作，例如，薛福成的《续瀛寰志略》。其子薛莹中将其
中一部分材料编成《英法意比志译略》，1899 年刊行。有
关亚洲国家的志略，后也刻印出版。

　　和上述著作相比，更重要的是大量译著的问世。19世纪末，外国历史著作在中国大量翻译出版，成为当时十分引人注目的社会现象。这些著作的翻译出版所产生的影响，已经超出了学术的或仅仅是历史学的范畴，而具有更深刻的社会内容。在这个过程中，1897年，维新派在上海创办的大同译书局发挥了重要的作用，在各国变法、宪法、商务，以至教科书等方面，都有译著出版。梁启超作为译书局的集股创办人曾说：该译书局成立的主要任务，是"首译各国变法之事，及将变未变之际一切情形之书，以备今日取法"。① 该书局建立后不久，便出版了《俄土战纪》、《意大利侠士传》、《地球十五大战役》、《瑞士变政记》等译著。大同译书局在维新运动中开办的同时，商务印书馆也于1897年2月12日在上海开业。近代以来，它在中国文化发展中的作用是多方面的，其中也包括在中国世界史学科建设中的积极推动作用。1902年，商务印书馆编译所在上海宝山路成立。"五四"运动期间，在王云五的主持下对编译所进行了改革，成立了史地部等新的部门。

　　《万国史记》是明治维新初期，日本学者冈本监辅依据日本、中国数十种历史文献资料，以西方史学的理论和方法为指导，用汉语编写的世界通史性质的教科书。1897年在中国翻印出版。梁启超对其评价甚高，认为此书可以使人认识到"大率研求新政新学者胜，拥虚名而无实际者败"，这可认为是"古今不易之理"。梁启超在他自己

---

① 《时务报》，1897年4月22日。

所编的《史学书目提要》中，把它列为首条。

《日本新史揽要》，原名《国史略》，日本史学家石村贞一的代表作之一，1877 年用汉文编成，1899 年在中国刊印发行。该书是明治维新之后问世的日本通史类著作。《东洋史要》，原名《东洋史》，编写者为日本历史学家桑原骘藏，1899 年由东文学社刊印，在中国出版。王国维为该著作作序，他在《序》中就历史的科学性问题有所论述，这些观点和 20 世纪初的中国"新史学"思潮的产生和发展有一定的联系。王国维说："自近世历史为一科学，故事实之间，不可无系统。抑无论何学，苟无系统之知识者，不可谓之科学。中国之所谓历史，殆无有系统者，不过集合社会上散见之事实，单可称为史料而已，不得云历史。"他强调，"就历史上诸般之关系，以解释东方诸国现实之社会状态"，才算得上是"科学之研究"。①王国维对于史料和历史学的分析表明，外国史学的一些理论与方法，在此时的中国已经产生了反响。《俄土战记》，汤睿译，大同译书局 1897 年出版。该书的主要内容，是 18 世纪 70 年代末俄土战争之后，土耳其沦为资本主义列强殖民地的经过。梁启超为此书作《俄土战记序》，1898 年 2 月 11 日在《时务报》发表。梁启超认为，沙皇俄国不仅要侵占土耳其，而且"欲得志于东方者数百年"，其野心始终没有改变。现在西方列强为了争霸，"并心注力于中国"。国难当头之际，让中国人民将"俄土之事，悬

---

① 桑原骘藏：《东洋史要》，王国维《序》，东文学社 1899 年版。

诸国门"，时时警觉，这是十分有必要的。

三、甲午战争后的"亡国史"研究

19世纪末、20世纪初，一些国家亡国史的翻译或编译，如埃及、印度、朝鲜、越南、缅甸、菲律宾、波兰等国的亡国史，在当时的中国的世界史著述中，占有重要的地位。在民族危机日趋加剧的情况下，研究亡国史，有向国人敲响"警钟"的作用。这对于激发中国人民维护自强自立，反对帝国主义侵略的爱国情感有积极的作用。

甲午战争之后，帝国主义列强加紧瓜分中国。为了避免中国重蹈埃及的覆辙，一些学者译出了日本学者柴四郎的《埃及近世史》作为警戒。该书有多种中文译本：玉瑟斋主人译《埃及近世史》，1900年5月发表在《清议报》第45期；章起渭翻译《埃及近世史》，商务印书馆1903年，"历史丛书"之一；麦鼎华翻译《埃及近世史》，上海广智书局出版1902年。此外还有出洋学生编辑所编《埃及近世史》，商务印书馆1902年，为"帝国丛书"之一。麦鼎华认为中国和埃及同为世界文明古国，在不少方面十分类似，欲想研究中国的未来，不可不读埃及的历史。中国的发展前途，完全可以以埃及为借鉴。麦鼎华所以翻译此书，是因为感叹自己国家"时事之艰危，悲国权之屈辱，用译是书以助戒惧"。① 希望以埃及亡国的历史作为一剂良

———————————

① 《新民丛报》，1902年第6期。

药，使中华民族警醒。

《埃及近世史》中文本面世后，在中国思想界引起广泛反响。一些人总结埃及亡国的历史教训已经敏锐地看到，拯救国家于危难中，仅仅依靠少数的志士仁人是不够的，关键是要全国人民都要有爱国之心。他们提出，"国之立也，必人人心中有爱国之思想，人人目中有爱国之观念，然后扑者起，废者兴，死者生，亡者存，而埃及人民何如哉？"① 20世纪初的这种认识难能可贵，对当时救亡图存、自强自立的中国，无疑有重要的现实意义。中国不仅应从中吸取教训，同时还要学习埃及人民的反抗精神，与外国侵略者展开坚决的斗争。

除上述《埃及近世史》外，有埃及亡国历史的著述还有一些。例如，日本学者北村三郎著，赵必振翻译的《埃及史》，上海广智书局1903年出版，"史学小丛书"之一。译者在述及翻译此书的目的时，主要是强调埃及亡国的历史教训。认为"其历史可为隆替兴亡之鉴"，"我国人者，唯鉴埃及之衰亡，以大奋起，一变外交之局面，则诚国家之幸"。文明书局译刊《埃及惨状》，文明书局1903年出版该书局译刊此书的目的，是"厥以借镜，庶吾民之早为警觉"。② 此外，还有《埃及百年兴衰记》，《经济丛编》，1902—1904年连载；《埃及亡国惨状记》，《游学译编》，1903年连载等。

---

① 陈怀：《读〈埃及近世史〉跋尾》，《新世界学报》1903年第3期。
② 《文明书局新书广告》，《中外日报》1902年7月24日。

　　印度是中国周边大国之一。16世纪初，先后遭到葡萄牙、荷兰、英法等国的侵略，1757年之后，逐渐沦为英国的殖民地，至19世纪中叶彻底亡国。因此，在20世纪初的中国，有不少著述探讨印度亡国的历史教训。例如，夏清馥编译《印度灭亡战史》，上海群谊译社1903年1月出版。该书的出版是希望国人将印度的灭亡作为前车之鉴，使国人在惨痛的历史事实面前猛醒。1902年，丁文江译有《亚西亚西南部衰亡史》，主要内容是自上古直至近代，印度、安南、缅甸等国衰亡的历史。作者从多方面记载衰亡的经过的同时，而且还阐释了衰亡的原因。1902年第10期《译书汇编》，对此书有所介绍。

　　关于朝鲜亡国的著作，也有多种。1910年，梁启超在《朝鲜灭亡之原因》中认为，朝鲜灭亡的主要原因，在于朝鲜是一个封建专制的国家。国家的命运，全系一家一人之身，这尤其值得国人认真思考。李芝圃编撰的《朝鲜亡国史》，直隶教育图书局1911年出版。作者从历史、政治、民俗等方面分析了朝鲜灭亡的原因，认为朝鲜灭亡的主要原因有两点：其一，实行君主专制，没有民主政治，人民不享有自由，其二，缺乏独立自主的精神，对日本侵略者报有不切合实际的幻想，认为日本会"保护其独立"，"保护其领土完整"。作者强调，所以要编撰《朝鲜亡国史》的目的，是希望中国从朝鲜亡国吸取教训，牢记"国际只有强权，而无所谓公法；和平但凭铁血，而不可恃条文"。

　　关于越南亡国的历史著作，同样有多种值得介绍，例如赵伸（直斋）著有《腥风血雨录》，在《云南》杂志，1907 年第 4、5、6 号连载。文章的内容之一为越南爱国者潘承珠的《海外血泪书》，潘承珠在文中分析了越南亡国的原因，以及争取民族独立的愿望。赵伸认为，这对当前的中国人民来说，有重要的现实意义。越南亡国的惨状，以及越南亡国的屈辱历史，有助于治疗"东亚病夫三百年来之大病"，加快中华民族的觉醒。19 世纪，经过三次英缅战争后，缅甸成为英属印度的一省，被英国占领而亡国。张成清的《缅甸史》，载《云南》，1908 年第 13、14、16 号。主要内容是英国殖民统治，给缅甸人民所带来的无穷无尽的灾难。他译编缅甸亡国的历史，目的是鼓吹爱国主义精神，希望云南和中国人民免蹈缅甸之后尘，振作精神，反帝救亡，拯救国家于危难之中。1903 年，《湖北学生界》，第 5 期、第 7—8 期合刊发表了《菲立宾（菲律宾）亡国惨状记略》。该文发表后不久，1904 年浙江金华《萃新报》创刊号全文转载。该文的主要内容是，菲律宾先后沦亡西班牙、美国的悲惨历史，以及菲律宾人民为争取独立自由所进行的不屈不挠的英勇斗争。

　　关于外国亡国史的介绍，不仅仅是中国周边国家或亚非国家，也包括远离中国的欧洲国家，例如波兰。康有为 1898 年夏曾进呈光绪皇帝《波兰分灭记》，梁启超还撰有《波兰灭亡记》发表在《时务报》1896 年 8 月 29 日。文章介绍了波兰被俄国等列强多次瓜分的惨痛经历，强调不图自强，而欲庇大国之宇下，借他人之保护，只能加速自己的灭亡。日本涩江保（羽花生）著《波兰衰亡战史》，在中国至少有三种译本：其一，译书汇编社译刊，《波兰衰亡战史》，译书汇编，1901 年第 1 期；其二，薛蜇龙（公侠）译本，书名为《波兰衰亡史》，上海镜今书局 1904 年 5 月，柳亚子作《序》；其三，《波兰衰亡战史》，开明书店 1902 年版。作者主要是从三个方面总结了波兰灭亡的原因：首先是政党纷争，相互倾轧，社会思想混乱，使外国入侵有可乘之机；其次，以俄国为首的外国侵略者时时进行武装干涉急欲瓜分波兰；最后，封建贵族专横跋扈，人民处于无权地位，无权参加国家政治、经济生活。

在介绍、研究外国一些国家亡国历史的同时，不可避免地会使介绍、研究帝国主义列强的侵略史凸现出来。了解帝国主义的侵略历史，在 20 世纪初的中国社会生活中，占有重要的地位。日本斋藤奥治著《西力东侵史》是一部有较大影响的著作。当时中国的思想界对此书评价甚高，认为它是"时下最急需之奇书"，认为它是"最新最完备之东西交涉史，其中如西人东渡考、古代东西关系考、支那开港考、俄罗斯东侵考、耶教流行支那考等，尤与我国有密切之关系"。据《周作人日记》1903 年 4 月 9 日记载，鲁迅在日本留学时曾经购得此书，并将它和《译书汇编》等书刊，托人带回绍兴，介绍到国内。

四、辛亥革命时期的"革命史"研究

近代中国对世界史的认识，发端于鸦片战争时期，洋务运动推动了对世界史认识的新发展。20世纪初，随着中国和世界的联系日益密切，以及中国社会发展的客观需求，近代中国对世界历史的认识在辛亥革命期间进一步深化。

辛亥革命时期的外国史编译和介绍，主要集中在世界各国的"革命史"方面，这不是偶然的。这表明资产阶级革命思潮在20世纪初的中国，已经有了进一步的发展。一些知识分子以美国以及西欧国家的资产阶级革命为榜样，使有关国外资产阶级革命的历史著作较多地被介绍到中国来。这一时期有关外国革命史的介绍和研究，带有十分明显的时代特征。它所体现出的时代精神，逐渐深入到中国社会发展迫切需要解决的问题中去。中国资产阶级革命派在救亡图存，拯救中华民族于危难之中的过程中，已经逐渐将实现民主共和，推翻清王朝统治的革命提上日程。彻底结束在中国沿袭数千年的封建专制统治，已经成为不可遏止的社会历史潮流。

辛亥革命前后，商务印书馆创刊于1904年的《东方杂志》广泛介绍了世界各国革命和革命历史的文章。例如，1911年出版的第8卷中就有《纪巴西之乱》、《纪墨西哥之乱》、《墨西哥乱事记》、《摩洛哥事件》、《三年中之四大革命》、《葡萄牙之政变》、《土耳其国近时之状况》等。这些文章和当时中国社会现实有密切的联系。例如，在《墨西哥乱事记》中，针对墨西哥总统、独裁者狄爱士（今译迪亚士）的专制统治写道，狄爱士认为在墨西哥不能实行共和政治，只能实行专制独裁统治，所以

"以共和政体之名，行专制政体之实"，引起革命爆发。作者强调，"夫以狄爱士功业之著，威望之隆，尤以贪权恋栈，轻视民心，激成大变，则谋国者亦可以引为殷鉴矣"。[①] 这显然有所指，如果中国的封建统治阶级不吸取该教训，那中国革命也是不可避免的。

18 世纪末法国资产阶级革命，彻底结束了 1000 多年的封建统治，揭开了法国历史上的崭新一页，由此法国进入了资本主义确立和发展的新时期。辛亥革命前夜，中国对世界各国"革命史"的介绍中，法国大革命占有重要的地位。日本涩江保著、冯自由译《法国革命史》，1900 年底开始在《开智录》上连载，1900 年 12 月至 1901 年 3 月，译文刊载在《开智录》第 1、2、3、4、6 期。涩江保的《法国革命史》，是在参考德国、法国历史学家有关法国革命史的论著的基础上编写而成。这是在中国对法国大革命的最早介绍。译文除了介绍法国大革命之外，还介绍了卢梭的《民约论》等宣传资产阶级自由民主的政治思想。

日本奥田竹松著、留日爱国学生组织青年会编辑部编译的《佛兰西革命史》，1903 年由上海明权社发行。该书是当时诸多中文本法国革命史中，影响较大的一种。作者高度评价了法国资产阶级革命的历史意义，欢呼这场革命给法国、欧洲，以至整个世界所带来的深刻变化。1903年第 7 期《浙江潮》介绍此书时，明确指出编译此书的目的，是为了从中寻找"救吾国之妙药"。此书"欲鼓吹

---

① 伧父：《墨西哥乱事记》，《东方杂志》第 8 卷第 3 号，1911 年 5 月 23 日。

民族主义，以棒喝我国民。改订再三，始行出版。其中叙法国革命流血之事，慷慨激昂，奕奕欲生，正可为吾国前途之龟鉴云云。购而读之，不觉起舞，真救吾国之妙药，兴吾国之主动机关也。爱国志士不可不各手一编，以自策励”。上海明权社谈到为什么要把这本书译成中文时说，因为这本书被认为是“国民奇书”，“凡吾国青年志士有不愿为奴隶而愿为国民者，当各手一册，以朝夕自励”。①

　　1903年，上海至少有三种关于法国革命史的译本问世：其一，赵天骥译《法国革命战史》，1903年1月，上海广智书局出版。其二，中国国民丛书社译自日文《法国革命战史》，1903年4月，上海商务印书馆出版，系《战史丛书》中的一种。1911年辛亥革命时，1912年、1913年先后再版。在辛亥革命中，发挥了积极的作用。在该书的《例言》中，充分肯定了18世纪法国资产阶级革命的历史意义和伟大功绩。“此革命之目的，在扫除封建之余习，打破门阀之积弊，抱持平等之主义，组织活泼之社会。法民此等目的，就直接上观之，当时固仅达其半；就间接上观之，则实已至于极点。法之所以能确立于世界上者，实以此革命为之母。然则其功固伟矣哉”。其三，人演社社员译《佛国革命战史》，1903年5月，上海文明书局出版。书中较多地介绍了法国启蒙思想家，以及启蒙思想在法国大革命中的作用。作者强调，孟德斯鸠等启蒙思想家宣传资产阶级民主思想，为革命爆发做了必要

① 上海明权社出书广告，《江苏》1903年第3期。

的舆论准备，正是由于资产阶级民主思想不断深入人心，才使民智大开，民气大变，激发爱国之心，鼓舞革命斗志，取得了革命的胜利。20 世纪的中国，犹如 18 世纪的法国，只有通过革命鼓动，使国民从蒙昧中猛醒，自觉地追求独立、自由、平等的思想，中国才有希望。

寄生（汪东）著《法国革命史论》，长文约 3 万余字，连载在《民报》1907 年版，第 13、15、16、18 号，1908 年版，第 19 号。该文被一些研究者认为是 20 世纪初，在介绍法国大革命史的专文中，史论性最强，联系中国实际最密切，反清革命旗帜最鲜明的文章，有重要的现实意义。在撰写此文时，作者采用了日本学者河津佑之译本，奥田竹松著《佛兰西革命史》的一些内容，还参考了有贺长雄、本多浅次郎的《西洋历史》等著作。内容始于革命前的法国，社会阶级矛盾日趋尖锐，止于 1793 年在法国革命的高潮中，路易十六被处死。

该书主要特点在于密切联系中国的实际，有意识地将中国和法国的封建专制统治进行比较。作者写道："述法国革命之旨，在与中国一一相较，否则何取乎以异国往事为谈资。故叙清虐史，至于万言，使读者知憸人之诬妄，与革命之真理。"作者认为中国人对法国的封建专制统治，当有更深刻的认识和体会。清王朝封建统治的"虐史"，与法国的封建统治者十分类似。"法国当十八世纪，在上者之专制，与夫文士党锢之狱，民以困，议论之沸腾，无一不与中国类"。法国大革命不仅仅只影响到欧洲国家的革命，"欧洲列国之革命，靡不由传播于法者故以法事影响为最大"。清王朝的"政治无一善而有百弊，君相百僚，相与游魂于釜底，安处于风幕而不自救，改弦更张，非可属望，张皇微眇，又无所补于今之世"，只有革命才是唯一的出路。从某种意义上说，本文通过充分肯定法国大革命，鼓吹中国进行反清斗争，这实际上是在为推翻清王朝制造革命舆论。此外，文章还有很强的针对性，对康有为等对法国大革命的攻击给予了有力的批驳。作者认为，康有为《法国革命史论》的要害，是企图阻止中国的反清革命斗争，然而，这只是一相情愿，法国封建王朝的下场就是清王朝的下场。

20世纪初，中国知识分子，特别是青年知识分子对西方资产阶级革命的历史，已经有了较多的了解。法国大革命给他们留下的印象尤其深刻，被称之为"全欧革命之先声"，"近代文明之春雷"，"惊天动地之伟业"。争取"自由、平等、博爱"，使他们深受鼓舞，进一步激发了他们推翻清王朝封建专制统治的决心和信心，憧憬着在中国实现像法国大革命一样惊天动地的伟业。1906年，革命青年柳亚子著文热情歌颂法国大革命的同时，将中国太平天国革命与之相提并论。文章说："欧洲法兰西大革命，既开十九世纪之新幕，由是而意大利事件，而匈牙利事件，而奥大利事件，全欧大势为之一变。潮流东渐，遂开巴尔干半岛之风云。而洪氏适以时起，旬南服，欧人大注目于其举动，称之为中国革命军。"① 柳亚子将中国太

---

① 柳亚子：《中国灭亡小史》，《复报》1906年第6期。

平天国革命运动，放在欧洲革命的历史背景下加以认识，应该说是颇有见地的，这反映出他认识中国问题时所具有的世界性眼光。

正是在特定的历史条件下，使"法国大革命"在中国的介绍和研究，表现出强烈的时代精神，其表现之一是在20世纪初的中国，改良派和革命派在国家政治生活中所表现的两种截然对立的政治主张，都极力通过对法国大革命的诠释，来得到表现。康有为在《法国革命记》（戊戌六月奉旨向光绪进呈）中，认为法国大革命是人类历史上的一场浩劫，一场大的灾难。宣扬"普大地杀戮变乱之惨，未有若近世革命之祸酷"。革命的结果使"兰玉碎焚，流血横尸"，"大乱绵于八十余年，流血至于数千万人，不亡国几希。"还认为这种革命是不能在中国发生的，如果爆发这样的革命，"不尽杀四万万人不止。即幸能存者，亦留为白人之奴隶马牛而已"。因为在他看来，革命必然引起自相残杀，致使外国人入侵，亡国灭种。章太炎嘱汪东作《正明夷〈法国革命史论〉》，对康有为进行反驳。法国大革命的爆发，绝非是康有为所说的"大劫"，而是18世纪以来法国王公贵族"骄恣暴戾"，失去民心的结果。至于法国大革命"杀人流血"，那也是封建统治引起的。还认为"法民既成功而去，继其烈者，必吾中国之民矣"。

除法国大革命之外，当时还编译有意大利、苏格兰、荷兰、希腊、葡萄牙、俄国、菲律宾等国的革命史著作。这些著作同样是通过各个国家革命历史的记叙，阐述反对封建专制统治，发动革命的重要性和必要性。这些介绍，始于19世纪中期鸦片战争期间，而后一直不曾中断，只是到20世纪初，美国独立史的介绍、研究结合中国社会发展的实际，有了新的内容、新的特点。

美国曾是英国的殖民地，但通过独立战争，建立了自由、民主的国家，成为中国人民学习的对象。美国独立的历史，对中国辛亥革命产生了直接的影响。19世纪中期，林则徐在《四洲志》中，简略地提到美国独立战争。而在中国首先较系统地介绍美国独立战争的，是美国传教士裨治文（高理文）。1838年，他在新加坡出版《美理哥国志略》，较多地介绍了美国独立战争，其中包括《独立宣言》等重要历史文献。1861年，裨治文在上海将此书修订再版，书名改为《联邦志略》。在该书中，有专节介绍美国独立的经过。1882年，美国传教士谢卫楼编著《万国通鉴》（中国传教士赵如光笔述），其中有专章论述"美国事略"，较全面地叙述了美国独立战争的经过。1899年，美国传教士蔚利高，根据美国学者的美国史著作以及裨治文的著作，编撰有《大美国史略》（中国传教士黄乃裳执笔），在福州刊行。该书第4卷的主要内容即是美国独立战争。

1873年日本学者冈千仞、河野通之合译美国学者格坚勃斯所著《米利坚志》，共计4卷。其中第2、3卷的内容，为美国独立战争。中国学者李善兰为之作序。在序言中，李善兰对独立战争以及美国的政治制度，特别是选举制度，给予了高度的评价。他还对华盛顿十分钦佩，认为他犹如中国远古的尧舜一样，使国家太平、繁荣昌盛。1896 年，湖南新学书局重新将《米利坚志》排版印行，为"仿日本版刊行"，加快了它在中国知识界的流传。1897 年 7 月 20 日，《湘学新报》发表书评文章，对《米利坚志》一书给予高度评价。论者认为，美国独立战争以及战争后建立起来的资产阶级民主制度，应该进一步研究，因为这对当时的中国社会发展有一定的借鉴意义。1879 年，日本冈本监辅著《万国史记》，上海慎记书庄 1897 年出版。此外，还有上海申报馆等版本。该书的"美国记"中，对美国独立战争的历史过程，也有较多的记载。

　　魏源撰写《海国图志》、徐继畬撰写《瀛寰志略》时，传教士裨治文（高理文）的《美理哥国志略》，为他们所采用。魏源撰写《海国图志》中有关美国独立的内容，是近代中国学者在自己的著述中最早的较完整、较系统的介绍。魏源在肯定美国人民团结一致"遂克强敌，尽复故疆"的同时，痛斥英国政府的殖民统治，是"无道之虎狼"。继魏源之后，徐继畬在《瀛寰志略》中，对华盛顿不设王侯之号，推行民主制度尤加钦佩，所以有较多的记载，并赞扬其为"人杰"。书中写道："华盛顿异人也。起事勇于胜广，割据雄于曹刘。既已提三尺剑，开疆万里，乃不潜位号，不传子孙，而创为推举之法，几于天下为公，骎骎乎三代之遗意，其治国崇让善俗，不尚武功，亦迥与诸国异。"① 继魏源、徐继畬之后，1868 年，

---

① 徐继畬：《瀛寰志略》第 9 卷，亚墨利加。

蒋剑人刊刻《啸古堂文集》,内有《华盛顿传》一篇。简要地介绍了其生平事迹及资产阶级民主思想。1886 年,黎汝谦、蔡国昭合作译刊《华盛顿传》,亦称《华盛顿全传》。该书译自耳汾华盛顿(欧文·华盛顿)所著《佐治·华盛顿传》。该书是近代中国,第一本由中国人直接译自美国学者有关华盛顿的著作,亦可看作是介绍"美国独立战争"的著作。该书在近代中国思想界产生了广泛的影响,受到中国资产阶级维新派的重视,出版 10 年后,由梁启超主办的《时务报》馆再版。1897 年,青年学子汪荣宝在《实学报》创刊号发表《书〈华盛顿传〉后》。文章在高度赞扬资产阶级民主选举制度的同时,深刻批判中国封建世袭制度。他指出,"一姓相承"必将祸害国家,使国家灭亡,而贵族子弟,也将有"灭族之灾"。汪荣宝在极力推崇华盛顿倡导的民主选举制度,彻底否定了清王朝的封建专制统治,主张国家实行维新变法。

　　20 世纪初,美国独立史的研究,在中国得到进一步的发展。美国姜宁著、章宗元译《美国独立史》,1902 年由译书汇编社出版,为《求我斋丛译》之三。该书原书名为《美国史》,共 14 卷,其中前 6 卷的主要内容为美国独立之前的历史,故译出后称之为《美国独立史》。该书出版后受到热烈欢迎,出版 3 个月后即有再版;后 8 卷的主要内容为美国独立之后的历史,概述 100 年来美国历史发展的概貌。1903 年也由章宗元翻译成书,书名为《美史记事本末》,为《求我斋丛译》之四。除以上外,章宗元还译刊有《美国宪法》(《求我斋丛译》之一)、《美国民政考》(《求我斋丛译》之二)。由以上可以看出,章宗元在美国留学期间,对美国历史,特别是美国独立战争的历史以及美国政治制度的历史,给予了充分的重视,并介绍到国内,使国内更多的人对美国独立战争以及美国资产阶级民主制度有所了解。

留日学生杨毓麟撰《自由生产国生产日略》,发表在湖南留学生主办的《游学译编》,1902年第1、2册,1903年第3册。本书的主要内容是美国独立的简要历史。作者在编撰此书时,参考了多种外国史学著作。例如,久松义典的《革命史鉴》、松平康国的《世界近世史》、福山义春的《华盛顿传》等。在本书的《结论》中,作者写道:"欲造国民者,必先造其魄力;欲造其魄力,必先造其思想;欲造其思想,必先造其根性。"而联系到中国的实际,却使他失望,他认为中国缺少诸如富兰克令(富兰克林)、阿丹士(亚当斯)、哲勿逊(杰斐逊)等英雄人物,所以至今使中国仍然沉寂在黑暗之中,不能"振救"。他对中国的一些"志士仁人"给予了严厉的批判,他们尽管口头上也大讲"自由"、"民权",但在洋人的百般利诱面前,却放弃了自己的追求和理想,实在是"奇辱殊耻"!

日本羽化生(涩江保)著、中国东京留学生译《美国独立战史》,商务印书馆1903年出版,是当时商务印书馆编辑出版的《战史丛书》中的一种。1911年辛亥革命时,商务印书馆《美国独立战史》重新修订再版,使该书的再版具有鲜明的时代意义,译者《序》中强调,这本书可以"作吾爱国青年的先导"。1912年(民国元年)

1913 年（民国二年），先后出版了第三版和第四版。《美国独立战史》在 1903 年有两种中文译本。另一本《美国独立战史》由作新社出版，但未署作者的名字。《美国独立战史》认为美国独立战争和英国资产阶级革命一样，都具有世界历史性的意义。译者将美国独立战争和当时中国的实际相结合，强调独立战争的胜利，是"掷头颅，流颈血所搏而来"，是中国有志之士的必读书。

　　对美国重要历史文献《独立宣言》的介绍，在辛亥革命时期外国史的介绍和研究中占有重要的地位。期间，《独立宣言》曾 5 次全文发表，在国内广为流传。1901 年 5 月 10 日，中国留日学生创办《国民报》创刊号，刊发《美国独立檄文》。这是在中国最早全文介绍美国《独立宣言》。该报在创刊之时即发表美国《独立宣言》，是借该宣言表达中国先进知识分子追求自由、独立、民主的崇高革命理想，希望能够像美国人民一样，推翻专制政体，建立自由国家。1903 年，支那翻译会社有《译文四种》，其中之一即是《美利坚独立檄文》。1903 年，文明书局刊印《美国独立檄文、法国人权宣言书、玛志尼少年意大利章书、噶苏士戒国人书合刻》。编印者强调以上是"政治思想之源泉，最为我国人对病之药"。

　　1911 年 11 月 21 日，由上海一些革命派学者创办的《民国报》创刊号，刊发了《美利坚民主国独立文》，此文根据美国《独立宣言》全文译出。此系辛亥革命武昌起义后 40 天。1912 年 1 月 11 日，《民国报》发表《北美合众国宣告独立檄文》。此时正值 1912 年 1 月 1 日孙中山在南京就任中华民国临时大总统，中华民国宣告成立。《民国报》在短短不到两个月的时间内，先后两次发表美国独立宣言，是在建立和发展"中华民国"时，将美国《独立宣言》中所体现出的自由、民主精神作为借鉴和榜样。孙中山早在1904年著有《中国问题的真解决——向美国人民的呼吁》，该文被认为是中国资产阶级民族民主革命的宣言书，其思想内容和政治倾向，明显地受到《独立宣言》的影响。孙中山说：为了保证人民的生命权、自由权和追求幸福的权利，就必须建立一个新的、进步的、开明的政府，"把过时的满清君主政体改变为'中华民国'的计划，经过慎重考虑之后，早就制订出来了。广大的人民群众也都甘愿接受新秩序，渴望着情况改善，把他们从现在悲惨的生活境遇中解救出来"。孙中山最后对美国人民说："我们要仿照你们的政府而缔造我们的新政府，尤其因为你们是自由与民主的战士"，① 由此不难看出，《独立宣言》所体现出的民族民主革命思想，在当时中国政治生活中所产生的重要影响。

通过回顾近代早期中国对世界的认识，可以看出中国世界历史研究和时代的主题息息相关。中国先进知识分子对世界历史的认识和研究，始终贯穿于中国人民争取民族独立、人民解放的历史进程中，表现出鲜明的民族精神和时代精神。这些是中国史学的宝贵遗产，明确这一点，不仅有重要的理论意义，而且还有重要的现实意义。

---

① 《孙中山选集》，人民出版社1981年版，第69页。

后　记

　　本自选集以 20 年来，特别是近 10 年公开发表的学术论文为主，主要内容是"历史认识理论研究"、"经济全球化和全球史"、"经济全球化和文化"以及"史学理论和历史理论"等 4 个方面问题的研究。这些研究与考实性的编年研究明显不同，多属历史学基础理论研究范畴。这些问题是现实的学术或社会生活本身提出来的，不应回避。中国史学工作者的责任和使命要求我们深入研究这些问题，这既有重要的学术价值，更有重要的现实意义。

　　这些问题的共同特点，是有较强的现实针对性。关于"历史认识理论"，有人认为这是对唯物史观的颠覆，而笔者认为恰恰相反。唯物史观与时俱进，历史认识理论是唯物史观的新的增长点，辩证唯物主义的认识论是历史认识论的理论基础。在经济全球化的背景下，国际史坛盛行的"全球史观"，被一些人宣扬成彻底摆脱"欧洲中心论"的具有"普世"价值的历史观。事实并非如此，本文集收入的《全球史观和中国史学断想》、《全球史：民族历史记忆中的全球史》、《全球化和"全球历史观"》等论文，从历史与现实的结合上对此进行了分析。"经济全球化和文化"，是国际学术界热谈的问题之一。一些西方学者杜撰出所谓"文化全球化"的理论，成为以美国为代表的西方大国推行文化霸权，对广大发展中国家进行文化渗透、文化侵略的理论工具。对此，文集中的《反"文化全球化"——经济全球化背景下对文化多样性的思考》等论文，旗帜鲜明地揭露了这一理论的帝国主义本质。"史学理论和历史理论"涉及的问题很多，但重要的问题之一，是如何认识现时代的本质特征。有人认为，"冷战"后历史已经"终结"，经济全球化的前景是永恒的资本主义世界统治，而我们认为，资本主义必将为社会主义所代替，人类不断进步的历史趋势不可逆转，它并不因为苏联解体而改变。这些在本文集的最后一部分，多从理论与实践的结合上有所论述。

2005 年，笔者在《全球史观和中国史学断想》中写道：中国世界史研究的真正动力，在于对当代中国、当代世界复杂的现实问题的思考，因此就不能试图在别人的概念体系中完整地阐释自己的观点，而要自觉地建构有中国风格和特点的新的世界史研究理论体系和话语系统。本文集所收入的著述，在这方面进行了积极的努力，努力使自己的世界史研究表现出鲜明的民族精神和时代精神。但是限于自己的学识和研究能力的不足，不尽如人意之处比比皆是，敬请各界读者批评指正，使笔者在今后的研究工作中能有所进步。

在编辑本文集的过程中，得到学习出版社编辑部同志的多方帮助和具体指导，使文集能按时出版，在此一并表示诚挚的谢意。

于　沛
2012 年年底

图书在版编目（CIP）数据

于沛自选集/于沛著.（"学习"理论文库）
－北京：学习出版社，2013.1
ISBN 978－7－5147－0314－6

Ⅰ．①于… Ⅱ．①于… Ⅲ．①史学－中国－文集
Ⅳ．①K207－53

中国版本图书馆CIP数据核字（2012）第304473号

于沛自选集
YU PEI ZIXUANJI

于　沛　著

责任编辑：于子晶

技术编辑：王晓勇

出版发行：学习出版社
　　　　　北京市崇文门外大街11号新成文化大厦B座11层（100062）
　　　　　010－66063020　　010－66061634
网　　址：http：//www.wenming.cn/xxph/
经　　销：新华书店
印　　刷：北京联兴盛业印刷股份有限公司
开　　本：880毫米×1230毫米　1/32
印　　张：17.375
字　　数：346千字
版次印次：2013年1月第1版　2013年1月第1次印刷
书　　号：ISBN 978－7－5147－0314－6
定　　价：78.00元
　　　如有印装错误请与本社联系调换